金融瞭望译丛

通貨膨脹目標製

国际经验

Inflation Targeting
Lessons from the International Experience

『十二五』国家重点图书出版规划项目
当代财经管理名著译库

五年珍藏版

Ben S. Bernanke
Thomas Laubach
Frederic S. Mishkin
Adam S. Posen

[美] 本·S.伯南克
托马斯·劳巴克
弗雷德里克·S.米什金
亚当·S.波森 著

孙刚 钱泳 王宇 译

东北财经大学出版社
Dongbei University of Finance & Economics Press
大连

图书在版编目（CIP）数据

通货膨胀目标制：国际经验 /（美）伯南克（Bernanke，B. S.）等著；孙刚，钱泳，王宇译．—2 版．—大连：东北财经大学出版社，2013. 1（2020. 12 重印）
（金融瞭望译丛）
书名原文：Inflation Targeting：Lessons from the International Experience
ISBN 978-7-5654-0872-4

Ⅰ. 通… Ⅱ. ①伯… ②孙… ③钱… ④王… Ⅲ. 通货膨胀-研究-世界
Ⅳ. F821. 5

中国版本图书馆 CIP 数据核字（2012）第 145986 号

辽宁省版权局著作权合同登记号：图字 06-2006-71 号

Ben S. Bernanke，Thomas Laubach，Frederic S. Mishkin，Adam S. Posen：Inflation Targeting：Lessons from the International Experience，First Edition

东北财经大学出版社出版
（大连市黑石礁尖山街 217 号　邮政编码　116025）
教学支持：（0411）84710309
营 销 部：（0411）84710711
总 编 室：（0411）84710523
网　　址：http：//www. dufep. cn
读者信箱：dufep @ dufe. edu. cn
大连图腾彩色印刷有限公司印刷　　东北财经大学出版社发行

幅面尺寸：170mm×240mm　　字数：323 千字　　印张：23. 5
2013 年 1 月第 2 版　　2020 年 12 月第 3 次印刷

责任编辑：李　季　吉　扬　　责任校对：贺　鑫
封面设计：冀贵收　　版式设计：钟福建

定价：56. 00 元

序　言

货币政策的首要目标是什么？什么样的货币政策框架适于实现这一目标？自中央银行出现以来，这两个问题就一直为宏观经济决策层和学术界所关注。对把价格稳定作为货币政策的首要目标的认识，是随着货币政策理论的进展和中央银行实践经验的积累，特别是基于对通货膨胀成本，通货膨胀和产出之间不存在长期替代关系，以及对中央银行的政策可信度在影响公众预期上的作用的认识而更加清晰。而一旦明确把价格稳定作为货币政策的首要目标，那么就要考虑如何实现这一目标。从各国的货币政策实践来看，通货膨胀目标制正在取代货币供应量目标和汇率目标，成为许多中央银行实行的一个货币政策框架。目前有 22 个国家实行了这一货币政策框架。

《通货膨胀目标制：国际经验》（以下简称《通货膨胀目标制》）一书，就是在这样一个背景下，由伯南克等人根据 20 世纪 90 年代以来一些实行通货膨胀目标制的国家的经验提炼而成的。它以案例研究的方式，对这些国家在实行通货膨胀目标制过程中面临的重大宏观经济问题进行了深入的分析，对货币政策的决策和执行的经验作了系统的总结。实际上透过这样一个分析视角，我们对货币政策能做什么和不能做什么，以及如何运作，就有了具体的理解。正如列夫·托尔斯泰所言，“幸福的家庭往往相似，不幸福的家庭各不相同”。从这个意义上说，《通货膨胀目标制》一书为从事宏观经济、货币政策和金融市场研究的专家和学者提供了比较宽阔的国际视角，因而具有重要的参考价值。

在《通货膨胀目标制》一书中，伯南克等人指出，通货膨胀目标制是基于 20 世纪七八十年代德意志联邦银行和瑞士国民银行的实践总结出来的。

例如，德意志联邦银行在执行货币政策中，短期货币政策的操作主要以货币供应量为目标参考，这一目标是通过每年计算与长期合意通货膨胀（2%）相一致的货币供给的增长率来实现的。也就是说，德意志联邦银行是间接地以通货膨胀为目标，同时辅之以货币供应量作为一个数量性指标。在二者出现冲突的情况下，赋予通货膨胀目标更大的权重。他认为尽管美联储没有实行通货膨胀目标制，但是稳定的低通货膨胀目标和增加决策过程的透明度等做法，都带有通货膨胀目标制的特征。

伯南克等人认为，通货膨胀目标制兼具规则和相机抉择的优点。它具有提高政策透明度，向公众传达政策意图，使中央银行在维持长期价格稳定的目标内有应对短期经济形势变化的灵活性等作用。因而，不应把通货膨胀目标制视为政策规则，而应作为一个“受约束的相机抉择”的政策框架。说它是“相机抉择”，是指中央银行在短期经济干扰下，保持稳定产出和就业的灵活性，同时对经济结构的变化和决策的效应给予充分的关注。说它是“受约束的”，是因为相机抉择是建立在中央银行对调控通货膨胀乃至通货膨胀预期保持承诺的基础之上的。由于货币政策具有时滞效应，因而中央银行要预测通货膨胀并事先采取措施。这样看来通货膨胀目标制是一种前瞻性政策，它具有名义锚的作用，类似于现实生活中的船锚，它能使经济的大船驶向长期既定的领域，又可以应对短期内不可预测的波涛。

从实行通货膨胀目标制国家的经验来看，通货膨胀目标制的要素包括：中央银行制定维持价格稳定的政策；公布实行通货膨胀目标制，中长期的通货膨胀目标可以是点也可以是区间；通货膨胀目标制要显示政策变动的动向和意图，在经济面临冲击时对政策进行相应的短期调整；中央银行要运用广泛的信息，在关注通货膨胀目标的同时还要掌握很多相关的信息；增加责任的透明度，向公众提供信息的目的在于使公众了解如何执行货币政策以及所要达到的目标。

当然，如伯南克等人指出的，通货膨胀目标制不是万灵丹。一些发展中国家的经验表明，一些不利的初始条件对通货膨胀目标制会形成制约：第一，如果一个国家存在财政主导问题，如巨额财政赤字，就会对通货膨胀目

标制形成掣肘；第二，如果一个国家存在金融体系脆弱性问题，通货膨胀目标制也难以有所作为。因此，良好的财政纪律和健全的金融监管体系是发展中国家实行通货膨胀目标制的重要前提。

通货膨胀目标制是一个值得我国考虑的货币政策框架。之所以这么说的原因就在于：一方面，我国的货币政策的中间目标——货币供应量，与最终目标——通货膨胀之间的相关性降低，货币供应量指标的可控性和可测性出现较大偏差；另一方面，从中央银行的资产负债表来看，用于外汇冲销的外汇占款和救助金融机构的再贷款，挤占了中央银行的基础货币，货币系统的流动性过大，货币政策的可信度也因承担最后贷款人的职能而受到影响。因而中央银行更需要对相机抉择政策进行约束，克服货币政策的时间不一致性可能对货币政策造成的长期不良后果。

而我们上面提到的通货膨胀目标制的一些要素，如把价格稳定目标放在首位，增加货币政策的透明度和责任等等，对于确立货币政策框架的可信度有着重要 的意义。实际上货币政策的理论和实践已经反复表明，中央银行确立货币政策的可信度并不是一劳永逸的事情，而是需要付出持续的努力。它在一定程度上取决于中央银行能否践行言行一致的行为准则。从这个意义上讲，通货膨胀目标制为思考和执行我国的货币政策提供了有益的参考。当然，中国人民银行作为中央银行还要进一步增强独立性，以及提高对宏观经济的分析预测能力和水平。健全金融安全网，消除因扩大最后贷款人覆盖面可能形成的通货膨胀隐患。做好通货膨胀目标制的技术准备工作，如在剔除价格指数中受供给冲击影响较大的能源、食品等价格基础上，测算核心通货膨胀。

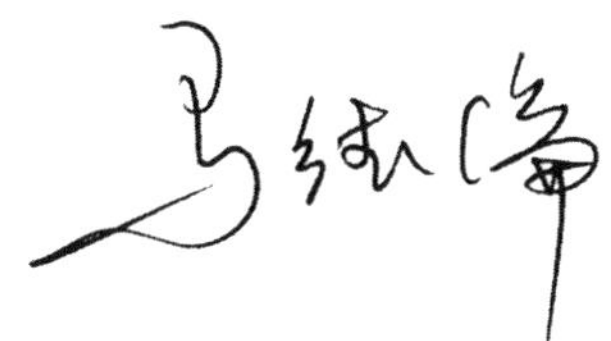

前　言

作为学者，或者是作为政策咨询顾问，我们亲身经历了制定货币政策的过程，因此，此书是我们有感而发的自然产物。相似的工作经历使我们在这样一点上达成了共识，那就是虽然美国货币政策在近几年取得了巨大的成功，但是这并不能保证在未来几年也能保持同样功效。尤其是世界上许多工业化国家已经开始考虑重建货币政策框架和机构，这无疑会对这些国家的经济产生深远的影响，并推动这些国家经济快速发展。而在这一点上美国却远远落后于这些国家。

货币政策与其说是一门科学，还不如说是一种艺术。那些率先实行通货膨胀目标制的国家的经验很值得我们学习。这本书主要介绍了我们观察到的其他国家货币政策制定者制定了哪些政策以及这些政策又达到了什么样的效果。我们希望货币政策的制定者和社会各界人士都要关注世界上已经实行通货膨胀目标制的国家，通过研究这些先行国家的国际经验，能够为美国和其他国家在制定货币政策时提供有益的参考和借鉴。

本书创作于纽约联邦储备银行，当时米什金任该行的执行副总裁兼研究部主任，亚当·波森是研究部和市场部的经济学家。其他两位作者在当时也加入了纽约联邦储备银行。本·伯南克是该行的访问学者，托马斯·劳巴克是该行的在读研究生，后来在普林斯顿大学获得博士学位。我们对纽约联邦储备银行和在那里工作的同事致以诚挚谢意，没有他们的帮助，我们很难完成这个研究项目。我们还要特别地感谢 Dorothy Sobol 和 Valerie LaPorte，他们为本书的出版提供了很多有益的建议。感谢 Laura Brookins 为我们做了很多调研工作，感谢纽约联邦储备银行的副总裁兼市场部主任 Peter Fisher，以

及总裁 William McDonough，他们对通货膨胀目标制和货币政策有着独到的见解，与他们的交流使我们受益匪浅。

各国中央银行的同行对本书的案例部分也作了更深入细致的评论。尤其要感谢德意志联邦银行的 Otmar Issing，瑞士国民银行的 Michel Peytrignet、Erich Spoerndli、Georg Rich，新西兰储备银行的 Donald Brash，加拿大银行的 Kevin Clinton 和 Charles Freedman，英格兰银行的 Haldane、Neal Hatch、Mervyn King，瑞典银行的 Claes Berg，以色列银行的 Ohad Bar-Efrat，澳大利亚储备银行的 Guy Debelle、Steve Grenville、Glenn Stevens。我们还要衷心地感谢这些国家的中央银行，如果不是它们提供数据和文件资料，我们很难了解各国的实际情况，更不要说作出正确的分析。

还有几位学者和中央银行的同事对部分或全部初稿提出了宝贵的建议。伦敦经济学院的 Charles Goodhart，斯坦福大学的 John Taylor 通读了本书全部初稿，并作出了评论。还有几位学者对部分章节提出了有益的建议。他们是 Alan Blinder、John Crow、Brad DeLong、Richard Freeman、Donald Kohn、Alan Krueger、Bennett McCallum、Julio Rotemberg、Lars Svensson、Tim Taylor。我们的研究成果还深深得益于一些金融机构和大学组织召开的研讨会，包括纽约联邦储备银行、圣地亚哥联邦储备银行、哥伦比亚大学、乔治敦大学、约翰·霍普金斯大学、国家经济研究局（NBER）、加拿大银行、国际结算银行、英格兰银行、罗格斯大学、瑞士国民银行。

最后，我们要特别感谢普林斯顿大学出版社的编辑 Peter Dougherty，以及他的助手 David Huang ，还有策划编辑 Everett Sims。当然，对书中所有的错误，我们文责自负，书中所有的观点也仅代表我们自己，并不代表普林斯顿大学、哥伦比亚大学、国际经济学院、NBER、纽约联邦储备银行、堪萨斯联邦储备银行和整个联邦储备体系的观点。

目　　录

第一部分

通货膨胀目标制：主要问题

第1章

引　言

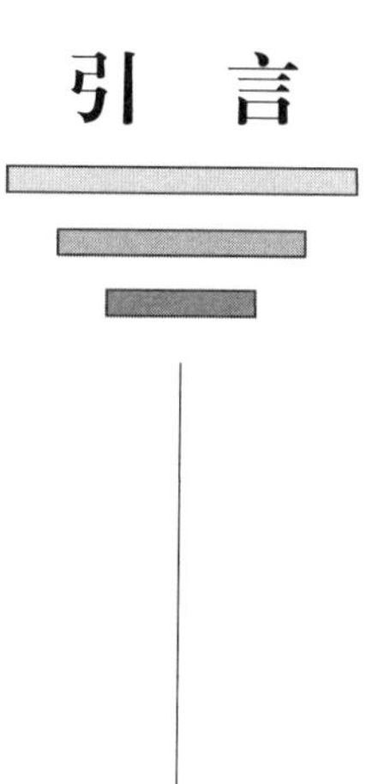

货币政策，无论是中央银行单独制定，还是由中央银行与其他政府部门共同决策，已经成为一项最重要的政府职责。一个新的共识正在形成，即稳定的低通货膨胀对于市场驱动的经济增长来说非常重要，而货币政策是影响通货膨胀的最直接的决定因素。进一步讲，在政府影响经济的所有政策手段中，货币政策已经被证明是实现中期稳定目标的最具灵活性的工具。与财政政策具有多重目标且容易受制于冗长、不确定的法律程序不同，货币政策能够及时地进行调整以回应宏观经济的变化。的确，金融市场经常在货币政策调整被公布之前就已经预期到它的变化。因此，当政府对产出和就业的波动作出反应时，货币政策通常是它们最喜欢的工具。

考虑到中央银行肩负的重任，近年来工业化国家的中央银行总体上较好地履行了自己的责任。自20世纪60年代以来，大多数国家的通货膨胀比以往任何时候都低，而且自20世纪80年代初以来，仅发生了一次温和的全球性衰退，特别是美国经济保持了低通货膨胀和低失业水平。然而，正如历史反复向我们昭示的，当前的经济表现好并不能保证未来的经济表现同样好。因此，中央银行家正在努力制定既可以“锁定”近几年的收益又有助于保持未来的稳定和增长的货币政策策略。

本书就是关于这些策略中的一个——通货膨胀目标制。在过去十多年里，中央银行家和货币经济学家对这一策略产生了相当大的兴趣。工业化国家相继采取了某种形式的通货膨胀目标制，这些国家包括新西兰、加拿大、英国、瑞典、芬兰、以色列、西班牙和澳大利亚。近来，日本已经宣布实行通货膨胀目标制的意愿。而且，在长期以来受到推崇的德国和瑞典的货币政策中可以发现大多数的通货膨胀目标制要素。① 在美国，通货膨胀目标制在美联储内外吸引了一些有影响力的支持者。例如，在美国由参议员比尔·萨克森提出的法案（《1997价格稳定法案》）就公开要求美联储采用通货膨胀目标制。② 最后，作为欧洲货币同盟的基础，马斯特里赫特条约确定将价格稳定作为欧洲中央银行的主要目标。欧洲货币研究院声明，“已经把（欧洲中央银行的）未来的候选战略缩小到两个，即货币目标制和直接通货膨胀目标制”。③

1.1 通货膨胀目标制是什么？

通货膨胀目标制是一个货币政策框架，它的主要特点是公开宣布一个或多个时限内的官方通货膨胀的数值目标（或目标区间），同时承认稳定的低

① 关于通货膨胀目标制经验的早期讨论，除其他资料之外，可参见 Goodhart and Viñals（1994），Leiderman and Svensson（1995），Haldane（1995）和 McCallum（1996）。伯南克和米什金于1997年对通货膨胀目标制作为货币政策框架的观点进行了讨论，对此我们在此予以强调，且该文提出了一些论据，在本书中进行了较为具体的讨论。

② H. R. 2360，105th Congress，lst session. 在以前的一次议会会议中，参议员 Connie Mack（R-Fla.）提出一个法案，如果这个法案通过了，将建立起使联邦储备银行以价格稳定为主要目标的制度，有效地迫使美国中央银行采取通货膨胀目标制。

③ European Monetary Institute，1997，p. 2. See also Issing（1996）.

通货膨胀是货币政策的首要长期目标。通货膨胀目标制的其他重要特点包括，与公众就货币当局的计划和目标进行积极努力的沟通，在多数情况下还包括能够加强中央银行实现上述目标的责任机制。

1.1.1　是框架，而非规则

本书的一个原则性主题是，在实践中，通货膨胀目标制的角色是一个货币政策框架，而不是货币政策规则。对这一差异需要作一点解释。

跟随着20世纪30年代由所谓的芝加哥学派最初提出的观点，长期以来，货币经济学家把货币政策操作的策略概括为“规则”与“相机抉择”之争。规则是指，货币政策基本上是自动的，很少需要货币当局进行宏观经济分析或价值判断。这种规则的一个公认的例子是金本位制，在这一制度下，货币政策操作（至少在原则上）几乎等于根据官方平价来维持黄金的价格。另一个例子是弗里德曼提出的固定货币增长率规则，在该规则下，以某种指标衡量的货币存量每年以固定的比例增长，不受经济或金融状况的影响。

规则的支持者通常会谈到规则会带来“约束”或“可信度”。货币当局通过严格地坚持某种规则可以使公众确信，它不会执行通货膨胀的政策或者滥用职权（例如，为了帮助在任者获得连任而刺激经济）。而批评者认为，任何由规则带来的约束都有高成本，原因是严格执行规则使中央银行失去了处理经济中出现的不常见或者不可预见情况的能力，更不用说处理经济中发生的根本变化的能力。

根据对政策制度的传统分类，与基于规则的策略截然相反的是基于相机抉择的方法。除了可能用一般的、含糊的语言表达外，按照纯粹的相机抉择方法进行决策的中央银行不对目标或将来的行动作出公开承诺。相反，中央银行保留了决策者根据对当前经济形势的判断按月制定货币政策的权力（一种“通盘考虑”的策略）。这一方法的支持者认为，相机抉择决策保留了灵活性，使中央银行能够对新信息和无法预见的变化作出反应。正如基于规则的政策的支持者会很快指出的，问题的另一面是，纯粹的相机抉择丧失了基于规则的方法的内在约束。缺乏能够感受到的约束，可能助长公众意识的不确定性并增加经济的通货膨胀倾向。

规则和相机抉择之间的区别在几十年的货币政策争论中具有相当重要的作用。然而，在我们看来，这种规则和相机抉择的两分法由于过于简单，而不足以抓住中央银行家面对的现实特征。特别是，在我们看来，在实践中并不存在货币政策的绝对规则这样的事物。例如，在实践中，甚至金本位也允许适度的相机抉择政策，特别是对黄金储备充足的国家更是这样。而且，在金本位于大萧条期间彻底崩溃之前，也经常在战争和其他紧急事件发生时被中止。更近的例子是，欧洲货币体系所谓的“固定”汇率在 1992 年和 1993 年的汇率危机中没能维持固定不变，相反，当中央银行家对变化中的情况作出反应时，官方汇率被调整甚至完全被放弃。到本书截稿时为止，欧洲货币体系国家的汇率只要求保持在较宽的幅度内，为各种货币政策留下了足够的空间。简而言之，在现实的货币政策制定中，规则与相机抉择对立的区分是空洞的，在现实中只流行相机抉择。

尽管我们认为所有的货币政策制度实际上都是相机抉择的，但同样正确的是，相机抉择只是一种程度的问题。相机抉择可能表现为我们在上面描述的相对不受约束的方式，导致政策随着中央银行家的个人观点或政治风向的变化而改变，或者相机抉择可以在一个更清晰表达的框架中运作，在这个框架内，政策制定者的总体目标和策略——尽管不是他们的特定措施——事前作出过承诺。在本书中我们将提供证据说明，在实践中，通货膨胀目标制提供了这样的框架，允许货币政策在我们称为“受约束的相机抉择”的环境中运作。通过强加给中央银行一个概念性框架及其内在约束，而没有消除所有的灵活性，通货膨胀目标制结合了传统上赋予规则和相机抉择的某些优点。

通货膨胀目标制给实行的国家带来了重要的好处。实行通货膨胀目标制的国家实现了低通货膨胀和低通货膨胀预期，这些国家较少地受价格水平冲击向通货膨胀率转嫁的影响，同时低通货膨胀预期也使得这些国家通常享有较低的名义利率水平（另外，迄今为止还没有证据显示，通货膨胀目标制减少了初步降低通货膨胀率的实际经济成本)。还有证据显示,通货膨胀目标制增加了公众对货币政策的理解,增加了决策者的责任心,并为货币政策提供了增进约束的“名义锚”(参见第2章)。要点是,通货膨胀目标制国家的经验似乎有足够理由对这一货币政策的新方法进行仔细的审视。本书的目的就是进行这样的审视。

1.2 采用案例分析的方法

尽管理论可以突出一项货币政策策略的优劣之处,但无法替代对这一策略在实践中怎样运作进行观察。由于实行这一方法的多数国家实践经验时间短,最多8年左右,对通货膨胀目标制的影响进行正式的统计分析很有限。而且,如何更好地实施通货膨胀目标制,以及政治当局和公众如何作出反应,很多的问题不能完全通过定量方法进行处理。由于这些原因,尽管在第10章中我们提供了对通货膨胀目标制的效应进行的计量经济分析结果,但在研究中我们并没有局限于纯统计的方法。为了更好地从现有证据中总结经验,我们对在实行通货膨胀目标制上最有经验的国家进行了具体的案例分析。虽然德国和瑞典并没有把自己描述成实行通货膨胀目标制的国家,但是其货币政策策略与通货膨胀目标制有很多的共同之处,因此我们也考察了德国和瑞典的经验。

尽管案例分析方法在宏观经济学中的应用并不常见,但证明对我们探讨通货膨胀目标制是极其有用的。我们发现,案例分析方法,在通货膨胀目标制的总体特点和影响以及这一方法的实际实施和运作方面,提供了非常有价值的信息。例如,案例分析使我们能够处理这样的问题,即如何定义通货膨胀目标制,如何分配确定通货膨胀目标的责任,货币当局如何应对各种宏观经济冲击,以及当局如何与公众就其目标和意图进行沟通。另外,案例分析有助于我们理解通货膨胀目标制的政治背景,对以下一些问题提供深刻见解:什么样的政治环境有利于采用通货膨胀目标制作为策略?通货膨胀目标制对中央银行和其他政府部门在货币政策的控制上的权力平衡产生怎样的影

响？通货膨胀目标制是否会使政治程序产生更为合理的政策决定？最后，案例分析说明了实行通货膨胀目标制的各国在数量方面有着类似之处的原因。

为了便于对不同国家进行比较和归纳，我们对案例分析采用了类似的结构。我们对每个国家的分析，开始是简要的介绍，然后列出该案例所要强调的主题。第一部分概述为什么以及是在什么样的经济和政治环境下实行通货膨胀目标制的。第二部分描述所讨论的国家的通货膨胀目标制的操作框架。第三部分对该国实行通货膨胀目标制的实际经验进行叙述性的评论和讨论。最后一部分总结从所讨论的国家的经历中应吸取的经验教训。

通过把相同的问题应用于所讨论的所有国家的经验，我们对不同国家进行的比较和归纳采取了较为严格的标准。采用类似的结构也使得我们对在近期货币政策决策经验中可以找到的大量制度和历史信息进行总结。我们希望，这些分析档案具有独特的吸引力。就我们所知，我们对通货膨胀目标制的基于案例分析的研究，迄今为止是第一次——更宽泛而言，也是宏观经济政策方面为数不多的研究之一。在这样的研究中，单独一组作者对范围广泛的国家所经历的经验进行审视，与把熟悉一个国家的经济学家对单独一个国家的不相互协调的研究论文集结成册的通常的做法是不同的。

1.3　读者指南

本书的其余部分安排如下：第 2 章对通货膨胀目标制的原理进行更详尽的分析。该章进一步阐述了这样一个观点，通货膨胀目标制既不是铁的规则，也不是不受约束的相机抉择的一种形式，而是一个框架，在这个框架内，可以实行受约束的相机抉择。第 3 章介绍一些由于采用通货膨胀目标制而带来的重要的操作性问题。

案例分析从第 4 章开始，在该章中，我们将考察德国和瑞士的经验。尽管这两个国家不是通货膨胀目标制的正式的拥护者，但是它们具有长期的经验，这些经验反映了通货膨胀目标制的特征。随后的各章，按照各国实行通货膨胀目标制的顺序展开：新西兰（第 5 章）、加拿大（第 6 章）、英国

（第 7 章）和瑞典（第 8 章）。第 9 章叙述三个相对小型的开放国家，以色列、西班牙和澳大利亚的经验。第 10 章运用本书中所研究的主要国家的数据，提供了成功实行通货膨胀目标制的计量经济证据。

本书的最后两章对我们进行的研究进行回顾与归纳，得出结论，并对实行通货膨胀目标制的方式提出了建议。特别是，我们对美国和欧洲货币联盟接受通货膨胀目标制是否可取进行了探讨。

本研究不仅适用于货币经济学家，也适用于中央银行家和其他政策制定者、金融市场的从业人员，以及政治学、公共政策、当代历史和经济学的学者与学生。我们也希望，那些对当前货币政策的进展感兴趣的广大读者，特别是对那些掌握这一重要政策工具的人，能够从本书中受益。

考虑到读者的多样性，本书可以从几个层次上来阅读。那些要对通货膨胀目标制和从我们的案例分析中得出的政策建议有一个简要了解的读者，应阅读第 2 章、第 3 章、第 11 章和第 12 章。对案例研究的政策含义感兴趣的读者可以参阅从第 4 章到第 9 章开头的总结性专栏以及这些章节的最后部分，该部分概述了每个案例的主要经验教训。最后，对各国的历史经验最感兴趣的读者可以集中阅读第 4 章到第 9 章的第一节和第三节，这些部分分别讨论每一国通货膨胀目标制的实施情况和在这一制度下各国的政策经验。当然，我们相信，获益最多的将是那些通读本书的读者。

具备一些经济学和经济政策的知识对读者是会有帮助的，特别是对阅读案例分析有所帮助。本书中仅有第 10 章要求特别的技术专长，这一章提供了经济计量证据，以便评估通货膨胀目标制是否成功。对于正式的统计分析反感的读者可以略过这一章而不会失去连续性。

我们希望，读者无论以何种方式阅读本书，都能够对一些重要的工业化国家如何执行货币政策和改善制定货币政策的框架和制度有一个更加深入的了解，并从中获益。

第 2 章

通货膨胀目标制的原理

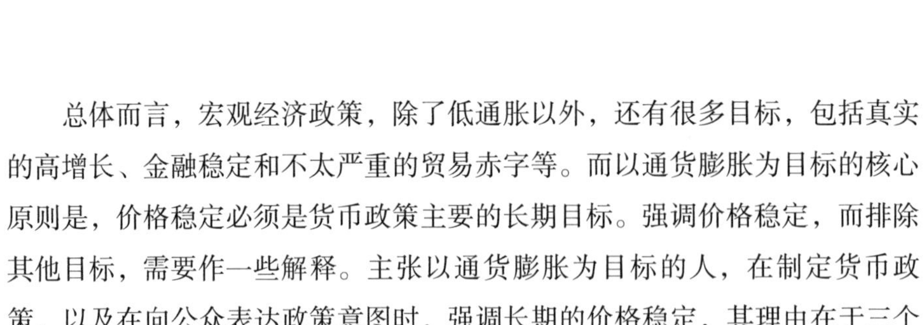

总体而言，宏观经济政策，除了低通胀以外，还有很多目标，包括真实的高增长、金融稳定和不太严重的贸易赤字等。而以通货膨胀为目标的核心原则是，价格稳定必须是货币政策主要的长期目标。强调价格稳定，而排除其他目标，需要作一些解释。主张以通货膨胀为目标的人，在制定货币政策，以及在向公众表达政策意图时，强调长期的价格稳定，其理由在于三个论点。

第一，越来越强调控制通货膨胀，不是因为失业及相关问题已变成不甚紧迫的关切，而是因为今天的经济学家和决策者，比起 30 年前，对可以有效地运用货币政策来缓和经济的短期波动这一点更不自信，也许特别严重或持久的波动除外。另外，大多数宏观经济学家都认为，长期看，通货膨胀率是货币政策能影响的唯一宏观经济变量。当货币政策的制定者将低通货膨胀率设定为主要的长期目标时，在相当大的程度上，他们只是接受货币政策能做什么和不能做什么的现实。

第二，到现在为止，已形成某种共识，即使是中等程度的通货膨胀率对经济效率和增长也是有害的，并且，为实现其他的宏观经济目标，保持较低的、稳定的通货膨胀率是很重要的，也许还是必要的。

第三，将价格稳定确立为货币政策主要的长期目标，在政策制定的整体框架中提供了一个关键的概念性因素，在我们看来这是最基本的一点，该框架有助于决策者将其意图传达给公众，并对中央银行和政府自身施加某种程度的责任感和约束。例如，在货币政策被用来应对短期稳定性目标的情况下，不应牺牲长期通货膨胀目标的约束迫使决策者考虑短期措施的比较长期的后果，强制实现其政策选择本来可能不会显现的一贯性和合理性。按照货币经济学的行话，以通货膨胀为目标为货币政策起到了一个名义支点的作用，以下会作进一步的解释。通过这样的作用，它就为金融市场和社会公众的预期提供了一个关注点，以及中央银行可以据以判断短期政策的可取性的参考点。

我们现在更详细地展开这三个论点。

2.1　货币政策能做什么和不能做什么?

30年前，决策者和大多数经济学家支持“行动主义”的货币政策，该政策被定义为目的在于使产出和失业在任何时候都保持在接近“完全就业”水平上的政策。行动主义的支持者认为，在通货膨胀和失业之间存在一个长期的替代关系，称为菲利普斯曲线（Phillips，1958；Samuelson and Solow，1960）。根据这一观点，货币当局可以通过接受某种程度的通货膨胀而保持永久的低失业率，反之亦然。几乎同时，美国经济的大型经济计量模型的出现为决策者提供了他们实施经济稳定政策所需的量化信息。对很多经济学家和决策者而言，有管理的积极货币（和财政）政策似乎在任何时候都可以用来维持就业的最大化。

这一美好的结果并非现实。经济周期在20世纪60年代并没有像较为乐观的行动主义政策的支持者所预测的那样静悄悄地结束。事实上，1973—1974年和1981—1982年的衰退是第二次世界大战后最严重的。通货膨胀也并未消失：在美国和很多其他国家，20世纪60年代末和70年代被不断上升和变化的通货膨胀率所困扰。并且，在大多数经济学家看来，1981—1982年的严重衰退在很大程度上是限制性货币政策的结果，这一政策反过来又因为飙升的通货膨胀而变得必要。总之，20世纪60年代和70年代的行动主义货币政策不仅没有带来其所保证的好处，反而助长了通货膨胀压力的产生，这种压力只能在付出高昂的经济成本后才会减缓。

学术进展也促使强烈的行动主义政策名声大失。三方面的发展特别具有影响：（1）米尔顿·弗里德曼的货币主义的批判，特别是他观察到，货币政策只有在“长期且可变的滞后”的情况下才会起作用；（2）由弗里德曼和菲尔普斯首先得出的结论认为，在通货膨胀和失业之间没有长期的替代关系；（3）中央银行的可信度对于货币政策有效性的潜在的重要性越来越得到理解。

被称为货币主义的宏观经济学派的创始人——弗里德曼从未怀疑货币政策会对经济产生巨大的影响。他在与安娜·施瓦兹（Anna Schwartz）合著的开创性著作《1867—1960年的美国货币史》（*A Monetary History of the United States, 1867-1960*）中广泛地阐述了这一论断。但是，弗里德曼也认为，这些作用仅在长期且可变的滞后的情况下发生（即每一阶段各不相同，并以根本无法预测的方式进行）。所以，弗里德曼认为，货币政策虽然很有威力，但不是一个可以精确运用的工具。

弗里德曼的批评者们指出，政策的滞后，即使像弗里德曼声称的那样长期而可变，也不能排除行动主义成功的可能性；政策滞后仅仅使对经济的控制在技术上更为困难。例如，他们提出，“最优控制”技术（火箭导航中运用的数学和工程方法）可以用来弥补给定政策行动和其效果之间的滞后。弗里德曼的批评者们认为，在这些情况下，政策的效果可能较差，但积极寻求短期经济稳定，仍比被动的、不采取行动的政策更佳。

相应地，有人也提出了各种反对货币政策的最优控制模式的观点。引人注意的有，1995 年诺贝尔奖获得者罗伯特·E. 卢卡斯指出（Lucas，1976），在火箭和组成经济的人之间存在着重要的差异，人会试图理解和预测其“控制者”（决策者）的行动，而火箭不会。卢卡斯更具体地说明，最优控制方法，如果不考虑公众对未来的预期会随政策的变化而变化，其对政策的引导可能毫无用处。公众对未来的预期，包括对未来政策行动的预期，是很重要的，因为它们会影响当前的经济行为。因此，卢卡斯认为，决策具有决策者和公众之间进行战略博弈的因素。分析这样的博弈，比为火箭导航困难得多。此外，考虑到预测公众预期变化的难度，卢卡斯的论点暗示，决策者能够在某种程度上精确地控制经济是令人怀疑的。

卢卡斯的论点已经对宏观经济政策的思考产生重大影响，尽管对经验的可靠性尚有一些异议。不管怎样，对于为什么较长与可变的滞后致使行动主义政策产生相反的效果这一点还有另外一种解释——在我们看来，相对较为技术性的解释（如卢卡斯的解释）可能更符合实际。这种解释是基于公众和政客在现代的民主制度下对公共政策问题会趋于较为短视基础上的。考虑到频繁选举的压力和对投票结果的几乎即时的报道，很难让政客们欣赏那种谨慎的等待有时是最好的政策的观点。

相反，在实践中，政客（以及政治上受影响的央行官员）趋向于过分操纵货币政策杠杆，以图控制经济。例如，他们可能会通过大幅降低利率来对失业上升作出反应，而忽略了在这些行动的效果被感觉到的时候，失业能够自身矫正的可能性。结果，经济可能过热，导致通货膨胀或又一次剧烈的政策调整，而产生更大的经济不稳定性。因此，由于长期政策滞后和较短的政治周期的相互作用，行动主义的政策可能比有节制的政策产生更糟糕的结果。

对政策行动主义的第二拳是由弗里德曼在其 1967 年美国经济协会主席致辞中击出的（Friedman，1968）（几乎同时，菲尔普斯提出了与弗里德曼类似的论点（Phelps，1968））。在他的发言中，弗里德曼批评了可以通过接受较高水平的通货膨胀获得失业永久性减少的假设（菲利普斯曲线替代关系）。[①] 他同意短期内较高的通货膨胀可能刺激经济而降低失业的观点。例如，如果工资通过合同保持不变，而价格出乎意料地上升，那么企业的利润率会提高，使企业有动力生产更多的产品、提供更多的服务（这只是很多种描述中的一种，用来解释为什么通货膨胀会刺激经济）。实际上，企业愿意生产更多产品是因为出乎意料的通货膨胀隐含了生产的真实成本出乎意料地下降。

但是，弗里德曼提出，工人绝不会比企业更可能忽视其自身的经济利益。一旦他们意识到通货膨胀上升，他们会要求更快地提高工资，以补偿其损失的购买力。当工资增加的幅度开始与价格上升的幅度相匹配时，企业的利润率和生产率会回复到正常水平。在长期内，最终结果是，只有通货膨胀率受到扩张性货币政策的影响；产出和失业回复到正常或“自然”水平。因此，弗里德曼得出结论：通过接受通货膨胀上升，一国可以获得失业的长期减少的观念是错的，通货膨胀和失业之间没有长期的替代关系。或者，如果说有这种关系的话，弗里德曼在其1977年诺贝尔奖获奖演说中说道，它也只会朝“错误”的方向演变：因为通货膨胀抑制经济增长和效率，通货膨胀的上升事实上可能导致长期内失业会略高（而不是略低）。

在通货膨胀和失业之间这种被断言的长期关系的缺失，对行动主义货币政策具有重要的含义。与30年前所认为的相反，情况似乎是，在没有任何政策相抵消的情况下，扩张性政策的好处（如低失业）大多是暂时的，而扩张性政策的成本（主要是与高通货膨胀有关的效率低下）却趋向于是永久性的。[②] 因此，在扩张性政策的好处消失后的很长时期内，决策者将不得不作出选择，要么接受永久性的高通货膨胀（及其对经济的负面影响），要么通过限制性政策来控制经济。用紧缩的货币和财政政策来抑制经济会减轻通货膨胀，但也可能“归还”大部分的就业的利益，以致经常会导致在长

① 菲利普斯曲线最早是A. W. Phillips（1958）的成果，他从一个世纪的英国数据中发现工资通货膨胀和失业之间存在负相关关系。很多研究人员把菲利普斯的研究成果扩展到美国和其他国家。

② 当然，较大的短期收益可能超出较小的永久性成本。而且，弗里德曼的结论的要旨是降低行动主义的扩张政策比较可取的可能性。

期内所实现的是增加了经济的不稳定性。弗里德曼的观点用另外一种方式来看就是，在长期内，中央银行可以系统地影响的唯一宏观经济变量是通货膨胀率。在足够长的时期内，货币政策一般不可能用来降低失业率。

对行动主义政策的第三个挑战来自政策可信度问题（在技术文献中也称为“时间不一致问题”），在 Kydland 和 Prescott（1977）、Calvo（1978）、Barro 和 Gordon（1983）以及很多以后的作者的重要著作中有所分析。政策可信度问题与以下的可能性相关，即使行动主义的中央银行希望保持低通货膨胀，央行也常常有很强的动机使通货膨胀率高于公众所期望的水平。原因是，在短期内，工资和其他很多的投入成本是通过合同或非正式协议而固定不变，因而，通过产生比期望高的通货膨胀，央行可以至少暂时刺激生产、就业和利润。由于较高的就业和利润受欢迎，央行就会受到诱惑来增加通货膨胀。

但是，事实上央行能够实现这些短期利益吗？Kydland 和 Prescott 以及随后的研究人员，在一个使人联想起弗里德曼早期的批评的论点中指出，央行不可能一贯地欺骗工人和企业，使他们期望低于随后实际发生的通货膨胀。最终，工人和企业会理解央行的动机，使他们相应地调整其通货膨胀期望（从而调整其工资和价格设定的行为）。① 结果是，一旦公众理解了央行的行为，产出和就业水平一般就不会高于非此等情况下的水平，但通货膨胀会高于非此等情况下的水平，并且无任何利益可以补偿。

政策可信度的论点表明，行动主义的央行，不管它们怎样宣称它们是多想保持低通货膨胀，它们仍会过分扩张，从而在实际中有通货膨胀倾向。当公众逐步认识并预见到这种行为，高通货膨胀便会在体系中根深蒂固，而不会有补偿性的产出和就业的增加。这种“通货膨胀偏差”是行动主义货币政策的又一个可能的缺陷。

因而有很多的进展发生，冲淡了 20 世纪 60 年代占统治地位的对货币政策能力的乐观的观点。我们不想在这点上走得太远。尽管我们说了很多，我

① 实际上，公众预期中央银行不会有动机通过进一步提高通货膨胀率来进行“欺骗”的唯一的通货膨胀率，是进一步提高通货膨胀的成本会高于相关的经济刺激的收益时的通货膨胀水平。

们也不否认，货币政策可以对产出和就业产生巨大的作用，甚至不否认，有时货币政策可以建设性地用来稳定产出和就业。此外，考虑到对经济放缓要“做些什么”的政治压力，设想政客和决策者会受到诱使，完全不采取行动主义政策是不现实的。事实上，在本书中我们将看到，即使是最热衷于以通货膨胀为目标的央行也可以并确实在保持长期价格稳定的框架内运用货币政策来应对短期政策目标。

还有，要强调的是，旨在使经济持续处于完全就业的行动主义政策需有重要的说明：首先，由于货币政策行动和作用之间较长的、可变的滞后，行动主义政策的作用可能受到严重的削弱。事实上，如果这些政策被短视的政客所控制，它们可能破坏稳定，而不是起稳定作用。其次，失业和就业之间明显缺少任何长期的替代关系，减少了行动主义政策的吸引力，因为这类政策的好处（高产出和就业）大多是暂时的，而其成本（高通货膨胀）却是永久的。事实上，在长期内，央行只能影响通货膨胀，而不能影响如产出之类的真实变量。最后，有理由认为，动用行动主义政策的央行，有采取机会主义行为的倾向，这种行为（一旦公众逐步了解）会导致高通货膨胀，而不是高产出或就业（政策可信度问题）。意识到货币政策可以做什么和不能做什么，已使很多货币政策决策者更倾向较多地关注价格稳定，特别是在长期内更是如此。

为防止出现混乱，我们对“政策行动主义”的批评并不意味着决策者应当是不愿意变动政策杠杆的，而是说，试图保持持续的完全就业而这样做，有可能产生相反效果。实际上，关注价格稳定，正如以通货膨胀为目标的方法所暗含的一样，可能要求积极地操作货币政策工具。政策行动主义，从它所达到的对新信息作出灵敏反应的更宽泛的意义上看，并不能被这些论点排除在外。

2.2 低通货膨胀的好处

将价格稳定设定为货币政策的主要目标的另一个理由是，经济学家和央行官员们越来越相信，低通货膨胀有助于在长期内促进经济效率和增长。

高通货膨胀对经济是有害的这一点认识已久。经历高通货膨胀（或者，在极端情况下，500% ~1 000%的“恶性通货膨胀”）的国家常常呈现较差的经济运行情况。高通货膨胀的成本有：金融体系的过度扩张，因为个人和企业花费越来越多的资源以便避免通货膨胀对其所持现金的影响；越来越易受到金融危机的冲击，因为对高通货膨胀作出调整的难度使金融体系越来越脆弱；产品和劳动力市场的运作不佳，因为价格成为商品和服务的相对经济价值的过分渲染的尺度；频繁地重新定价的成本，伴随着监控供应商和竞争者价格的成本；分配效应，常常包括中产阶级的毁灭（中产阶级的储蓄大多变得不值钱），伴随着相关的社会后果。Fischer（1993）和其他学者已提供证据表明，宏观经济稳定，包括控制通货膨胀，是经济增长的重要前提。

快速增长的通货膨胀的时期明显是有破坏性的，但是，较为缓和的通货膨胀（如低于每年10%）是否有害，则较有争议。一些经济学家认为，公众对通货膨胀的一贯的反感（如民意调查所证明的），主要是对通货膨胀真正意味着什么产生混淆的结果。严格来说，通货膨胀是所有价格、工资和收入的总体上升。因此，它对真实购买力或个人的经济激励的影响很小或根本没有影响，因为价格的总体上升并未影响相对价格。但是，当公众谈论通货膨胀时，他们常常强调相对价格（例如，食品或能源的相对价格）变动对生活水平的影响。这些当然是合理的关切，但是它们大多独立于通货膨胀率本身之外。而且，它们超出了货币政策可以纠正的能力。“真正的”通货膨胀，经济学家有时认为，不会比用角而不是用元对所有商品和服务定价的决定，对经济更为有害。

然而近年来，经济学家和央行官员易于将即使相对较低的通货膨胀也当做问题，正如过去20年中在几乎每一个工业化国家决策者所采取的强烈的通货紧缩所证明的一样。有些不可思议的是，在某种程度上，通货膨胀已被看成是严重的经济问题，恰好是因为公众对通货膨胀是什么以及怎样对通货膨胀进行调整感到糊涂。例如，因为人们感觉在进行计算时很难对通货膨胀进行调整，他们的很多决定——特别是诸如怎样进行储蓄来养老以及怎样对其资本进行投资这类的长期决定——不如他们在不是这种情况下时恰当。确实，考虑到复利，在 30 年或 40 年的期间内，即使年度通货膨胀率差别很小，也会对美元的购买力有很大的影响。通货膨胀使评估当前相对价格和未来价格水平很困难，因而也会扭曲企业有关生产和投资的决策。

当然比较老练的储蓄者、投资人和经理人会找到规避通货膨胀影响的方法，但这种努力并非不要付出自己的经济成本，包括关注和计算的成本，以及用于开发可供选择的金融工具的资源的成本。不老练的个人使其收入和储蓄免受通货膨胀影响的可能性较小。他们不能这样做，正是通货膨胀凭以诱发财富在人群中重新分配的几种途径中的一种。Shiller（1996）关于公众对通货膨胀的态度的民意调查，尽管确认了经济学家关于公众对通货膨胀是什么感到糊涂的怀疑，也说明：人们相信，通货膨胀在分配影响方面是高度不均衡的，从而损害了社会契约。

在几乎所有法律和合约安排中缺少完全的指数化（对通货膨胀进行自动调整）（这也反映了在真实世界中指数化的很多技术困难），也允许通货膨胀，即使在相对较低的水平上也具有负面的经济影响。较低或中等水平的通货膨胀的最重要的成本似乎来自于通货膨胀与税收体系的相互作用，而税收体系，如果曾进行过，也是很少对通货膨胀完全进行指数化的。例如，通常将资本贬值准备基于投资的历史成本，而不是基于现值的做法表明，通货膨胀侵蚀了资本形成的一项关键的税收利益，减少了对投资的激励，并且也许（由于在资本生命和贬值方法方面的行业差异）导致投资在行业中的错误配置。Fischer（1994）计算出在通货膨胀率为 10% 时与税收相关的扭曲的社会成本为 GDP 的 2% ~3%，而 Feldstein（1997）认为，即使最初的通货膨胀率很低，降低通货膨胀也会获得社会收益。即使中等的通货膨胀也会对会计体系、劳动合同和金融工具的风险和收益产生严重的扭曲。

当然，想要获得通货膨胀和整体经济表现之间联系的直接实证证明很难，毕竟通货膨胀是由很多相互作用的因素决定的。通货膨胀的变动与供给冲击或政治不稳定等因素不相关非常少见。因而，要对通货膨胀对实际经济绩效的直接影响进行完全“彻底”的检验大概是不可能的。

尽管如此，还是有很多计量经济分析，把高通货膨胀与低生产率和低增长率之间联系起来（Anderson and Gruen，1995）。在经常引用的有关增长率的国际比较的一篇文章中，Fischer（1993）发现，通货膨胀平均每上升1个百分点，经济增长率就会损失1/10个百分点。根据实证分析，通货膨胀对增长率的影响通常随着通货膨胀率的变化而发生很大的变动。例如，Sarel（1996）发现，当通货膨胀处于较高的水平时，通货膨胀的负面影响就急剧增加，但在通货膨胀低于8%左右时，这种影响并不重要。Bruno和Easterly（1998）认为，只有当通货膨胀达到很高的水平，发生“通货膨胀危机”时，才会对增长产生重大的负面影响。然而，近期的研究表明，与通货膨胀相关的价格变动有较大的不可测性，即使在较低的通货膨胀水平下，也会严重阻碍经济增长（Judson and Orphanides，1996；Hess and Morris，1996）。通货膨胀对经济增长的长期影响越大，货币当局越侧重于长期价格稳定并将其作为政策目标。

2.3 需要一个“名义锚”

我们已讨论了在制定货币政策时越来越强调价格稳定的两个宽泛的理由：对行动主义政策的信心减弱；对即使是温和的通货膨胀的负面影响的关注也有所强化。尽管这些进展提高了中央银行把通货膨胀目标制作为政策策略的接受程度，我们仍然认为，这两个理由对于证明这一政策方法都不是绝对重要的。相反，实行通货膨胀目标制的最有力的论点是，通货膨胀目标制有助于为货币政策提供经济学家所说的“名义锚”。

任何商品——如面包——的价格，在社会中是用作为货币的任何等价物来计量的。例如，在金本位制度下，与以其他商品货币本位下一样，面包的价格是以黄金的盎司为单位来计量的。① 在金本位制度下，观察面包的价格是如何确定的并不困难：由于面包和黄金本质上都是有用的商品，以黄金计

① 在金本位下，更准确的说法是面包的价格是用当地的货币来计量，而当地货币自己的价值是由中央银行用黄金来确定的。

量的面包的价格与这两个商品对于其使用者的相对边际价值不会有太大的偏差。例如，在发生饥荒的情况下，面包变得相对贵重，以黄金计值的面包价格将上涨；而如果黄金首饰变得很流行，对黄金的需求增加，以黄金计值的面包价格将下跌。

在没有实物支撑的纸币本位下价格如何确定，这几乎是当前货币体系的普遍形式，还很不明确。在纸币缺乏内在价值的情况下，由什么决定一长条面包值 1 美元或 3 美元？不考虑任何复杂的因素，一个简短的答案是，在纸币体系下，货币政策需要受到额外的约束，即所谓的"名义锚"，在一定时间内把价格水平约束在特定的价值之上。"名义锚"可以采取数量约束的形式，如对投入流通中的纸币数量进行控制；或价格限制，以法定形式用一些商品和资产（如黄金或外币）来确定纸币的价值。尽管本质上纸币本身几乎不具有价值，这两种方式还是都得到了运用，都能保证经济的价格水平具有准确的特定的价值。

在没有一个牢固地确立的"名义锚"的情况下进行货币政策操作是可能的，但存在风险。例如，假设对货币政策不进行数量或价格限制，并且假设，由于某种原因，公众预期通货膨胀将急剧上升（Goodfriend（1993）把此类情况称为"通货膨胀恐慌"，并认为这些情况在第二次世界大战后的美国经常发生）。通货膨胀预期的这种变化使货币当局面临双重困境：一方面，他们通过以证明预期是正确的方式进行货币政策操作来适应这种变化。这么做不仅容忍了通货膨胀上涨，而且向公众传达了无法抑制通货膨胀进一步上涨的信息；另一方面，如果实行紧缩的货币政策以抑制上升的通货膨胀预期，就会有把经济带入萧条的风险。在没有"名义锚"的情况下，各种因素会诱发通货膨胀预期的变化，宏观经济的预测和调控变得异常困难。

那么，很明显，在"名义锚"牢固确立的情况下，货币政策非常有效，并且，公众越是能理解"名义锚"，情况就越好。对长期价格稳定的有效承诺正是这样的"名义锚"，因为（在当前价格水平的情况下）通货膨胀率的目标向公众传达了在未来的特定时期中央银行致力实现的价格水平。我们将在随后的一章中，考虑通货膨胀目标制的替代方案的时候，来讨论建立

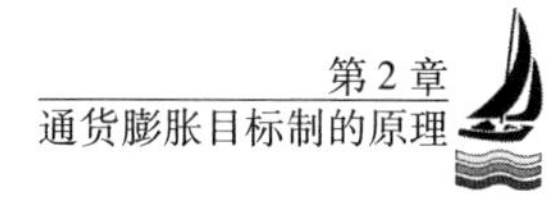

"名义锚"的其他可能方法。不过，我们将看到每一种其他的替代方案都存在严重的问题。

正如我们强调的，通货膨胀目标制是为货币政策提供"名义锚"的一个有效方式这一事实本身，就是认真思考这一方法的充分理由。特别是，即使把通货膨胀目标设定在温和而不是较低水平上，通货膨胀目标制仍然是一个有用的政策框架，这可能是因为有一点是确定的，很低的通货膨胀对经济没有好处。在本书中，我们将会反复看到，通货膨胀目标制并不排除一定的政策积极主义，相反，它提供了一个允许以更为严谨和连续的方式来追求除了价格稳定之外的其他目标的框架。在我们所讨论的把控制通货膨胀作为货币政策的主要的长期目标的三个论点中，通货膨胀目标制能够有助于为价格水平确立一个"名义锚"这一点是最重要的。

2.4 通货膨胀目标制：一个框架，而非规则

把货币政策策略分为"规则"和"相机抉择"是货币经济学历史中的一个重要主题（参见第 1 章），当前对通货膨胀目标制的辩论反映了这一传统。近来的评论倾向于把通货膨胀目标制归为两分法的"规则"一方（Friedman and Kuttner，1996）。[①] 正如我们已注意到的一样，这不是思考通货膨胀目标制的最佳方法。

如果通货膨胀目标制被视为古典意义上的政策规则（我们再一次说明不持这种观点），那么它确实就会受到一些严肃的批评。首先，货币政策除了控制通货膨胀之外确确实实没有其他目标这一看法，很难获得公众、中央银行或货币经济学家的支持。另外，考虑到政府和中央银行除了关注通货膨胀，还的确关注生产、就业、汇率和其他变量，把通货膨胀目标制作为一个颠扑不破的货币政策规则，可能带来很糟糕的经济后果。例如，弗里德曼和卡特纳（Friedman and Kuttner，1996）强调，把通货膨胀作为唯一的关注焦

① 必须承认，一些通货膨胀目标制的支持者的措辞，鼓励把这个策略作为一个规则来看待。

点，在发生强大的供给冲击，如不时打击世界经济的石油价格大幅上涨的情况下，可能造成经济高度的不稳定。

最后，对于把这种方法描述成规则的通货膨胀目标制持批评意见的人很可能会提出问题，以这种方式使货币政策事先作出承诺，会得到什么结果呢？学术文献认为，“束缚货币政策制定者的手脚”应该会减少机会主义，因而减少与货币政策可信度相关的通货膨胀倾向的问题。文献还认为，由于增加可信度可以使公众更快地调整通货膨胀预期，基于规则的货币政策会降低反通货膨胀的成本。然而批评者指出（我们的研究也认可这一点），虽然实行通货膨胀目标制的国家大都实现和保持低通货膨胀率，但没有证据表明，通货膨胀目标制极大地减少了降低通货膨胀的实际成本。即使在过去20年执著地追求低通货膨胀的德国银行和瑞士国民银行，可能为它们获得了最大的可信度，它们也只是在付出就业和产出的较高的成本的情况下降低了通货膨胀（Debelle and Fischer，1994；Posen，1995a）。从调查和长期名义利率水平反映的情况来看，也没有证据表明，引入通货膨胀目标制本身极大地影响了通货膨胀预期。多数情况下，只有实行通货膨胀目标制的中央银行表明它们能够实现并将保持低通货膨胀，通货膨胀预期才能降下来（我们将在第10章讨论；也请参见Laubach和Posen（1997a））。

这些反对意见，就其本身而言，是成立的，但是我们（在第1章中）已经表示了我们的怀疑态度，即任何实际上实行过的货币政策的策略是否都达到了政策规则的经典标准。如我们将看到的，这种怀疑的观点，特别适用于通货膨胀目标制，至少是在当代的中央银行实际实施的时候是这样。从经典意义上说，通货膨胀目标制不是一个政策规则，把它作为严格的政策规则来分析会造成严重的误解。

为什么我们认为把通货膨胀目标制作为一个政策规则是错误的？

第一，在技术层面，通货膨胀目标制并没有给中央银行提供一个简单、机械的操作指导，而是要求中央银行利用经济的结构模型和判断模型，以及所有它认为相关的信息，来实现价格稳定目标。换言之，尽管有一个侧重的目标，通货膨胀目标制仍在很多方面是一种“什么都考虑”的策略。

第二，也是更重要的一点，通货膨胀目标制在实际操作中给决策者相当程度的相机抉择权。本书中的案例研究将对这些问题进行具体讨论，采取通货膨胀目标制的中央银行家，在中长期通货膨胀目标的约束内，拥有相当大的余地，来应对失业的情况、汇率波动和其他短期现象。

但是，如果通货膨胀目标制不是经典意义上的规则，那么它是什么，又有何优点？如我们指出的，我们发现，有效果的做法是，不把通货膨胀目标制视为政策规则，而是视为一个政策框架，在这个框架内可以实行“受约束的相机抉择”。这里，通货膨胀目标制的“名义锚”的职能函数是关键性的：类似于实际生活中的锚，在长期内，通货膨胀目标制使经济大船处于理想的区域，同时又让经济大船在短期内可以应对不可预测的波涛。如果我们不那么空想的话，会发现通货膨胀目标制框架具有两个功能：第一，改善决策者和公众之间的沟通；与之并非无关的第二点是在制定货币政策时提供约束和责任。

宣布通货膨胀目标制可以把中央银行的意图传达给金融市场和公众，这么做有助于降低未来通货膨胀过程的不确定性。很多通货膨胀成本产生于不确定性或易变性，而不是通货膨胀水平。例如，通货膨胀的不确定性加剧了相对价格的波动（降低了价格的信息含量），增加了非指数化金融工具和以名义价格定价的合约的风险。另外，中央银行政策意图的不确定性也造成了金融市场的波动。这种现象在美国很常见，股票市场分析师揣摩美联储主席每一句话的弦外之音。通过把中央银行的中期意图显性化，通货膨胀目标制有助于改善私人部门的规划，促进了公众对货币政策取向的公开讨论，强化了中央银行的责任。透明度，即让公众清晰易懂，这一点在其他政策策略中也常常提到，但是公众可能对于可预测的消费价格变化的含义的理解比对货币存量 M1 的增长率的含义的理解更容易。

考虑下面我们熟悉的情形，要进行选举或者经济复苏缓慢使政府对中央银行施压，要求对经济采取短期刺激政策。在通货膨胀目标制下，中央银行能够，实际上也是被要求说明，这种措施的短期收益（更快的实际增长）是以中长期更高的通货膨胀为代价的。中央银行对通货膨胀的预测的准确程度，以及政府对更高的通货膨胀的容忍程度，可以随后进行公开讨论。长期通货膨胀问题会摆到桌面上，从而会被视为对经济刺激的预期短期收益的一种抵消因素。看清短期货币政策调整和长期后果之间的联系，使公众和决策者了解货币政策的可作为与不可作为。考虑到长期后果的需要，至少可以有助于克服决策者的短视并抑制他们以不稳定的方式过度操纵政策杠杆的意愿。

总供给冲击，如石油价格冲击，对采取通货膨胀目标制的国家来说是个较为棘手的问题（正如 Friedman 和 Kuttner（1996）所强调的）。一旦严重的供给冲击影响经济，使通货膨胀接近目标可能要付出非常高昂的损失产出和就业的代价。但是，正如在本书中的案例分析所显示的，一个设计良好的通货膨胀目标制可以很好地应对供给冲击。例如，大多数国家设计的通货膨胀目标至少排除了第一轮供给冲击的效应，如食物或能源价格上涨或上调增值税的第一轮影响。免责条款允许中央银行调整中期目标以应对不可预期的变化，是应对供给冲击的另一种办法。在第 4 章中我们将会看到，在 1979 年石油供给冲击后，德意志联邦银行上调了一年期的通货膨胀目标，以便定义新的通货膨胀过渡的路径。德意志联邦银行设定短期目标，以逐步消除随着时间的变化由供给冲击造成的通货膨胀，一直到再次实现长期通货膨胀目标。与中央银行采取纯粹相机抉择的方式根据经验处理供给冲击相比，通货膨胀目标制框架为中央银行提供了一个更好的机会，使公众相信供给冲击的影响会被限制在一次性的价格上涨的限度内，而不是造成永久性的通货膨胀率的上涨。

通货膨胀目标制要求向公众解释其短期政策措施所具有的预期的长期含义这样的观点，对于通货膨胀目标制会有助于对货币政策进行约束这一论点也是关键性的。仅仅对谁进行“约束”这一点也可能因不同国家而异（在不同时期而不同），取决于政治、制度安排和国家的独有特性。在关于中央银行可信度的学术文献中，一般认为需要对中央银行进行约束，原因是中央银行有追求低于自然失业率的失业水平的愿望。这一愿望创造了一种激励，使中央银行为了刺激经济和就业，会努力制造“惊奇”的通货膨胀。然而，正如我们在分析政策可信度问题时所讨论的，公众不可能一再上当受骗，这种政策的长期后果是高于必要水平的通货膨胀，而产出和就业并没有持续增加。①

如果这一理论描述行得通，那么通货膨胀目标制框架就不能直接阻止中央银行运用短期刺激措施的会产生相反作用的图谋。在这方面，通货膨胀目标制比铁一般的规则逊色，假设这种规则曾经可以实行。然而，与没有明确目标的纯粹相机抉择的情况相比较，在通货膨胀目标制下，中央银行被迫计算并公开其短期措施的长期含义，从而保证它们得到公开的监督和辩论。在中央银行行长不愿意公开承认可能偏离其长期通货膨胀目标（或者他们不愿因通货膨胀的预测出现偏差或被操纵而受指责）的限度内，通货膨胀目标制框架的存在，提供了一种激励，使中央银行限制其短期机会主义。

尽管经济理论通常假设，中央银行会以机会主义的方式选择通货膨胀的实体，而实践中，政府的行政部门和立法部门更有可能具有更大的采取（或引发）这种行为的动机。实际上，中央银行家往往会把自己视为货币的捍卫者。这一观点可能是任命“强硬的”中央银行家的结果（Rogoff（1985）所描述的理由），或者仅仅是这样的情况，中央银行家的背景和社会关系往往会使他们对通货膨胀相对强硬。在每一种情况下，通货膨胀目标制的存在，都能有助于中央银行避免受到来自政府的支持通货膨胀政策的压力。特别是，通过指出过度扩张政策的长期和短期的政策含义，中央银行能从公众和金融界获得支持，来抵制这种政策。同样，本书中的案例分析将演示这种情况。

总之，通货膨胀目标制作为“名义锚”的角色和作为制定货币政策框架的关键部分的角色之间有着紧密的联系。把政策与中长期相联系，又无损于中央银行应对短期情况的能力，通货膨胀目标制在硬性规则的约束和责任

① McCallum（1995）认为，中央银行可以简单地选择不采取短视的举动，在这种情况下，公众预期会表现出更具远见的行为。但是，在我们看来，在一定制度安排和政策策略下，这种情况比其他情况的可能性更大。McCallum 也指出，在政策可信度成为问题的限度内，它会影响政府和中央银行。我们同意这个观点，是基于我们在以下所讨论的原因。

与相机抉择方法的灵活性之间达成大致的妥协。当然，这一论断，不管其表面似乎多么有道理，仍需要来自实地调查的证据予以支持。而且，对成功的通货膨胀目标制的实际设计和实施有更多的了解很重要。本书其余部分的很多内容专门处理这些问题。

第3章

设计和实施问题

在上一章中我们概述了通货膨胀作为货币政策的策略具有的一些潜在收益，而能否收到这些好处，有赖于如何有效地设计和执行这一政策。本章我们将初步讨论在中央银行采取通货膨胀目标制时面临的选择。正如我们在后面的各章中看到的，采取通货膨胀目标制的中央银行倾向于采取类似的方式。这种趋同似乎反映了在如何把握由通货膨胀目标制策略引发的权衡问题方面存在着相近但常常独立形成的判断。

透明度和灵活性是通货膨胀目标制两个主要的优势。这些特点主要表现在官方实行这一制度的理论基础上。透明度是指清晰和及时地与公众就政策目标、计划和策略进行沟通。政策透明度的目标包括：强调公众对货币政策的可为与不可为的理解；降低经济和金融的不确定性；增强货币当局对政府和公众的责任。灵活性是指在通货膨胀目标框架的约束内，中央银行对短期宏观经济状况作出有效反应的能力。长期内这两个特点互相强化，特别是，我们将会在案例分析中看到，长期内透明度起到了增加政策灵活性的作用。但是，在日常操作层面，提高透明度的操作选择有时会降低灵活性，反之亦然。因此，设计通货膨胀目标制的策略的关键在于在透明度和灵活性之间进行恰当的平衡。

透明度和灵活性之间的短期权衡让人想起前几章中所讨论的规则和相机抉择之争。一般而言，最透明的政策比较简单，而且在很大程度上是非偶然的。在事先声明的政策（例如，坚持特定的通货膨胀目标）需中途变动的情况下，透明度最大化要求，该变动是由于清晰说明的原因而进行的，而公众都知道这些原因。比较而言，最具灵活性的政策要求中央银行能够应对随时发生的不可预见事件和可以获得的难于向公众解释的新信息。中央银行如何设计和执行通货膨胀目标制策略，对如何在透明度和灵活性之间进行很好的平衡有着重要的影响。

我们现在讨论实行通货膨胀目标制时遇到的一些操作问题，以及中央银行与公众进行沟通的最好方式。

3.1　操作问题

在实行通货膨胀目标制方面产生的关键操作问题包括：对目标的定义；目标数值的选择；与目标相关的时期；如果需要一些条件的话，对目标作调整的条件；如何实现目标；如何处理偏离目标的问题。

3.1.1　应使用哪种通货膨胀的衡量尺度

设计通货膨胀目标制的第一步是确定价格指数，以便将其变化率作为目标。为了使透明度最大化，选择的价格指数应当为人们所熟悉，并且基础广泛、准确、及时。为了使灵活性最大化，指数应当排除狭义部门的价格变化和不影响通货膨胀趋势和“核心”通货膨胀的一次性的价格上涨，例如，

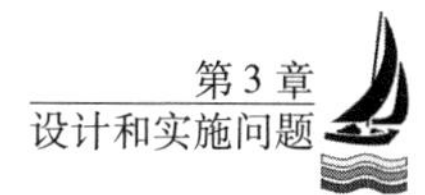

提高增值税或营业税。选择的指数至少应当排除这些变化的第一轮影响。

所有实行通货膨胀目标制的中央银行都选择参考某种消费价格指数（CPI）来计量通货膨胀，为了集中关注“核心”通货膨胀，通常会选择一种剔除某些波动成分的指数。但是，在作出这一选择时，中央银行必须向公众解释价格指数的编制过程，以及与整体 CPI 指数的关系。中央银行不应给公众留下为了保证对自己有利而在备选的指数中选取这一指数的印象。指数选择应当在目标发挥作用的整个期间保持连续性，应当定义准确，并且可以被其他人复制。使公众确信中央银行没有操纵数据的一个方式是由一个独立于货币当局的机构（如美国的劳工统计局）统一编制数据。

3.1.2　目标应有什么样的数值

在选择通货膨胀目标的数值时，中央银行通常强调把“价格稳定”作为政策目标。据报道，前美联储主席格林斯潘曾把价格稳定定义为通货膨胀的水平低到企业和居民在日常决策时可以不必考虑的水平。但是，这一定义对于制定通货膨胀目标没有多少实际指导意义。

价格稳定的严格定义似乎表明通货膨胀率为零或非常接近于零。但是把通货膨胀的目标定为零会造成很大问题。近来的研究表明，通常以 CPI 为基础的对通货膨胀的计量尺度存在向上偏差的可能。一个原因是，固定加权指数并未反映消费者可能放弃购买价格上涨的商品而替代以类似的价格更低的商品的可能性。另一个原因是，固定加权指数不能反映质量的变化，由于质量提高而出现的价格上涨不应计入通货膨胀。根据对美国的通货膨胀的研究，包括官方授权的《博斯金报告》看，CPI 每年对通货膨胀高估了 0.5 ~ 2 个百分点（Boskin et al.，1996；Moulton，1996；Shapiro and Wilcox，1996）。对其他国家的情况研究较少，但是，据推测，相似的情况在国外也普遍存在。由于计量存在明显的偏差，即使中央银行决定“真实的”通货膨胀目标应当是零，计量的通货膨胀的隐含目标应当大于零。

不考虑计量的问题，通货膨胀目标过低可能存在相当大的经济风险，正如把通货膨胀目标定得过高的风险一样。例如，Akerlof、Dichens 和 Perry

（1996）指出，如果名义工资存在着向下的刚性，他们认为，这与实证证据一致，那么降低实际工资（以购买力平价计算的工资）只能通过通货膨胀来实现。这意味着低通货膨胀会阻碍实际工资对一些产业或地区的劳动力需求下降作出下调的反应，进而造成失业增加和阻碍劳动力由衰退部门向扩张部门转移。阿克洛夫等人的模拟研究表明，通货膨胀水平接近于零可能增加长期或“自然”失业率。

反对将通货膨胀目标设定过低的另一个论点（Summers，1991）是，低通货膨胀导致较低水平的名义利率，使中央银行在一旦发生经济衰退时调低利率的空间较小（由于名义利率不可能低于零）。① 一些日本的中央银行家宣称，萨默斯的观点可以用于解释日本最近的经济衰退，期间，名义利率下降到低于1%的水平，减弱了货币政策支持经济复苏的能力。

当然不能过分地强调这些观点的重要性。根据阿克洛夫等人的研究，通货膨胀在很低的水平上将严重地影响自然失业率，即计量的（而不是“真实的”）通货膨胀率为每年2%或更低。而且，并未考虑到可能向反方向作用的力量。例如，Groshen 和 Schweitzer（1996）指出，过高、多变的通货膨胀率可能增加相对工资中的“噪音成分”，降低信息含量，进而降低工人在职业和行业间配置过程的效率。因此，根据 Groshen 和 Schweitze 的分析，较高的通货膨胀可能代表了劳动力市场机制中的“沙子”和“润滑剂”的作用。

Summers 有关名义利率的争论忽略了这样一个事实，货币政策会通过短期利率之外的其他渠道发挥作用（Mishkin，1996）。低利率并没有阻止日本在经济衰退期间使日元大幅贬值帮助刺激日本经济。此外，尽管名义利率不可能为负值，实际利率确实可以为负值（名义利率减去通货膨胀率）。标准理论表明，实际利率而非名义利率对总消费和实际经济活动来说更重要一些。

反对以零通货膨胀为目标更有说服力的一个论点是，这一政策有把经济

---

① Rotemberg 和 Woodford（1997）提供了一些模拟证据来支持这一观点。

带入通货紧缩的风险，并伴随着实际（而不是“计量的”）价格水平下降。持续的通货紧缩，特别是未预料的通货紧缩，可能造成严重的流动性和清偿力问题，可能影响金融体系的正常运作，加速或恶化经济收缩（Bernanke and James，1991；Mishkin，1991）。简言之，过分调低零通货膨胀目标（即通货紧缩）比同等规模地超调零通货膨胀目标的潜在成本更高。

这些风险表明，应当把通货膨胀目标设定为高于零的水平，例如，每年1%～3%。这是我们在后面的章节中讨论的所有实行通货膨胀目标制的国家的惯例。通货膨胀目标制的一个优势在于，它在提供通货膨胀水平的上限的同时也提供了下限。因此，运转良好的通货膨胀目标制，防范过度通货膨胀的成本，与防范通货紧缩的因素和“太低的”通货膨胀的风险一样保持警觉。一个有趣的历史例子是，20世纪30年代的瑞典，在1931年脱离金本位后，实行了“价格稳定标准”。结果，瑞典避免了大萧条时期像其他国家经历的严重通货紧缩，而在20世纪30年代实现了良好的经济表现。

3.1.3 价格水平目标还是通货膨胀目标

在以通货膨胀水平本身还是以价格水平为目标方面正进行着热烈的辩论。[①] 当然，通货膨胀目标水平不一定是指不变的价格水平。目标价格水平可以随时间向上浮动，类似于爬行钉住汇率（Goodhart and Vinals，1994；Svensson，1996）。以通货膨胀为目标的一个缺点在于，对价格水平出乎意料的冲击，可以视为已经过去而不冲销。结果对价格水平的长期预测出现较大变化，干扰了私人部门的规划。[②] 只要通货膨胀保持低水平，这一现象的实际意义就不会很清楚。另外，严格的价格水平目标制，要求对目标高估或低估进行全面弥补。这一要求减少了价格水平长期预测的变化，但是可能在

① 这个争论让人想起在建立货币增长区间上对运用的争论，随时间推移，它是与货币增长的目标率联系在一起的，对出现的偏离不用冲销，是指货币存量水平的固定预测的方法，它是与货币存量水平目标和对偏离目标进行更大的冲销联系在一起的。

② 从技术上讲，只保证通货膨胀率稳定可能会使价格水平出现单位根，对更长时限的价格水平预测的方差会无限扩大。这个问题类似于货币目标中的“基础货币调整”，参见Walsh（1986）。

短期内对货币政策和实体经济造成更多的波动。① 特别是，可能会出现一段时期的通货紧缩，对一段时期曾出现的高于目标的通货膨胀进行弥补。实践中，虽然中央银行设定通货膨胀而不是价格水平目标，但是往往会对目标偏离进行部分地弥补，特别是在短期内更是这样。

3.1.4 什么样的时间区间

通货膨胀目标制可以设为一个或更多的时间区间。实践中，1 年以内的目标或 4 年以上的目标不可能有实际意义，原因是，对于前者而言，在如此短的时期内，中央银行无法控制通货膨胀，对于后者而言，目标时期长而缺乏可信度。在 1 年到 4 年的范围内，中央银行的目标选择会影响到透明性和灵活性之间的权衡：目标在较短的期间内规定得越严格，中央银行与公众沟通的模糊性越小，但在短期内，中央银行政策的自由度受到的约束越大。在实践中有多种选择。

正如我们在第 4 章中看到的，德意志联邦银行的做法显示了明确的短期货币目标与明确的长期通货膨胀目标相结合的一种方式，以便向公众传达有关其意图的清晰信号。每年 12 月，德意志联邦银行宣布来年的通货膨胀目标（现在称之为“价格上升的标准比率”），从中得出众所周知的货币目标。尽管技术上仅是当年的一个目标，该目标也很少变动，它的功能是向公众传达在短期内德意志联邦银行意在保持或降低通货膨胀的水平。但是，它同时向公众发出了信号，德意志联邦银行将计划对哪些通货膨胀的冲击会适应几年，而对哪些不会，取决于目标是否变动。因此，在发生供给冲击的情况下，如 1979 年，德意志联邦银行采取的政策是承认现实，提高年通货膨胀目标，从而未要求短期内通货膨胀过快变动。另外，如同德意志联邦银行在 20 世纪 80 年代早期把高通货膨胀贴上“不可避免的价格增长比率”的标签，表明它将保持对长期通货膨胀目标的压力，这就是众所周知的每年 2%

① 但是，Svensson（1996）给出了价格水平目标实际上会降低产出波动的例子。这些例子在实践上的相关性仍然是个有争议的问题。对通货膨胀和价格水平目标进行比较的一个因素是对经济的持续冲击，高持续冲击诱致在同一方向上出现连续偏离目标的问题，将会使价格水平目标的成本特别高。对价格水平计量出现持续误差会产生类似的效应，这使得通货膨胀目标优于价格目标。

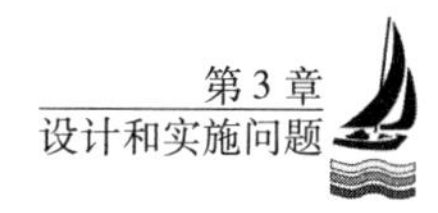

左右（实际上，从1984年到1996年，通货膨胀降低到1.5%～2%，德意志联邦银行的通货膨胀目标仍为每年2%不变）。

德意志联邦银行的方法表明，有时对通货膨胀目标进行变动是有意义的。至少在两种情况下变动通货膨胀目标可能证明是有用的：一是在实行通货膨胀目标制的初期向较低的通货膨胀率过渡；二是为了应对对经济造成的冲击，而这种冲击使得在短期或中期内保持长期的通货膨胀目标的成本过高。

3.1.5 一个点还是一个区间

如同对目标的期间和数值进行选择一样，实行通货膨胀目标制的中央银行，对宣布是单一的点目标还是以中间点为中心的区间，有一些相机抉择权。正如我们将会看到的，对这一选择的政策含义争论很多（就如何影响预期，以及公众对“偏离”目标如何作出反应而言）。在中央银行选择宣布目标区间的情况下，一个较窄的区间比较宽的区间更能传达中央银行对接近通货膨胀目标的承诺。同时（按照通常的权衡），这种做法也多少降低了中央银行对不可预期事件的反应能力。尽管中央银行尽最大努力，但在控制通货膨胀上还是难免失误，可能使通货膨胀偏离目标区间。而且，完全偏离目标区间对可信度的影响比偏离目标点的影响更大。

目标区间的宽度传达出中央银行对政策效应的不确定性进行评估的有用信息。一些研究学者测算认为，与通货膨胀的结果相关的不确定性相当高（Haldane and Salmon，1995；Stevens and Debelle，1995），这意味着目标区间必须很宽，大约5或6个百分点，才能仅仅就这一因素作出解释。然而这么宽的区间会使公众和市场对中央银行对通货膨胀目标制的承诺持怀疑态度。有关通货膨胀目标制下通货膨胀的不确定性是否像历史上那么高还有待观察。当公众逐渐意识到中央银行会坚决抵制通货膨胀压力时，通货膨胀的预见性和可控性很可能自动得到改善。无论是否实行通货膨胀目标制，近年来几乎所有的工业化国家的通货膨胀的变动确实都大幅减少。

3.1.6　在决策中应运用哪些信息

一旦中央银行确定了通货膨胀目标，问题实际上就变成如何实现这一目标。中央银行要努力把通货膨胀保持在理想的范围内，需要运用哪些信息?

对这一问题的回答是“任何与预测通货膨胀相关的信息”。这表明了通货膨胀目标制和其他货币政策策略之间的差别。多数其他策略，如货币增长策略目标制，大量运用所谓的“中间目标”，即货币存量等中央银行可以控制的变量，但这些变量与最终目标变量如通货膨胀之间只有间接的、在统计上具有不确定性的关系。这种策略的支持者，基于中央银行对通货膨胀的控制能力相对较弱，且在较长的时滞后才产生影响等原因，批评通货膨胀目标制不具有操作性。

尽管控制通货膨胀确实比控制（如）货币增长要难，但是这对比较两种方式的价值没有多大作用。货币增长没有实质意义，所以，只有在货币增长是预测最终目标变量的有效指标的情况下，货币增长容易调控这一事实才具有意义。如果货币增长或其他简单的中间目标与目标变量的关系并不可靠，正如在很多国家已被证明的一样，那么采用这些中间目标就不会获得任何好处（就对最终目标的更好结果而言）。实际上，从一般原则来讲，拥有更多的信息比更少的信息要好。由于至少可能有额外的一些信息可以帮助预测和控制最终目标变量，因而完全依赖于单个中间目标几乎从来就是不可取的。

Svensson（1997a）以一个有趣的方式对这一点进行了阐述。他建议通货膨胀目标制采用中间目标，但是中间目标是推断出的，而不是直接观察到的数值，即在目标期间内对通货膨胀的当期的预测。换言之，在 Svensson 的公式中，一个实行通货膨胀目标制的中央银行应当每天设定工具（例如利率），以使通货膨胀预测等于通货膨胀目标水平。这一公式强调，实行通货膨胀目标制的中央银行利用的信息，精确地来讲，比采用中间目标的中央银行更多，除了在极端情况下，中间目标包含所有与预测目标变量相关的信息（在这种情况下，中间目标制与通货膨胀目标制在功能上是一样的）。

尽管不可否认通货膨胀目标制意味着比传统的中间变量目标策略利用了更多的信息，这似乎是这一方法的一个正面的特征，但还是应当提出一些警告。首先，Svensson 的公式提出了重要的问题，中央银行究竟应当考虑何种信息，以及对获取的信息应如何作出反应。特别是，正如 Woodford（1994）和 Bernanke 与 Woodford（1997）正式说明的一样，认为实行通货膨胀目标制的中央银行机械地对偏离私人部门预测的通货膨胀目标或者偏离中央银行自己的经济学家预测的目标作出反应是不正确的。这一方式存在曲解的循环论证的风险，在这个过程中，预测者发现，预测使通货膨胀等于所宣布的目标总是最优的，以至于预测没有给中央银行提供任何信息。

另一种选择是，我们可以证明，在一些情况下，把当前的货币政策行为与未来通货膨胀的预测联系得过于相关，可能造成多重的均衡结果，在这种均衡中，通货膨胀的实际路径基本上是随机的。原因是，政策对预期的强烈依赖导致很多不同的通货膨胀预期变成“自我实现的预言”，因为预期诱导出必要的政策调整，以便使这些预期成为现实。为了实现通货膨胀目标，中央银行不是把政策直接建立在通货膨胀预测的基础上，而是要运用可以用来分析各种政策路径效应的全面结构模型（有关进一步的讨论，参见 Bernanke 和 Woodford，1997）。成功运用结构模型来预测实施通货膨胀目标所需的政策，将使对通货膨胀的理性预测等同于目标，但根据 Svenson 的观点，这仅是这一过程的副产品。

第二个注意事项产生于这样的观察，货币政策策略的一个目标是与公众沟通，特别是要为中央银行所宣布的目标和策略建立可信度。在控制通货膨胀方面存在着较长的时滞和不确定性，对于中央银行来说是一个问题，因为它试图尽快地使公众相信，它对实现目标是认真的，并且它是想负责任的。由于这一原因，以可控变量（如货币供给）为目标的策略可能是可取的，因为在这样的情况下，公众能够在很短的时期内观察到中央银行是否信守承诺。然而，Laubach（1997）的理论分析表明，这一直觉并不一定正确。特别是，如果中间目标与最终目标之间只有较弱的联系，正如通常的情况一样，中央银行实现中间目标的意愿和能力，关于其对最终目标的承诺，没有传递什么信息，因而对其可信度帮助不大。

在实际操作中，当实行通货膨胀目标制的中央银行已远离中间目标时，它们更多地依赖能够反映经济状况的有用信息，称为信息变量或指标变量。由于信息变量历史上反映了未来经济变化的信号，通常被用来辅助进行经济预测和规划。虽然信息变量为决策提供一定的依据，但是它们本身并不被视为政策目标。多个实行通货膨胀目标制的中央银行（如加拿大、瑞典，以及最近的新西兰的中央银行）所运用的一个信息变量的例子是所谓的“货币状况指数”，是一种利率和汇率的加权指数组合，可以有助于中央银行确定未来可能的通货膨胀路径。

由于不能保证信息变量包含的信息随时间推移而保持不变，因而应当谨慎运用信息变量，特别是在货币政策制度正在变化的情况下。最好的方式是，把利用信息变量与其他预测宏观经济情况的手段（如计量模型）结合起来。

3.1.7 何时允许偏离目标

有时会发生偏离通货膨胀目标的情况。有一些偏离，绝不是偶然发生的，而是货币当局决策的结果。如果可能，何时故意偏离目标是合法的呢？如果可能，何时在宣布的期间结束之前必须对目标重新设定？

由于通货膨胀目标制是一个“受约束的相机抉择”的框架，出于对宏观经济变量而不是通货膨胀的考虑，有时偏离或调整以前宣布的通货膨胀目标是合理的。是否调整目标的决策在很大程度上取决于经济冲击的类型。一般而言，如果不可预期的总支出变化造成突然的冲击，平抑通货膨胀和产出之间就不存在冲突；用货币政策来对冲总需求的冲击几乎总是正确的反应。然而，总供给冲击，如石油价格的迅速上涨，可能造成短期内稳定产出和就业与长期内平抑通货膨胀之间的冲突。以剔除一般的供给冲击的第一轮效应的价格指数为目标，正如我们所看到的，在一定程度上可以缓解这种冲突。但是如果供给冲击足够大，或者发生一些意料之外的事件，偏离或改变以前宣布的通货膨胀目标可能是合理的。

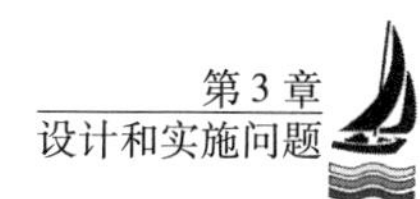

但是，偏离目标并不表示应当放弃整个通货膨胀目标策略。只要中央银行能够解释偏离目标是不可预期事件的后果，中央银行在公众面前的可信度就不会受到损害。正如上述德意志联邦银行的案例一样，重新设定目标可能向公众传达了信息，中央银行想要对不可预见的紧急情况同时明确回到价格稳定的过渡路径。这种策略虽然不会消除供给冲击的短期通货膨胀效应，但是可能抑制这些效应，并防止它们推高通货膨胀率的走势。实际上，Svensson（1997b）已经正式地说明，逐步地把中期通货膨胀目标向长期通货膨胀目标调整，对既想使产出波动最小化，又想保持较低而稳定的通货膨胀的决策者而言，是一个很好的方法。

3.1.8　实行通货膨胀目标制的最佳时机

建立通货膨胀目标制的可信度并确保获得政治上的支持，在实现通货膨胀目标制方面获得初步成功很重要。我们将会看到，某些时期，或经济周期的某些阶段，要比其他时期或阶段更适合引入通货膨胀目标制。有趣的是，通货膨胀目标制大多是在通货膨胀处于较低和下降时期，而不是（如人们可能预期的一样）在通货膨胀处于上升并可能失控时期引入的。政治考虑在设计和执行通货膨胀目标制方面必然会发挥重要的作用。

3.2　沟通问题

正如我们所看到的，通货膨胀目标制的一个好处在于提高货币政策的透明度和责任感。但是，要获得这些好处，需要回答一些重要的问题。

3.2.1　应沟通什么，以何种形式沟通

除了通货膨胀目标制本身，中央银行需要向公众传递哪些信息？为了维持在公众眼中的可信度，中央银行要及时提供有关整体经济、央行的货币政策及政策意图的信息。这已经成为多数通货膨胀目标制国家的惯例。更具体地说，中央银行应当说明选择的通货膨胀目标制和政策策略本身背后的原

理；当前对经济的展望；通货膨胀指标的报告和分析，包括私人部门的预测和中央银行自己的预测。它还应当提供实现或未能实现目标的进展情况的报告，并对已经改变或偏离目标的原因作出解释。中央银行的可信度取决于其达到目标的记录，同样也取决于其沟通工作的客观性和合理性。

除了此类信息，实行通货膨胀目标制的中央银行有责任就诸如政策的取舍和货币政策的可为与不可为等方面对公众进行教育。鼓励公众理解和参与政策制定过程，将提高决策者对公众的责任感并带来更好的经济结果。例如，如我们在第 2 章中提到的，中央银行对提出的政策产生的对长期的通货膨胀的后果所作的评估，可以矫正短视政治家的急迫的行为。

中央银行为了与公众沟通可以利用各种场合，包括演讲、记者招待会、在立法机关作证、统计数据发布和不定期的出版物。中央银行为了避免其时机的选择是受到政治驱动这样的怀疑，也必须定期传递信息。因而，定期发表正式报告应成为中央银行的信息宣传的一个特征。多个实行通货膨胀目标制的国家现在发布定期的《通货膨胀报告》或类似的文件，其中包含对经济情况的详细评估以及关于通货膨胀与货币政策的当前信息。这些报告提升了公众对央行的货币政策的理解和接受程度，有助于增强中央银行的责任。

3.2.2 中央银行应当担负哪种程度的责任

一些研究人员认为中央银行应当直接对公众负责。其他人坚持认为中央银行应当不受政治压力的影响。货币政策对公民的福利有重要影响，通常也涉及不同集团之间的利益权衡。因此，对货币政策进行密切的关注也是值得的。另外，货币政策不受短期操纵会收到更好的效果的观点也得到有力的支持。那些认为在政策制定上的短视主要由于执行机构和法律机构，以及相信中央银行是没有利益倾向的专业机构和公仆的人认为中央银行应当保持独立性。事实上，全球范围内出现了增加中央银行独立性的趋势。这一趋势得到这样一种理论的支持，就是独立的中央银行比受制于政府的中央银行能够更好地实现通货膨胀目标和实际变量，如产出和就业（Alesina and Summers，1993）。

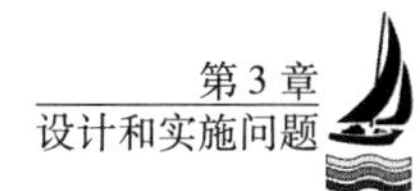

Debelle 和 Fischer（1994）提出区分中央银行的目标独立性和工具独立性。在目标独立性方面，中央银行可以自由地设定政策目标，包括通货膨胀目标制。在工具独立性方面，政策目标由政府单独设定或由政府与中央银行商定，但是中央银行对工具设定单独负责（如短期利率水平）。在这两者中，工具独立性可能使短期政治干预最小化和中央银行的责任最大化，同时把政策的最终目标部分地留给民主程序。

通货膨胀目标制完全与工具独立性相容。这一策略要求通货膨胀目标制本身由中央银行与合适的法律制定者或部长协商的政治过程来确定。政策执行则完全交给中央银行，职责分工反映了中央银行在执行货币政策方面拥有技术专长，并使中央银行不受短期政治压力和任意干预。保证中央银行的责任的方式有两种：首先，把通货膨胀结果与目标进行比较；其次，中央银行作出政策选择要向公众提供令人信服的理论基础。由于通货膨胀的政策反应时滞较长，并且通货膨胀目标制很少能准确地达到目标，在通货膨胀目标制下负责的第二个方法是根本的。这是向公众提供定期、详细的通货膨胀报告的另一个理由。

在本书中我们将看到，实行通货膨胀目标制的中央银行享受独立性的程度在实践中存在很大差异。一些中央银行，如德意志联邦银行牢牢地掌握着重要的目标和工具独立性。比较而言，英国（近来）和加拿大政府保持着对设定货币政策工具的控制权。在后面的章节中，我们将分析不同的政治安排的效力和这些安排对通货膨胀目标制产生的效应。

第二部分

国际经验与实证分析

第4章

德国和瑞士的货币目标制：通货膨胀目标制的先行者

我们对货币政策战略的案例研究先从德国和瑞士开始，这两个国家在长期内保持价格稳定和“硬”通货。过去20年，德国和瑞士从官方角度把自己划分为“货币目标者”，也就是说，这两个国家的中央银行至少部分地用货币存量的增长率（各种定义）而不是通货膨胀或其他目标变量来表示自己的货币政策目标。一些观察人士把这两个国家的中央银行的优秀表现作为基于规则的政策的证据加以引用，这种政策对货币政策当局采取相机抉择政策形成严格制约。

然而，正如我们会看到的，德国和瑞士货币政策的很多特点也具有通货膨胀目标制的特征。这些特点不仅包括货币政策以低通货膨胀为基本方向（以及实现这一目标的成功记录），也包括把自己描述成通货膨胀目标制的中央银行运行和策略的很多其他方面。实际上，正如 Bernanke 和 Mishkin（1997）指出的，最好把德国和瑞士看做通货膨胀目标制和货币目标制的“混合体”，而不是严格地执行货币目标规则。因而，这两个国家 20 多年的经验给通货膨胀目标制的实践者提供了有益的借鉴。

与后面的案例研究一样，本章分为三个部分。首先，我们讨论实行货币政策制度的条件。其次，我们描述和分析这两个国家的货币政策的运行框架，特别是关注这个框架对政策制度重大的经济目标的支持。最后，我们对特别的政策制度下货币政策的历史记录进行审视，对从政策经验中得出的一些教训进行总结。

德国和瑞士的货币目标制度的主要特征

- 德国和瑞士把自己描述为“货币目标者”，每年宣布各种货币总量增长率的目标。但是，宣布通货膨胀的数量目标在德国和瑞士的货币政策中发挥着重要的作用（例如，它们用于得出货币目标），有相当多的证据显示通货膨胀目标在政策决策上有着最后的优先权。总之，德国和瑞士实行的货币目标制度和本书中研究的其他国家实行的通货膨胀目标制之间的差别并不是很大。
- 两个国家为了建立货币政策的“名义锚”实行货币目标，目的是通过缓和和“抑制”公众的通货膨胀预期，以增加政策的灵活性。
- 货币目标并不是一个硬性的政策规则，在实践上具有相当的灵活性。中央银行考虑的其他目标，包括产出和汇率，通常会偏离货币目标。短期通货膨胀目标与长期通货膨胀目标趋同的过程是渐进的，这给了短期目标一定的灵活性。
- 这两个国家对价格稳定的承诺定义为可计量的通货膨胀目标大于零。
- 德国决定采用区间货币目标，这可以视为短期政策相机抉择的一个来源。瑞士宣布点目标，它认为自己不想给公众留下把货币控制在一个窄区间的错误印象。

- 两个制度表明对政策策略与公众进行沟通作出强力承诺。货币政策目标作为解释的一个框架，但是中央银行向公众报告的问题并不局限于是否达到目标，而是包括相当广泛的经济问题和进展情况。

4.1 德国和瑞士实行货币目标

德国和瑞士实行货币目标的决策尽管是由 1973 年布雷顿森林固定汇率制度崩溃促成的，但事实上是这两个国家的一个选择。两个国家在当时并没有受到任何对经济和货币政策进行改革的压力。实际上，布雷顿森林体系崩溃部分是由于中央银行对价格稳定的承诺和随之而来的汇率升值造成的。没有汇率作为“名义锚”并不意味着发生了那种要立即作出反应的危机。实际上，这两个国家用了 2 ~ 3 年的时间才向新制度转变。

促使德国和瑞士实行货币目标的因素有两个：一是对货币政策需要“名义锚”，以及货币政策既不需要适应通货膨胀也不需要设定中期产出目标的确信；二是对锁定中期通货膨胀预期，使得中央银行在将来有一定的灵活性的认识。换句话说，就是把公众的通货膨胀预期与中央银行的政策目标协调起来的愿望。随着时间的推进，出现了更宽泛的看法，这个看法认为货币目标提供了一个就当前情况和中期目标之间的关系与公众进行沟通的工具。

瑞士和德国在 1974 年 12 月实行货币目标制度，美国和加拿大仿效这一制度在 1975 年采取了类似的目标制度。尽管在高通货膨胀时期一些国家就有实行货币目标的倾向（Bernanke and Mishkin，1992，p. 186），但一旦通货膨胀开始出现下降的趋势，德国和瑞典最为关注的是控制通货膨胀预期。这四个国家都对理想的货币扩张率设定数量目标。[①]

20 世纪 70 年代早期出现的通货膨胀，使货币政策决策者注意到货币增

① 对实行货币目标当时情况的简要回顾，参见国际清算银行（1976，pp. 32-39）。对一些国家实行货币目标的操作情况的深入描述见 Meek（1983）和 Bernanke 与 Mishkin（1992）。

长在通货膨胀过程中的作用。早在1972年10月31日第一次石油冲击之前，欧洲共同体的首相委员会就通过了一个决议，号召成员国：

努力降低（广义）货币供给的增长率，直到它下降到与实际（GNP）相同的水平，按规范的价格增加，根据总体经济目标，并考虑到货币供给和国家生产之间关系的结构变化。这个目标在1974年年末之前就得到了实现。(Deutsche Bundesbank，1972a，p. 24)

这个决议勾画了以所谓的货币理论为基础的货币目标的概念，货币理论认为一国的名义支出是由货币数量变动决定的。利用这一关系使得中央银行在制定货币政策目标时可以考虑产出和通货膨胀。从此以后，德国和瑞士把货币数量理论用于设定目标。尽管这一决议预测到冲击对货币存量和名义支出（所谓的“流通速度冲击”）的关系产生影响的情况下，提供灵活性的必要，但它建议采用点目标而不是目标区间。

欧洲共同体决议中没有提到的是，有必要对公众宣布目标或者关注政策透明度。但我们必须记住的是，尽管当时在理论上是向货币主义、向规则而非相机抉择靠拢，但对于公众预期和中央银行的可信度在货币政策制定上的作用，还没有得到应有的关注。德国和瑞士在采取货币目标制度时，并没有表现出通过“束缚手脚”（即对相机抉择进行约束）来增加可信度的愿望。它们也没有为保证监督和责任提供任何制度性安排。瑞士和德国的中央银行的有效独立性，支持中央银行独立性的政治联合势力，对于中央银行降低政策灵活性范围的动机形成了约束。

4.1.1 德国

1974年12月5日，德意志联邦银行的中央银行委员会宣布“从目前来看，在1975年全年，中央银行保持8%的货币存量的增长率从维持价格稳定的角度来说是可以接受的”(Deutsche Bundesbank，1974b，December，p. 8)。德意志联邦银行认为这个目标“为理想的实际经济增长提供了必要的空间”，并宣布以这样一种方式选择目标，“在这种方式下，货币的发展不会造成新的通货膨胀紧张形势”。从1973年起，德意志联邦银行用中央银

行货币存量，或者 CBM，作为货币发展的主要指标（中央银行的货币存量的定义是流通中的货币加上存款、4 年期定期存款，以及 4 年以内的储蓄存款和储蓄债券，后三者是按照 1974 年 1 月的准备金要求加权得出的。对于德意志联邦银行选择这一中间目标的原理，将在下一部分中讨论）。尽管这是德意志联邦银行作出的单方面声明，但这个声明强调“德意志联邦银行认为自己在制定中央银行货币存量目标的问题上，与联邦政府保持完全一致”。在 1973 年 3 月布雷顿森林固定汇率制度消亡近 2 年后，德意志联邦银行的声明标志着一个相当长的时期的终结，在这段时期德国执行了没有外在“名义锚”的货币政策。新方式反映了德意志联邦银行在布雷顿森林体系的最后一年和紧接着的一段时间对困扰货币政策的问题作出的反应。

德意志联邦银行通常把 1957 年德意志联邦银行法的第三个条款中“维护币值”的使命解释为要求自己在执行货币政策时努力实现价格稳定。在布雷顿森林体系的最后一年，德意志联邦银行在实现这个政策目标时，受到大量的美元资本流向德国的影响。那些跟从德国货币政策的国家也出现了资本流动，这些国家分别是奥地利、比利时、荷兰和瑞士。这种资本流动在一定程度上是受 1968 年以来美国经济增长缓慢和相对较高的通货膨胀的影响，这使得德意志联邦银行无法顾及国内目标，而是被动地承受过高的货币增长率。

1973 年 3 月布雷顿森林体系崩溃后，德意志联邦银行一从汇率干预的约束中解脱出来，就立即减少国家银行体系中的“自由流动准备金”。自由流动准备金是指过多的准备金加上可以自由转换成 CBM 的流动性资产。这些准备金的数量是对在中央银行货币充足的情况下，银行部门扩张资产负债表程度的衡量尺度。准备金要求对银行贷款的约束不足，把银行自由流动性资产减少至零，可以视为控制银行贷款扩张的最有效措施，这也是德意志联邦银行最为关注的问题。由于德意志联邦银行不再拥有根据需求购买外汇的责任①，德意志联邦银行的海外资产（几乎）失去了成为潜在的中央银行货

① 有一些要求是德意志联邦银行购买货币加入浮动集团，一个类似于几年后的欧洲货币体系的多水平的汇率区间安排。

币的可能性。在短短的几周内德意志联邦银行就成功地把自由流动准备金降低至零。

阻碍德意志联邦银行扩张资产负债表的第二步是增加中央银行货币的成本。1973 年 5 月 30 日，德意志联邦银行决定在没有通知前不再提供伦巴第信贷。伦巴第信贷相当于美联储通过贴现窗口提供给美国商业银行的贷款。德意志联邦银行通过所谓的再贴现配额提供贷款，这种贷款按贴现率进行补贴。银行间利率（银行间相互提供贷款的市场利率）通常处于伦巴第利率和贴现率之间。这种效应在图 4—1 的 B 图的隔夜利率变化中就能够清晰地显示出来，此图显示了德国基本经济指标的历史数据。在随后的几个月里这一衡量尺度随着贴现率上涨和再贴现配额下降。从 1973 年年末以来，德意志联邦银行为了限制隔夜利率的波动，提供了伦巴第贷款。在这一阶段，中央银行货币增长成为货币政策的主要关注焦点。在 1973 年 9 月发布的题为《通过控制中央银行货币供给执行货币政策》的月度报告中，德意志联邦银行声明“考虑到银行对中央银行的货币需求最终取决于银行信贷扩张的规模”以及“只有这样做与降低通货膨胀引起的过多货币供给的货币政策目标一致时”，才准备提供额外的中央银行货币（Deutsche Bundesbank，1973b，September，p. 9）。

1973 年年中通货膨胀接近 8% 峰值时，有信号显示德意志联邦银行开始采取紧缩的货币政策，以降低通货膨胀和 GDP 增长（图 4—1 的 A 图和 C 图）。之后，1973 年 10 月，第一次石油冲击爆发。因而，德意志联邦银行试图降低通货膨胀的努力，在当时出于产出增长将出现大幅下滑的考虑而受阻。特别是，德意志联邦银行对石油价格快速上涨，将造成第二轮工资—价格螺旋上升表示关注。相应地，根据德意志联邦银行的说法，“德意志联邦银行在 1974 年期间努力使货币扩张处于相对有限的范围内。尽管德意志联邦银行没有像 1974 年 2 月那样，表示对任何数量性目标作出承诺，但是德意志联邦银行还是确保货币扩张不至于过快也不至于过慢”（Deutsche Bundesbank，1974a，p. 17）。尽管德意志联邦银行对数量性目标没有作出规定，但德意志联邦银行决定尽可能清晰地对外传达进行约束的信息。

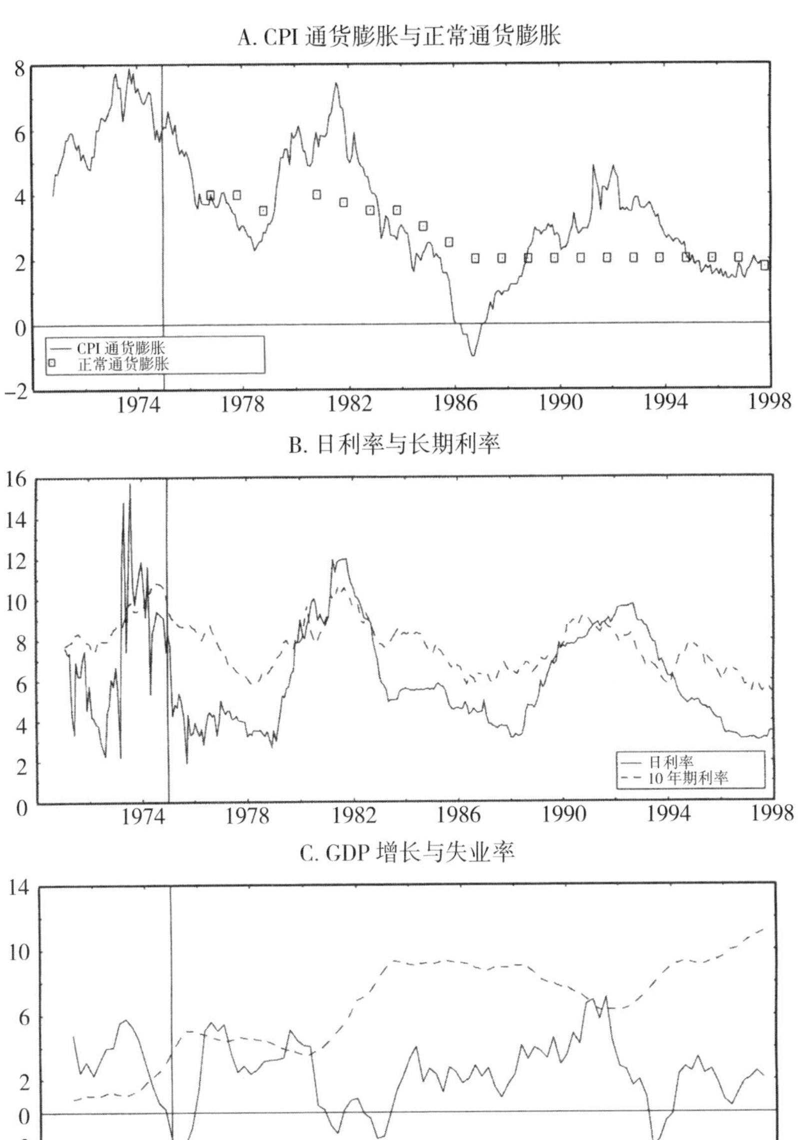
A. CPI 通货膨胀与正常通货膨胀
CPI 通货膨胀
正常通货膨胀
B. 日利率与长期利率
日利率
10 年期利率
C. GDP 增长与失业率
GDP 增长
失业率

D. 名义利率

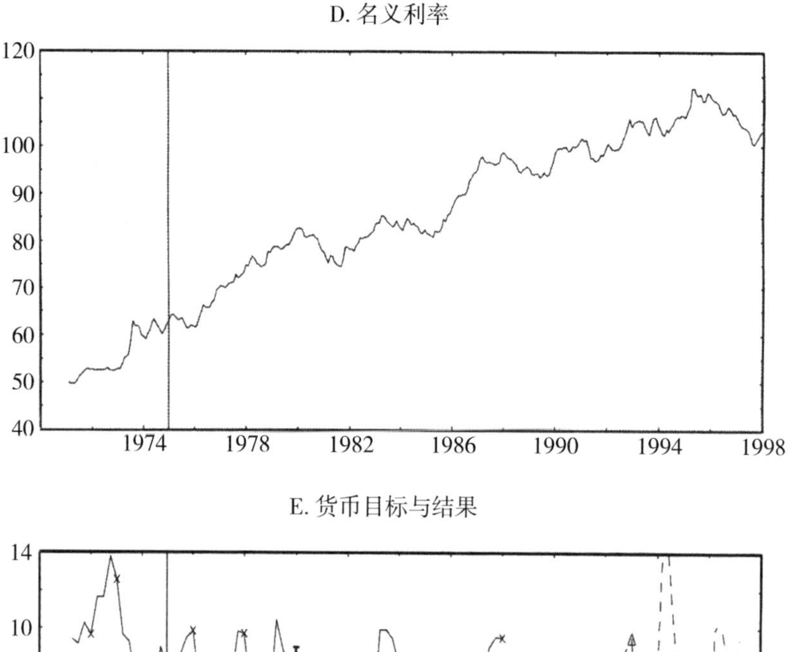

E. 货币目标与结果

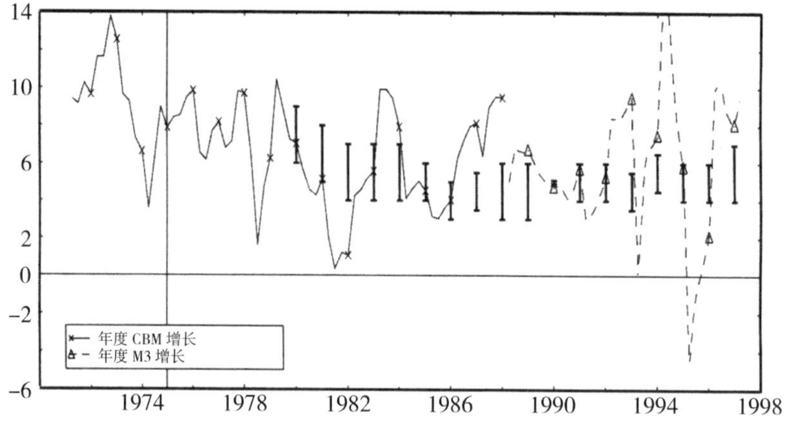

图 4—1　德国经济指标

资料来源：A. 国际清算银行数据库，德意志联邦银行；B. 国际清算银行数据库；C. 经济合作与发展组织的主要经济指标；D. 国际清算银行数据库；E. 国际清算银行数据库，德意志联邦银行。

价格和工资政策管理和劳动力行为以适当的方式适应新情况，这一点至关重要。他们的决策管理和劳动意愿必须考虑这样一个事实，就是如果石油

短缺持续下去，与1973年相比，明年就不会有更多的商品用于分配。(Deutsche Bundesbank，1973b，December，p.7)

德意志联邦银行在此向公众解释政策具有前瞻性和以通货膨胀预期为方向。“恰好的”货币扩张的合理性反映了德意志联邦银行对实际层面的关注，出于这种关注使得它采取了渐进式的反通货膨胀措施。

1974年12月，德意志联邦银行宣布货币增长目标，这可以视为德国货币政策向渐进式方向迈进了一步。它把基于控制中央银行货币供给的货币政策及与公众清晰地沟通目标的需要结合起来。“在经济活动放缓和反通货膨胀取得进展的迹象的影响下，1974年的最后一个季度开始政策调整；目标转变为稍快的货币增长速度，接近年底的时候公开宣布了这一政策”(Deutsche Bundesbank，1974a，p.17)。

这个声明很有意思，有如下三个原因：首先，尽管过去5年德意志联邦银行主要关注的是通货膨胀形势逆转，但新货币政策并没忽视作为一个目标的实际经济活动。其次，德意志联邦银行宣布以一种预先防范式的方式(“第一个迹象”)执行货币政策。再次，德意志联邦银行宣布在预期到通货膨胀和货币增长减速时，采取货币目标，这使得德意志联邦银行很容易实现货币目标，但同时滋生了货币政策过于宽松有可能诱发通货膨胀预期的忧虑。如图4—1的C图所示，德国经济出现了一个短暂的但程度很深的衰退期，这与1967年的衰退非常相似。在1973年10月石油危机后，GDP增长放缓，在1975年的第一季度GDP增长出现负值。

德意志联邦银行在讨论执行上面提到的欧洲共同体的计划时，谈到：

制定这一目标是基于对货币价值不可能持续加速贬值，而公众持有的货币存量没有相应的扩张这样一个认识，实际上，货币领域总是促进价格和工资的通货膨胀。(Deutsche Bundesbank，1972a，p.24)

从表面上看，货币主义对德意志联邦银行内部的货币政策产生了重大的影响。尽管德意志联邦银行的年货币目标是基于货币数量理论，但它并没有照搬照抄这一理论。Otmar Issing——德意志联邦银行的首席经济学家指出，“德国货币增长目标成功的一个秘密是，就更具体的技术细节而言，它通常不为货币主义的教条所约束”（实际上，Issing 接受了把德国的货币政策的特点归结为“务实的货币主义”的观点（Issing，1997，p. 72））。而这个声明显示德意志联邦银行把“技术细节”和货币政策的成功之处联系起来。没有对目标运行框架的正确设计而只有对价格稳定的承诺显然是不够的。

对于推动实行货币目标、经济代理人的预期的协调，是德意志联邦银行宣布第一个目标时的一个颇有趣的主题。

固定汇率制度之前的一段时期（贸易同盟和企业）习惯了德意志联邦银行执行货币政策的方式，这种政策在造成大量的资金从国外流入时，就会变得无效。结果德意志联邦银行最初并没有按照自己的政策意图影响工资和价格行为。有了这种负面的经验，德意志联邦银行与联邦政府和经济专家独立委员会得出一个结论，就是明确生产和价格增长的“货币框架”。(Schlesinger，1983，p. 6)

尽管当时这个声明没有明确说明这一点，德意志联邦银行主要关注的一个方面是公众的误解可能造成高通货膨胀预期。在 1975 年年初，鉴于经济明显走弱，德意志联邦银行继续放松货币政策，同时避免任何抑制通货膨胀的决心逐渐软弱的暗示。近期的经验显示特别是制定工资的行为对德意志联邦银行降低通货膨胀的努力几乎没有影响。

工资成本在近几个月稳步上扬，这部分是因为（早期的）事后影响……过度的（至少不是因为管理和劳动力对稳定政策的成功前景明显低估）……尽管经济活动处于低水平和通货膨胀预期受到抑制，但经过近来的工资协商，还是有效地达到两位数增长。(Deutsche Bundesbank，1974b，December，p. 6)

可信度问题与德意志联邦银行试图控制一次性冲击（石油冲击）对价格水平形成的转嫁一起出现。从这个角度来看，为了创造一个与公众沟通的途径，德意志联邦银行采取的是货币目标，此举的目的是对通货膨胀预期施加一定影响。1974 年，德意志联邦银行宣布 1975 年的目标增长率是 8%。

货币增长加速意在刺激需求并为想要达到的实际经济增长提供必要的货币范围。另外，这一目标意在表明为了不对抑制通货膨胀倾向上取得的进展

产生影响，它不会轻率地放松货币状况。（Deutsche Bundesbank，1976a，p. 5）

德意志联邦银行在宣布目标后作出上述解释，但这个解释与宣布本身并不是同步的。

4.1.2 瑞士

在20世纪70年代早期，瑞士和德国执行的货币政策有很多相同之处。在布雷顿森林体系的最后一年，大量的资本流入导致这两个国家货币过度扩张，在1973年早些时候，这两个国家就已经停止干预。两国经历大量资本流入的一个原因是这两个国家的中央银行有相当的政治独立性，以及公众对它们反通货膨胀政策的支持。最后，在1974年年底，经过近2年的过渡期，两个国家用货币目标代替固定汇率作为"名义锚"。

瑞士国民银行的总行决定，"在年初（1975），为了控制1975年官方支付手段的扩张……在……情况下，总局估计货币存量M1以6%扩张……是合适的"（Swiss National Bank，1975a，pp. 7–8）。在这个目标下，瑞士国民银行意在提供"有助于进一步稳定价格而不对更广泛的经济发展造成阻碍"（Swiss National Bank，1975b，January，p. 3）。宣布这个目标的同时没有大作宣传或解释，这反映了对预期和引导政策的假定之间缺乏配合。就德国的例子而言，尽管没有提到联邦政府参与决策，但是瑞士国民银行得到了联邦政府的支持，最终负责作出实行货币目标的决策。[①] 与德国选择宽货币指标相比，瑞士国民银行决定以窄货币总量为目标，下一部分将讨论这一问题。

与德国相同的是，瑞士国民银行的声明标志着持续了近2年时间的货币政策没有"名义锚"的问题得到了解决。在布雷顿森林体系的最后一年和之后的一段时间，瑞士的经验比德国更极端。由于瑞士是一个小国和重要的国际金融中心，在1971年和1972年对瑞士法郎的投机性资本占货币存量的

① 在后来的描述中，指出"在银行的董事会对货币存量作出最后决定之前，政府会知道董事会的意图。但是，必须强调建立货币存量目标的责任是由董事会承担"（Schiltknecht，1986，p. 73）。

比重大大超过了德国的情况。1971 年年初到该年 12 月，尽管从 8 月到 12 月固定汇率制度已经被取消，瑞士的基础货币和 M1 分别以 18% 和 21% 的速度增长。由于多数货币扩张是由资本流入引起的，利率作为减缓货币扩张的工具已经无所作为。抑制资本流入的一个工具是对居民的甚至对非居民的负债征收最低准备金要求。从货币扩张规模的角度来看，瑞士国民银行在 1972 年 8 月通过引入对有瑞士籍贯的个人和企业的信贷增长上限进一步加以限制。如果银行超过上限，就要为超额部分支付一定比例到瑞士国民银行的冻结账户。

尽管采取了上述措施和其他方法，在美国出现前所未有的贸易逆差后，对瑞士法郎的投机性资本还是大量流入。1973 年 1 月 23 日，瑞士国民银行最终被迫放弃对美元的干预，因此可以自主地控制货币扩张。1973 年，瑞士国民银行仍然保持着限制性准备金要求和信贷增长上限。1973 年 8 月以后一年时间的信贷增长上限定为 6%。从大量运用工具的角度来看，尽管很难判断货币政策的取向，但是所有非利率政策措施的趋势显示瑞士国民银行的利率工具低估了当时货币政策的紧缩程度。瑞士经济指标中的隔夜利率（图 4—2 的 B 图）显示直到 1974 年年中瑞士仍然保持紧缩的货币政策。

可是瑞士的利率的变动与同期德国的隔夜利率的变化相比较并不大。瑞士国民银行继续实行信贷控制的一个原因是除了运用其他工具，利率变动很快就传导到 CPI。瑞士租金上涨过去是，现在仍然是与抵押贷款的利率上涨紧密联系在一起（房客通过法律投诉过程），当时租金占 CPI 的 17%。“尽管当局为了防止流动性收缩过猛，造成利率上涨，对银行负债变化进行监管，由于提高长期利率对价格的趋势产生的影响，这种发展看起来并不必要。”

由于瑞士的银行和房屋租赁的特殊性，因而控制货币不是很容易，这也是实行通货膨胀目标制的国家选择目标系列而不是整体 CPI 的原因。例如，英国是以 RPIX 通货膨胀为目标，从中剔除了利率对抵押贷款利率的第一轮影响。瑞士国民银行从最初就意识到这些问题，它似乎对目标序列和目标（M1 和之后的基础货币以及 CPI 通货膨胀）有更为清晰的认识，然后把偏离

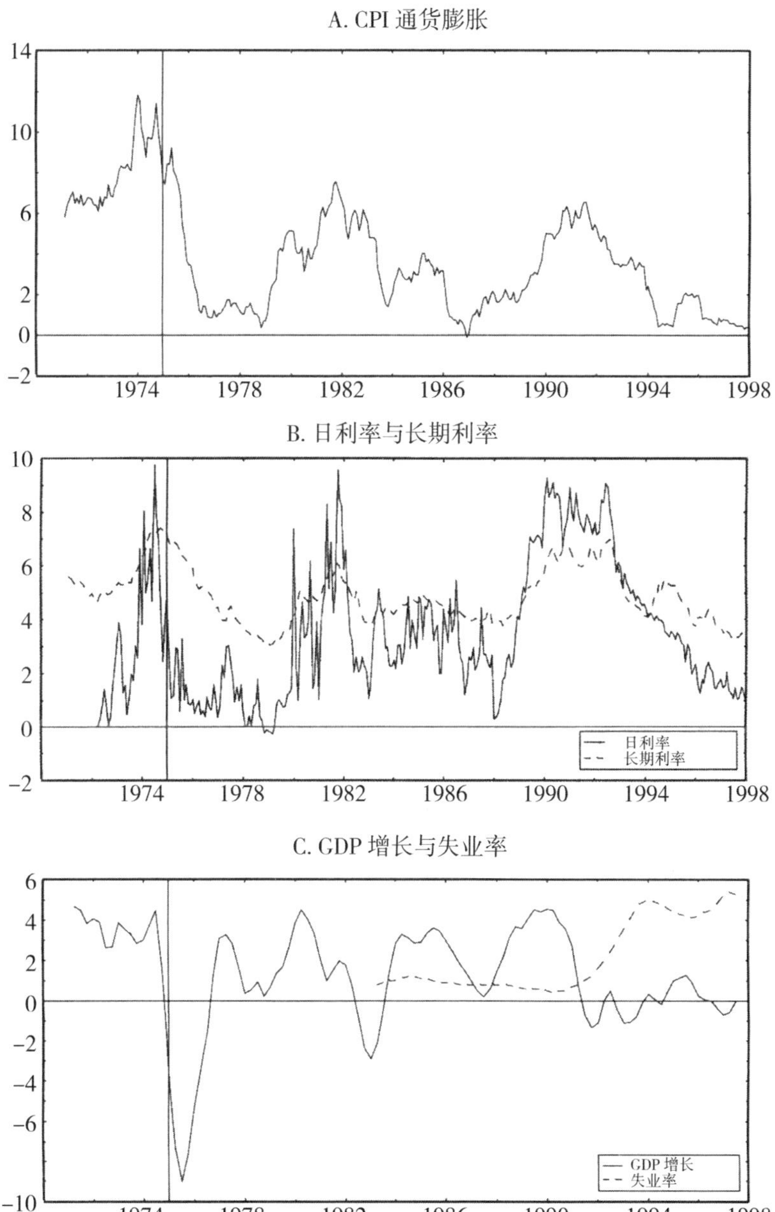
A. CPI 通货膨胀
14
10
6
2
0
−2
1974
1978
1982
1986
1990
1994
1998
B. 日利率与长期利率
10
8
6
4
2
0
−2
日利率
长期利率
1974
1978
1982
1986
1990
1994
1998
C. GDP 增长与失业率
6
4
2
0
−2
−4
−6
−10
GDP 增长
失业率
1974
1978
1982
1986
1990
1994
1998

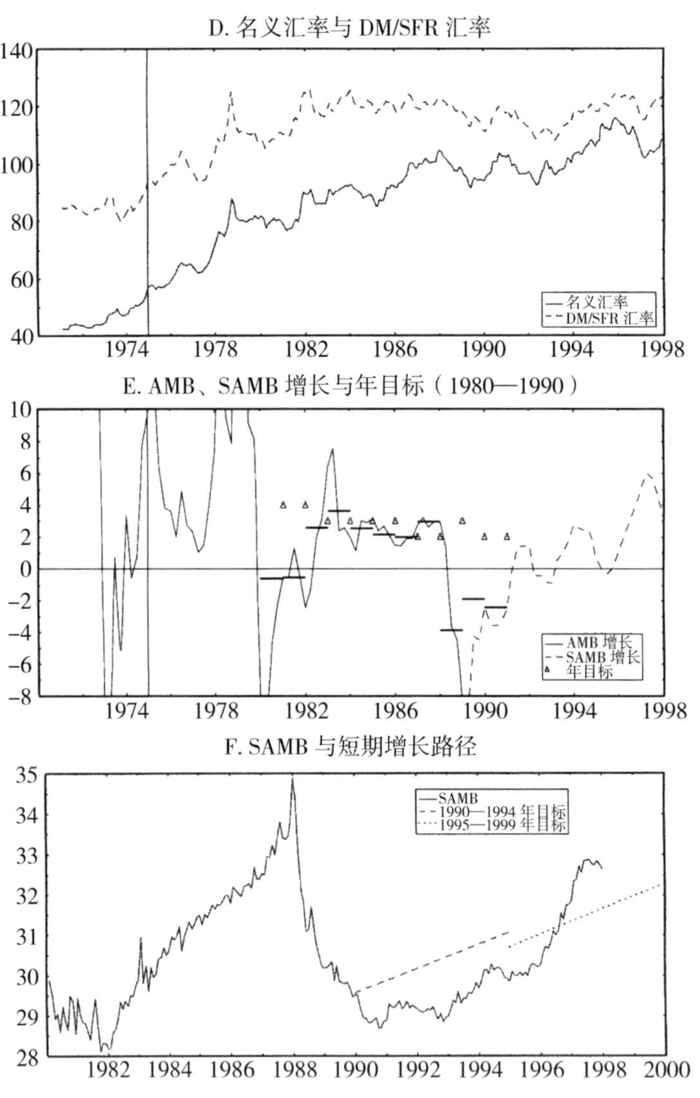

图 4—2　瑞士经济指标

资料来源：A. 国际清算银行数据库；B. 国际清算银行数据库；C. 经济合作与发展组织的主要经济指标；D. 国际清算银行数据库；E. 国际清算银行数据库，瑞士国民银行；F. 国际清算银行数据库，瑞士国民银行。

目标归结为上述原因，这是一个更好的策略。如同我们见到的，瑞士国民银行一直选择对简单规则作出复杂的解释而不是对复杂的规则给予简单的

解释。

1974 年，瑞士的经济走弱，瑞士国民银行更加灵活地运用准备金要求和信贷上限，特别是在 1975 年 1 月放松信贷上限并在 1975 年 5 月 1 日取消这一上限。在不再需要用前所未有的高利率来控制没有数量限制的银行信贷扩张的形势下，瑞士国民银行把注意力转向控制货币供给。瑞士实行货币目标的进度要比德国快，之所以如此的部分原因是瑞士金融体系对货币刺激反应更快。实行新制度在很大程度上是对布雷顿森林体系的最后一年“名义锚”缺位作出的一个反应。与德国一样，瑞士是在通货膨胀和货币增长下降，实现目标较为容易的情况下实行货币目标的。①

在 1975 年年初，瑞士经济即将出现第二次世界大战后历史上最严重的衰退（图 4—2 的 C 图）。石油危机引发了已经处于衰退中的经济进一步衰退。尽管强瑞士法郎有助于吸纳冲击的通货膨胀效应（图 4—2 的 A 图和 D 图），但这个冲击对当时占 GNP 1/3 的瑞士出口部门造成严重的打击，1975 年实际商品出口下降了 8%。虽然实际工资补贴的增长对瑞士银行反通货膨胀是有力的支持，但是这种做法造成实际消费大幅下挫，外国工人大量外流也使这一情况进一步恶化。货币目标的做法并没有降低瑞士反通货膨胀的高成本，瑞士国民银行也没有提示这一目标将为工资和价格的制定者降低成本提供协调作用。实行货币目标除了通过指明政策承诺来约束通货膨胀预期外，并没有别的意思。

4.2 德国和瑞士的操作框架

从 1975 年到 1980 年，尽管德意志联邦银行和瑞士国民银行在积累实行货币目标经验的基础上对各自的程序作了一些调整，但一直坚持制定和宣布货币目标的策略。然而，从 1980 年起，这两个国家的目标运作框架表现出

① 当时没有直接的参考或者让人想起瑞士和德国的决策者在这个问题上进行交流。实行这一制度的情况是否会得出最优的结论，或者有公开思想交流的会议，还是一个猜测。这两个国家实行目标制度的相似性，并没有在各自制度的操作程序中体现出来，这个问题将在下面讨论。

相当程度的连续性。例如，两家银行都成功地处理了目标高估的问题。而且，这两家银行在必要的情况下，都对货币目标和目标程序作了特别处理，而没有引发通货膨胀或者通货膨胀预期的持续上涨。

我们现在分别对这两个国家的运作框架的主要特点进行评论，然后对选择中间目标变量的原理（瑞士的狭义货币和德国的广义货币），以及其与处理偏离宣布目标的运作框架和程序之间的联系进行分析。

我们这里及后面部分所作的历史—制度分析肯定了 Bernanke 和 Mishkin (1992) 提出的关于德国和瑞士的货币政策决策的观点,[①] 这一观点后来也得到计量分析研究的支持。这一观点认为：（1）这两个国家的中央银行都没有把价格稳定作为政策的唯一目标，特别是在短期和中期内更是如此；（2）这两家中央银行都没有把货币增长和目标变量之间的强相关性作为严格执行目标或者排除其他相关信息的理由。实际上，这两个货币目标的主要功能是为中央银行向公众传达对价格稳定的长期承诺，同时为保留短期政策的相机决策的灵活性提供了一个框架。[②]

4.2.1 德国

从 1975 年到 1987 年，德意志联邦银行宣布中央银行货币（CBM）增长目标。CBM 是指流通中的货币加上即期（活期）存款、4 年期以内的定期存款，以及 4 年期以内的储蓄存款和储蓄债券，其中后三者根据 1974 年 1 月各自的准备金比率进行加权（权重分别为 16.6%、12.4%、8.2%）。CMB 与基础货币的不同之处在于不包括银行过多的账户以及交纳准备金的存款的权重是基于历史而不是当前的准备金比率。

从 1988 年起，德意志联邦银行用 M3 而不是用 CBM 的增长比率作为官方目标。M3 是指流通中的货币、即期存款、4 年期以下的定期存款和 3 个月通知存款。除了 CBM 不包括长期限的储蓄存款或者储蓄债券外，M3 和

① Neumann（1996）和 Clarida 与 Gertler（1997）强调下面两点，即德意志联邦银行有多重目标和它没有严格执行货币目标。Von Hagen（1995）和 Bernanke 与 Mihov（1997）关注前者，而 Friedman（1995）和 Estrella 与 Mishkin（1997）对德意志联邦银行不关注 M3 的原因进行了讨论。

② Von Hagen（1995）和 Bernanke 与 Mishkin（1992）在这方面提出了一些建议。

CBM 之间的主要区别是 CBM 是加权和总量，而 M3 只是个和。由于给予 CBM 中的三类存款的权重相当小，造成两类总量增长之间出现较大差异的唯一原因是持有货币与存款之间的波动性。在 1987 年年末面对变化的金融刺激，以及 1990—1991 年在德国货币统一后，这种差异变得相当关键。

通常德意志联邦银行在年终岁尾制定货币目标。它根据数量等式计算货币目标。根据这个等式，一定时期内经济名义交易的数量等于用于支付手段的数量乘以支付手段换手的货币流通速度。用转换率来表示，数量公式表明实际产出的增长率和通货膨胀率之和等于货币增长和流通速度（适当定义）变化之和。德意志联邦银行通过估计来年的长期生产潜能，加上它认为必要的价格变化比率，减去对未来几年趋势流通速度变化的估计值，计算出要选择的货币总量的目标增长率。[①]

德意志联邦银行并不使用对未来几年实际产出增长的预测，而是用对潜在生产潜能的估计来推算目标。强调潜在而不是实际产出与德意志联邦银行所处的公众地位相一致，[②] 这种地位要求德意志联邦银行不要执行短期刺激政策（尽管这种方式的效应在一定程度上会形成利率的反周期性）。这种方式也使得德意志联邦银行在制定政策时并没有选择经济周期。它也不再强调对实际经济的预测进行公开讨论，使货币政策进一步远离考虑到产出和就业的预期波动。因而数量方法通过对中央银行职责的清单的制约，使一定项目不在货币政策的议程的考虑之中（或者至少对此不再强调）。

在德意志联邦银行得出一定货币总量的增长率的程序中的第二个要素是“不可避免的价格上涨”，它根据消费者价格指数（CPI）中的所有项目来计量价格。在每年制定这些货币目标之前，制定这些通货膨胀目标，明确了通货膨胀的预想路径，进而：

从深层次的不利情况来看，直到 1984 年德意志联邦银行才感到有必要把“不可避免的”价格上涨率纳入到计算中。德意志联邦银行之所以这么

① 这一方式与上一章引述的 EC 总理委员会在 1972 年 10 月的声明几乎完全类似。

② See Deutsche Bundesbank（1981b，October，“Recalculation of the production potential of the Federal Republic of Germany”）.

做，是考虑到已经纳入到经济代理人的决策中的价格上涨，无法一下子消除，而要循序渐进地处理。另外，可以承受的价格上涨总是低于当前的通货膨胀率或者来年的预测利率。德意志联邦银行因此表示采取不适当的“渐进主义”方式抑制通货膨胀，而并不想强化通货膨胀预期。一旦在 1984 年年末接近于实现价格稳定功能的目标，德意志联邦银行就放弃“不可避免的”价格增长的概念，而是从那以后包括中期价格稳定的 2% 的假设。(Deutsche Bundesbank，1995c，pp. 80-81)

制定不可避免的年价格增长包含了德意志联邦银行的四个规范性判断：首先，通货膨胀的中期目标是进行决策的主要决定因素。其次，中期通货膨胀目标向长期通货膨胀目标靠拢应当是渐进的，原因就在于不能忽视从一个目标向另一个目标转换的成本。再次，中期通货膨胀目标的取值应当大于零。最后，如果通货膨胀预期得到有效的控制，在价格上涨之前就没有必要对此进行调整。

1975 年制定的目标是从 1974 年 12 月到 1975 年 12 月的 CBM 的点目标。考虑除这一目标在年终岁尾容易受到货币增长的短期波动的影响，从 1976 年到 1978 年制定的目标是 CBM 的平均增长相对于前一年 CBM 的平均水平的点目标。

1979 年发生了两个变化：一是除了 1989 年，所有的目标是从数量等式得出的目标加上或减去 1% 或者 1.5% 形成的区间目标。

考虑到 1974 年和 1979—1980 年石油价格上涨，实际汇率的反常变动和传统周期模式弱化，建议从开始就以区间的形式，为货币政策相机行事提供有限的操作空间。为了确保经济代理人能获得充分信息，中央银行必须做好从开始就明确总体经济情况的准备，在这种情况下它的目标是区间的上限或下限。(Schlesinger，1983，p. 10)

在决定以区间而不是用点来显示目标后，德意志联邦银行对经济发展留出了一定空间。实际上，它作出解释的基调表明，它留给自己一定的相机抉择权而不是为在出现控制难题时的失误留有余地。

1979 年发生了第二个变化，把目标调整为第四季度的平均货币存量超

过上年第四季度的平均货币存量的增长率，目的是显示“货币政策比平均目标更准确地指明方向”（Deutsche Bundesbank，1979b，January，p. 8）。图4—1的E图显示CBM（到1987年）和M3（之后）的季度增长率超出上年第四季度的增长率和1979年以来的目标（早期的目标从图4—1中去掉，原因是这些数字用的不是同比口径）。

德意志联邦银行表示，为了支持其他经济目标，有时会偏离宣布的目标路径。作为支持短期政策目标的手段，这种偏离不包含那些隐含在制定目标区间和在不可避免的通货膨胀变化的渐进路径。例如，1977年，经济活动变冷迹象与德国马克强劲的升值趋势，使得德意志联邦银行接受目标高估。正如当时的政策声明所说的：

然而，德意志联邦银行有意接受偏离货币数量目标的事实，并不意味着德意志联邦银行放弃了从1975年以来就具有的更加中期导向的特点……正如中央银行宣布的货币存量增长率所反映的，会出现这样一个时期，在这个期间“中间目标变量”无法成为首要目标。（Deutsche Bundesbank，1978a，p. 22）

选择CBM作为目标总量的主要原因是它在政策透明度和与公众的沟通上，具有明显的优势。德意志联邦银行对选择CBM作如下解释：

（CBM）使得中央银行在货币扩张上的责任特别明显。通过流通中的货币和银行把一定比例的存款存放于中央银行，银行体系作为一个整体的货币创造与中央银行的货币创造紧密地联系在一起。中央银行的货币主要由这两部分构成，因而容易作为这两部分的一个指标。中央银行货币增长一定比例不仅表明银行体系的货币创造过程，而且显示中央银行为银行货币创造提供资金的幅度。(Deutsche Bundesbank，1976a，p. 12）

德意志联邦银行对目标偏离作出的解释和重新定义有信心，这一点在它所设计的报告机制中得到反映。《德意志联邦银行法》以及后来的法律也没有要求德意志联邦银行向任何公众对政策作出正式的解释。政府监督也仅限于“德意志联邦银行对联邦议会就重要的货币政策问题提供建议，并按要求提供信息”（Act Section 13）。对德意志联邦银行唯一的一个公布要求是在*Federal*

Gazette 上公布利率、贴现率等（Act Section 13）。根据《德意志联邦银行法》第 18 条，德意志联邦银行可以相机公布它所掌握的货币和银行数据。

德意志联邦银行充分利用了这个机会。正如在月度报告首页的内封上所描述的，这个报告是作为对《德意志联邦银行法》第 18 条的一个回应，但是这个报告不仅限于提供数据。每个月在对货币发展、证券市场、公共财政、经济情况和国际收支作出“简短的评论”后，都会有几篇文章。其中有些是一次性的话题（例如，“德国统一后的外部调整情况”），其他经常性的报告（例如，“德国信贷机构的盈利性”（年度报告），“德国经济前景”（季度报告））。在每年 1 月的报告中，公布货币目标和理由（从 1989 年到 1992 年，这些内容在每年 12 月的报告中发表）。年度报告对上一年的经济（不仅限于货币）进行了详尽的讨论，列示了货币政策的变化情况，并对联邦政府的财政政策和 *Länder* 进行评论。① 这两个报告和定期更新的“特别出版物”，如《德意志联邦银行的货币政策》，包含了对所有德意志联邦银行的政策和可能产生的影响的分析。

除了对透明度的承诺，德意志联邦银行对自己的责任也进行约束。在月度报告中的文章都是不署名的，② 在年度报告中仅出现德意志联邦银行总裁的署名前言（尽管所有中央银行委员会的成员的名单是在前一页上出现）。总裁的讲话或其他委员会成员的讲话不在任何文件中出现。所有委员会成员（不仅是总裁和首席经济学家）和一些高级工作人员积极发表讲话和发表研究文章弥补了这个惯例的不足，但出版报告匿名弱化了政策和政策制定者之间的联系。

另一个对责任的约束是月度报告和年度报告主要处理当前的情况和过去的表现。德意志联邦银行既没有公开经济变量的预测，也没有提及私人部门的预测和预期。很明显，德意志联邦银行对过去的表现负责，但并没有对未

---

① 德意志联邦银行在月度报告和年度报告中提供了相当多样和具有深度的信息，提供了 M3、流通速度和潜在 GDP 以外的相当广泛的信息变量在德意志联邦银行的决策中（这个工作涉及形成数据和分析，不是使之仅仅成为“烟幕”或者公共服务）发挥着作用的证据。尽管如此，货币政策变化参考 M3 和通货膨胀变化而不是其他类型的数据总是合理的。

② 另一方面，正如通常从联储工作人员在官方出版物上撰写的文章中看到的，两者都没有制度责任的免责声明。

来的计划负责。实际上，德意志联邦银行对事后经济和政策发展作出解释，以及把潜在的 GDP 和标准的通货膨胀作为货币目标的基础，通常使它把短期经济表现的责任转换到它选择的其他目标。然而，德意志联邦银行把同样的货币目标视为政策责任和透明度的主要根源，原因是这至少使得德意志联邦银行能够定期地以明显的基准对政策作出解释。

4.2.2 瑞士

从 1975 年到 1978 年，瑞士国民银行宣布狭义货币总量 M1 的增长目标。1978 年秋，在过去一年以贸易加权计算瑞士法郎出现 40% 的名义升值和 30% 的实际升值后，瑞士国民银行决定从货币目标过渡到汇率目标。这可以说是瑞士国民银行在目标承诺中引入隐含的“免责条款”。

1979 年春天，“尽管没有公开宣布”（Schiltknecht，1983，p. 74），瑞士国民银行重新回到货币目标。从 1980 年起，又重新宣布货币目标，但是这次瑞士国民银行选择更窄的货币总量作为目标。从 1980 年到 1988 年，根据调整后的基础货币（AMB）制定目标，AMB 是指瑞士国民银行为适应每个月末商业银行的流动性需求作出调整后的基础货币。从 1989 年起，目标变量是季度性调整后的基础货币（SAMB）。近年来，流通中的货币占 SAMB 的 90%，而其余部分为商业银行存款。SAMB 是比 M1 更狭义的货币总量。由于瑞士的金融体系比德国更有深度和创新性，选择更窄范围的 SAMB 作为总量的好处就在于它对资产变化的影响具有更强的耐受力，原因就在于它的需求在很大程度上是由支付技术决定的。而且，由于瑞士经济的规模更小、开放度更高，因而对广义货币的控制也更具有挑战性。

从 1990 年起，瑞士国民银行才在年终岁尾宣布来年的货币目标。1990 年年末，瑞士国民银行宣布目标是“使基础货币增加到中期扩张的路径上”（Swiss National Bank，1990c，December，p. 273），但对实现目标的时限或者路径的起点并没有作出明确规定。正如我们将看到的，瑞士国民银行想要的是比全面货币目标所能提供的更大的短期灵活性。由于瑞士国民银行在过去几年已经建立了可信度，只要目标清晰，长期通货膨胀预期可能不会有变化。之后很短一段时间，瑞士国民银行确定目标的时限为 3 ~5 年。1992 年年末，瑞士国民银行宣布把 1989 年第四季度的 SAMB 平均存量作为扩张路径的基础，因而提供了对表现进行确认的一个方式（Swiss National Bank，1992c，December，p. 312）。显然缺少 2 年的可衡量的货币目标并没有使公众怀疑瑞士国民银行所作的根本承诺。图 4—2 的 E 图显示的是上年同季度的 AMB 增长（实线）和 SAMB 增长（虚线），以及从 1980 年到 1990 年的年目标（三角形）和目标结果（水平线）。F 图显示的是从 1980 年以来的 SAMB 的水平，以及头 5 年的中期增长目标。

1994 年年末，瑞士国民银行宣布从 1995 年到 1999 年的新的 SAMB 中期增长路径，因而回溯显示第一个路径的时限也是 5 年。[①] 瑞士国民银行实行的内在以及后来的外在多年期时限的货币和通货膨胀目标与德意志联邦银行坚持对这两个目标实行一年期不同。就政策或通货膨胀的效果而言，还没有证据显示选择不同的目标时限会有多大的差别。但是，多年期目标使瑞士国民银行就计划与公众进行沟通的同时，很少偏离目标。由于货币政策对通货膨胀产生影响的时滞期为一两年，同时由于通货膨胀冲击出现反转是渐进的，多年期通货膨胀目标更能准确地反映政策制定的实际情况。如果中央银行锁定在事先确定的可信度不高的路径上，那么多年期目标的主要风险出现在最后一年。我们会看到多数实行目标制的中央银行通过在目标时限到期之前重新设定目标，或者把时限自动前移以避免这个黑箱问题。

瑞士国民银行实现货币目标的方式类似于德国的惯例。在目标总量为 M1 期间，瑞士国民银行把 M1 的增长目标降低到“下一个经济周期 3% 的平均率”（Schiltknecht，1983，p. 72）。目标“是基于预期的和想要达到的来年经济增长以及对明年收入流通量的假设”（Schiltknecht，1983，p. 73）。在转换到以 SAMB 为目标变量后，瑞士国民银行考虑将年增长率定位于 2%。

在中期足以稳定价格水平。2% 这一数字是基于如下假设：（a）瑞士国

① Swiss National Bank（1994c，December，p. 272）.

民银行把0～1%的年通货膨胀率等同于价格稳定；（b）瑞士实际GDP的潜在增长不可能高于2%。通常认为假定2%～3%的名义潜在增长会使每年基础货币需求增长2%。（Rich，1989，p. 350）

瑞士国民银行把由于质量改善不全面造成的向上偏差作为选择通货膨胀目标大于零的理由。通货膨胀目标是在货币目标之前制定的。

尽管瑞士国民银行与德意志联邦银行不同，没有提及“不可避免的价格上涨”，但是直到1985年瑞士国民银行才把货币目标设定在2%以上（1975—1978年高于3%），这显示它设定目标时就已经考虑到近期通货膨胀的惰性。与德国一样，无论是定义上还是操作上，价格稳定是指大于零的通货膨胀率。而且，瑞士国民银行为了适应价格水平一次性上涨，允许渐进地实现价格稳定。与德意志联邦银行类似，瑞士国民银行根据对潜在的GDP增长的估计而不是对实际GDP增长的预测得出目标，因而在设定目标的过程中，对货币政策和周期情况之间的联系并不重视。

瑞士国民银行选择的是货币增长的点目标而不是区间目标：

从心理学的角度来看，放弃目标区间的决策是基于偏离目标区间比偏离点区间造成的问题更严重。目标区间显示中央银行不仅能够建立合理的区间，而且能把货币总量控制在一个窄区间内。瑞士国民银行不想给公众留下这个印象。（Schiltknecht，1983，p. 72）

直到1988年瑞士国民银行才根据SAMB比上年的平均增长率来制定货币目标，而在1989年和1990年，它是采用比上年第四季度的增长率来制定目标。尽管瑞士国民银行相对于德意志联邦银行在选择点目标时能够更加公开地承认控制问题的可能性，但它与德意志联邦银行一样对偏离目标给予更多的解释。选择点目标的优势在于它能够消除偏离目标区间对可信度的影响。不利之处是出现偏离目标的情况时，作解释的余地就很小。

与上面的情况类似，尽管瑞士的房地产部门的租金实现了指数化，瑞士国民银行关注的还是总体CPI的变化率，这使得它在通货膨胀的计量方法错误地显示了“当前”的通货膨胀时作出解释，而不是采取以一个特别确定的价格指数为目标的方式。使规则简单化增加了解释的复杂程度，也可能降低政策的灵活性，同时也使得偏离目标对可信度的影响小一些。这一策略是基于公众受过教育的假设，或者至少是在表明瑞士国民银行在对公众进行教育。

瑞士国民银行反复强调保持价格稳定是货币政策的首要目标。瑞士国民银行“通过逐渐降低货币增长速度，意在把用 CPI 计量的通货膨胀从 1973 年的 10% 以上降低到零。瑞士国民银行认为大多数公众对把价格水平稳定作为货币政策的主要目标不存在争议”（Rich，1986，p. 60）。与德意志联邦银行的章程不同，瑞士国民银行的章程并没有把制定的目标局限为价格稳定。实际上，它包括一些存在潜在冲突的目标。瑞士国民银行对价格稳定目标的承诺从它的行为和可信度体现出来，而不是由法律规定的。[①] 把价格稳定放在首位从瑞士国民银行在执行目标和保持价格稳定之间出现冲突时，允许货币目标低估或者高估的决策中也可以看出来。例如，对 1978 年发生的汇率危机通过先例和常识给予免责条款，而没有对那个效应进行公开说明。[②]

如前面提到的，瑞士国民银行原来选择 M1 是基于对 M1 和通货膨胀之间“相当紧密的联系”的认同。从 1975 年到 1978 年，瑞士国民银行把基础货币作为控制 M1 增长的工具，通过它对货币乘数（M1 与基础货币比率）预测的准确程度的能力，这个惯例具有了可能性。当瑞士国民银行在 1978—1979 年期间回到货币目标时，它得出结论认为对货币乘数预测的准确程度有所下降。特别是，M1 的需求对汇率预期的反应更强烈。瑞士国民银行因此决定以基础货币为目标，原因如下：

> 瑞士国民银行认为基础货币比 M1 总量具有更强的稳定性。事后看来，这种说法值得怀疑。但是以基础货币为目标从另一方面来看不具有吸引力：基础货币的需求对利率变化的反应不敏感，因而比对 M1 的需求的波动性小。[③]（Rich，1997，p. 119）

目标的变化反映了瑞士国民银行对控制 M1 能力的关注。从现有的证据

---

① Posen（1995b）认为德国和瑞士支持中央银行的独立性和对价格稳定的追求，与拥有政治上有效的金融部门对低通货膨胀给予更大的政治支持的国家的一般趋势是一致的。
② 后面的章节将讨论瑞士国民银行近来对大规模的贸易条件冲击的反应。
③ 对 M1 的需求容易受汇率预期变化的影响这一问题的分析参见 Rich（1985，pp. 60-90）。

来看，基础货币和M1这两个总量，导致通货膨胀的期间为2～3年（Rich，1989，pp. 350，354-355）。

对以基础货币而不是M1为目标的优势的认识，是基于瑞士是个小型的开放国家，以及瑞士法郎作为一个“避风港”货币的重要作用这样一个事实。理论上，瑞士国民银行能够充分调控基础货币。但在实践中，瑞士国民银行不断发现自己被动地抵消大规模和持续的汇率波动，通常是瑞士法郎升值，迫使它接受大规模、不必要的基础货币扩张。1978年的情况就是这样，当时瑞士国民银行暂时放弃货币目标，1987年也是如此。例如，外汇干预对SAMB产生直接的影响，这与干预对像CBM这样的总量产生的渐进影响不同。这很快就使得瑞士国民银行对货币增长偏离目标作出解释。宣布基础货币目标对由汇率过度波动引起的货币扩张以及随后出现的回调起到了沟通的作用。

尽管没有特定的偏离目标回调的时间表或者对在5年内实现目标作出承诺，瑞士国民银行定期宣布目标还是发挥了沟通工具的作用。实际上，由于瑞士国民银行在解释目标的临时性特点和有出现偏离目标的必要上是非常直截了当的，短期货币目标的主要目的是向公众显示政策意图和目标。这与中间目标制度下实现目标本身是值得努力的方向的理想模式不同，因为它使得中央银行有效地向长期目标靠拢。

与德意志联邦银行类似，瑞士国民银行是一个具有相当独立性的中央银行。它并不受政府的监督，也不需要按任何法律要求对自己的表现作证。它把公众的支持作为执行货币政策的合法性的来源。它获得这种支持的主要工具是季度出版物《货币、现金和经济周期》。每期有一定篇幅并且数据量大的《货币和经济发展的总结》，2～4篇标题文章，最后有一页内容的“货币和汇率政策纪事”。另外在12月的那期刊物上，有一个简要的“瑞士货币政策（明年）”声明（第1～3页），其中包含一些对过去一年的表现的评价和对下一年货币总量的意图过程的声明。①

① 瑞士国民银行也出版月度报告，其中包含大量的数据图表（多数与金融体系有关），以及有关瑞士银行的状况的年度报告。除了对短期SAMB增长的预测是从1991年起每3个月在月度报告中公布外，从1983年出版第一期以来，这两个报告都没有起到对货币政策进行报告的作用。

瑞士国民银行和德意志联邦银行在对货币政策进行报告的方式上有几个不同之处。瑞士国民银行对国际和实际经济发展进行了具体的讨论。这个惯例反映了它在决策中利用信息变量，同时也强调了对瑞士经济表现进行调控的局限性。它用相同分量的笔墨对“多数重要的工业化国家的经济发展”和国内经济情况进行分析，并把关于国际的文章放在前面。而且，在对国内外经济发展问题的讨论中，甚至对未来的货币政策的年度声明中，它对任何经济变量进行预测，有时也把自己的预测与私人预测进行比较。①

瑞士国民银行在责任上与德意志联邦银行存在着差别。很显然，在一个小型、开放和金融创新的国家，中央银行不可能对超出自己控制能力之外的事件和情况负责，但它应当对自己能够控制的情况负责。瑞士国民银行要求出版物中所有的主题文章由作者署名发表，很多高级官员发表的讲话也重印。瑞士国民银行通过出版预测使自己有所约束，并没有赋予出版的报告任何法律效力。瑞士国民银行显然想给人留下自愿使自己处于危险的境地，而同时提醒公众这种方式的危险程度的印象。

两家中央银行都把货币目标作为向公众解释政策的一个框架。它们的分析涉及整个经济并超出了狭义定义的货币政策。简而言之，它们并没有把自己局限于处理在规定的时间内是否实现目标的问题。

4.3 货币目标下的德国和瑞士的货币政策

我们在这里并不想审视德国和瑞士实行货币目标的整个历史过程，而是着重强调能够用来说明上面讨论的主题，发生在 20 世纪 70 年代和 80 年代的事件，特别是不是把货币目标作为硬性的规则，而是作为为货币政策提供结构和透明度的框架。然后我们分别对每个国家 20 世纪 90 年代后期的事件进行分析。就德国而言，最大的挑战来自于德国的统一。在当时的情况下，德意志联邦银行通过沟通和灵活性，成功地应对了大规模的一次性通货膨胀

① 然而，瑞士国民银行和德意志联邦银行都没有像很多实行通货膨胀目标制的中央银行那样公开讨论私人部门的通货膨胀预期。

冲击，以及处于政治敏感期的实际经济的发展。同一时期，瑞士的货币政策受严重的通货膨胀的后果以及瑞士国民银行从年目标向 SAMB 5 年增长路径转换的影响，出现重大调整。研究这些事件可以看出这两家中央银行在 20 世纪 90 年代如何执行货币目标制度，也将为我们在后面的章节中研究的通货膨胀目标制提供基准。读者可以分别参考图 4—1 和图 4—2，这些图显示了通货膨胀、利率、名义汇率、GDP 增长、失业和货币增长的路径。

4.3.1 德国

在 20 世纪 70 年代和 80 年代期间，德意志联邦银行的货币目标有大约一半时间出现低估或者高估，在多数情况下它对高估的目标进行回调处理。它还对通货膨胀以外的变量变化作出反应。从 1975 年 CBM 目标开始，德意志联邦银行就认识到“中央银行货币容易受到流通中的货币的特殊变动的影响”（Deutsche Bundesbank，1976a，p. 11）。1977 年，德意志联邦银行在德国马克出现升值和经济活动变冷后，就允许 CBM 的增长高于目标。[①] 当时实行目标制才 2 年时间，德意志联邦银行对此的解释是“会有实现中间目标变量不能作为首要目标的时候”，因而承认在决策中实际部门和汇率变化的重要性（Deutsche Bundesbank，1978a，p. 2）。

在 1981 年和 1982 年早期，由于德国马克币值趋软，CBM 增长比 M3 的增长缓慢。这种趋势造成大量德国马克回流和收益曲线逆转（短期利率高于长期利率），进而造成投资组合从货币流入高收益的短期资产。相应地，1981 年原定的 4% ~7% 的货币目标出现低估（图 4—1 的 E 图）。但在这个期间，德意志联邦银行在反通货膨胀过程中取得了一定成效，因而没有采取措施把货币增长提高到目标区间。

1986 年和 1987 年出现了相反的情况，也就是强势马克和处于历史水平的低利率，使得 CBM 先是增长了 7.7%，然后是 8%。德意志联邦银行能够容忍出现这种高估的情况的一部分原因是由于广场协议要求德国承担一部分

① 实际上，这是 4 年中的第 3 年，8% 的 CBM 货币增长点目标超过至少 1 个百分点（Bernanke and Mishkin，1992，p. 201，Table 4）。

稳定 G-7 汇率的责任。CBM 增长出现严重偏离促使德意志联邦银行宣布从 1988 年把目标调整为总量 M3，并作出如下评论：

流通中的货币扩张本身就是中央银行值得注意的一个重大变化。毕竟这是最具有流动性的货币，特别是由中央银行发行和强调中央银行对币值稳定负有责任的那种货币。另外，特别是在货币流通量增长率和存款货币出现较大差异时，就没有必要过分强调流通中的货币的权重。(Deutsche Bundesbank，1988b，March，pp. 18-21)

在 CBM 增长速度过快时，德意志联邦银行就调整目标变量，而在 CBM 增长速度放缓时保持不变，对此可以解释为德意志联邦银行赋予货币目标作为与公众沟通的一个手段的重要性的一个迹象。由于德意志联邦银行不想对一些因素作出反应而使得目标变量反复出现高估，这使得公众认为德意志联邦银行对货币控制和通货膨胀的态度已经发生转变。①

Clarida 和 Gertler（1997）认为德意志联邦银行对偏离目标作出的反应是不对称的，对目标高估的反应是提高利率，但对目标低估却没有降低利率。在这两种情况下，目标转换没有伴随着货币政策框架的变化，也没有引起足够的关注。简而言之，只要没有实现中期基准通货膨胀目标，保持货币目标而不是准确的规定就可以了。

如我们上面注意到的，德意志联邦银行对通货膨胀冲击作出的反应是渐进式的反通货膨胀。它对 1979 年石油供给冲击的反应是渐进的，它所做的公开声明也是如此。德意志联邦银行 1980 年设定的“不可避免的”通货膨胀水平为 4%，这个水平明显低于当前的水平但高于长期可接受的水平。通货膨胀的目标水平呈阶段性下降，只是在 1984 年回到 2% 的长期目标。即使内在意图很明显，但每年只设定一年期的“不可避免的”通货膨胀的目标水平（以及由这个水平决定的货币目标和利率政策），这使得德意志联邦

① 两个技术性变化表明从 CBM 向 M3 的目标转换：一是最低准备金要求从 1974 年开始产生重大变化，因而 CBM 以 1974 年的比率计算，对基础货币的反应越来越小，“到了中央银行为银行的货币创造提供资金的程度”。二是为了加强控制的目标，把新成分如国内非银行持有的欧洲存款纳入到更广义的货币存量中的必要性越来越强，它们在 CBM 中所占的权重还不清楚，这一问题在扩展的 M3 的定义中并不存在。

银行有了对各种事件反应以及反思反通货膨胀的步骤的灵活性。虽然为期4年的降低通货膨胀很难说是德意志联邦银行应对通货膨胀得心应手的一个表现，但却是德国货币政策具有灵活性和对实际经济效应关注的一个反映。

德意志联邦银行在德国统一后的行为给我们提供了关于目标框架相当多的信息。在1990年8月1日与民主德国（GDR）实现经济和货币统一的前2年，联邦德国经历了4%的实际GDP增长，失业率也出现自20世纪70年代后期以来的首次大幅下降（图4—1的C图）。经过20世纪80年代中期长期的通货膨胀下降和历史上的低利率时期，通货膨胀从1986年末的-1%上升到1989年末的3%。德意志联邦银行在1988年中期开始实行紧缩的货币政策，把再回购利率（德意志联邦银行对银行体系按常规提供短期贷款的利率，是在当时有效的政策工具）从1988年6月的3.25%提高到1990年初的7.75%。1988年实际目标比第一个3%～6%的M3目标高估了1%，但1989年M3的增长率为4.7%，基本实现年增长5%左右的目标。从当时的经济增长率来看，M3的增长率当然不高。

为了对德国统一的不确定性作出反应，长期利率从1989年年末到1990年3月被急剧提升，长期债券收益在不到6个月的时间里从7%上扬到9%的水平。长期利率上涨与德国马克的强势一起，使得德意志联邦银行在货币统一之前的几个月保持官方利率不变。即使伴随着德国统一的扩张性财政政策促使GDP增长达到历史性水平，德意志联邦银行在货币统一之后仍然保持利率不变。

在货币统一后的头几个月的时间里，德意志联邦银行决定保持官方利率不变，这反映了很难对GDR马克（“民主德国马克”）兑换成德国马克产生的潜在通货膨胀进行评价。德意志联邦银行反对货币联盟协议中规定的兑换比率（平均1德国马克兑换1.8个民主德国马克），这一点曾经被联邦政府公开驳回。① 在货币联盟成立之初，M3的货币存量增加了近15%。有意思

① “尽管官方的恰当的汇率问题仍在讨论中，德国的财政大臣在没有通知德国总统Karl-Otto Pöhl的情况下就宣布了关于汇率的决定，而他们在几小时之前刚刚会面（Hefeker，1994，p.383）。”见Marsh（1992）对更长历史的描述。对于民主德国人民来说，个人资产按1∶1进行兑换，而更大额的资产，用下调的比率来兑换。

的是，按照协议规定货币兑换率几乎是完全“准确的”。在统一后前民主德国的 GDP 相当于联邦德国的7%左右，从联邦德国向民主德国转移的大量政府资金被吸收后没有造成大的通货膨胀刺激（König and Willeke，1995）。在前几个月里，德意志联邦银行为了对引入新货币、新金融体系和以前没有过的大范围资产作出反应而忙于对民主德国的资产变化进行评估。

只要民主德国的银行对新制度变化作出调整，资产组合变化对流通速度产生不稳定的影响，就很难对民主德国的货币信息作出解释。1990 年下半年，德意志联邦银行根据在各自部门注册的银行的回报，分别计算民主德国和联邦德国的货币总量。尽管 1990 年年末联邦德国的 M3 的增长出现加速，当年的增长率为5.6%，处于4% ~6%的目标区间内。

1990 年年末，回购利率接近伦巴第利率，这表明银行越来越多地用伦巴第便利来满足经常性流动性需求，而不是作为原来预想的紧急流动便利。1990 年 11 月 2 日，德意志联邦银行把伦巴第利率从8%提高到8.5%，把贴现率（德意志联邦银行的贴现贷款利率）从6%提高到6.5%。在以后的几周里，银行抬高利率（*Mengentender*），贴现利率高于伦巴第利率，使得德意志联邦银行在1991 年2 月1 日把伦巴第利率提高至9%。德意志联邦银行在1990 年后期采取这些措施是对 GDP 增长率波动和 M3 的快速增长作出的反应。尽管当时通货膨胀保持在相当稳定的水平，但由于财政扩张、联邦德国能力的过度扩张、货币联盟的条件，德意志联邦银行预测到近期会形成通货膨胀压力。

1990 年年末，德意志联邦银行宣布 1991 年 M3 的增长区间为 4% ~6%，首次把货币目标应用于整个货币区内。这一目标是以 1990 年第四季度德国所有的 M3 的存量为基础得出的。由于民主德国的资产组合持续变化会对存量产生影响，使得目标面临着较高的不确定性。这两个在数量等式中生成德国货币目标——标准通货膨胀和德国经济的潜在增长率的基本组成部分发生了变化（由于德国在20 世纪80 年代中期实现了有效的价格稳定，德意志联邦银行提到了“正常的价格上涨”而不是对 20 世纪 70 年代和 80 年代

早期高通货膨胀做出反应的“不可避免的通货膨胀”)。[①]

德国统一后，一旦远离正常的通货膨胀，这个期间保持在 2% 的水平，德意志联邦银行制定货币目标就有了坚决的信心。(Issing，1996，p. 123)

这是政策声明而不是预测。它表明德意志联邦银行认为统一的冲击并没有从根本上改变德国经济的基本结构。而且，它与公众沟通对冲击产生的任何价格变化作为一次性事件来处理而不是纳入到通货膨胀预期中。

很显然这个政策取向要求对公众的理解能力、德意志联邦银行的解释能力和时机的特有性质有信任感。这里有必要把对 2% 的中期通货膨胀目标和德意志联邦银行对 1979 年的石油冲击进行比较，当时“不可避免的”通货膨胀上涨到 4% 的水平，然后被逐渐降下来。对政策反应的不同有两个解释：其一是由于货币统一冲击是需求冲击而不是供给冲击，德意志联邦银行没有采取适应性货币政策是正确的；其二是在实行了几年的货币目标之后，德意志联邦银行对货币政策的解释高度透明，这使得公众能够区分一次性价格上涨和持续的通货膨胀压力。在任何情况下，德意志联邦银行在决定实现长期目标的问题上都很明显会允许短期货币政策偏离目标。

1991 年 2 月，长期利率出现了 1988 年以来的首次下降。事后看来，这显然是下降趋势（持续到 1994 年年初的债券市场暴跌）的开始。尽管高通货膨胀率还没有出现，在当时金融市场显然相信德意志联邦银行即使不会在长期内降低通货膨胀，也会成功地控制通货膨胀。德意志联邦银行表明它不会坐视中期价格进一步上涨，它已具有短期内放松货币政策而不至于引起误解的灵活性。透明度和增加的灵活性之间的联系取决于中央银行使自己对价格稳定的承诺具有可信度的能力，它同时也表明具有可信度的中央银行如何通过制度安排来增加政策可信度。

直到 1991 年 8 月中旬，德意志联邦银行保持贴现率和伦巴第利率不变，回购利率稳步上涨，接近 9% 的伦巴第利率。1991 年上半年联邦德国的 CPI 通货膨胀接近 3% 的水平，而 GDP 保持强劲增长。比较之下，M3 增长下

① 我们对 Otmar Issing 向我们强调这一变化表示感谢。这一变化是德意志联邦银行对自己实现合意的通货膨胀目标能力更具信心的信号。

降，部分原因是民主德国流入长期资产的变化超过预期。

资产变化和超出预期的民主德国潜在生产能力下降，促使德意志联邦银行首次在年中改变货币目标。它把 1991 年的目标降低了 1%，调低到 3% ~ 5% 的区间。在这种情况下，德意志联邦银行就能够启动半年目标评论中的隐含免责条款。任何目标变动的过程都需要清晰的解释，使得德意志联邦银行能够对政策的合理性作出解释。货币目标框架的约束同样也显示了这个框架的不足之处。特别是在货币需求不稳定，以及货币增长对目标变量的影响难于预测的情况下，就很难实现短期货币目标。

1991 年 8 月 16 日，随着回购利率接近伦巴第利率，德意志联邦银行把伦巴第利率从 9% 提高到 9.25%，贴现率从 6.5% 提高到 7.55%。提高贴现率是为了降低银行再贴现便利的补贴特征，直到德意志联邦银行把它作为向民主德国银行提供流动性的一个手段。

尽管 GDP 增长在 1991 年的下半年出现放缓，但 M3 的增长却加速。在一定程度上这种加速是由于当时收益曲线出现反转，造成定期存款强劲增长，使得银行为了扭转储蓄存款外流的势头以具有吸引力的条件提供特别存款计划。这是 1980 年年初以来收益曲线首次出现反转（也是德意志联邦银行以 M3 为目标以来首次出现这种情况）。在这种情况下，德意志联邦银行面对着利率上涨可能提高 M3 的增长的不同寻常的一种情况。尽管出现高利率，但由于银行对私人部门的贷款迅速增长，这一问题变得更突出。贷款增长在一定程度上是由于联邦政府提供的贷款补贴以及民主德国经济和房地产部门的重组。

德意志联邦银行的工具向“错误的”方向运行的趋势使得潜在的货币目标的冲突凸现出来：必须经常对目标和最终目标变量一起进行评价。而如果目标经常参照这种关系或者特别的情况而被放弃，这显示其他中间变量在发挥作用，它就不再是一个目标而只是一个指标。

严格来说，使用货币增长目标意味着中央银行不仅把所有不可预见的货币波动作为信息性而且作为数量性的问题，以一种使货币增长回到最初既定轨道的方式来调整工具变量。(Friedman and Kuttner，1996，p. 94)

尽管1991年年末M3增长加速，但1991年全年M3的增速为5.2%，接近原来目标的中点，略微高于调整后的目标。

1991年12月20日，德意志联邦银行分别把伦巴第利率和贴现利率提高了0.5%，分别达到9.75%和8%。这是第二次世界大战后的最高水平（如果不考虑20世纪70年代初的伦巴第利率）。

从货币迅速扩张的角度来看，防止由于采取工资和财政政策以及通货膨胀加速而出现的持久的高通货膨胀预期是必要的——对预期控制的成本和难度都会加大。（Deutsche Bundesbank，1992a，p. 43）

这里的说法值得注意。此处提到政府政策和工会工资要求具有通货膨胀效应，即它们要实现的转移支付超出现有资源。尽管德意志联邦银行不能不顾总理 Helmut Kohl 认为民主德国马克兑换联邦德国马克的合理汇率，或者他的“实在的”转移支付，德意志联邦银行委员会负责人在他的声明中认为 Kohl 政府而不是德意志联邦银行应当对这些措施造成的通货膨胀压力负责。德意志联邦银行委员会只应对没有控制这些压力的第二轮效应负责。

德意志联邦银行对持续的通货膨胀预期和降低预期的潜在成本也表现出同样的担心，因而承认即使是对具有可信度的中央银行来说，反通货膨胀的成本，就产出和就业的损失而言也是相当大的。最后，德意志联邦银行对最终目标——中期价格稳定和通货膨胀预期的重视，并没有使它像现在很多实行通货膨胀目标的国家那样直接提出评估私人预期。

12月20日是最后一次提高伦巴第利率。在1992年上半年，回购利率逐渐接近伦巴第利率。回购利率在8月达到9.7%，然后随着德意志联邦银行开始采取宽松的货币政策逐渐降下来。这个宽松政策在很大程度上是对马克升值和欧洲货币体系新出现的紧张态势作出的反应，它恰好遇到德国GDP的增长迅速放缓。尽管1992年和1993年没有实现货币目标，但是渡过了德国统一对货币政策形成挑战这一难关。

例如，1992年，当货币存量大幅度超出目标时，德意志联邦银行通过采取利率政策措施表明它对这种大幅度的货币扩张是很重视的。其实德意志联邦银行由于一些原因最终没有实现目标，最终对德意志联邦银行的可信度

和策略并没有产生多大的影响。(Issing，1996，p. 121)

在德意志联邦银行的首席经济学家 Issing 看来，在同一期间，货币政策的透明度与灵活性明显联系在一起，灵活性使保持长期价格稳定功能的实际经济和政治效应最小化。

但是从 1992 年起，M3 仍然是有一定问题的中间变量。德意志联邦银行对 1992 年以来 M3 增长出现大幅波动的解释（图 4—1 的 E 图）显示对 M3 的需求的变化越来越与金融资产的需求而不是与对交易中介的需求接近。德意志联邦银行在解释偏离 M3 目标的合理性时，开始把“扩展的货币存量 M3”进行报告，包括一些货币市场账户的广义总量，但没有给出它准备转变目标总量的信号（Deutsche Bundesbank，1995b，July，p. 28）。

德意志联邦银行认为自己是“幸运的”，德国的金融关系比其他实行货币总量目标的国家更稳定。它将其归功于德国更早地实行金融市场管制放松，以及金融机构追求创新的通货膨胀或者管制诱因不足。即使在几年中有时不能实现目标，但德意志联邦银行继续用这个目标作为结构性框架来解释货币政策。①

1996 年，M3 增长超出德意志联邦银行 4% ~7% 的目标，造成这种差距的原因是在最后一个季度，当时很多居民购买新发行的德国电信股票，影响到狭义货币的变化。然而很重要的是应当注意到从德国实行货币目标以来（CPI 增长为 1.4%），1996 年通货膨胀处于最低水平，德意志联邦银行把三个工具利率降到历史最低水平，M3 增长率甚至超过既定目标。

在 1996 年 12 月的月度报告中，德意志联邦银行宣布把 1997 年和 1998 年的年度 M3 增长目标设定为 5%。随后 1997 年和 1998 年的 M3 的一年期增长目标分别设定为 3.5% ~6.5%、3% ~6%，后者是对持续适度的通货膨胀预期作出的反应。1996 年 12 月宣布的目标是德国自 1975 年实行货币目标以来首次宣布一年以上的目标。这么做的原因是给决策者提供处理在加入欧洲货币联盟（EMU）过程中货币市场波动的灵活性。这使得这些目标成

① 对于近来两个反复争论的例子，参见 Issing（1996）和 Schmid（1995）。

为德国最后的货币目标。很明显，这是为了平衡 2 年期国内价格稳定与其他目标，特别是变化中的汇率机制（ERM）。

德国货币状况游戏终结的特点有一点对所有实行固定期限目标制的通货膨胀目标制国家都产生影响。当目标制度结束与特定的事件，如选举或协议联系起来，在这一事件接近尾声时还不清楚目标会产生多大的约束。中央银行在初期对目标执行不是很严格，声称是为了对后来出现的临时性高估进行弥补。然而当出现后来这种情况时，使目标变量回到在目标制度下水平的承诺实际上事先决定了政策的路径。除非中央银行放弃目标，否则就无法对发生的经济事件作出反应。

另外，如果不能做好目标制度的安排，中央银行就不可能对货币政策高度负责。而如果中央银行不能负责任，那么它所作的目标承诺怎么可能完全具有可信度？这并不是说德意志联邦银行在加入欧洲货币同盟过程中将对通货膨胀"手软"，而是最好在目标时限到期之前展期具有可信度。正如我们在加拿大和英国的案例研究中看到的，有必要向公众保证在过去的选举中能够保持目标（政治力量的变化）。

4.3.2 瑞士

瑞士经济的指标（图 4—2 的 A 图）显示，在过去 20 年间瑞士货币策略把通货膨胀保持在平均每年 3% 的水平。但这个图也显示"在把通货膨胀降下来后，瑞士国民银行没有保持住价格稳定"（Rich，1997，p. 115）。尽管在目标制度下第一次通货膨胀从 1979 年持续到 1982 年，在很大程度上是由第二次石油冲击造成的，第二次通货膨胀从 1989 年持续到 1992 年，却与外部事件无关。特别是在后一段时期，瑞士的通货膨胀表现相对于其他 OECD 国家的表现比起前一时期更差一些。由于造成 1989—1992 年通货膨胀的事件促使瑞士国民银行从 1 年期货币目标向 5 年期的中期增长路径转换，这是过去 20 年政策框架的最重大的变化，我们审视这些事件并指出它们对瑞士国民银行执行货币政策的影响。

1989 年和 1990 年期间通货膨胀的快速上涨是由一系列复杂事件造成的

后果。首先（也可能是最重要的）是瑞士经济对汇率持续波动效应表现出的脆弱性。1987 年年初，瑞士国民银行开始关注瑞士法郎的强劲势头，继瑞士法郎从 1985 年早期的疲软中恢复过来后，1986 年用贸易加权条件计量，全年以大约 12% 的速度上涨（图 4—2 的 D 图）。瑞士国民银行决定偏离 1987 年的货币目标，让基础货币以高于 2% 的速度上涨（图 4—2 的 E 图）。之后实际短期利率下降到大约零的水平。瑞士法郎并没有疲软的迹象，而瑞士银行在 1987 年头三个季度保持着更宽松的政策取向。

在 1987 年 10 月（原书为 1997 年，疑误，译者注）股票市场崩溃后，瑞士国民银行像其他中央银行一样感到有必要给银行部门增加流动性，即使这样做会造成进一步偏离货币目标的问题。SAMB 增长 2. 9%，几乎高于目标增长率 1 个百分点。1987 年 12 月，股票市场崩溃的经济后果还有不确定性，对经济活动趋冷的预测较多，瑞士国民银行把 1988 年的货币目标提高到 3% 的增长率。提高目标意在向外汇市场发出当前的货币动向不会很快就进行调整的信号，这样做是想防止瑞士法郎进一步升值。加上比前年目标高估，这一变化意味着与长期通货膨胀目标不一致，相当于一年的基础货币被注入了银行体系。

在不确定的情况下，瑞士国民银行也面临着对 SAMB 需求出现重大调整的前景，特别是那部分作为商业银行存款存放在瑞士国民银行的资金。这种变化是瑞士金融体系中出现两个制度性变化的结果。

第一个变化是新引入的银行间支付体系，也就是所谓的瑞士银行间清算（SIC）。以前瑞士国民银行作为清算所每天结束后形成一个商业银行账户的净结算，这要求银行把它们在瑞士国民银行账户的收支转移至一个全天不允许透支的特殊账户。瑞士银行公开承认它不知道这个体系对银行的基础货币需求产生的影响，原因是银行要先在体系内积累经验。

第二个制度变化是在 1988 年年初对商业银行流动性要求的广泛调整。目的之一是改变在以前的流动性要求下银行面临的不利竞争劣势，这种流动性要求规定银行要在瑞士国民银行持有比用于实际清算更多的准备金。在新监管制度下，瑞士国民银行没有想到在正常的情况下准备金要求具有约束

力，即使在瑞士银行间清算体系降低了银行意愿流动性收支的假设下。这意味着银行对在瑞士国民银行的存款需求是由它们的实际操作需求来决定的。而在引入瑞士银行间清算体系的同时，瑞士国民银行很难预测这些需求。

瑞士国民银行预期 SAMB 的增长对通货膨胀的预测特点有时会受到严重影响。实际上，在宣布 1987 年的目标时（Swiss National Bank，1986c，December，pp. 207–209），瑞士国民银行对引入 SIG 的一般意义进行过讨论，表示它将会“在一定时间内对 2% 的长期货币目标会出现大幅度的差幅低估”。瑞士国民银行进一步解释道，在 SAMB 需求进行调整期间，尽管它不会宣布 M1 的增长目标（由于新流动性要求在 1988 年 1 月 1 日生效，预测 M1 作为未来经济状况的指标的用途会受到影响），但它会增加对其他目标，特别是 M1 和短期利率的关注。这些进展和瑞士国民银行的反应清楚地表明瑞士并没有严格地实行货币目标。实际上，当有其他信息表明执行货币目标造成偏离通货膨胀目标时，货币目标就完全被放到一边。

瑞士国民银行所作的解释与它对简单的规则的承诺出复杂的解释是一致的。它主要向公众努力传达货币增长和价格（和不确定性）的一次性上涨并不是放弃对价格稳定的潜在承诺。这就要对适应一次性冲击和改变目标进行区分，并试图防止冲击引发通货膨胀预期和工资上涨，这是货币政策要反复面对的问题。从德国统一的例子来看，政策的透明度是进行关键性区别的一个有效工具。

1988 年一开始，瑞士国民银行就再一次面临着汇率的不利变化、近期经济增长的不确定前景，以及目标变量的严重问题。

> 考虑到股票市场崩溃，一般会预期出现全球经济放缓的情况，从瑞士法郎的强势来看，1988 年瑞士国民银行决定继续采取扩张性的货币政策，把 SAMB 的增长率从 2% 提高到 3%。由于很快就会出现的创新对 SAMB 需求下降，瑞士国民银行预期会低估这个目标。这个目标因此并没有作为控制货币存量的一个指引。瑞士国民银行与公众沟通这个目标的目的是继续保持以前的货币政策取向。（Rich，1992，p. 77）

目标存在不同寻常的不确定性，使得瑞士国民银行对来年执行货币政策

的计划作出具体的解释。但瑞士国民银行自己承认，它宣布1988年货币目标的简洁程度不同寻常。

当瑞士国民银行宣布1988年的货币目标时，它发表了一个相当简洁和空泛的声明。这个声明提到货币需求变化的前景，但是没有包含瑞士国民银行用来替代基础货币的指标的任何信息。瑞士国民银行随后对上述错误进行弥补，并费了很大周折向公众解释制定货币政策的方式。从1988年以来，瑞士国民银行宣布的政策内容更具有实质性。

很明显，瑞士国民银行有感于沟通失误后，开始再一次给公众提供关于是否偏离目标的声明以外的信息。

进入1988年，很明显，瑞士国民银行在三个不确定性的来源上判断失误，即汇率、经济增长的前景和目标变量的问题。对瑞士国民银行来说，不走运的是，每种情况发生的问题强化了通货膨胀的风险。首先，也是最重要的，商业银行在瑞士国民银行的存款比瑞士国民银行本身预想的要严重，1987年12月存款低于标准的57%。瑞士国民银行先是对存款下降反应谨慎，不能确定这只是由制度性变化造成的，还是反映了即将出现的经济下滑。但在1988年年中，瑞士国民银行主要从短期利率的大幅度下降中确认，必须加大对流动性紧缩的力度。总之，SAMB下降了3.9%（用月平均增长率来计算），低于目标6.9%。

其次，是在瑞士和其他地区普遍对经济活动下滑的预测没有实现，而是出现了经济增长大幅度反弹。SAMB下降掩盖了流通中的货币量当年扩张了4.2%的旺盛的增长势头。尽管瑞士国民银行1987年年末预测实际GDP在1988年会下降1%，但它实际上增长了3%（图4—2的C图）。

再次，是从1988年年中瑞士国民银行采取相当紧缩的货币政策，瑞士短期利率比德国的上涨速度要缓慢，这造成瑞士法郎早期上涨出现大幅回调。

瑞士国民银行在1989年继续执行紧缩的货币政策。但是当时通货膨胀压力已经开始显现，通货膨胀从2%上涨到5%。GDP继续增长，在年末达到4%的水平。同时SAMB仍是一个不可靠的指标，1989年下降了2%，部

分是对商业银行的流动性需求作出的持续调整。与1988年的情况相比较，1989年SAMB增长相对于目标出现4%的不足，并没有反映技术引起的银行在瑞士国民银行的收支的下降。“在4个百分点的不足中有一半是由1989年年初重新紧缩货币政策造成的”（Swiss National Bank，1989c，December，p. 291）。紧缩货币政策的主要原因是瑞士法郎持续贬值，特别是相对于德国马克。从1989年底开始，瑞士法郎表现仍然很脆弱，瑞士国民银行决定在宣布1990年的货币目标中加入带有明显告诫的话。

1988年年中以来，瑞士法郎相对于德国马克和其他EMS货币持续走弱，从货币政策的角度来看是非常不合适的。瑞士国民银行不会容忍汇率过度波动，如果外汇市场发展有这个必要，就会相应地调整货币政策。（Swiss National Bank，1989c，December，p. 292）

换句话说，瑞士国民银行从目标承诺中给自己一个公开宣布的免责条款。透明度又一次增加了灵活性。瑞士国民银行宣布1990年的SAMB的目标为2%。

瑞士货币的弱势一直保持到1990年1月，这使得瑞士国民银行启用免责条款。

瑞士国民银行已经认识到1990年的头几个月以汇率为导向的货币政策与把SAMB定为2%增长目标不一致，瑞士国民银行也认识到以汇率为导向的货币政策的内在风险。这并不排除汇率对货币供给扩张的压抑，在中期对瑞士经济会形成不必要的阻碍。（Swiss National Bank，1990c，December，p. 272）

最后，1990年的目标低估了4. 5%。

瑞士国民银行对目标连续3年出现大幅度的低估感到困惑。上面引述的Rich（1992）的段落及与宣布目标时一起提出的告诫，表明瑞士国民银行逐渐认识到货币目标作为显示政策取向的一个信号的效用在逐步递减。一方面，宣布目标意在就来年意欲实行的货币政策进行沟通，这是基于对目的和目标之间关系持续时间比目标时限要长的预期。另一方面，SAMB增长和通货膨胀之间的关系失去了短期预测能力，SAMB增长的结果，意在向公众显示近期政策的松紧程度的信息含量越来越少。瑞士国民银行因此寻求一个与公众沟通它逐步形成的认识的途径，尽管要实现长期价格稳定，货币增长平均就不能超过1%，但在短期内偏离这个平均增长率对于在某一年实现和保持价格稳定来说是必要的。

瑞士国民银行可能寻求新的更具有灵活性的框架来对它所意图的和实现的政策取向进行沟通。在1987年年末到1990年年末之间，SAMB缩减了16%以上（图4—2的E图）。瑞士国民银行相信1991年对SAMB的需求预计将低于更正常周期条件下的水平。特别是很高的短期名义利率（用历史标准来衡量）抑制了对SAMB的需求。由于瑞士国民银行预期近期会放松货币政策，它在面临SAMB增长率可能超过1%的中期目标一段时间时会这么做。这一增长率只能弥补过去的收缩。瑞士国民银行面临着与德意志联邦银行在1991—1992年相同的困境：目标变量和政策的变动方向相左。瑞士国民银行希望不让公众把这个临时性的货币增长解释为过度刺激的政策，特别是瑞士国民银行想避免瑞士法郎再次出现大幅贬值的问题。

瑞士国民银行对这一问题的反应是在1990年12月宣布用年货币增长目标来替代SAMB的中期增长路径。瑞士国民银行的主席在1991年4月的银行集会的讲话中阐明了这一决策背后的逻辑。

SAMB的有效增长大概会超过某些年的平均水平（1%的增长率），而在某些年会低于这一水平。这大大低于过去2年预计的平均水平。因此我并不排除SAMB在近期增长会超过1%的可能性，之后增长才会接近中期的增长路径。1%的中期货币目标确定了货币政策的大体方向。然而，它并没有确定我们想在1991年实现的货币增长目标，特别是我们考虑到瑞士法郎与最重要的货币的汇率变化。德国马克与瑞士法郎之间的关系特别重要。（Lusser，1991c，December，p. 168）

中期增长路径为瑞士国民银行提供了解释当前政策举措，特别是把偏离中期目标作为保持价格稳定的一个必要步骤。对当前情况和中期目标之间的关系有必要作出解释是对小型开放国家的短期相机抉择的货币政策给予一定的约束。

然而宣布中期增长目标路径也遗留了一些没有处理的问题（Swiss National Bank，1990c，December，p. 272 – 274）。瑞士国民银行在重复对 SAMB 作为“瑞士货币政策的主要指标”的承诺的同时，它也指出：

这个总量主要是作为中期货币指标。瑞士国民银行的目的是使基础货币的增长接近中期扩张的路径。它接近这个路径的速度在很大程度上取决于汇率的变化。(Swiss National Bank，1990c，December，pp. 273–274)

声明中规定的唯一细节是路径的斜率，也就是“中期货币供给增长接近1%在将来更合适”（Swiss National Bank，1990c，December，p. 274）。[①] 声明中没有规定“中期”的时间跨度、实际 SAMB 相对于路径的位置、瑞士国民银行预期使 SAMB 回到路径的时限。简而言之，这个声明没有包含 1991 年货币政策方向的细节。

瑞士国民银行“倾向于在对中期目标的准确定义作出承诺之前澄清新策略的未完事项”（Rich，1997，p. 135）。提供具体细节滞后于宣布新目标制度反映了一种在其他实行通货膨胀目标制的国家，如瑞士和澳大利亚也能够见到的模式。很显然小型开放国家的中央银行想在作出正式承诺之前确信是稳定的。毕竟，宣布新的更具有灵活性的目标在一开始就偏离。

正如我们看到的，瑞士国民银行在其后几年的时间里逐步提供偏离的具体细节。到1994 年年底，它首次提供了类似图 4—2 的 F 图的图表。根据这个图表，由于中期增长路径的变化，瑞士国民银行利用这一策略提供的空间而没有偏离中期目标太远。第二次世界大战后瑞士低通货膨胀积累的可信度提供了一个重要的观察视角。尽管以往的成功纪录和长期低通货膨胀预期使这个过渡期成为现实，而没有出现价格水平的急剧上涨，但这种可信度并不能防止瑞士货币政策对经济控制出现无计可施的局面，仍然需要并运用灵活性。

① 把中期目标从2%降低到1%的原因是银行存款在瑞士国民银行的 SAMB 中的比例从 1988 年前的25%降低到9%，到1990 年升到11%，这是上面讨论的制度变化的结果。由于银行存款的收入弹性比流通中的货币的高，前者的一小部分转化成 SAMB 的一个更小的增长趋势。

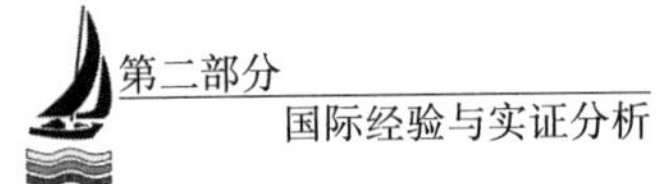

4.4 德国和瑞士经验的主要教训

德国和瑞士实行货币目标的经验是两个对任何通货膨胀目标发挥着突出作用的目标制度都适用的主要教训。

一是即使目标制度从短期作出反应，也能在更长期内对通货膨胀构成约束。实际上，这两个国家实行的目标制度，从古典意义上讲是对硬性规则的重大背离。

二是成功的目标制度的一个关键是对透明度的强承诺，也就是政策目标和方式明晰并作清楚的解释。作为与公众沟通和促进对中央银行要实现的目标的理解的工具，有效地运用目标能够增加政策的透明度。

在后面的章节中我们将看到，成功的目标制度的要点——灵活性和透明度，在本书研究的所有国家的政策中起到重要的作用。

第 5 章

新西兰：通货膨胀目标制的先驱者

1990 年，新西兰成为第一个正式采用通货膨胀目标制的国家。这一货币政策行为的变化是新西兰范围广泛的经济改革的一部分，该改革是由 1984 年当选的劳工党政府发动的。这次改革，作为对新西兰经济长期运行不良的一种反应，具有非常大的预期目标：劳工党政府着手处理财政、结构、贸易以及货币政策中存在的问题，认为要使这次改革取得成功，需要相互之间的协调与支持（参见 Brash（1996a）对改革成果的评价）。

像劳工党的许多其他政策一样，作为新西兰改革一部分的通货膨胀目标制具有很大的创新性，在学术界和中央银行范围内引发了很多的分析与讨论。正如我们在本章和以后几章中将要看到的，新西兰的经验在许多方面是一种试验，从这个试验中，后来一些采纳通货膨胀目标制的国家学到了正反两方面的经验与教训。

新西兰通货膨胀目标制的主要特征

- 新西兰的通货膨胀目标制是通过法律程序建立的，该法律程序是在政府与刚刚独立的中央银行之间建立一个《政策目标协议》（PTA）。在每一个《政策目标协议》下，政府与中央银行就一些通货膨胀的特定数字目标达成一致意见。
- 通货膨胀目标制只是在反通货膨胀将要成功地完成之后才开始采用的。
- 通货膨胀目标所依据的价格指数被设计成排除了供给冲击的首轮影响，因此测量的是“基底通货膨胀（underlying inflation）”。新西兰统计局公布消费者价格指数，该指数剔除了利率变化对生活成本的首轮影响。这一指数经过新西兰储备银行的进一步修订，剔除了来自于贸易条件变动、能源与商品价格变化、政府收费与间接税的变化以及由一些其他有较重要影响的价格变化所引起的第一轮冲击。
- 虽然新西兰的通货膨胀目标制可能是所有采取通货膨胀目标制国家中最接近于“按规则行事”的，但是它依然给中央银行相当大的灵活性来对通货膨胀以外的其他变量（如就业和实际 GDP）进行考量。
- 中央银行承担责任是该通货膨胀目标制的一个重要特征。从法律角度讲，如果通货膨胀目标被突破了，中央银行行长可能被解职，虽然他或她的解职不是强制性的，而且到目前为止这一条款还没有被执行过。
- 新西兰的通货膨胀目标是一个区域目标而不是点目标，该区域的中间点设在零之上。新西兰的长期目标也设计为高于零的通货膨胀率。
- 坚持一个相对较窄的目标和将目标的时间区域设置为一年的做法给新西兰的决策者带来了两个相关的问题：（1）控制问题（即很难把通货膨胀率保持在一个非常狭窄的目标区内）；（2）工具不稳定性

问题（即货币政策工具，如利率和汇率会出现偶然的宽幅波动）。

5.1 通货膨胀目标制的采用

新西兰目前的货币政策框架是依据1989年《新西兰储备银行法》设立的。该法案是1989年5月4日由新西兰政府提交议会的，并于12月15日通过，于1990年1月1日生效。该法案要求新西兰储备银行（中央银行）“制定与执行货币政策，以实现与维持价格总水平的稳定为经济目标”（第8节）。

虽然通货膨胀目标制是被选作用来实现价格稳定的手段，但是该法案本身并没有超出它所宣称的多数执行效果标准的要求。该法案的第9节要求财政部长与储备银行行长进行协商并向公众公开政府的PTA，该协议设定“特定的目标，根据该目标，对储备银行行长任期内的货币政策的效果及与之有关的法律目标的表现进行评价”（Lloyd，1992，p.211）。第一个PTA是由新西兰财政部长与新西兰中央银行行长于1990年3月2日签署的，该协议确定了通货膨胀的具体数字目标和这些目标将要实现的日期。

该法案的通过是由于对新西兰经济表现出危机感的一个结果，这种危机感促使劳工党政府实行了广泛的改革。如同许多其他的新西兰经济政策一样，货币政策在20世纪70年代和80年代并没有骄人的记录。

自从第一次石油冲击以来，新西兰在大部分时间中经历了两位数的通货膨胀。累积通货膨胀（以CPI为基础的）在1974年到1988年（包括1988年）之间为480%。（20世纪）80年代初，其通货膨胀在短期内，暂时地降低到5%以下，但仅仅是被扭曲性的工资、价格、股息与利率冻结的一个结果。在该时期，货币政策面临多重且又多变的各种目标，这些目标很少清晰明确，几乎没有同降低通货膨胀目标相一致。作为这一段经历的一个结果，通货膨胀预期深深地扎根于新西兰社会之中。（Nicholl and Archer，1992，p.316）

随着劳工党的当选和政策改革运动的进行，新西兰储备银行声明：“一个稳定的货币政策被认为是中期内更低、更加稳定的利率与通货膨胀率的前提条件。”（Reserve Bank of New Zealand，1985a，August，p. 451）然而在开始阶段，并没有关于货币政策应取得何种目标的专门讨论，虽然存在对中期货币总量目标的一些兴趣，[①] 但是该问题从来没有被认真讨论过（近年来，新西兰储备银行经常断言，把这些总量同通货膨胀联系起来是毫无用处的）。

在 1984 年选举之后的接下来四年时间里，新西兰政府内部，特别是新西兰储备银行内部，对关于适当的货币政策目标以及为了达到这些目标所需要的制度框架的意见渐渐统一起来。这种统一的一个关键性因素是对于价格稳定关注度的增加。

《1964 年储备银行法》具体确定了新西兰货币政策的多重目标：“……（货币）政策必须同最大限度地促进生产、贸易、就业与最大程度地维护内在价格水平稳定的理想相联系”（Reserve Bank of New Zealand，1985a，September，p. 512）。然而，转向于更加专注的方法是由 1987 年 9 月《新西兰储备银行公报》中的一篇文章提出的。该文章（104 页）认为：“……货币政策的压倒性目标是降低通货膨胀率，”“……政府政策的最基本目标是把通货膨胀率降低到与主要的贸易伙伴相适应的水平。”没有解决的问题是，什么是那个确定的水平，什么是货币政策必须取得成功的目标。该文章的结论是：“虽然预期的运动方向是清楚的，但是降低通货膨胀率可以，必须取得成功的时间框架在某种程度上却不是这样。”（Reserve Bank of New Zealand，1985a，September，p. 512）简而言之，新西兰政府与储备银行是缓慢地转向通过货币政策实现价格稳定目的的，然而没有准确地指出它们应该如何进行以实现其目的。

需要对一些问题进行澄清是接下来的几个月必须要做的事情。在 1988 年的第一季度：

---

① “根据新政府的方法，货币政策的作用是考虑中期目标，使主要的货币总量在中期保持适度温和与稳定的增长率。这在最终是面向控制通货膨胀率的，因为控制货币总量被看成是实现较低的、稳定的通货膨胀率的前提。”（Reserve Bank of New Zealand，1985a，September，p. 513）

……伴随着越来越多的人接受更低的通货膨胀率目标将会实现的观点，在一些评论员中产生一种一旦通货膨胀率达到或者将要达到5%左右时政策就应该放松的预期……官方对越来越多的人相信这一观点的担心……促使（财政部长）发表一个比以往任何一个都更为清晰的关于通货膨胀最终目标的声明……最终目标是在20世纪90年代初实现价格的稳定……由新西兰银行和财政部共同来实现该目标。（Redell，1998，pp. 81-82）

一个脚注写道，价格稳定是“……很可能同一个小的正向通货膨胀率，即在0~2%之间的通货膨胀率相一致”。这样，在第一个通货膨胀目标被宣布之前的两年，政府与新西兰储备银行实际上已经同意了它的最终形式。很显然，新西兰的政策制定者已经认识到，要对通货膨胀预期设置一个上限，公开的承诺是必需的。然而，他们的声明很难被公众所知晓，关键性的细节——可能的通货膨胀目标区——被置于一个脚注中。

在一定程度上帮助形成了1989年《新西兰储备银行法》的关于需要增强中央银行独立性的认识，出现的时间似乎更晚。在1992年《新西兰储备银行公报》中的一篇文章写道：

为了提高货币政策依然——且可以看到依然在——朝着降低通货膨胀率方向前进的预期，并有助于减少反通货膨胀的成本，注意力转向可能的制度安排，该制度安排可以提高货币政策的可信度。在1986年，政府开始给予新西兰储备银行更大的自由，允许其更加自主地运用货币政策……然而，即使独立性似乎不是问题的全部答案，但是它至少提出了更加独立自主的中央银行是有用的这一建议，尽管依靠它本身实现与维持低通货膨胀既不是必要的也不是足够的。（Lloyd，1992，p. 208）

虽然中央银行的自主性与经济表现之间的普遍联系仅仅开始在学术圈内进行讨论，但是政府已清楚地感觉到，公众对货币政策的不确定性是价格稳定的主要威胁，而且新西兰储备银行至少在开始时相信，制度安排的变化可以带来反通货膨胀经济成本的下降。

中央银行缺乏自主性与货币政策的不确定性实际上是同对中央银行领导权的思考联系在一起的。新西兰储备银行认为，通货膨胀成本主要产生于对未来通货膨胀的不确定性，为尽量地减少这种不确定性，中央银行必须承担并有责任协助实现价格稳定。[①] 基于此，货币政策必须既是条令清晰的，又是可靠的，否则，没有其他办法阻止私人部门根据与价格稳定目标不一致的通货膨胀预期的分析来签订合同。“新西兰储备银行必须确保可信的非调节状态是一贯地维持对预期与工资要求的影响”（Redell，1988，p. 83）。价格稳定被认为应该是一个正的、稳定的通货膨胀率，因为它“……被认为，从社会与政策的角度来讲，从长期看，是比后者更为重要的信用”（Redell，1988，p. 82）。

中央银行的自主性，以及它对价格稳定的关注，同样涉及对提高可信度、透明度与负责性的讨论。一个中央银行如果能够自由确定政策工具，单独地承担维持价格稳定的责任，而不同时追求其他目标，可能更具有可信性。集中考虑一个问题同样有助于透明度与责任问题：“多重目标……常常会降低货币政策的透明度，同时，因此削弱了中央银行和政府所承担的责任。在多重目标的情况下，很难说实现一个目标与其他目标有关。”（Lloyd，1992，p. 209）对于责任的新的强调反映在该法案条款的更多的讨论中，这些条款允许（虽然不是要求）如果政策目标协议的结果没有达到，可以解雇中央银行行长。

在 1990 年 3 月签订第一个 PTA 的时候，新西兰储备银行已经成功地使“基底（underlying）”通货膨胀从 1985 年初的 17% 降低到约 5%——“虽然许多临时性的因素意味着在 1989 年仅取得了有限的（反通货膨胀）成果”（Reserve Bank of New Zealand，1990a，March，p. 6）。在这些行动中，新中央银行得到劳工党政府的支持，劳工党是于 1987 年 8 月取得政权的。因此，宣布通货膨胀目标的决策是在很多反通货膨胀行动已经进行（和之后的衰退已经开始）之后才宣布的。正如同我们将在加拿大的案例中看到的那样，反通货膨胀决策的宣布对加强反通货膨胀的促进作用低于在一旦货币政策开始放松时，事先告知通货膨胀预期上升的效果。

① 在 1989 年《新西兰储备银行法》公布以前，新西兰储备银行独立性的排名顺序相对较低。可参见 Alesina 和 Summers（1993）。

新西兰储备银行对1989年夏通货膨胀可能死灰复燃采取了相应的对策，采取较为坚定的政策，使短期利率从13%提高到14%。基于1990年第一季度的数据，该银行预测表明基底通货膨胀在1990年将保持在5%左右，并将于1992年底降低到1%。根据该规划，到1990年12月前可以实现第一个PTA拟定的3%～5%的通货膨胀目标。在1989年“……（新西兰）经济刚刚从1987年年末的衰退中走出”，但是新储备银行行长布拉什（Don Brash）依然坚信“……复苏正在开始，不管有何种压力，必须确保继续执行政府货币政策的目标不会抑制复苏……”（Reserve Bank of New Zealand，1990b，pp.6-7）。人们更加关注衰退的可能性，宣布通货膨胀目标本身不足以改变经济行为。

一开始时就非常明显，仅仅颁布法律是不足以建立起货币政策的信用的……立法的通过似乎并没有产生“告示效应”。最终，信用产生于结果——特别是产生于与之相连的向公众宣传的意图（Nicholl and Archer，1992，p.319）。

1990年，新体制的操作框架，以及更为重要的，在通货膨胀目标体制下，新西兰储备银行的表现依然需要确定。

5.2 通货膨胀目标制的操作框架

大多数新西兰通货膨胀目标框架的操作事宜是由政策目标协议来管理的，该协议形成1989年《新西兰储备银行法》的唯一法律补充。改革者有两方面情况不清楚：第一，是否单独的国内的规制的改革能够起很大的作用，使一个以自然资源为基础的、开放的小国达到宏观经济稳定；第二，是否能够得到并维持社会对消除通货膨胀政策的支持，是否这些政策在一开始时比期望的效果要差。为了事先准备应付这些挑战，新西兰政府与中央银行采取一些正式的法律手段以确保其新的货币政策框架的灵活性。当目标变量和时间区域需要改变时，这些设计选择使新西兰储备银行有可能实施这些改变，尽管可能在一定程度上会牺牲透明度与信心。

在开始时，价格稳定的目标被定义为年通货膨胀率在0～2%之间。该目标的确是想要设立一个区域，对该区域的上限与下限要认真地加以对待，而在中间点则不需要采取特别的行动。例如，1991 年 9 月，新西兰储备银行采取了放松的政策以避免超过区域的底线，这一做法增强了公众关于区域界限是“硬的”的信心（Nicholl and Archer，1992，p. 321）。由于区域是很窄的，以及区域的中间点非常接近于零的实际情况，设立 0 ~ 2% 是一个非常大胆的目标。实际上，从目标区被采用以来，真实通货膨胀率在大部分时间里都接近于目标区的顶部，同时公众也倾向于考虑目标区 2% 的上限，而不是 1% 的中间点，或 0 的下限。

瑞士是一个选择不采用目标区以避免给公众传达其对通货膨胀的控制是非常精确印象的开放小国。与瑞士不同，在新西兰，中央银行首先试图排除控制问题发生的可能性。然而对通货膨胀不能完全控制的现实是不能避免的，在 1996 年年底，区域从 0 ~ 2% 扩大到 0 ~ 3%。

新西兰储备银行在定义通货膨胀目标价格指数的选择方面的一些政策框架一直有些模糊不清的东西。首先，在开始时，通货膨胀目标区的决定是根据全部分类，或主要 CPI 来定义的。

因为它是一个被人们最为广泛了解与认识的指数……确定高于零的通货膨胀率（作为目标）反映了指数问题，即抽样调查的方法和为新产品或为提高质量而进行调整的困难。实际上，已经判断出了 1% 的通货膨胀率是同一般价格稳定相一致的。（Nicholl and Archer，1992，p. 317）

然而，第一个 PTA 承认，整体 CPI“不完全适合于作为衡量（家庭现在消费的商品与服务价格的）标准，因为它同时也包含与投资相关的支出价格与服务成本”，最明显的是住房的价格。在当时，另一个明显的问题是，利率的增加直接表现为生活成本的上升，而生活成本是用包含所有项目的 CPI 来衡量的。所以，政策紧缩使测得的通货膨胀率产生了虚假的上升。当然，PTA 认为“从实践目的来讲，CPI 可以用作确定目标的衡量指标（第二节）”。[①] 在 1991 年 8 月货币政策声明中的“基底通货膨胀”部分中，新

---

① 对住宅成本的处理问题曾在 1994 年年初提出过，当时以 CPI 中的现有住宅为基础的指数成分很大程度上被新建房屋建筑成本指数所取代。对住宅成本的处理问题同样也是美国 1983 年前 CPI 的一个特点。

西兰储备银行宣称，主要CPI“是基本的标尺，通过它可以对新西兰储备银行进行评价”（Reserve Bank of New Zealand，1991c，August，p. 17）。

尽管有整体CPI的官方作用，然而，新西兰储备银行实际上对“基底”或“核心”通货膨胀花费很大的精力进行衡量，这些通货膨胀指标不包括对价格水平的相对短暂的影响。如同在后面的章节即将会看到的，虽然每一个采用通货膨胀目标制的中央银行都以不同的方式运用这样的尺度，但是没有单一的基底通货膨胀的定义被普遍采用。这一差异产生的原因在于最优基底通货膨胀在某种程度上，依靠于每一特定经济体的结构和它所面临经济冲击的形式。注意到整体CPI在上面引文中作为“衡量尺度”的重要性，货币政策声明继续提到新西兰储备银行强调在近来对控制基底通货膨胀的重视。它继续写道：

然而不幸的是，因为这样的冲击（对价格水平的临时冲击）的性质在事先无法完全确定，以及由于冲击的影响不能被精确地衡量，要确定一个单一的综合的“基底通货膨胀”是不可能的。在某种程度上，对冲击的影响与冲击强度的解释是一个判断问题，因此，要求新西兰储备银行提供清楚的解释，来支持其所进行的每一个数字估计。（Reserve Bank of New Zealand，1991c，August，p. 19）

换言之，实际上，由新西兰储备银行发展起来的对基底通货膨胀的衡量方法（新西兰新闻媒体对它与整体通货膨胀（headline inflation）一起定期报告）在某种程度上正处在创建阶段。在本书所研究的中央银行中，在判断通货膨胀目标隐含范围方面，从操作角度来讲，利率变化的第一轮影响被自动地排除在新西兰统计局发布的数据之外；新西兰储备银行对这一系列数据进一步进行调整，直到其感到确定为止。这些调整的总体影响并非是无关紧要的；整体与基底通货膨胀序列差距多达两个百分点，且偶尔会向相反方向运动。

在确定目标区过程中对基底通货膨胀的运用是由《政策目标协议》正式承认的，每一个PTA都包括一系列要求新西兰储备银行“以一种防止通货膨胀压力出现的姿态采取……相应的措施（第 3 节）”来应付冲击的清单。[①] 换言之，PTA 有免责条款，允许新西兰储备银行应对价格某些冲击的影响，但同时要求采取政策，以尽量阻止这些暂时性的价格变化形成工资—价格制定者的预期，并因此导致通货膨胀（“第二轮影响效应”）。在 PTA 中列出的“适用的”冲击包括：

• 造成 CPI 变化与不包括利率成分的 CPI 变化之间的重要偏差的利率运动。这一条款出现在第三个 PTA 中，它取代了以前的条款，以前的条款具体说明了经过全球比较的住宅成本价格指数和 CPI 之间的重要偏差。

• 贸易条件的重要变化（产生于进口或出口价格增加或减少）。

• 商品与服务税率（GST）的增加或减少，或者其他间接税的重要变化。

• 由于自然灾害或严重的牲畜传染疾病引起的经济危机，从而预期危机将对价格水平产生的重大影响。

• 对价格水平能产生重要影响的政府或地方当局新征税水平的变化。

如上所述，新西兰储备银行在其对基底通货膨胀的衡量中一直排除利率对住房抵押贷款与信用收费的影响（依赖于新西兰统计局价格指数序列）。它同时排除间接税和政府及地方当局新增税收变化的直接影响，当这些变化对 CPI 的影响被认定为重大时（在任何一个 12 个月期间内对 CPI 的影响至少达到 0.25%）。当然，这一关于什么是重大的定义要求对税收影响进行模型处理的决策，新西兰储备银行选择仅仅对那些清楚地是由政策决策引起的税收变化采取行动。[②] 自然灾害免责条款目前为止还没有被使用过。然而，贸易条件免除条款在 PTA 中被允许以一种谨慎的方式在不同时期加以应用。它被运用过两次，在 1990—1991 年，以及 1994 年，石油价格变化被从计算基底通货膨胀中剔除，整个 1993—1994 年木材价格被剔除。

① 严格地说，第一个 PTA 仅允许或要求重新协商协议。然而第二个和第三个 PTA 却明确要求对这种冲击作出反应。

② 我们对布拉什行长对这一观点的澄清表示谢意。把由地方当局征税的作用排除在外被证明是不符合实际的，因为在该水平上很难确认政策的变化。然而，随着作为更广泛改革一部分的公共事业服务朝“使用者支付价格”的方向运动，税收的作用仍然有潜在的巨大效果。

与直接向公众解释为什么需要采取或不需要采取某一项特定的政策行动相反，在目标确定中运用调整的方法来决定哪一个政策冲击必须消除、哪一个应该接受的一个重大的缺点，是它会减少透明度或政策的信用。因为毕竟是由新西兰储备银行自己决定是否一次冲击对价格水平有“重要的”影响。因为外部者，比如说市场，不能复制新西兰储备银行对基底通货膨胀的判断性估计，这一政策过程的很重要的部分变得含糊不清了。更进一步说，这种情况损害了对整个机制的公正性的认识。① 当相机抉择的决策被公开讨论并给予解释时，这一问题或许很少有可能出现，尽管当然也还会有对特定政策的批判。

另外还关注：基底通货膨胀不是作为连续时间序列来确定，而是在不确定的时间区间任意改变其构成序列的事实会导致一些混淆。而且，PTA 本身的时间设定——因此通货膨胀目标的宣布，不论是如何确定的——具有随意性。例如，第一个 PTA 仅持续六个月，而最近的一个却无限期延长。另外，考虑到最近向不固定的通货膨胀目标转移，PTA 既不同选举周期，也不同现在议会多数执政党相联系。但是它们也不是孤立于选举周期或议会的构成的。一届新的政府，如果更愿意，就可以和新西兰储备银行重新协商。我们将在下面讨论这种形式的实际情况。

另外，注意短期政策制定过程中某种形式的基底通货膨胀序列，对于一个像新西兰这样的小的开放经济国家显然很有用（假设通货膨胀序列界定的调整方面不是过度的）。例如，如果在 PTA 中不包括贸易条件条款（该变量剔除了汇率变化对价格的第一轮影响），就很难发现货币政策如何能够将通货膨胀的变动限制在一个狭窄的区域内，而不对实体经济活动造成严重的伤害。这些免除条款，是新西兰储备银行面对供给冲击，平衡储备银行通货膨胀目标同其他目标（特别是实际产出和就业短期稳定性目

① 这不是一个由谁来保护保护人的简单问题，显然这一问题更为严重。“因为储备银行对基底通货膨胀的估计依赖于对其构成的判断，它的有效性不能被（外部观察者）直接证明。除此之外，对用来估计一次性冲击效果的适当模型的不同意见也存在值得讨论的空间。”（Spiegal，1995）新西兰储备银行自身已经注意到利率和利率对可信度可能的影响之间的潜在矛盾，这体现在公报的文章中。

标）的手段。

（如同一个）关于防止误解说明的详细调查清楚说明的，这些防止误解说明的基本合理之处在于，在某些情况下，新西兰储备银行应该对诸如产出和就业这样的重要变量给予重视，而不是仅仅唯一考虑通货膨胀率。(Bryant，1996，p. 24)

从官方来看，1989 年《新西兰储备银行法》除价格稳定外并没有授权新西兰储备银行制定其他目标，该法案仅仅承认在发生供给冲击时偏离价格稳定目标具有正当的理由。有五个理由说明为什么新西兰仅注意狭窄目标：第一，货币政策仅在长期影响通货膨胀；第二，因为货币政策仅是一个工具，在同一时间内仅可以实现一项目标；第三，多重目标允许政策可以以一种近乎随意性的方式变化，因此降低了政策的可信性并引起通货膨胀预期；第四，要求新西兰储备银行同政府机构在就业稳定等目标方面进行合作，会降低新西兰储备银行的独立性；第五，多重目标减少了透明度和责任感。因为，比如说，对于价格稳定方面的不良表现可以归因于在为追求其他目标负责（Lloyd，1992）。再次应该强调的是，清晰的免责条款是单一目标哲学的唯一例外。然而，它们对不断增加的短期政策灵活性与允许货币政策调节除长期价格稳定以外的其他目标有影响。

不论何时，要想在特定时间区内实现通货膨胀目标低于现行的通货膨胀水平，消除通货膨胀的特定路径，意味着要对可接受的通货膨胀降低的实际经济成本进行判断。当然，从实质上讲，这是一个政治决策问题，这也是为什么新西兰选择不把决策权交给新西兰储备银行，而是具体化为 PTA 的原因。第一个和第二个 PTA 在签署时都曾设想在未来的三年逐渐地转向价格稳定，两个 PTA 都要求新西兰储备银行“到价格稳定实现之前要一直公布对通货膨胀路径的预测”（第 5b 节）。

1990 年 3 月最初签署的《政策目标协议》要求，到 1992 年 12 月实现 0～2% 的通货膨胀目标，并在之后维持价格稳定。部分由于存在这一观点，即在这一时间框架内由于调整速度使产出和就业成本太大，1990 年 10 月当

选的政府把达到目标的日期推迟了一年。(Nicholl and Archer, 1992, p. 317)[①]

显然，根据1989年法案，新西兰储备银行被设计为以相对“规则取向”进行操作的中央银行。请注意新西兰以PTA为基础的结构和德国的政策结构形成鲜明对比，德国不是寻求与政府签订协议，而是由德意志联邦银行全部承担决定所有反通货膨胀的速度，之后直接向公众报告调整该事先设计的反通货膨胀路径。

从第一个政策目标协议签订以来，新西兰储备银行一直很痛苦地强调，在短期内实体经济与货币政策之间依然存在着联系，而对反通货膨胀速度的决定是政府的选择（而不是该行的选择）。[②] 新西兰储备银行自己领导层的说法是：

然而，必须强调，法案中所包含的单一化价格稳定目标并不意味着货币政策与对实体经济的考虑分道扬镳。从技术水平上来看，实体经济的状态是对任何通货膨胀压力评价的重要因素。更为重要的是，在有些情况下必须要在通货膨胀—实体经济之间进行权衡（trade-off），特别是对反通货膨胀的速度进行决策时……主要的权衡实际上是政治上的，在政治层面上对这些权衡进行清楚的表达是值得赞赏的。该框架允许对反通货膨胀速度或目标通货膨胀区域的幅度进行权衡，这反映在行长的PTA中。如果需要，也可以使用否决条款，以反映政策上的权衡。(Lloyd, 1992, p. 210)[③]

1997年6月，新西兰储备银行在两个方面进行了改变，以表明其想要执行货币政策的态度。第一个改变应该是澄清在货币政策一定的条件下，汇

① 然而有些新西兰储备银行的文件却提出了相反的观点，即向通货膨胀目标制转移和中央银行的独立性被认为会对反通货膨胀的成本产生影响。例如，“为了提高对货币政策在低通货膨胀时期仍然将会——可以看到它依然会——向降低通货膨胀的道路前进并因此有助于降低反通货膨胀的成本的预期，注意力转向了将有助于提高货币政策的可信性可能的制度安排上。”（Lloyd, 1992, p. 208）参见Posen（1995a）、Hutchison和Walsh（1996）以及本书第10章对这一效果的计量经济分析。

② 这再一次与德意志联邦银行的方法形成鲜明的对照，德意志联邦银行在针对公众的声明中不强调货币政策在短期的实际效果，而是将反通货膨胀的时间责任归于德意志联邦银行自身。

③ 这里所引用的这篇文章的署名虽然是Lloyd，但是该文章不仅以一个很官方性的标题——“新西兰实现中央银行自治的方法”——出现在《新西兰储备银行公报》中，而且文章的部分内容也于1992年和1993年在新西兰储备银行官员们的其他一些声明中被逐字地提到过。因此将这一声明看做是反映了新西兰储备银行的官方意见的观点是合理的。

率变化对未来通货膨胀的影响。正如5.3节讨论的内容所表明的，新西兰储备银行总是在其讨论中把汇率变动放在一个突出的位置上，并一直在一定范围内，通过对本国货币市场利率的调整来应对汇率波动。然而，这有些让人费解。因为只要新西兰储备银行没有明确短期利率与汇率变化替代的程度，那么是否将汇率作为未来通货膨胀决定因素或者作为一项目标本身进入政府决策就是不清楚的。因为利率和汇率的确都影响未来通货膨胀，而且前者可以直接影响后者。因此，任何货币政策运动的影响都要求把汇率影响的反作用考虑在内。

基于这样的考虑，从1996年底开始，新西兰储备银行在几个出版物中构建并阐述了运用货币条件指数（MCI），并将其作为评价总体货币政策状况的手段。所有这些将在第6章中看到。加拿大银行首先发展了这一货币政策状态指数，新西兰储备银行紧随其后。在新西兰，MCI被按照贸易加权汇率的加权平均数与90天利率1：2的比例来构建。这一权重反映了相对利率运动的汇率运动对通货膨胀的影响（即2%的汇率上升被估计为与利率上升一百个基点，或上升一个百分点，对通货膨胀的影响是相同的），这一比率强调低估了汇率在新西兰经济中所具有的重要性。因为另外一些也创立了这样指数的国家发现，要达到利率上升1%对通货膨胀的相同影响，汇率需要至少变动4倍。从1997年6月起，新西兰储备银行开始公布对这一MCI的预测，用来表明在环境不发生变化的情况下其未来三年货币政策的路径。

第二个改变与新西兰储备银行对通货膨胀的中期预测有关。在1997年之前，这些预测一直建立在90天利率未变动的假设基础上（它被作为一个事实上的货币政策工具），同时也以预期的新西兰同其主要贸易伙伴国通货膨胀率差异相一致的贸易加权汇率的变化为基础。[①] 从某些情况看，根据这些假设得出的通货膨胀预测与通货膨胀目标区的中间点并不一致，这意味着，预测得出的货币环境假设与通货膨胀目标并不一致，因此不得不进行改变。为避免新西兰储备银行实际行为与其通货膨胀预测中的设想行为不一

① 根据对MCI的介绍，这些假设可以解释为对预测时间区间内MCI路径的假设。

致，从1997年6月起，预测就开始一直在如下的假设内产生，即在预测期间内，新西兰储备银行将调整货币环境（根据MCI来确定），因此，通货膨胀预期在预测期末将收敛于通货膨胀目标的中间点。

除了对产出与就业稳定性加以考虑以外，新西兰储备银行认识到，金融稳定同样也是一个适当的短期目标。[①] "新西兰储备银行现在具有有效的独立性以执行货币政策实现其法定目标，除了在技术层面上其政策选择必须'考虑金融体系的效率与健康'之外，其他别无限制"（Nicholl and Archer，1992，p. 316）。

简而言之，虽然新西兰在所有采用通货膨胀目标制的国家中，由于使用了对货币政策的正式的制度约束而成为最极端的国家，但它并没有像有些国家那样，在追求价格稳定过程中约束得那么紧或者只有单方面的考虑。[②]

自从通货膨胀目标被采用以来，除其本身之外，新西兰储备银行从来没有把中期目标的状态分配给其他变量。在这方面，新西兰同德国和瑞士的实践具有很大的差距，这两个国家，至少从其公开言论中可以发现，它们是运用货币增长目标作为实现其通货膨胀目标的中间步骤（参见第4章）。不使用中间目标在很大程度上是由于现实方面的原因：

很久以来的判断一直是，以最终通货膨胀目标（适合定义的）来表示的目标要比中期货币总量目标更可取，这主要是因为经验成果还没有能够确认任何一个可以证明与名义收入及通货膨胀紧密联系的特定货币总量关系。（Lloyd，1992，p. 213）

作为这一判断的反映，新西兰储备银行一直给予货币（与信贷）总量较低的权重，即使是作为信息变量（那些对判断经济状态有帮助但不是用作通货膨胀目标本身的变量）也是一样。相反，根据其公开发表的声明，新西兰储备银行在试图评估经济状态时，将更多的注意力放在贸易加权汇率

---

① 在金融稳定方面，通货膨胀目标制与钉住汇率制相比有一个重要的优势，即通货膨胀目标制的方法保留了中央银行作为最后借款人的能力。这种选择权在固定汇率制下是不存在的，正如阿根廷在1995年经历"龙舌兰酒危机"时所证明的（Mishkin，1997a）。

② 在第4章中对德国和瑞士在货币目标的洞察力和实现操作之间的差距的分析中已经提出了类似的观点。

和收益率曲线的水平和斜率上（债券期限与债券收益之间的关系）。

为了构建其对通货膨胀压力的预测，在大约近一年左右的时间里，新西兰储备银行一直在更多地关注利率。随着时间的推移，它已经找到了利率对需求，从而对通货膨胀影响强度的良好感觉……在汇率发挥主导作用的情况下，短期利率的发展在正式预测分析中对实施政策发挥了越来越大的作用。(Reserve Bank of New Zealand，1995c，December，p. 8)

如同我们注意到的，新西兰储备银行近来一直在大量使用货币条件指数。收益曲线（利率与债券到期日之间的关系）在新西兰储备银行的分析中同样也具有重要性，新西兰储备银行似乎将收益曲线作为评价货币政策效果的一个手段，用反向变化的收益曲线作为紧缩货币的信号，而不是作为以市场为基础的通货膨胀预测暗示的一种方式。

1987 年 6 月，在宣布采用通货膨胀目标制很久以前，新西兰储备银行就在每季度对企业和家庭进行包括通货膨胀在内的经济变量的抽样调查，并且定期对这些或其他抽样中的通货膨胀预期进行报告。从那之后，新西兰储备银行付出了很大努力组织了一次抽样调查，该抽样调查包括 10 个宏观经济变量，并得到了金融与工商界大多数人的广泛回应。这次抽调的问题及回应发表在新西兰储备银行的公报中。新西兰储备银行试图测量未来通货膨胀的不确定性（该不确定性是通过对报告的通货膨胀预期分布情况来进行衡量的）以及通货膨胀预期的平均水平（Fischer and Orr，1994，p. 162）。

所有与通货膨胀相关的数据项和预测被综合在一起，并允许公众使用。1989 年《新西兰储备银行法》第 15 节要求新西兰储备银行至少每 6 个月提交一份声明：（1）评论前 6 个月的货币政策；（2）以与该行所表明的通货膨胀指标相一致的方式，简要概述以后 6 个月的货币政策将如何进行。这些货币政策声明要提交给议会，并可能在议会的分委员会上被讨论。

该行必须评价在上个声明之后的货币政策的执行情况，详细指出在即将来临的阶段中，货币政策可以实现价格稳定目标的政策与手段，同时也必须给出采用这些既定政策的理由。年度报告从总体上（而不是在货币政策方面）为储备银行的职责与监督提供了一个工具。这也同时列为国会的议程。

国会金融与支出分委员会就货币政策声明与年度报告对新西兰储备银行行长与副行长进行询问。(Lloyd，1992，p. 214)

除年度报告以外，新西兰储备银行还出版《新西兰储备银行公报》，该公报内容包括专题文章、重要的讲话与官方声明。自从1989年《新西兰储备银行法》实施以后，该公报的大多数文章是署名的，这实际上是在鼓励更加负责任，也更加自由地进行讨论。然而，在信息流量方面的一个主要限制是通货膨胀数据是以季度为基础收集和报告而不是以月为基础报告的。但是，还不清楚这一不寻常的做法（从国际的角度来看）是因为新西兰固有的数据局限性，还是出于策略的目的，而有意忽略对通货膨胀率（以及金融市场随之的反应）的短期“噪声”。

一直存在着一种认为新西兰储备银行的法律地位和独立程度与德意志银行或者美国联邦储备银行的法律地位和独立程度相类似的倾向。实际上，新西兰储备银行及其行长面临着与其他中央银行及行长很大不同的局面。“根据德意志银行的理解来看，这不是独立的。因为通货膨胀目标是由政府来设定的，新西兰储备银行只能对政府负责来实现它。新西兰储备银行是一个代理人，而不是委托人”(Easton，1994，p. 86)。从另一个角度来看，虽然新西兰与德国的中央银行都承担相同的目标，但是德意志银行是一个委托（并是唯一的非正式或自愿负责的）机构。然而，新西兰储备银行是一个政府的代理人，它被强制地承担责任。这一制度上的差异在Debelle和Fischer（1994）的文章中清楚地提到了。该文章区别了“目标独立”（其中有德意志银行）与“工具独立”（许多其他储备银行）。哲学理念上的不同与实际当中的原因形成了这一设计选择：

新西兰的改革部分地是由传统经济学以及想把自己的原则应用于政府这一想法所推动的。然而，这些改革也受政治“新右派”的影响，从哲学角度讲，“新右派”寻求实现公众部门应该承担比正统经济学理论本身所能解释的更小的作用。(Easton，1994，p. 78)

另外，对新西兰储备银行更为严格的限制可能被认为是必要的，因为新西兰货币政策有过糟糕的表现以及公众对低通货膨胀的支持率较低。这在实际上对新西兰货币政策的含义是，除 PTA 解释条款所允许之外，新西兰储备银行在短期具有相对较小货币政策相机抉择权。而且，这些有限的决策权也必须与政府正式沟通之后才可进行。因此，虽然这些沟通的情况发布在货币政策声明中，而且新西兰储备银行也向公众传达实际的沟通计划，但是新西兰与公众的直接沟通所起的作用与那些具有更大的决策权的中央银行相比要小很多。在新西兰，政府对新西兰储备银行决策的支持，而不是储备银行对公众的解释是政策灵活性的主要来源。

5.3 通货膨胀目标制下的新西兰货币政策

在本节，我们将总结 20 世纪 90 年代新西兰货币政策的历史。我们大量地参考了新西兰储备银行的货币政策公报、《经济合作与发展组织经济报告》以及其他有关报纸。

图 5—1 是对新西兰宏观经济发展的总结。图 5—1 中的 A 到 D 的四个组图显示了通货膨胀、利率、GDP 增长、失业与汇率在通货膨胀目标政策执行开始前后的变化路径。该图对考察新西兰实行通货膨胀目标制以后的时期是有帮助的，该时期是由三个主要阶段构成的。

第一阶段，从 1990 年 3 月通货膨胀目标制被采纳，到 1992 年 3 月，是反通货膨胀与实体经济表现较差时期。该阶段的主要特征是，通货膨胀降到 0 ~ 2% 区域内，利率在开始时很高，但在以后迅速下降，本币逐渐地贬值，GDP 负增长以及失业率上升。

第二阶段，从 1992 年第二季度开始到 1994 年第一季度结束，是一个复苏时期。在该阶段，通货膨胀在 0 ~ 2% 目标区的上半部分波动，利率继续下降，本币开始升值，GDP 增长率急速上升，失业率温和地下降。

第三阶段，跨越了 1994—1997 年，在这里是最需要引起我们注意的。我们可以看到，在这些年新西兰储备银行面临着自从采用通货膨胀目标制以

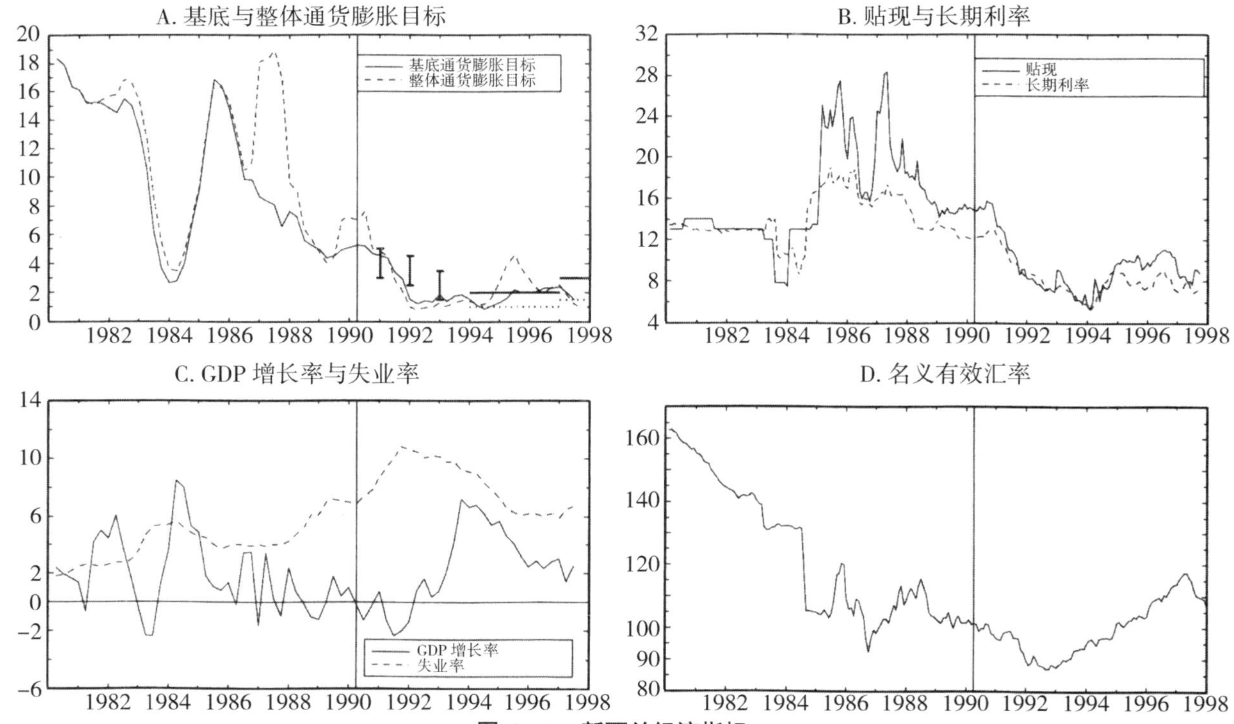

A. 基底与整体通货膨胀目标

基底通货膨胀目标
整体通货膨胀目标

B. 贴现与长期利率

贴现
长期利率

C. GDP 增长率与失业率

GDP 增长率
失业率

D. 名义有效汇率

图 5—1　新西兰经济指标

资料来源　A. 新西兰储备银行；B. 国际货币基金组织《国际金融统计》；C. 新西兰储备银行、经济合作与发展组织的主要经济指标；D. 国际清算银行数据库。

来最大的挑战。从1994年第二季度开始的这段时期是通货膨胀与利率上升、本币继续升值、GDP持续增长和失业率迅速下降的时期。在该阶段，通货膨胀两度在短时间内突破目标，但由于选举结果又重新恢复。

第一阶段开始于1990年3月2日第一个《政策目标协议》（PTA）签署时。该PTA规定，在1992年12月结束之前实现价格稳定目标，目标被定义为年通货膨胀率在0～2%之间。这一PTA同时要求，新西兰储备银行所公布的每一份货币政策声明必须包括对未来5年通货膨胀趋势的预期。1990年4月公布的第一个货币政策声明确定到1990年12月要实现的通货膨胀目标区域为3%～5%，1991年12月为1.5%～3.5%，1992年12月及以后为0～2%。在该PTA签署时，新西兰储备银行希望经济从1988年的衰退走出后能够继续复苏。在1989年12月，基底通货膨胀剔除从1989年7月1日开始实行的商品与服务税（GST）增加2.5%的影响之后，达到5.3%。新西兰储备银行认为，为取得1990年12月的目标不需要改变短期利率。

在1991年1月期间出现了影响该阶段的两个重大事件：伊拉克侵占科威特之后出现的石油冲击和新西兰经济出人意料地继续疲软。1990年8月，新西兰储备银行在一定程度上收紧了货币政策，以响应7月份公布的财政预算的所谓“财政滑动”的信息。10月份，新西兰储备银行宣布，如果用不包括石油价格的CPI指数作为指标，在1990年12月可以实现通货膨胀目标。新西兰储备银行以这一调整为契机对外宣布，以后它的通货膨胀目标应该是“基底”通货膨胀。而结果是，从1990年初到该年的12月份，不包括石油价格的通货膨胀率是4.9%——在原定的通货膨胀目标区之内。然而在当时，通货膨胀目标区已经变成了1.5%～3.5%。

保守的新西兰国民党在1990年10月29日的普选中以较大比例获胜之后，由它领导的新政府在12月9日与新西兰储备银行签订了一个新的PTA。新协议把原计划的反通货膨胀时间延长了一年。如同我们已经提到的，这一延期，反映出政府已经认识到，反通货膨胀的速度过快经证明给实体经济带来的成本太大。在当时，这一观点已经被普遍接受。同时，国内金融部门的重要人物都宣称，把通货膨胀目标区确定为0～2%是一个危险的“思想束缚”[①]。然而，在选举之前，劳工党与国民党都主张应该把通货膨胀目标维持在其原始水平之内。[②] 这些事件在一定程度上表明，一个通货膨胀目标可以随意篡改，而不需要改变主要通货膨胀的定义。实际上，为实现通货膨胀目标所设置的时间区域可以成为判断通货膨胀目标对政策约束力有多强的一个重要因素。

1991年1月发布的货币政策声明，通过确定新的通货膨胀目标区，建立了一条通向价格稳定的新道路，新的目标区是到1991年12月达到2.5%～4.5%，1992年12月达到1.5%～3.5%，1993年12月达到0～2%（图5-1中图A的竖线显示了1991年12月和1992年12月的通货膨胀目标以及1990年12月第一个PTA确定的通货膨胀目标。1993年12月及以后目标的上限用水平黑色实线表示，中间点用水平虚线表示）。与此同时，从1990年12月中旬开始，新西兰储备银行开始允许90天银行票据利率大幅度下降，以应付低于预期的通货膨胀压力。[③] 通货膨胀压力减少应归功于石油价格增长相对较温和的影响、较慢的国内经济增长率以及人们看到新政府对于价格稳定目标的支持。到1991年1月中旬，90天银行票据利率从1990年8月的14.6%降到低于11.5%。

1991年8月，新西兰储备银行对通货膨胀正在下降的速度表示吃惊。工资合同增长较慢，单位人力成本实际上没有变化，利率稳定，进口价格较低。这些反映出一些主要经济领域正在步入衰退。而在其1991年1月的货币政策声明中，新西兰储备银行还曾经预测，整体通货膨胀在第二年12月会略高于2.5%～4.5%通货膨胀目标的中间点。但实际上，到第二季度的6月份，通货膨胀率已经降到2.8%，新西兰储备银行预测，到1991年12月底是2%。与此同时，基底通货膨胀（剔除住房抵押贷款利率、石油价格、间接税以及政府消费）到6月份下降到2.6%，预期到该年年底会降到

---

① New Zealand Herald，1990a.

② New Zealand Herald，1990b。有趣的是，在工党丧失政权之后（该党已经使通货膨胀目标制和更为一般的改革制度化），竟宣布反对通货膨胀目标的2%区域限制。但是，它仍然支持保持中心目标在1%水平上。

③ 票据利率是新西兰储备银行货币政策状态的一种表现，但不像真正的货币政策工具，它并不是由新西兰储备银行直接控制的。1997年3月，新西兰储备银行讨论将转向使用更直接的可控制的利率工具，但是这一提议在6月份又遭到了否决。

2.5%以下。新西兰储备银行声称，“这一结果将反映出在（1990年）全年一直在维持坚定的货币政策的状态，以及控制通货膨胀过程中的某些不精确性”（Reserve Bank of New Zealand，1991c，August，p.43）。

到9月末，新西兰储备银行开始实行放松货币的政策，“当时已经清楚认识到，如果不采取这一行动，1992年的基底通货膨胀率可能下降到1.5%～3.5%规定目标以下”（Reserve Bank of New Zealand，1992c，February，pp.5-6）。为了强调，它要同时考虑其通货膨胀目标区的底线与顶线，新西兰储备银行允许90天银行票据在接下来3个月下降到8.8%，并使汇率急剧下降。到10月份，新西兰元兑其主要贸易伙伴国家货币的汇率下降到5年来的最低点，新西兰储备银行和新总理被迫试图去说服公众相信，新西兰元贬值不会伤害未来通货膨胀目标的成果（Reuters Financial Service，1991）。1991年12月，整体通货膨胀和基底通货膨胀分别下降到1%和1.7%，比8月份的预测大约低1%。“国内经济紧缩（比预期的更为显著）对通货膨胀压力的影响远远大于此前的预期”（Reserve Bank of New Zealand，1992c，February，p.10）。同时，由于世界价格持续下降，汇率比预期更长时间地维持不变。新西兰储备银行预期基底通货膨胀将在1993年初达到约3%的高点，然后在该年年底重新降到1.2%。

1992年6月的货币政策声明宣告第二阶段开始。该声明称，新西兰储备银行现在正集中精力确保进一步巩固价格稳定，而不是进一步地降低通货膨胀率（Reserve Bank of New Zealand，1992c，June，p.13）。从1991年3月—1992年3月，整体通货膨胀和基底通货膨胀分别下降到0.8%和1.3%。随着国内经济复苏的出现，新西兰储备银行认为，现在的任务应该是，在一个温和增长的环境中维持价格稳定。正如新西兰储备银行之后调查中所归纳的那样，通货膨胀方面持续的良好表现和对通货膨胀预期的下降，使新西兰储备银行可以进一步采取放松的货币政策，允许90天银行票据利率下降到6.6%。另外，新西兰储备银行对1992年年底与1993年年底基底通货膨胀率的预测分别是2%和1%。这主要是预期的单位人力成本与进口价格有所下降的反映。1993年，新西兰储备银行关于“从长期看……如果新西兰的

贸易伙伴国的通货膨胀率……继续高于新西兰的通货膨胀率，那么名义汇率一定程度的升值将与维持价格稳定的政策相一致”（Reserve Bank of New Zealand，1992c，June，p. 35）的评论预示着汇率转折点的开始。[①]

在 1992 年 12 月的货币政策声明公布之后出现的货币市场的动荡，促使新西兰储备银行把 90 天银行票据利率从 6.4% 增加到 7.8%。然而，除了这一短暂的例外，从 1992 年中期到 1993 年年底这一阶段是相对平静的。新西兰的国内经济继续复苏，没有显著的通货膨胀压力，90 天银行票据在 1993 年 12 月下降到 5% 以下，通货膨胀预期依然没有大的变化，新西兰储备银行对未来一年和两年的通货膨胀预测依然维持在惬意的 0 ~ 2% 区间。1992 年 12 月 6 日，唐纳德·布拉什（Donald Brash）再次被任命为新西兰储备银行行长，这反映了对新西兰储备银行政治地位的重视和强调，而在接下来的选举中，新国民党仅勉强获胜，并以一席之多组成多数国会。1992 年年底，新西兰储备银行与国民党签订新的 PTA。该 PTA 规定新西兰储备银行必须使其基底通货膨胀率维持在已经达到的 0 ~ 2% 的区间内。

在近来新西兰货币政策史第三阶段开始时，持续的国内经济扩张与本币的升值已经使未来通货膨胀的风险由国外渠道转为国内渠道。从事后看来，显然通货膨胀压力在 1994 年初就开始加大了。1993 年 12 月，新西兰储备银行已经注意到，经济复苏比原先预想的更为强劲，但是它依然认为，考虑紧缩的货币政策尚为时过早。新西兰储备银行对 1994 年年底和 1995 年年底基底通货膨胀的预测分别是 0.8% 和 1.8%。

在 1994 年年初以后，新西兰储备银行在其货币政策声明中重新讨论的一个题目是新西兰储备银行对新西兰在没有引发通货膨胀情况下的可持续经济增长水平的不确定性。从 1985 年开始的经济结构改革——该改革主要是推进经济自由化与面向国际竞争开放市场以及工资决定程序的变革——被认为使价格与工资通货膨胀的发展更为困难。联系到那些使新西兰货币政策框

① 直到 1993 年 11 月，新西兰储备银行对通货膨胀的预测都认为汇率将保持在当前预测的水平上不变。在前两年关于上述预测都被证明是正确的，而这导致新西兰储备银行 1994 年 6 月预测，新西兰元汇率年升值率等于新西兰主要贸易伙伴的贸易加权通货膨胀预测值和从 1994 年 6 月起通货膨胀目标 0 ~ 2% 中点之间的差额。

架可信度增加的因素，可以想象到，这场改革应该能够使新西兰经济在没有通货膨胀压力下高速增长。然而，如同近年来许多国家一样，对不包含通货膨胀的经济增长率的估计被证明是很困难的。

由于对新西兰潜在经济增长持有乐观的态度，新西兰储备银行进一步允许90天银行票据从1993年12月份（季度）的5.5%降低到1994年3月份（季度）的4.9%。然而，在此时所公布的1993年实际GDP增长率为5%。在1994年第二季度，货币政策开始转变方向，在面对新西兰经济出人意料地强劲增长面前，开始收紧货币政策，在6月份，90天银行票据的平均利率上升到6.2%。到此时为止，实际GDP在所有部门（最为显著的是建筑部门）迅速扩张的带动下，以6%的年利率增长。尽管在以前的几年中，投资就一直非常强劲，但是资本利用率从1991年年底开始就一直沿着上升通道前进，就业率从该年开始就一直以4%的年利率增长。到1994年中期，经济学家开始担忧，他们认为，即使基底CPI依然可以维持在目标区内，但整体CPI可能会突破目标区，并可能会提高公众对通货膨胀的预期。

由于进一步采取紧缩货币政策，从6月到12月，银行票据利率从5.5%上升到9.5%。在1994年，收益率曲线的斜率再度转变为负，汇率上升了4.5%。在此时，新西兰储备银行的判断是："在来年经济增长可能会达到顶峰，增长率可能会变得比较适度。"（Reserve Bank of New Zealand, 1994c, December, p.15）然而，新西兰储备银行预测未来两年的基底通货膨胀率非常接近于2%目标区的顶部，同时预期，1995年全年基底通货膨胀将处在1.8%左右。预期整体通货膨胀在该年第二季度达到4.2%的峰值，主要是由于住房贷款利率上升所引起的。一些私人机构的预测不同意新西兰储备银行的观点，即不同意在1995年中期通货膨胀目标会被突破的观点。有新闻记者问财政部长威廉姆斯·波克（William Birch），如果通货膨胀目标被突破，布拉什行长是否会被解职。波克的回答是，新西兰储备银行的预测并没有提供可以认为通货膨胀目标不能实现的任何背景资料。①

① 参见Louisson, 1994。

但从结果来看，新西兰储备银行对1995年GDP增长率与通货膨胀的预测被证实都是太低了。在5月份，新西兰储备银行修正其预测，预计在1995年第二季度基底通货膨胀会超过2%的上限。实际上，基底通货膨胀率上升至0~2%区域之上，并在第二季度达到2.2%的高点。整体通货膨胀上升则更为迅速，达到4.6%，虽然这两个数字均低于更高的私营机构的预测。但是布拉什先生说，新西兰储备银行依然对基底通货膨胀在当年第三季度回落充满信心，所以没有计划对通货膨胀目标区“短暂”的突破采取行动（Tait，1995）。布拉什行长清楚地说明，只要通货膨胀的趋势没有出现变化，通货膨胀发展过猛的势头一定会逆转，同时他不认为公众对通货膨胀的预期会对“短暂”的偏离产生过度的反应。

在这之后，由于1994年货币紧缩所造成的住房贷款利率上升对CPI的计算不再有影响作用，整体通货膨胀迅速下降。从该年到1995年9月，基底通货膨胀率仅降到2%。虽然在1994年6月，新西兰储备银行预测基底通货膨胀率到1996年6月将下降到1.2%，但是它在1995年12月的预测是1.7%。在基底通货膨胀上升背后的一个重要因素是建筑业部门继续繁荣，特别是在奥克兰地区。从该年到1995年3月，该地区的建筑成本上升了11.8%。

对非贸易部门的通货膨胀压力的注意使新西兰储备银行货币政策在抑制价格增长方面的效率低于从前，因为货币传导的汇率渠道对于这一部门的影响较弱且更加间接。在很大程度上由于这一原因，要使通货膨胀保持在目标区内，就必须要求名义利率大幅上升到9%以上，以及与之相适应的，新西兰元要不同寻常地大幅度升值。新西兰利率与汇率的运动表明了，当一个开放的小国执行独立的货币政策，而同时它的经济周期阶段同世界主要国家不一致时，会发生什么。它也同时表明，由于经济混乱，潜在的工具会不稳定（货币政策所控制的变量摇摆不定）。[①] 然而，对新西兰进行分析后发现，该国在这十年结束前第一次经历了一个没有国际收支与通货膨胀危机的强劲增

① 我们非常感谢布拉什行长对这些发展的阐述。

长时期。

布拉什行长对新西兰储备银行没有及时采取行动消除通货膨胀压力，并因此使通货膨胀目标区被突破负有“完全的责任”。然而，强调这次突破的“短暂”特征，他说他不会辞职，财政部长波克也支持他（Hall，1995）。这就很清楚地表明，因通货膨胀目标被突破而对新西兰储备银行行长的解职不是自动执行的，而是由储备委员会和财政部长来判断的。在这一方面，新西兰的结构与最近所提议的“最优中央银行契约”存在着差距。虽然新西兰结构曾被描述为这样的结构，但是“最优中央银行契约”不会允许布拉什行长在超过政策协议所设定的数字目标时逃脱惩罚。

到 1995 年 12 月，通货膨胀已经平息下来了，但是在考虑预测的周期性与工具的不稳定现象仍然存在的情况下，布拉什行长还是由于保持通货膨胀在一个严格特定的目标区的实践问题而受到指责。在新西兰储备银行能在多大程度上很好地控制通货膨胀与政策允许的狭窄区域之间的差距成为下一年重要的政治话题。的确，总体上，货币政策在 1996 年 10 月的选举中成为竞选的一个现实的政策问题。竞选辩论的很大部分集中于通货膨胀目标是否应该扩大，虽然还有少数政客建议改变目标区的中间点。

1995 年 12 月，新西兰储备银行再次收紧货币政策。大多数分析者把这一次行为描述为对新国民党减税声明的反应。该行为将在 9 个月后的选举之前产生效应。财政部长波克否认新西兰储备银行预期减税将引发通货膨胀的观点，并说减税的规模与性质在提交国会之前已经同新西兰储备银行进行过讨论（Birch，1996）。

此时，民众所关心的问题已经从低通货膨胀转向高实际利率。到 1996 年 2 月，布拉什行长认为有必要对奥克兰地区企业家协会进行一个公开演讲，下面是该演讲的要点：

在进入最近几个星期以来，有一些新闻媒体报道，人们要求废除新西兰储备银行，或者取消《新西兰储备银行法》，并声称新西兰储备银行是新西兰自由市场经济中的不和谐音符，它的运行导致新西兰人不得不支付世界上最高的实际利率，而这样的利率把汇率推至使出口商及与进口产品进行竞争的企业受到巨大伤害的程度。对这一问题有不同的说法，主要依赖于所站的角度。但是我认为，我准确地反映了总体情况。(Brash，1996b)

虽然布拉什行长的论点已经清楚地说明通货膨胀趋势并足以证明有政府的支持，但是短期高利率对贸易品与非贸易品的不同影响（由利率上升所造成的高利率对出口商及与进口产品竞争的企业的伤害程度大于非贸易品）加剧了公众的不满。当 PTA 本身已经受到指责的时候，仅仅满足 PTA 契约要求是不够的，虽然重新起草 PTA 是政府的职责，而不是新西兰储备银行的职责，但是新西兰储备银行开始尝到政策不受欢迎的苦果。

1996 年 4 月 19 日，新西兰储备银行董事会向财政部长波克提交了一封信。一些事情开始清楚了：在该年中期，通货膨胀目标区将再次被击穿。整体通货膨胀将上升，基底通货膨胀也将上升，虽然仅仅是暂时的。同时，虽然没有人认为货币政策太松以及通货膨胀预期在上升，但是关于要求解除新西兰储备银行行长职务的问题再一次被提出。然而，新西兰储备银行在该年第二次针对控制问题的现实指出了实现第三个 PTA 的困难程度。新西兰储备银行董事会的这封信坚决站在布拉什行长这一边——非常仔细地根据基底通货膨胀趋势阐述其观点——并建议其继续留任。

然而，在 5 月份，新西兰第一党——一个极受欢迎的，并极有可能在 11 月选举中成为联合政府成员的政党①——开始提出应把失业与经济增长目标加入货币政策的观点。由于看到通货膨胀上升的可能性与货币政策的不确定性，长期债券的收益开始上升。新西兰 10 年期债券利率与美国同期债券利率之间的利差达到 200 个基点，是 1992 年以来的最大差幅。面对这一问题，劳工党提出自己的建议：把通货膨胀区域范围扩大到-1% ~3%。

1996 年 6 月，新西兰储备银行在其报告中指出，基底通货膨胀实际上在第一季度已经突破 2% 的上限，并预测在第三季度将达到 2.6%。由于历

① 在这次选举中，在全国公民复决中被批准的多数成员的比例代表选举制代替了主要大党选举制。比例代表选举制在很大程度上被当成公众可以制止政府采取左倾或者右倾行动主义计划的一种方法（在主要大党组成的国会中，新西兰曾经出现过重大的转变，如劳工党在 1984 年后的“罗杰经济学”改革。可以推测，这些转变不可能在一个被破坏的法律环境中发生）。多党制对通货膨胀率和财政政策的影响（经济文献对策的讨论通常是对前者的影响增加，对后者的影响减少）问题似乎并没有进入讨论的日程。

史上出现的高实际利率无法使通货膨胀率始终维持在目标区内，通货膨胀目标区的可行性受到了广泛的质疑。非官方部门的经济学派开始加入反对派行列，并主张扩大目标区范围，预测在1997年3月通货膨胀将持续高于2%。新西兰储备银行以及一些其他人士担心扩大通货膨胀区范围会被理解为反通货膨胀决心的弱化，并因此对其可信度以及通货膨胀预期造成不利影响。然而，如同我们前面提到的，甚至布拉什行长也已经认识到，由0~2%通货膨胀目标区所造成的控制问题可能会太大以至于难以处理。

布拉什博士承认，0~2%的通货膨胀目标区太低和区域太窄的观点是很有趣的。但是……布拉什博士说："我一点也不认为扩展目标区将有利于实体经济的观点是不证自明的。""相反，这样做存在一些实际的风险。"危险在于，扩展通货膨胀目标区本身就将提高通货膨胀预期，新西兰储备银行本身对通货膨胀压力的反应将更慢。通货膨胀目标区域的宽度只是近来目前货币政策框架备受广泛质疑中的一个方面。(Fallow，1996)

似乎只有像德国、瑞士等那些有长期成功经验的通货膨胀目标制国家才能够解决经常性的目标区失守问题，而不需要修改其区域范围。根据1989年《新西兰储备银行法》，通货膨胀目标被解释为要求逐季对通货膨胀实行严格控制。对该法案的承诺及新西兰货币政策取得成功的内在限制，造成了新西兰实行更为积极的货币政策时面临比原来设想的更大压力。而且，对通货膨胀严格控制的要求造成了对实体经济的伤害，其中特别是出口部门，高利率与汇率的升值造成了对出口部门竞争力的伤害。

1996年10月12日，新西兰第一次按混合成员代表比例对国民议会进行选举。选举（如预料一样）没有决定性的胜利，因为没有一个政党获得50%以上的选票。在组成联合政府中具有平衡作用的第一党开始同劳工党与国民党进行协商。10月18日，国民党（及留守政府）财政部长波克公开表示，他们还在就通货膨胀目标（的宽度及水平）问题同新西兰第一党进行谈判。10月16日的数据显示，基底通货膨胀依然高于目标，达到2.3%（整体通货膨胀为2.4%），但是低于私人部门的预测，后者的预测是2.7%。按照一位正在观察两党谈判的新西兰经济专栏作者的话来讲，"信息（尽管已经取得一般性的成功）是这样的，新西兰储备银行现行的通货膨胀目标是不可信的。它可以在任何时间被改变，它依赖于那些在政府会议上最想推动它的那些人的狂想。我们退回到政治化的货币政策了”（Coote，1996）。

同时，新西兰储备银行发现它本身也处在进退两难的境地。由于在选举结束后资本流回新西兰，新西兰元兑日元与美元汇率升至8年来的高点。新西兰储备银行再次面临困难的抉择。尽管高于目标的通货膨胀率以及需要对非贸易品部门的通货膨胀压力进行抑制，但是由于基底通货膨胀的中期趋势以及当时对贸易品部门的有利环境，所以存在进一步提高利率的充分理由。新西兰储备银行于10月24日宣布，“不幸的是，为了保持总货币条件与维持价格水平相一致，似乎我们必须接受比理想的更低的通货膨胀压力，接受比理想的更高的汇率压力”（Hall，1996a）。换言之，新西兰储备银行正在承认，在必须维持目标的政治约束下，使通货膨胀率保持在规定的狭窄目标区内的控制问题，已迫使其进入它所不希望的短期政策权衡状况。

最后，在12月10日，国民党与新西兰第一党联合组成议会，新议会同意一个三年的期限。第一个实质性的声明是通货膨胀目标必须是适度的。由国民党的财政部长波克与布拉什行长在同一天签订新的《政策目标协议》，把目标区从0～2%扩展到0～3%。这一转变表明了，在任何一个民主体制下，中央银行的责任不可避免地具有政治的色彩：在新西兰的案例中，评价货币政策的目的以及在储备银行行长没有实现目标时是否对其执行解职权的决定恰好反映了当时执政官员的个人偏好。

12月18日，布拉什行长称通货膨胀目标区范围的扩展是一个温和的变化：“我们原先的目标是使通货膨胀保持在1%，现在是1.5%。”（Hall，1996b）尽管布拉什行长承认这一变化将允许更为宽松的政策，但他在声明中说，通货膨胀预测已经证明了它的合理性：“考虑到更高的通货膨胀预期导致更高的价格、更高的工资合同等等，新的通货膨胀目标给予政策宽松的空间……可能比设想的要小得多。”（Tait，1996）新西兰储备银行试图尽最大的可能来控制由于目标的修改而使其信誉造成任何危害。

在一个月以后进行的一次演讲（Brash，1997）中，布拉什行长归纳了新 PTA 的含义，包括修正后的通货膨胀目标。他强调："价格稳定依然是新西兰储备银行的唯一目标，并依然是新西兰储备银行可以对新西兰经济发展作出贡献的最好方式。"他指出，基于目前对于货币经济的认识水平，还不可能对那些认为应有一个正的低通货膨胀率与那些坚持零通货膨胀之间的争议给出答案。他继续说：

独断在这样一个状态下是不可取的。根据我的认识，要求我们尽最大努力来使通货膨胀率保持在 0～3% 之间的目标与货币政策应根据其运行的……立法的目的是完全一致的。的确，不管目标区的中间点应该在哪里，一个比 0～2% 目标稍微宽一些的通货膨胀目标区应该更加有利。一些评论人士曾建议只有两个百分点宽度的目标区要求中央银行方面具有极度的行动主义……困难在于如何在两者之间选择：一方面，选择一个能有效地把通货膨胀预期锁定在一个较低水平的目标区，但是该目标又是如此之窄，以至于不得不求助于极端的政策行动主义，并冒着由于经常超出目标而带来信用损失的风险；另一方面，选择一个对控制通货膨胀预期效果较差的目标区，但是要求较少的政策上的行动主义，并由于目标很少被突破而保持可信度。（Brash，1997）

5.4　来自新西兰的主要经验教训

采用新的目标区 8 年以后，新西兰储备银行的经历给我们提供了几个重要的经验教训。第一，使趋势通货膨胀下降，并维持一个低的通货膨胀预期要比把通货膨胀运行紧紧控制在一个狭窄的区域内更加容易，对一个开放的小国尤为如此。特别是，它表明，严格固守一个窄的通货膨胀目标区可能会导致中央银行的货币政策工具的运动，该运动范围可能超出该中央银行的预想，带来工具以及宏观经济不稳定的可能性。

第二，新西兰储备银行发现，由于对其相机抉择权利与它解释政策态度的过度限制——即使是以负责任的名义——可能会造成信用度受伤害的情

况，即使在基底通货膨胀达到控制时也会如此。这一问题不应该仅仅归因于政策的不灵活性，同时还要归因于新西兰政策框架要求新西兰储备银行直接向政府负正式责任。我们将会看到，当中央银行同时想要通过增加货币政策的透明度以及通过努力沟通其政策框架的理念和目标等方式来建立直接向公众负责的机制时，信用度与灵活性实际上得到了增强。

这些谨慎的观点并不否认，从总体上讲，新西兰通货膨胀目标制是高度成功的事实。一个在采用通货膨胀目标制之前，持续高的、波动的通货膨胀率的国家，现已转变为稳定的低通货膨胀率的国家。而且，这已经成功地成为促进与持续推动新西兰实体经济增长与现代化总体改革的一部分。

第 6 章

加拿大：把通货膨胀目标作为沟通的工具

加拿大于 1991 年开始采用通货膨胀目标制，比新西兰晚一年。同新西兰一样，政策方法的改变是政策制定者对经济表现不满，特别是对通货膨胀方面表现不满的结果。然而，与新西兰不同，加拿大的通货膨胀目标制并不是法律命令的结果，而是逐渐发展起来的，并在某种程度上具有非正式性。但是，随着时间的推移，新体制具有了官方的性质，通货膨胀目标是由政府与中央银行联合来决定与公布的。

加拿大通货膨胀目标制的主要特征

- 加拿大的通货膨胀目标制不是正式立法的结果。然而，同新西兰一样，加拿大通货膨胀目标制是由政府与中央银行联合来决定与公布

的。尽管对目标失守没有明确的惩罚，但是加拿大银行对实现通货膨胀目标承担全部的责任。

- 同新西兰一样，加拿大是在降低通货膨胀的实质性进展已经很明显时开始采用通货膨胀目标制的。所以，最初达到通货膨胀目标似乎很有可能。最初成功的可能性由于第一个目标的区间被设定为从采用目标制后的22个月而进一步增强了。
- 因为它所具有的“整体”性质，由加拿大统计局测量的CPI通货膨胀成为加拿大官方的主要目标变量。然而，一种剔除掉能源与食品价格的核心通货膨胀率也被频繁地用于评估趋势通货膨胀率在中期是否处于正常的水平。
- 通货膨胀目标被认为是一个区域，而不是一个点目标。它既强调目标区的底部，也强调顶部。与我们在本书考察的所有其他国家一样，通货膨胀目标区的中间点是高于零的2%。中期通货膨胀的目标被确定为逐渐地趋同于长期目标。所有这些条件都代表通货膨胀目标既非常重视价格稳定，同时也关心短期产出与就业目标的结合。
- 实际上，加拿大的通货膨胀目标制是非常灵活的，它把实际产出的增长率与波动纳入货币政策执行的考虑范围之内。的确，在加拿大，通货膨胀目标制被认为是帮助熨平经济活动波动的一种方法。
- 负责任是加拿大通货膨胀目标制的中心特征。但是，加拿大的中央银行对普通的社会公众比对政府更加负责。的确，加拿大通货膨胀目标制框架的一个越来越重要的中心特征是严格地恪守对透明度的承诺以及同公众沟通其货币政策。
- 在实行通货膨胀目标制过程中，加拿大中央银行运用所谓的“货币条件指数”，即汇率与短期利率的加权平均数，作为信息变量与短期目标。

6.1 通货膨胀目标制的采用

加拿大通货膨胀目标的采用是在加拿大银行把促进价格稳定作为其货币政策长期目标的三年运动之后进行的。该运动是随着当时的加拿大银行行长约翰·克劳（John Crow）于1988年在阿尔伯塔大学汉森讲座所作的题为“加拿大货币政策研究”的演讲而开始的（Crow，1988）。该演讲提出了加拿大银行在20世纪80年代末和90年代初实施反通货膨胀政策的理由。然而，该报告没有同样清楚地说明一个价格稳定目标实际上所具有的含义，既没有从特定通货膨胀目标的角度，也没有从实现对这些目标的时间框架角度予以说明（Thiessen，1995a；Freedman，1994a and 1995）。

1991年2月26日，加拿大公布了到2005年“降低通货膨胀与建立价格稳定”正式目标的声明。该声明是由执政的保守党政府财政部长迈克尔·维尔森（Michael Wilson）和加拿大银行行长约翰·克劳联合宣布的。为了使公众最大限度地了解该目标，强调政府对价格稳定目标的支持，该声明于政府公布其财政预算的同一天对外宣布。在3月，加拿大银行出版了其1990年年度报告。该报告引人注目的是对克劳行长把适度的价格稳定作为货币政策目标观点的评述，包括一篇题为“价格稳定的收益”的文章（Bank of Canada，1990a）。对通货膨胀目标制的承诺最初开始的时间是经过精心设计的，以便吸引公众的注意，获得公众的支持。

一个很有意思的现象是，没有加拿大银行的高级官员在事先向公众通告其要转向通货膨胀目标制。1990年年度报告仅仅在克劳行长的年度声明结尾的前一段中提到了采用通货膨胀目标制，但是在这之前没有在任何地方提到通货膨胀目标制。在当时，也没有任何促使政策必须立即转向的危机（如钉住汇率制的崩溃，或者中介目标与目标变量之间关系的突然破裂）。克劳行长在四年前就被任命为加拿大银行行长，而且保守党政府在1988年底已经重新再度当选，所以这两种情况都不能解释决策者改变政策的原因。

在特定的通货膨胀目标公布之前，加拿大银行自身反复地对价格稳定目

标的重申对于改变已经建立起来的通货膨胀预期的“动量”似乎没有取得什么进展（Thiessen，1991；Freedman，1994a）。实际上，在通货膨胀目标实行时公布的“背景备忘录”中提到了几个季度以来对通货膨胀前景的“极度悲观”的看法（Bank of Canada，1991b，March，p. 11）。很显然，通货膨胀目标是降低通货膨胀预期与促进公开宣布的加拿大货币政策目标实现的策略选择。

加拿大银行似乎认为 1991 年 2 月是开始实施其对价格稳定承诺的好时机。当时一个有利的因素是，在 1990 年年底，季度年度环比 CPI 通货膨胀已经降到 4. 2%（而在 1989 年初还是 5. 5%），同时，“从 1987 年到 1989 年推动价格上扬的过度需求压力在 1990 年最终缓解下来了”（Thiessen，1991，p. 8）。的确，经济增长正处于周期的低谷。由于加拿大经济已经在减速——虽然在当时还没有认识到加拿大经济在 1990 年已经进入一场严重的衰退——在通货膨胀目标被引进时，使通货膨胀缓和的压力已经变得非常明显了。这些条件使最初的通货膨胀目标似乎更加容易实现。

促使采用通货膨胀目标制的一个负面因素是已经成为加拿大长期利率组成部分的高风险贴水。这些风险贴水反映了各种不稳定因素，包括政府债务与对外负债的急剧增长、政治不确定以及在经历 20 年通货膨胀之后货币政策的信誉问题。运用各种可以利用的工具消除这些不断增长的不确定性是决策者的一个主要考虑。

同时也担心的是对价格水平的进一步冲击，包括石油价格上涨的可能性。其中最值得直接关注的是商品与服务税（GST）——一种类似于增值税（VAT）的间接税。该税种于 1991 年初开始生效，预计对整体通货膨胀（headline inflation）的影响达 1. 25 个百分点。货币政策没能阻止间接税的增加所触发的工资—价格螺旋上涨，它非常清晰地证明了公众确信通货膨胀还将继续。

现任加拿大银行行长戈尔登·惕尔森（Gordon Thiessen）曾经把 1991 年 1 月描述为公众对于通货膨胀不确定的时期，尽管在这之前已经宣布了价格稳定的目标（Thiessen，1991，1995a）。加拿大银行副行长弗里德曼

(1994a) 同样认为，加拿大银行短期的一个主要考虑是，在这些压力面前，阻止通货膨胀预期形成上升式螺旋。加拿大银行继续前行，并抓住了机会区分短期冲击和通货膨胀可能的路线，作为其通货膨胀目标制度框架的指导性判例。如同在声明中所解释的，“这些通货膨胀目标被设计为对中期通货膨胀的下降通道提供一个清楚的指示”（Bank of Canada，1991b，March，p. 5）。为了强调这一点，加拿大银行把该通货膨胀目标称为“通货膨胀降低目标”，直到通货膨胀目标区域在 1995 年停止下降。这时目标便成为“通货膨胀控制目标”（我们已经在德国的案例中看到这种语义学上的区分。在德国，德意志银行在反通货膨胀阶段用“不可避免的价格增加率”一词，然后转变为“规范的价格增加率”）。当然，加拿大银行认为所选择的目标是可以实现的。其逻辑是，如果公开宣布价格稳定的目标还不够的话，则进一步实现事先确定的降低通货膨胀的目标就必然要取决于政策的可信度与逐渐消除通货膨胀的希望（Freedman，1995）。

在公开宣布采用通货膨胀目标制之后，加拿大银行把第一个目标区定为 22 个月，它给出的解释理由是，之前的低于货币政策效用可以显现的 6 ~ 8 个季度滞后期的任何目标都是不可行的。作为这次衰退的结果，加拿大经历了一段非常严重的通货膨胀率不确定时期。结果是，一直到 1993 年年初之前，通货膨胀率实际上都突破了目标区的底部。然而，似乎公众直到后来才把通货膨胀目标看做政策信誉问题。对此，我们将在第 10 章运用通货膨胀预期值数据进行分析。与之相反，新西兰和英国在采用通货膨胀目标制后立即显现出效果，同时这两个国家在经济周期进入上升阶段之前几乎没有经历通货膨胀目标失守的问题。

加拿大银行对其采用通货膨胀目标制的理论依据——以及对其价格稳定而不是仅仅降低通货膨胀率——是，它认为公众对通货膨胀的预期调整得缓慢，以及存在着持续的通货膨胀预期上偏。如同克劳行长在其汉森讲座讲演中清楚表明的那样：“根据我的观点，一个高的、同时稳定的通货膨胀率的想法根本就是不现实的。”通过中央银行承受 4% 通货膨胀率的假设，克劳行长指出，看到中央银行不愿意从该水平以下降低通货膨胀率的公众会认

为，任何会使通货膨胀率上升（比如说5%）的冲击都是不可能逆转的，因此可能会加入到通货膨胀上升的预期之中。在现实中不存在可以保持价格稳定的名义锚时，通货膨胀预期具有持续上偏的这一观点是成立的。

通货膨胀预期的持续上偏被当做加拿大经济的一种经验性现实而被反复地引用。[①] 克劳行长认为，关于预期，中央银行必须证明它愿意承担反通货膨胀的成本，“但是，只要取得较低的通货膨胀，只要人们对通货膨胀的恐惧减少，降低通货膨胀和阻止其死灰复燃就不是十分困难的了”（Crow，1989，p. 23）。[②] 虽然克劳的观点有助于解释为什么公开宣布“提供一个渐进的（道路），但是直到价格稳定实现后通货膨胀才逐渐地降低”（Bank of Canada，1991b，March，p. 5，emphasis added），这巧妙地避开了为什么在3年中加拿大银行仅仅宣称其对价格稳定负责而没有确定明确的名义锚的问题。一种可能是，加拿大银行一直在等待当选政府准备好全力支持其价格稳定的职责之后才开始行动（Laidler and Robson，1993）。

还有一个可能是，加拿大银行仅仅通过一种拖延的决策战术，以便在1991 年 1 月经济形势最为适合时才开始采取行动。1988 年年度报告忽略了汉森讲座，虽然它在加拿大银行的声明中最终被反复地引用，并在 1990 年年度报告中的“价格稳定的收益”后被重新提及。对于通货膨胀目标可能具有收益的评价出现得更加滞后：1989 年，克劳行长在一次演讲中说，“根据我的经验，如果（某个通货膨胀）目标被采用了，不论在该时刻通货膨胀率是多少都几乎是不可变更的，重要的是通货膨胀目标”（Crow，1989，p. 22）。[③] 该演讲内容在《加拿大银行评论》中重新刊登了。

总之，采用降低通货膨胀目标的决定“增强了”加拿大银行对价格稳定的承诺，解决了对这个问题的不确定性（Freedman，1994a）。“通货膨胀

① 这里引用两个认为通货膨胀预期调整缓慢的例证，“毫无疑问，加拿大的市场在当前一点也不支持通货膨胀行为，但是要这样的现实对市场行为产生影响以及给根据这一行为而产生的成本与价格带来影响是需要时间的”（Crow，1991，p. 13）。“作为一种制度性的特征……与预期调整的缓慢，加拿大通货膨胀对货币政策变化调整的滞后，从历史上看，就是很长的”（Freedman，1994a，p. 21）。另外，Longworth 和 Freedman（1995）还对对过去通货膨胀预期的回顾在加拿大银行的预测模型中具有何等的重要作用进行了解释。

② Jenkins（1990），Bank of Canada（1991b，March，pp. 3-21），and Freedman（1994a）.

③ 新西兰的例证可能还不太成熟，并且在弗里德曼之前，加拿大银行的高级官员在公共讲演中还没有认识到这些（1994a）。

目标并不意味着它是货币政策转变的信号……所有我们（正在）做的，是要向公众清楚表明货币政策（正在）关注的降低通货膨胀率的进展速度”（Thiessen，1991，p. 19）。加拿大银行并没有认为，它所做的关于通货膨胀目标的声明可以立即带来通货膨胀预期的下降；相反，它看到的是一个长期内所能产生的利益。人们认为，在中期内实现这些目标可以逐渐地增强公众对货币政策的信心，不断增强的透明度和责任心将有利于控制通货膨胀，而不断增强的透明度和责任心是由通货膨胀目标制带给货币政策的。

6.2 通货膨胀目标制的操作框架

1991 年 2 月加拿大公布通货膨胀目标方案时，采取的是降低通货膨胀的时间表的形式，该方案对未来通货膨胀的水平作出了三个承诺（实际上，如前面提到的那样，加拿大银行的官员们最初称该方案为“通货膨胀降低目标”）。第一个目标区间是到 1992 年年底，即目标施行 22 个月后，与上年同期相比的通货膨胀率（以 CPI 的变化来定义）中间点达到 3%。第二个目标区间是到 1994 年 6 月，达到中间点为 2.5% 的通货膨胀率。第三个目标是再过 18 个月后，通货膨胀率中间点达到 2%。

加拿大银行一开始就声称，价格稳定要求通货膨胀率低于 2%：“加拿大已经做了大量的工作来研究在广义的价格水平上，什么样的稳定是可操作的。这项工作清楚地表明，消费物价指数的增长率应低于 2%。”（Bank of Canada，1991b，March，p. 5）但是，这里没有提到以零通货膨胀率或固定的价格水平作为目标。加拿大银行想在对一个定义精确的、可操作的价格稳定进行承诺之前看到更多的研究成果。从把通货膨胀作为目标开始，加拿大银行就作了大量的声明，表示在以后的数据中会对价格稳定给出一个准确的定义，并表示，通货膨胀率会进一步地下降，直到实现价格稳定。有趣的是，由于后来加拿大银行的研究对加拿大以 CPI 衡量的通货膨胀率的估计每年有最大 0.5% 的向上偏差（Bank of Canada，1995c，May，p. 4，footnote 1），这个大于衡量允许的误差本身就会对加拿大勉强制定的、将其通货膨

胀区域的中间点降低到2%以下的目标产生影响。

在1993年12月加拿大银行行长惕尔森被任命时，新一届自由党政府和加拿大银行将实现1%～3%的通货膨胀目标的时间从1995年底推迟到1998年底。给物价稳定设定一个可操作的目标再次被推迟到可以获得更多在低通货膨胀率下发展经济的经验之后。加拿大银行再次详细说明不把现在的目标等价于价格稳定：

推迟有两个原因：（ⅰ）在加拿大已经有很长时期没有这样低的通货膨胀率的条件下，在一个适当的长期目标被确定之前，积累更多的在这种条件下运行的经验是有益的；（ⅱ）加拿大人民需要一些时间来对改变了的通货膨胀预期作出调整。（Freedman，1995，p. 24）[①]

在设置目标时，加拿大银行试图将它的政策和公众的预期都定位在1～3年的中期水平。但是，它承认公众预期和对经济行为（例如工资确定的形式）的理解即使在目标公布之后许多年也不会完全改变。

中期定位也表明了加拿大银行对目标变量的选择。由于CPI变化率的"整体"品质，它被当做主要目标；在加拿大，它是应用最广泛，也是最被人们理解的价格指标。另外，CPI每月公布，不会经常推迟和修改（而另一个可替代的价格指数，国民生产总值缩减因子（GDP deflator），在加拿大经常被重新修订）。但是，由于整体CPI中包含了食品和能源价格，它易于波动。因此，为了避免被迫对短期波动作出反应，加拿大银行同时还应用和公布"核心CPI"（剔除了食品和能源价格波动），同时宣称核心CPI通货膨胀率和整体CPI通货膨胀率在中长期会趋于一致。[②]"我们怎样对通货膨胀的变化作出反应，将依赖于我们所测量到的通货膨胀的变化是否与通货膨胀的动向或者潜在趋势相一致"（Thiessen，1994b，p. 81）。

加拿大银行没有固定的程序来解释这两个CPI指标在特定时间框架中的

---

① 惕尔森（1994a，p. 86）对这两点作出了几乎相同的论述。

② "从更长的阶段来看，基于总体总消费价格指数和核心消费价格指数对通货膨胀的衡量一般是遵循同样的路径的。但是当出现用两种方法测量通胀率出现持续的差异情况时，加拿大银行就会调整其理想的核心消费价格指数的路径，所以总体消费价格指数通胀率就会落在目标范围之内"（Bank of Canada，1996c，November，p. 4）。

表现，但是如果多次地偏离目标所设定的路径，则必然很容易被政府和公众所发现。而且，加拿大银行尽了很大的努力向公众表达它对经济的解读和所作决策的基本原理。它解释了为什么 CPI 的变化或者仅仅反映纯粹的短期因素或是造成持久的通货膨胀压力的原因。加拿大银行对清晰地传达这个消息是谨慎的，因为它的官方目标，整体 CPI 通货膨胀率，可能会对临时性的因素非常敏感。[①] 在决定当前或未来的通货膨胀变化是否以一种对政策正常反应的方式超出目标时，加拿大银行消除了第一轮间接税的影响。[②] 区分第一轮和第二轮价格冲击影响的做法同加拿大银行以一种强制性的方式反通货膨胀的愿望是一致的。

副行长弗里德曼（Freedman）1994 年关于价格变化的观点表明了加拿大银行在制定政策和同公众沟通时对特殊因素的关注。

特别地，尽管 1994 年总的 CPI 增长率在 12 个月中的大部分时间里实际是零，加拿大银行关注于这样一个事实，即 1994 年前期烟草消费税的削减使总 CPI 下降了 1.3%。因此，从操作角度看，重点就放在剔除了食品、能源和间接税影响的 CPI 上，该指数的增长率为 1.5% ~1.75%。到 1994 年中期，即第二个具有里程碑意义的阶段，总 CPI 的增长率为 0，而剔除了食品、能源和间接税影响的 CPI 是 1.8%，接近目标区范围的底部。（Freedman，1995，pp. 24-25）

通货膨胀目标设定的是一个范围：正如前面所提到的，通货膨胀目标将会被维持在每个目标上下 1% 的范围内。那么，从 1995 年 12 月开始，它应当允许通货膨胀目标在 1% ~3% 的范围内。原则上，瞄准的目标是这个区域的中间点。实际上，加拿大银行从未主动地试图将通货膨胀从这个范围的边缘移向中间点，即使是当实际通货膨胀率在一个较长的时期内在目标底线附近徘徊和低于底线的时候。事实上，“在修改后的目标中，强调更多的是

---

① “需要强调的是，目标依然是控制定义为总消费价格指数的通货膨胀”（Thiessen，1996，p. 4）。

② “调整税收变化对价格水平的初始影响，而不是调整任何正在出现的通货膨胀的努力，是与 1991 年 2 月制定的通货膨胀降低目标同时确定的方法，该方法在 1993 年 12 月的协议（扩展了通胀目标的框架）中得到了重申”（Thiessen，1994a，p. 82）。当然，与判断核心消费价格指数和整体消费价格指数之间的差异不同，判断税收增加对价格冲击影响的规模依赖于分析者的假设条件。加拿大银行不公布其对税收变化对价格影响的测量结果。

目标的界限而不是中间点”（Freedman，1995）。目标区的运用范围明显地顾及控制问题。[①] 加拿大银行没有认识到2%宽幅的界限窄于研究表明的必要的容许控制误差和不可预期因素的冲击的范围，但是加拿大银行意识到太宽的幅度会向公众传递错误的信息（Freedman，1994a）。

加拿大银行同时还相信，除了对从核心通货膨胀中提出排除食品和能源价格以及对间接税改变的第一轮影响进行特别调整这些因素进行考虑之外，这个幅度应为货币政策提供足够的灵活性来应对供给冲击。[②] 加拿大银行没有设定免责条款来应对异常大的或未预期的冲击出现，对这种异常的冲击的反应无疑依赖于加拿大银行的判断力。

当同新西兰储备银行需要当选政府逐条同意、高度细化的例外条款相对比时，可以发现这个目标定义是非常宽松的。然而，在政策实际执行中，加拿大银行对通货膨胀目标的定义意味着一种非常类似于新西兰的做法，反映了这样一个事实：它们都是“小型”（在经济学意义上的）开放经济，很大程度上依赖自然资源的出口。

加拿大定义目标通货膨胀率的方法包含一些暗示：第一，加拿大利用货币政策来改变通货膨胀率的变动趋势，同时允许在面对供给冲击时转变价格水平。第二，它给予加拿大银行以任何一种能够对公众作出解释的方式，参考目标区采取行动的自由；它没有事先确定加拿大银行偏离其目标的标准。

加拿大银行政策框架的另一个方面是它给予货币政策一个反经济周期的倾向。在该政策框架中，它必须对那些将会导致通货膨胀超出目标范围的、总需求驱动的价格上升和下降做出反应。虽然对通货膨胀目标设定下限与上限对于所有采取通货膨胀目标体制的国家来说是很普遍的，但是这个特征在加拿大的框架中更加显著和直接：[③]

---

① “通货膨胀目标仍然是以一个区间或者一个区域，而不是某一特定的通货膨胀率来表示的，因为根本不可能非常准确地控制通货膨胀水平”（Thiessen，1994a，p. 86）。

② “其他未预期到的促使价格上涨的因素与已经提出需特别关注的三个因素相比不是太重要，因此，这些因素对降低通货膨胀率的作用被控制在目标范围内的1%左右”（Bank of Canada，1991b，September，p. 4）。

③ 这可能归因于这样一个事实，与其他实施通胀目标制的国家相比，加拿大更需要使整体通货膨胀率降到目标区以下，或者达到事先确定的目标；可能正因为如此，加拿大银行将面对更多的公众关于通货膨胀目标对实体经济有害的指责。下一部分将对这种挑战作出详细的讨论。

一些人担心，货币当局密切关注对通货膨胀的控制，可能会忽视经济活动和就业，但是事实并非如此。通过将通货膨胀率保持在目标范围内，货币政策起到了经济稳定者的作用。当不足的需求显示会把通货膨胀率拉到目标区以下时，它会遭遇到货币放松的阻击。(Thiessen，1996b，p. 2)

尽管官方关注的焦点是通货膨胀目标，但是实际经济和价格变动之间的联系没有被加拿大银行否认过。实际上，惕尔森行长曾经对通货膨胀提供了一个区别于只与货币因素相关的解释：

当经济中存在着过度消费需求，而它仅用货币政策抵挡是不够的时候，当持久地超出该被寻求产品和服务的经济生产能力的时候，就会产生通货膨胀上升的压力。(Thiessen，1995b，p. 66)

对出口和通货膨胀之间权衡的关注解释了加拿大银行从 1991 年年底预期的通货膨胀率 5% 变动到 1995 年年底的 2% 的目标的渐进方式。弗里德曼（1994a）注意到，典型的承认供给冲击效应的菲利浦斯曲线方程能够在很大程度上解释加拿大通货膨胀率的下降，这表明没有必要用可信度和预期变化来说明反通货膨胀的节奏。然而，尽管持续地存在“产出缺口”（相对于其潜在的能力产出不足），从那时开始通货膨胀并没有像方程预测的那样进一步地下降。一个原因可能是现在加拿大银行的目标是足够可信的，所以公众的通货膨胀预期在 2% 附近已变得非常稳定。

无论如何，加拿大银行在公开的声明中反复地重申其所抱有的希望，即由于私人部门中个人与企业的预期已经适应了新的体制，达到和维持通货膨胀目标的必要成本和时间将会减少。① 但是，人们不禁会问，加拿大（或者其他国家）在结果可以被预期之前，采取可信的反通货膨胀政策，然后再采取消除通货膨胀需要多长的时间？很显然，在加拿大的案例中，在至少三年的紧缩货币条件之后，实施超过四年的通货膨胀目标制不足以明显地减少反通货膨胀的成本。②

① Thiessen（1994a，p. 89）and Freedman（1994a，p. 20）.

② 这种说法假设加拿大经济的疲软是实际产出和潜在产出的缺口的反映，而不是加大了自然失业率的产品和劳动力市场的改变。

因此，加拿大银行为追求通货膨胀目标并由此达到价格稳定的证明，不仅仅依赖于数量化的目标有助于提高可信度的论点；另有一些观点认为，低通货膨胀率在一个适度短的时间跨度内可以提高实体经济的机能。“换句话说，我们的目标是达到价格稳定，但是只是作为一种实现经济良好表现的方法，而不是实现价格稳定本身”（Thiessen，1994a，p. 85）。① 很有趣的是，惕尔森行长也赞美了货币政策的透明度——由通货膨胀目标所培育的——由于其存在具有重要的经济利益。

> 首先，（中央银行）可以尽力减少公众与金融市场对各种冲击反应的不确定性。它可以通过澄清货币政策的长期目标、短期操作目标（其目的在于采取政策行动）及其自身对于经济发展的解释来做到这一点。而且，通过承诺实现并坚持长期目标以及减少自身对于冲击反应的不确定性，中央银行能够减少冲击对私人部门行为的影响。(Thiessen，1995a，p. 42)

其他的采用通货膨胀目标制的中央银行都没有如此明确地表明透明度具有既对经济有利，又对降低通货膨胀率有利的优点，尽管它们都在朝这个方向努力。请注意，惕尔森在这里所列出的优点可以产生于任何一个有一致性操作框架的中央银行的持续性的长期目标。他没有明确提及价格稳定或通货膨胀。很显然，加拿大银行感觉到，在这样的框架里，它可以对短期变化作出有效反应而不必伤害它的长期目标。②

从被加拿大银行作为中介目标的 M1 下降的 1982 年，直到通货膨胀降低目标被宣布的 1991 年，加拿大银行一直在从各种更为广义的货币和信贷总量中寻找替代品，尽管“（他们）没有发现它们中任何一个的表现可以足

---

① 这种说法代表了加拿大银行的立场。同时，可以参见 Bank of Canada（1995c，May，p. 3），其中论述道：“加拿大货币政策的最终目标是促进整体经济的运行。货币政策对这一目标的促进作用表现在，它通过使价格稳定坚定了人们对货币价值的信心。换句话说，价格稳定是实现目的的手段，而价格稳定本身并不是目的。”

② 伯南克和米什金（Bernanke 和 Mishikin，1992）在不同的背景下，给出了对短期波动性的解释。更近的一个例子是，在加拿大中央银行的 1994 年年报中，加拿大银行指出，“在 1994 年年末和 1995 年年初，加元的持续疲软开始影响人们对加元的信心，加拿大银行开始采取措施来安定与稳定金融市场”（p. 7）；1996 年年报第二部分将“促进加拿大金融体系的安全和成熟”（p. 4）作为“我们对加拿大人的责任”。简而言之，加拿大银行发现，一方面促进（在有限的范围内的）金融稳定或者更为稳定的产出均衡，另一方面追求长期的价格的稳定，这二者之间不存在内在的冲突。加拿大银行同本书中所研究的其他中央银行一样，也关心价格稳定以外的其他目标，不同的是可能它的这一观点更加公开。

可信赖地承担起作为一个正式的货币政策目标的重任”（Crow，1990，p. 36）。直接地钉住一个政策目标（或它的预测值）而不是中间变量（如货币存量）的这种变化代表了加拿大银行显著的模式转变。这种转变的一个暗示是，既然它选择了更为广泛的信息变量，加拿大银行会拓宽信息收集的渠道，来囊括任何包含了未来通货膨胀信息的变量。

在选择信息变量时，理论只有一定的帮助作用。惕尔森行长说，“在我们看来，潜在的通货膨胀率主要是受经济停滞水平和通货膨胀预期的影响”（1995a，p. 49）。经济停滞和预期都是不能直接观察到的因素，它们只能通过参考各种变量的变化来估计。在实践中，

> 加拿大银行密切关注对商品和劳动力市场过度需求或者供给（或“缺口”）的估计，把它们看做通货膨胀过程的关键来源。它同时也密切跟踪诸如像货币扩张速度（特别是广义总量M2+…）、信贷增长、总支出增长率和工资合同这些变量，把它们作为政策行动的指引。（Freedman，1995）

加拿大1995年5月的《货币政策报告》，为后来各期的报告建立了仿效的格式。该报告在“影响通货通胀的因素”部分，讨论了产品和劳动力市场、通货膨胀预期、商品价格和加元汇率。直到该报告的后半部才提到货币总量，把它作为“其他指标”列在“展望”部分中。为了衡量通货膨胀预期，加拿大银行考虑了从加拿大咨询委员会的季度调查中产生的结果，预测值列在“舆论预测”部分，同时还列出30年期保守名义债券和实际指数化债券回报率的差额，[①] 但是它没有进行自己的对预期的抽样调查。

为了有助于评估经济形势，加拿大银行引入了货币条件指数（MCI）的概念，将其作为短期操作目标（新西兰也采用了类似的指数，参见第5章）。[②] MCI的变化被定义为90天商业票据利率变化和（对十国集团贸易伙

---

① 在英国的经验之后，加拿大于1991年就已经发行了“真实的”——也就是说，经过通胀指数调整的——债券。发行这种债券的一个动因就是想获得对通货膨胀预期精确的测量，这种通货膨胀预期从理论上讲与经过指数调整和未经过指数调整的债券的收益率之间的差异密切相关。然而，正如加拿大银行自身指出的，从数据角度看，真实债券的市场规模还相对较小，流动性也很不足，从真实债券中得到的经验也很少。因此，使用真实债券来测量通货膨胀预期在实践中是很困难的。

② 其他一些国家和几个私人部门的预测机构已经提出了这一观点，并且它们把这一观点看做是解释开放经济国家采用相对偏紧货币政策原因的一种手段。弗里德曼（1994b）对MCI作了更为详细的讨论。

伴的）贸易加权汇率的加权总和，权重为3∶1。利率与汇率3∶1的权重产生于加拿大银行对每个变量变化在6～8个季度对总需求总体影响的估计。MCI有一定随意性地以1987年1月为100来设定，从这一点向前后计算。因为MCI在任一时点的值都是人为设定的，加拿大银行很得体地强调，MCI的短期变化比它们的水平本身更有意义。

MCI的主要目的在于提醒加拿大银行和公众，在一个开放的经济中，有两个关键的影响总需求的货币政策渠道：一个是通过利率起作用的操作渠道，另一个是通过汇率起作用的操作渠道。MCI是“短期操作目标……在一至两个季度的区间最为有用”（Bank of Canada，1996c，November，p. 21）。列举了它在操作中的基本战术作用，MCI在半年一期的《货币政策报告》中仅被简要地考虑过。

加拿大银行的1994年年度报告对1993年版的年度报告全部进行了重新设计，以提高其开放性和透明度。在货币政策的标题下讨论的第一个问题就是有计划地介绍《货币政策报告》。按照加拿大银行自己的描述：

新的货币政策报告将被设计成有助于增加货币政策的透明度和可信赖性的报告，它会根据加拿大银行控制通货膨胀的目标来衡量我们的成绩，它将检验当前加拿大的经济环境和货币条件会怎样影响未来的通货膨胀。（Bank of Canada，1995a，p. 7）

1994年年度报告（以及从此之后的各期）不再具有密集拥挤的版面和呆板的外观，它做成了大开本，里面有很多空白和大量的图片。报告写作的语气很轻松，发行也变得更为广泛。正如我们下一部分将要进一步讨论的，这种改变可以部分地看做是加拿大银行在与公众接触和进行教育方面的努力，这是一个在惕尔森继克劳担任加拿大银行行长职位后得到更多关注的目标。在新设计中的另一个要素可能是在1995年从“通货膨胀降低”到“通货膨胀控制”目标的转变，即现在是使通货膨胀率稳定而不是使其下降。①

① 弗里德曼（1995，p. 30）提出了这样的观点：“（货币政策报告）最为重要的贡献就是，在实际的通货膨胀率（它当然是一个滞后指标）仍然还很温和的时候，它可以作为预测未来通胀压力和决定是否需要及时调整政策的信号。”这种结论是根据1995年在加拿大开始的“相对温和的”通货膨胀中得出的。

在介绍年度报告时，惕尔森行长以一种正式的方式直接告诉读者：

在行使加拿大银行的职责中，我们的目的是提升加拿大的经济和金融福利。我希望对这些行为的描述可以增加公众对加拿大银行如何履行其职责的理解。如果我们想要维持加拿大人民的信心，与民众交流加拿大银行打算做什么和为什么这样做是重要的。今年，我们已经改变了加拿大银行的年度报告……这种新类型的年度报告被设计为可以提供更多关于加拿大银行正在做什么的信息，因此可以为我们的行动提供更好的说明。（Bank of Canada，1995a，p. 5）

这个决定是有意识地针对普通公众努力提高政策透明度的一部分。当通货膨胀目标最初被采用时，加拿大银行宣称：

加拿大银行会在其演讲中、在加拿大银行董事会的会议记录摘要中，当然，也会在加拿大银行对财政部长的年度报告中，定期地报告与通货膨胀降低目标进展有关的情况及所采取的货币政策行动。另外，与目标相关的通货膨胀变化的分析也会定期在《加拿大银行评论》中发表。（Bank of Canada，1991b，September，p. 15）

然而，《加拿大银行评论》在1993年从月刊变为季刊，同时其他一些采用通货膨胀目标制国家（特别是英国）的经验表明，引导并关注公众对货币政策的讨论的独立出版物是有益的。① 在加拿大，《货币政策报告》就是这种独立的出版物。

半年刊《货币政策报告》与最初的几期在结构上有细微的不同，但所有版本都包含了对最近通货膨胀发展、达到通货膨胀控制目标进程的一些讨论，以及对通货膨胀的展望。加拿大银行是这样来描述《货币政策报告》的目的的：

这个报告反映了加拿大银行执行政策所使用的框架，这个框架包括：（Ⅰ）一个清晰的政策目标；（Ⅱ）中期的远景（假设货币政策行为对经济

① 引用新西兰、英国、瑞士的例子，弗里德曼（1995，pp. 29–30）指出："这些报告都从向前和向后两个角度作了分析，因此受到了广泛的关注并得到媒体、金融市场和议会委员会的详细审查。"同时参见惕尔森（1995a，p. 56）。惕尔森认为，"这一报告将会对我们的货币政策的责任作出解释，并且对那些了解货币政策而自己进行决策的人有所帮助"。

的全部影响有一个长的滞后期)；(Ⅲ)承认货币政策通过利率和汇率来起作用。(Bank of Canada，1995c，May，p.3)

《货币政策报告》设计得使外行也很容易理解，它用“技术箱子(technical boxes)”来解释各种概念和程序(类似于英国《通货膨胀报告》中的教学法的努力)。格式是开放的，在页边空白处应用总结点，每期不超过30页，包括大量章节。报告可以在互联网或者通过免费电话得到，并为那些不想读整个文件的人提供了一个4页的摘要。总的来说，该报告显示了加拿大银行对通货膨胀目标报道的用语和目标读者的重要转变。在当时的加拿大银行出版物中，对通货膨胀讨论使用的是技术语言，并把它与加拿大银行分析的一些其他话题纠缠在一起。

大约与此同时，加拿大银行的内部组织也在发生变化。最为突出的是(正如1994年的年度报告所总结的)，“加拿大银行董事会在银行内成立了新的高级决策机构，被称为‘管理委员会’。该管理委员会(由行长担任主席)由高级行长和四个副行长组成，该委员会建立的重要步骤是贯彻了重要决策分散的程序”(Bank of Canada，1995a，p.8)。自从发生这个转变之后，《货币政策报告》的每期都注明“这是加拿大银行管理委员会的报告”，紧接着是6个成员的名字。这种向集体负责的转变在某种程度上是对20世纪90年代初期克劳行长的由个人确定加拿大银行政策倾向的一种回应。①

加拿大银行仍是相对独立的中央银行。② 与其实施货币政策的责任相符合，在设定货币政策工具上它是完全独立操作的。例如，加拿大银行独立决定受政策控制的短期利率。但是，加拿大银行受“双重责任原则”的支配，这一原则将货币政策的最终责任交给财政部长。财政部长可以通过发表公开的指示让加拿大银行行长遵循某一特定的政策(或在特定时间改变利率)，

① 在1993年的竞选开始对中央银行的货币政策产生争论之后，这一举动似乎就是非常必要的了。克劳最终也决定不再竞选第二任期。新当选的自由党政府选择了扩大而不是代替货币通胀目标区。

② 根据库克尔曼(Cukierman)所编制的关于中央银行独立性的指数(以中央银行正式的法律体系为基础)，加拿大银行，还有丹麦中央银行的独立性的排名仅次于美国联邦储备委员会。

对于财政部长的指示行长和加拿大银行必须服从。

但是，财政部长和加拿大银行之间的冲突从未发生过。因为公开指示的发表意味着财政部长对行长执行政府货币政策的能力已丧失了信心。这样的指示很可能带来行长的辞职——这是一种会给政府带来严重影响的行为。这种指示只会在极端条件下使用，而不是作为政府对货币政策施加影响的例行手段。

事实上，与没有对解决政策冲突的程序进行如此清晰说明的系统相比较，或许可以认为，正是由于指示权的存在加强了加拿大银行的独立性。通常，财政部和加拿大银行的关系非常亲密，财政部长和行长几乎每周都碰头（尽管没有规定的时间表），财政部副部长在加拿大银行的董事会中占有一个无表决权的席位。同时它们之间还有大量的非正式的联系。①

加拿大银行的通货膨胀目标框架已经非常灵活，也经受了长时间的磨炼，随着时间的推移变得更具有透明度是它的标志性趋势。虽然没有承诺一个特定的价格稳定的长期标准，但是，通货膨胀目标已经从“降低通货膨胀”变为“控制通货膨胀”，乃至 CPI 通货膨胀率的 2% 左右。而且，加拿大银行已经承诺增加报告义务（如《货币政策报告》）和采取新的更透明的操作策略（例如，采用 MCI 指标和自 1994 年中期起更明确地转向把隔夜拆借利率的范围控制在 50 个基点之内）。与此同时，对通货膨胀表现、通货膨胀预测的估计总是通过对核心 CPI、间接性税收以及汇率的变化的参考来进行，这使得判断政策是否成功的标准在某种程度上变得不清晰了。概括而言，由于加拿大独特的制度安排以及加拿大银行在沟通方面所做的努力，加拿大银行已经成为一个更多地对公众和金融市场负责，而不是直接对政府负责的中央银行。从这点上说，加拿大的框架结构更接近于瑞士和德国的结构而不同于新西兰。

---

① 莱德拉尔和罗伯森（Laidler and Robson，1993，chapter 9）对 1992 年起加拿大银行实际的独立性和其缺陷作了广泛的讨论。

6.3 通货膨胀目标制下的加拿大货币政策

现在，我们来总结一下自1991年2月宣布制定通货膨胀目标以来加拿大在货币政策方面发生的主要事件。我们的资料来源于加拿大银行的年度报告、半年度的货币政策报告（开始于1995年）、加拿大银行内和《加拿大银行评论》中的一些讲话和文章、某些学术研究成果、《经济合作与发展组织经济报告》和各种报纸杂志的报道。图6—1显示了在最近时间内加拿大的通货膨胀率、利率、名义有效汇率（以后称为汇率）、GDP增长率以及失业状况。

在这段时间里，加拿大银行面临的最严峻的挑战不是经济方面而是政治方面的。总的来说，货币政策目标的框架已经得到了公众的支持，而且自从这项政策被采纳以来，得到了两届当权政府的认可。然而，一些批评者持有异议，认为加拿大银行之所以成功地降低了通货膨胀率，将通货膨胀率维持在一个低水平上，是以无法承受的高失业率为代价的。如同有着类似失业问题的西欧一样，决不能理所应当地认为加拿大所达到的高失业水平主要是由其货币政策所引起的。当然，所有已经采用通货膨胀目标制国家的中央银行都遭到了来自某些方面的批评。但是，对加拿大银行的批评主要集中在反对加拿大银行只强调通货膨胀控制以及其目标区的低水平方面。这一状况同新西兰形成鲜明的对照，新西兰有包括采用通货膨胀目标区在内的关于货币改革的基本协议，这是很有利的。但是，新西兰中央银行在遇到接近于零的紧缩的通货膨胀目标区时的控制问题又成了关注的焦点。加拿大银行的情况同样可以和英国进行比较，在英国，由于央行缺乏独立性，它不能控制货币政策工具的制定，所以英国的中央银行也不会成为公众抨击的明显目标。的确，对于英国来说，最大的问题主要来自于负责预测的部门、评估通货膨胀状况的部门如何同负责制定货币政策的部门相分离，这个问题我们在下一章进行讨论。

这里我们先重点回顾一下加拿大建立通货膨胀目标框架的三个重要阶段。第一个阶段开始于加拿大采用通货膨胀目标制的1991年，当时一些超出了加拿大银行的控制的因素——特别是在世界石油和加拿大国内税收政策

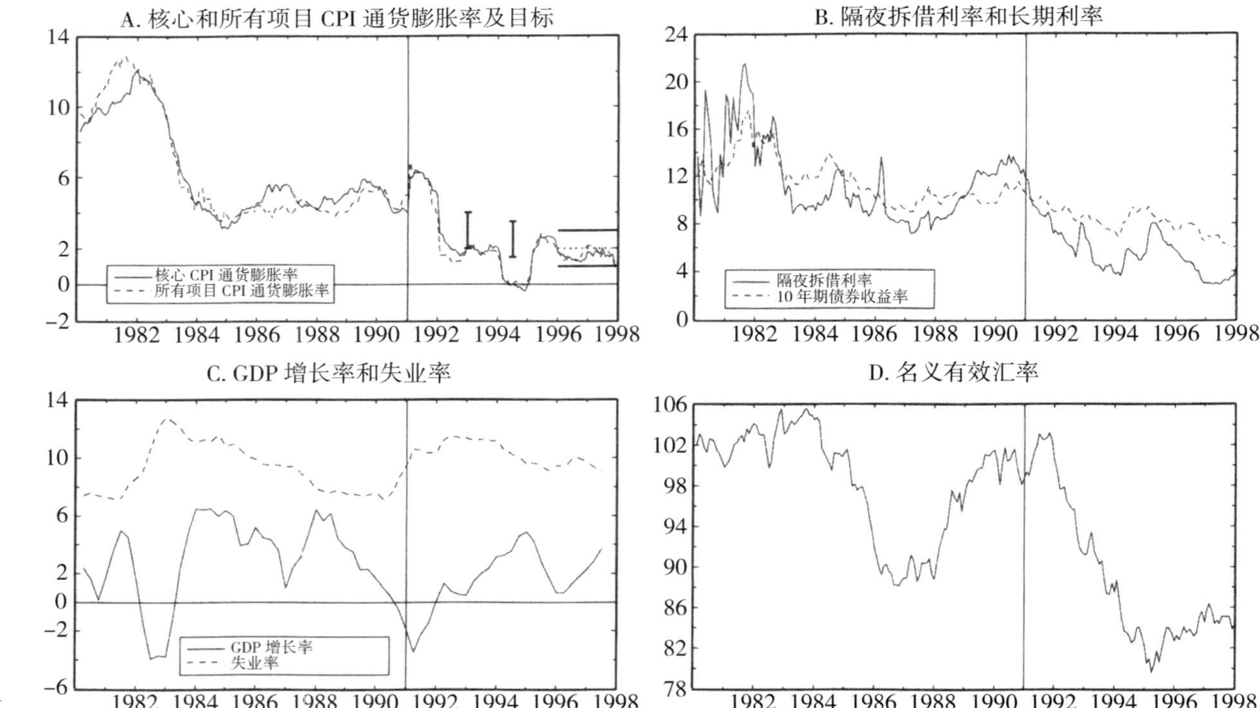

图 6—1　加拿大经济指标

资料来源　A. 国际清算银行数据库，加拿大银行；B. 国际清算银行数据库；C. 经济合作和发展组织的主要经济指标；D. 国际清算银行数据库。

发生变化的情况下——造成了通货膨胀的压力。第二个阶段开始于 1993 年年末，在当时，自由党凭借着批判当政的保守党“只用单一的思维来治理通货膨胀”的竞选纲领赢得了联邦的选举。[①] 第三个重要的阶段发生在 1996 年中期，在当时，加拿大经济协会的主席（以及著名的加拿大银行的批评者）发表言论表示，他们对察觉到的在面临如此高的以及不断上升的失业率情况下频繁地采取紧缩的货币政策感到担心。

在以上三个阶段的历史事件中，加拿大银行都通过参与具有实质内容的与公众的对话和加倍努力提高工作的透明度以及加强与公众的沟通来作出回应。最终，加拿大银行在没有改变其对价格稳定的基本承诺的条件下成功地捍卫了其政策。无论是在第一阶段加拿大银行赢得了相当数量的工资和价格制定者的支持，还是在第二次阶段赢得了自由党政府以及第三次阶段中赢得了大部分民众的支持的事实，都证明了通货膨胀目标——以及与之相伴的透明度和责任感——的潜在力量，从而引起对货币政策更加严肃与深入的讨论。由于加拿大银行的权限与责任权是被清楚地定义与划分的，所以加拿大银行能够在一个清晰的结构下调整其政策。同时，那些希望采取不同政策的批评者，也都仅仅根据他们的分析所具有的经济方面的优点来进行讨论。

在 1991 年 2 月 26 日宣布制定通货膨胀目标以后，加拿大的货币政策所面临的第一个主要挑战就是怎样应付在那段时间开始出现并不断上升的通货膨胀压力。正如我们在前面已经提到的，使事情更为复杂的是联邦政府开始征收商品和服务税（GST），同时联邦与省政府也开始增收其他一些间接税。加拿大银行坚决认为由新的税负所造成的价格上升是可以辨认的一次性调整，只要私人部门没有通过一轮工资和价格的提高将这部分上涨的价格转嫁出去，就不需要通过货币政策来消除。加拿大银行几乎没有提高利率的动力；事实上，自从 1990 年春天以来，它就一直试图使货币环境更宽松，而且预期 1991 年实际 GDP 的增长是较为低缓的。

加拿大银行把通货膨胀的目标作为和公众沟通的工具，这样，一次性的

① 参见 *Creating Opportunity*：*The Liberal Plan for Canada*，Cited in Crane（1993）。

价格上升就不会增加未来的通货膨胀或者对未来通货膨胀的预期，同时也就不会有提高利率的威胁。回顾一下克劳行长在1991年年度报告中进行的阐述：

加拿大经济能够吸收商品和服务税（GST）和其他间接税带来的改变而没有形成螺旋形通货膨胀的循环——工资追逐价格，结果又导致价格进一步增加等——的事实尤其值得欢迎。的确，加拿大银行已经在试图弄清货币政策是否应该在这样一个破坏性的过程中不采取行动。随着最近1992年1月消费物价指数数据的公布，商品和服务税（GST）对价格造成的影响成功地被加拿大经济所吸收的事实得到了更为广泛的认可。（Bank of Canada，1992a，p. 9）

确实，由于偏紧的货币环境已经建立起来以及经济发展的缓慢，加拿大银行能够在1990年的春天到1992年2月使名义短期利率放松6.5个百分点，比同期的通货膨胀有更大的降幅。

加拿大银行自己在1991年年末对经济形势的分析中，把加拿大经济发展缓慢最主要的原因归于世界经济的放缓（很大程度上是由于陷入七国集团其他成员的债务所导致的）和加拿大出口价格的降低（Bank of Canada，1992a）。1992年1月，加拿大银行公布数据，通货膨胀率已经低于其5%的预期值。[①] 这个结果是以核心CPI（剔除掉食品和能源价格以外）的形式来表示的，而不是通过整体CPI的形式来表示的，尽管这两个指标都低于目标水平。1991年，这两个指标分别只增长了2.6%和3.8%。到1992年2月，通货膨胀率已经低于1992年年底的2%～4%的目标水平，其中，核心CPI为2.8%，比前一年要高，与此同时，加元一直在贬值。

1991年5月关于发行通货膨胀指数（实际收益率）债券——该债券根据消费者价格指数支付利息和本金——的声明进一步表明有关货币当局将尽力采取避免未来通货膨胀的政策。正如人们所预料的，这种新债券的发行成为加拿大政府和银行实现公布的通货膨胀目标的一个额外推动力。[②]

---

① 通货膨胀目标通常是根据各种18个月时间间隔的实际通货膨胀目标的路径来定义的，到1992年年底为3%，1994年年中为2%，1995年年底为2%（均为目标区的中间点）。

② 例如，在谈到1992年加拿大确定的2%的通胀目标区时，多伦多—道明银行首席经济学家道格·皮特斯（Doug Peters）说："政府就是在和自己制定的通胀目标区打赌。"（Szep，1991）

到1991年10月，加拿大银行的研究人员表示，根据对“牺牲率”测算的指标来衡量，加拿大已经为降低通货膨胀付出了最大的代价（Cozier and Wilkinson，1991）。[①] 一些经济学家立刻以向报刊写信的方式，表示他们对加拿大银行对牺牲率估计过低的担心，他们认为牺牲率很可能被低估了50%。[②] 而且，他们认为，因为失业人员缺乏技术以及丧失了动力，所以由于紧缩的货币政策所导致的失业现象可能会长期持续下去。[③] 他们的政策建议是实行宽松的货币政策，以防止出现这样的结果。值得一提的是，加拿大银行在回应此事时并没有否认，事实上，在采用通货膨胀目标前就已经开始的反通货膨胀，是以产出和就业为代价的。正是由于加拿大银行公布其对牺牲率的研究引起了这场讨论。然而，各方官员确实一直抱有希望，认为由于在通货膨胀目标下通货膨胀的预期调整可以施行，未来反通货膨胀的成本将会消失。

因此这场争辩的焦点是关于加拿大银行追求低的通货膨胀率的强烈程度，而不是关于目标框架本身，这样的争议在将来可能还会出现。通货膨胀目标的存在的确有助于使这场争辩在一般原则的基础上进行，而不是使参与者在某些具体的政策行动或者政策制定的权限方面争论不休。

在1991年间的大多数讨论中，都不可避免地涉及中央银行的独立性和它的通货膨胀目标框架之间关系的问题。在9月份发表的保守党政府针对联邦政府改革的建议中，在涉及加拿大银行时的主要建议就是简化其法律权限（用单一关注价格稳定的目标来替代加拿大银行的多重目标），对行长的任命要经过参议院的批准。在1991年末，众议院的曼利委员会（the Manley Committee）[④] 针对这些建议举行了听证会。

加拿大银行的领导层和有关人士在作证时表明，将加拿大银行的职权确

① 牺牲率是用来测量通货膨胀率每降低一个百分点真实产出损失的幅度。

② 参见Ip，1991。

③ 学术文献采用“磁滞现象（hysteresis）”这一名词来描述这样一种情形，即因为一些临时性的原因所引发的失业增长可能会由于工人缺少技能等这样的原因，而成为永久性的。磁滞现象经常被看做是导致20年以来西欧持续的高通胀率的一个原因。

④ 该委员会正式的名称是金融常务委员会，是加拿大众议院关于加拿大银行的分委员会。但是在约翰·曼利担任委员会的主席后，就被称为曼利委员会。参见该委员会的报告——《加拿大银行的治理》（1992）。

定为只集中关注价格稳定会增加加拿大银行的责任感，但是在现存的这种不清晰的权限下，几乎任何的政策可能都不会奏效。但是，曼利委员会总结说："缩小加拿大银行的权限到单一关注价格稳定的问题，就是通过减少加拿大银行过度的责任来提高该行的责任感。"最后，委员会决定："当选政府必须保有对货币政策的最终责任。"这样，这种双重职责与旧有的法律权限仍然被保留下来。①

到 1992 年 9 月，加元汇率已经从一年前的 89 美分跌至 79 美分，加拿大银行的大部分注意力投入到努力减缓并平稳地走出这一下降趋势以及正在出现的利率下滑趋势方面。加拿大经济继续处于停滞状态，但没有陷入衰退。1992 年年度报告提及，加拿大经济的复苏大大慢于以前经济周期的正常速度。整体通货膨胀达到了目标，在 12 月份为 2.1%，而 1.7% 的核心通货膨胀率低于 2% ~4% 的目标区。直到 1993 年年底之前，核心通货膨胀率一直都保持在 1.3% ~2% 之间。

加拿大银行通货膨胀框架的第二个关键时期出现在 1993 年夏天，在 11 月的议会选举之前。由于对当权的多数党政府的低支持率和不断上升的失业率，总理布莱恩·马尔罗尼（Brian Mulroney）所在的进步保守党似乎注定要失败（虽然在当时还没有人能够预测到失败的程度）。自由党把对保守党的"只用单一的思维来治理通货膨胀"的批判写入了其宣传政纲。② 虽然在开始时，攻击集中在保守党的货币政策目标上，很快就引发了当自由党掌权时是否让行长克劳继续留任 7 年的争论。一些私人部门的经济学家通过媒体警告自由党领导人，如果克劳不被任用的话，那么就必须采取一些其他的措施来确保新政府对低通货膨胀的金融市场的承诺。③

---

① 必须注意到，对于所有关注中央银行的书面授权与法律权限来说，只有少数几家中央银行拥有价格稳定的权限。不仅仅是许多采用通货膨胀的国家——例如，加拿大、瑞典、澳大利亚和英国——在没有改变其法定职权的情况下，非常成功地转变为通货膨胀目标制，而且德意志银行是三个独立中央银行中唯一在只具有很少的法律权限的情况下，拥有长期成功的通货膨胀纪录的中央银行（另外两个是瑞典国家银行和美国联邦储备银行）。

② 自由党的竞选纲领《创造机会：加拿大的自由计划》中包括这样的声明："自由党相信，经济政策不应该以一种将其成本孤立于其他领域的方式，单独地攻击某一问题……保守党单一思维模式的反通货膨胀行为导致严重的衰退，三年经济没有增长，收入下降、失业率居高不下、国际收支危机和加拿大历史上最高的政府综合财政赤字。"参见 Crane（1993）。

③ 关于私营部门反应的例证，参见 Marotte（1993）。

在1993年10月，在自由党选举胜利之前，副行长弗里德曼在一个关于货币政策学术会议上的演讲中讲道：

尽管存在从宣布采用通货膨胀目标制到1992年年底第一个目标确定的这段时间内货币政策比较宽松的事实，但是，随着经济发展出人意料的缓慢，通货膨胀率下降的速度与程度都超出了最初的预测……（虽然，在1992年年底通货膨胀率是2.1%，高于2%的目标区底线）但是，在长期的目标是价格稳定的前提下，在通货膨胀率一旦达到目标范围的最低临界值时去推动通货膨胀率上升的做法是不恰当的。[①]（Freedman，1994a）

这段论述强调了加拿大银行不愿意参与“资助”经济，同时也准备承认其在预测方面的错误，并且认识到了它在控制通货膨胀方面的局限性。另一方面，这段阐述再一次肯定了同中间点相比较，加拿大银行更加重视目标区的上限和下限，同时给人们这样一种印象——即使在当时，通货膨胀率实际上比目标区的中间点低也是可以接受的。[②] 从新西兰的例证中我们已经看到，对目标区“硬性”的强调可能会在出现偏离目标区时更加难以向公众进行解释，因为中央银行事先已经很明确地阐明了其所需要的灵活性的程度。因此，公众只能下结论说这种偏离目标区的情况或者是由于中央银行失职，或者是由于中央银行作出了一个违背其承诺的政策决定。

此外，在通货膨胀率已经很低的时候，还愿意忍受低于目标的通货膨胀率会冒使经济陷于困境的风险，因为在非常低的通货膨胀水平下，存在着权衡产出和通货膨胀更加不利的可能性。可能是为了回应在这里提到的经济与政治经验，加拿大银行更新的一些声明，强调了一个灵活有效的通货膨胀下限和上限所具有的优点。如果严格地运用，这样的目标下限有助于稳定由于总需求变化所带来的产出波动。

1993年12月22日，新的自由党政府和加拿大银行联合发表声明，宣布原预计在1995年底实现的1%～3%的通货膨胀目标区计划将延期至1998

① 关于弗里德曼演讲的媒体报道，见Ip（1993）及其他。

② 在宣布通货膨胀处于下降趋势的时期，加拿大银行讨论的焦点集中在通货膨胀区的中间点上，而当通货膨胀落在1%～3%的目标区之内时，关心的重点又转移到通货膨胀的宽幅上。我们感谢弗里德曼对这一问题的讨论。

年。而且，加拿大银行谨慎地表示，无论怎样来定义，这一目标只代表一个中期目标，而不是最终价格稳定的实现。新的自由党政府认识到需要推延目标区实现的时间，因为议会多数的变化带来了其对目标制度承诺的恐惧。虽然政府不能保证在众议院其自身拥有多数席位结束之后该承诺是否还会延续下去，但是它至少要试图创造一种该制度会无限期延续下去的预期。

正如前面我们已经提到的，在 1993 年 10 月中当选的自由党政府在竞选中反对对低通货膨胀的“单一思维追求”。约翰·克劳选择不再考虑续任第二任行长，副行长戈尔登·惕尔森被任命为克劳的继任者，从 1994 年 2 月 1 日开始，任期为 7 年。正是由于对戈登·惕尔森行长职务的任命，1% ~3% 的目标区计划的实现时间被先后推延了 3 年多的时间。[①]

就业率在 1994 年最终开始增长，这主要是由出口贸易的增加所带来的。出口得益于加元的贬值，特别是兑美元汇率的下降；加元在 1993 年选举之前已经连续两年贬值，只是在通货膨胀的目标得到自由党多数重新确认时有所回升。然而，利率已经开始提高，反映了美国利率的上升以及令人担忧的加拿大的财政形势和魁北克分离主义者的政治力量。在加拿大银行的 1993 年年度报告（1994 年 3 月发表）中，约翰·克劳在其作为行长的最后一次官方活动中，号召减少政府债务，来消除对利率和汇率的压力。

惕尔森行长尽管在刚开始很委婉，但是他在几年以后对于财政政策仍有着相似的论述。一般而言，实行通货膨胀目标制的中央银行，甚至是那些独立的中央银行，在试图决定该怎样公开地评价它们政府的财政政策时，都会面临困难。这个问题实际上是不可避免的：即使是一个对通货膨胀的简单预测，或者是对过去货币政策与通货膨胀表现的评价，都需要中央银行对政府的财政状况和它可能的影响表明某种态度。但是，如果一个似乎要将其承担的经济成果责任转移到其他宏观经济政策层面，或者对预算政策采取（实际的或感觉的）理想标准的中央银行，可能会伤害政治的合法性。像我们

① 一些媒体观察者将加拿大银行同时期增强透明度的措施描述为，该银行渴望把自己塑造成一个有公共责任心的机构而非独立的个体的举动。参见 Vardy（1993）和 McGillivray（1994）。

在这本书中提到的所有其他的中央银行一样，加拿大银行也在尽量地把其对于财政问题的讨论限制在对财政状况一般情况的声明、对于汇率风险贴水对利率的影响以及对于长期理想的财政平衡的一般性的赞扬方面。

在1994年间，经过对间接税调整的核心CPI一直在1.5%～2%之间波动，均处于目标区界线之内。在1994年年初，由于削减了烟草消费税，整体CPI通货膨胀以及核心CPI通货膨胀几乎都已经下降至0。而且，加拿大银行明智地采用了将核心CPI通货膨胀与整体CPI通货膨胀相对比的方法，来从趋势通货膨胀中区分一次性价格转移。通过这种做法，很大程度上避免了混淆，使向工资和价格膨胀传导的第一轮效应最小化。确实，1995年2月，在把对烟草税减税所产生的第一轮影响从计算中排除之后，整体CPI通货膨胀从0%上升到1.8%。由于加拿大银行已经强调了先前价格下降的一次性性质（和核心CPI通货膨胀的稳定性）。它认为当这一价格上升时，就没有对其作出反应的必要（Bank of Canada，1995c，May）。

达到所公布的目标（而且维持一个正的通货膨胀率而不是执意追求低水平的甚至接近于0%的通货膨胀率），证明其在追求价格稳定性方面的能力及合理性，提高了加拿大银行的声誉。在1994年年度报告中，惕尔森行长谈到“在经过20年的不可预测的高通货膨胀以后……连续三年保持低水平的通货膨胀”，并认为“在实现价格稳定性方面成绩显著”（Bank of Canada，1995a，p.5）。

当第一个《货币政策报告》在1995年5月发行的时候，加拿大银行在共有4页的总结中宣称，“核心CPI通货膨胀自1993年初以来就一直在加拿大银行通货膨胀控制目标范围之内”。在当月，年度环比核心CPI通货膨胀率曾经上升到2.7%（是自1991年末以来的最高水平），但是已经开始下降，同时整体CPI通货膨胀率达到2.9%的高点。在1994年夏天，经过3次降息以后，加拿大银行在年底实行了紧缩的政策。首先，加拿大银行在1994年11月和12月初提高了隔夜拆借利率，以回应美国利率的提高和国内经济扩张的现象。后来，在1995年1月和2月，在面对墨西哥元官方贬值而产生的信任总危机之后出现加元贬值的情况下，加拿大银行连续5次升息，以努力稳定金融市场。到1995年3月，由MCI衡量的货币条件收紧了2%，反映出加元正在反弹。一直到当年年底，对出口的需求预期都依然强劲，而国内总需求由于较高的利率和政府的财政限制而下降。1995年，加拿大经济增长远比1994年的预测更为强劲，达到5.6%。

在整个（1995年）10月，通货膨胀率一直处于1%～3%目标范围的上半部，这在很大程度上是因为加元的趋势发生变化，又开始贬值了。[①] 加拿大银行承认了这一事实，并开始转向考虑其他方面。"在（1995年的）第二季度的其余时间里，越来越清楚地表明，加拿大经济没有像预期的那样扩张，因此需要一个较为宽松的货币环境"（Bank of Canada，1995c，November，p.4）。[②] 很显然，只要能够实现通货膨胀目标，加拿大银行就愿意承认其预测的错误，并愿意把它的货币政策决策与现实的经济发展联系起来。可以认为，加拿大银行只有在对构建信用的反通货膨胀进行投资，以及教育公众理解一个好的货币政策一定是一个着眼于未来的政策之后，才能够这样做。

5月初，加拿大银行降息25个基点，之后在6月份两次降低利率，而在此时加元依然在贬值。之后加拿大银行在7月份和8月份又两次降息，而此时加元正在升值。加拿大银行预期直到1996年通货膨胀都能保持在目标范围内的较高水平。当"来自于大于预期的经济过度停滞所造成的向下压力"将会使通货膨胀率落在目标区的下半部时，加拿大银行预期直到1996年通货膨胀都能保持在目标范围内的较高水平（Bank of Canada，1995c，November，p.4）。在1995年10月31日，也就是魁北克对主权问题的全民投票未通过之后，加拿大银行再次削减利率；在12月份，整体通货膨胀率下降至1.7%，落在目标范围的中下半部之内，从而促使了对隔夜拆借利率的再次下调。

① 加拿大银行在事先就已经对它预期加元的贬值只会在1995年带来短暂的通货膨胀进行了解释。事实也证明，货币的贬值没有带来持续的通货膨胀水平的上升，甚至没有必要进一步缩紧货币条件，这有助于建立加拿大银行的可信度。

② 《货币政策报告》的正文指出，"从上一期报告开始，加拿大的经济比预期中的要疲软，与此相对应，产品和劳动力市场的萧条程度也是非常严重的"（p.3）。在此之后，"虽然经济（发展速度）减缓被预计到了，但是环境变化之剧烈还是让加拿大银行（以及其他很多人）大为吃惊"（p.6）。

在 1996 年的前两个季度中，产出水平依然远远低于加拿大银行预测的潜在水平，所以继续实施宽松的货币政策。在美国联邦基金利率下调以后，加拿大在 1 月 25 日和 31 日两次下调隔夜拆借利率。在 3 月份降了一次利率，在 4 月份又一次降息。从 1995 年 10 月以来，MCI 已经下降了 200 个基点，达到了 1994 年以来的最低水平（Bank of Canada，1995c，November，p. 43）。然而，通货膨胀预期似乎没有受到宽松政策的影响，依然保持其历史中的低水平。例如，加拿大咨询委员会的《预测家调查》和《共同预测》（Consensus Forecasts）都显示了未来两年的通货膨胀预期会有下降的趋势，从 1990 年上半年的大约 4% 到 1995 年下半年的 2%。加拿大的“真实债券”和 30 年期的普通债券之间的利率差为 3. 25%，这是自从该债券在 1991 年首次发行以来，二者之间利率差的最小纪录。

最值得关注的是，加拿大与美国的短期利差转变为负数（加拿大这些利率降至美国利率之下），而加元依然保持坚挺，这给加拿大银行带来了希望，越发认为加拿大的通货膨胀目标制已经成为消除通货膨胀的信用源泉，以至于可以使两国的利率不一致。对通货膨胀与通货膨胀预期的正面消息使加拿大银行有机会增加对实体经济需要的关注。通过开始强调其如何严肃认真地对待通货膨胀目标的上限与下限，通过指出避免使通货膨胀率降得过低或者升得过高对实际产出所造成的潜在稳定性的影响，加拿大银行保证使变化的重点保持在通货膨胀目标的框架下。①

加拿大货币政策的第三个关键时期出现在 1996 年夏天，这一次，问题是加拿大的 GDP 增长率与就业率继续停滞不前。对加拿大银行政策进行批判的是由新当选的加拿大经济协会主席皮尔·弗廷（Pierre Fortin）开始的。在 1996 年 6 月 1 日，弗廷在经济协会的年会上做了一个题为“加拿大经济大滑坡”的主席演说（presidential address）（Fortin，1996a）。他把 1990 年后加拿大的经济特征概括为：

① 例如，“从中期来看，一个关键的问题是趋势通货膨胀是否会向 1% ~3% 的通胀目标区以下运动……这反过来也意味着中期的货币条件将会放松”（Bank of Canada，1996c，May，p. 3）。惕尔森行长和其他官员对媒体发表了同样的讲话。

经济活动与就业情况长期下滑……（同时）伴随着就业和产出损失持续的增加，但是……这些都超过了从1990年以后其他工业国家所经历的损失。虽然有争论，20世纪的最后10年将会以加拿大经济大滑坡的10年被人们所记忆。（Fortin，1996a，p. 761）

在对加拿大经济运行的一系列结构性解释进行考虑和排除之后，弗廷指出，国内需求的缩减在很大程度上要归因于对利率敏感的消费者耐用品和商业固定投资的需求。“这为我们提供了20世纪90年代经济大滑坡的真实原因的线索：不合时宜的货币与财政政策紧缩。我认为，货币政策是主要方面，因为财政政策是由货币紧缩政策所引致的”（Fortin，1996a，p. 770）。

在其演说的第四部分“货币政策与经济滑坡”，弗廷引用了加拿大银行承认其对短期利率进行了控制的声明，然后提出了这样一个问题：

唯一关键的问题就是，为什么加拿大银行会在20世纪90年代那么长时间里，与美国保持那么大的短期利差。这个问题的答案包括两个方面：第一，自从1989年开始，加拿大银行就只单独地关注零通货膨胀的目标；第二，与预期相反，为了实现这一目标，迫使加拿大银行保持更高的利率，这就造成了永久性的更高的失业率。（Fortin，1996a，pp. 774-75）

通过对问题答案的第一方面的详尽解释，弗廷强调加拿大银行只一味注重通货膨胀率，它在处理通货膨胀问题上的“宗教式的”热情，它对公众偏好和政治的控制得过分独立是其原因。弗廷以阿克尔洛夫（Akerlof）、迪克恩斯（Dickens）和皮尔伊（Perry）（1996）的观点作为第二部分答案的根据，即当（无论是因为“公平”还是单纯的货币幻想的原因）工人们强烈地抵制工资削减的时候（参见第2章），低通货膨胀率就会抑制实际工资的调整。① 当联系到加拿大的具体情况时，弗廷认为：

如同1992—1994年观测到的那样，当平均工资本身的变化处在零附近的时候，（名义工资变化的）零限制就会对宏观经济有很大影响……但是，

① 除了引用阿克尔洛夫（Akerlof），迪克恩斯（Dickens）和皮尔伊（Perry，1996）的观点外，弗廷还强调了詹姆士·托宾（James Tobin）在1971年向美国经济学会主席致辞中关于设定名义工资下限对宏观经济的重要影响的讨论。

如果通货膨胀率降到一个非常低的水平，并保持在那一水平时，例如像加拿大在1992—1996年间的1.4%，那么，反对阻止工资削减的工资收入者的数量就会急剧增加。在这种情况下，低通货膨胀的长期边际失业成本就不是零，而是正数，而且在不断上升。(Fortin，1996a，p. 779)

弗廷继续讲道，加拿大银行错误地判断了在低通货膨胀的情况下产出与通货膨胀之间的替代关系，"表现出对通货紧缩的强烈偏见，因此没有反映出对零通货膨胀后果真实状态和加拿大公众真实偏好的理解，同时也没有正确理解反映了那些要求实现通货膨胀与失业目标合理平衡偏好的《加拿大银行法案》精神上的和字面上的含义"。

弗廷承认，"加拿大银行通过对公众的演说、在国会的露面、研究性文章、年度报告以及近期出版的《货币政策报告》等各种方式，非常努力地对这一战略进行解释。但是，同样真实的是，这些做法更多的是为了宣传一个备受争议的和极端的政策导向，而不是为了与公众真诚沟通"。他的两个主要的政策性建议是，应该使加拿大银行更像美国联邦储备体系（如同他所形容的那样），5个行长任期相互错开，把通货膨胀目标的中间点提高1%，达到3%。

在随后发生的新闻媒体的讨论中（其中弗廷把自己总结的观点向广大读者作了介绍），实现低通货膨胀的永久性成本与历史性成本的概念经常被混淆。[①] 加拿大与美国的利差以及与别国的利差在下降，这意味着，加拿大银行已经证明其在控制通货膨胀方面取得了成功。而且，似乎由于实体经济的萧条可能会造成通货膨胀率降到目标范围以下的风险，所以加拿大银行采取了宽松的货币政策。是否加拿大经济在转变过程中在产出损失方面承受了比较低的通货膨胀收益所能证明的大得更多的成本——尽管加拿大银行已经承认了上面提到的反通货膨胀的代价及其有意的渐进主义思想——是一个值得讨论的问题，虽然在最后，结论可能要依赖于关于低通货膨胀的长期利益的难以得到答案的讨论。

① 参见克莱恩（1996）和弗廷（1996b，p. 779）的讨论。

然而，在当时，运用加拿大通货膨胀目标框架所采取的行动以及所有可以观测到结果的记录，讨论仅限于低通货膨胀的成本与收益问题，而没有触及到思想体系和权限。因此，讨论参与者（如同弗廷所做的那样）都仅限于对适当的货币政策目标进行讨论。加拿大银行通过不断重申现存的1%～3%的通货膨胀目标的合理性来进行回应。1996年10月9日，在蒙特利尔的一次演讲中，惕尔森行长在评价弗廷的观点时（当时没有提具体的名字）对以下一些问题进行了讨论：

必须区分降低通货膨胀和将通货膨胀维持在一个较低的水平二者之间的含义。降低通货膨胀要求使通货膨胀预期向下调整，并且会产生转换成本，而仅仅将通胀率保持在一个较低的水平则不会出现这种情况。人们通常都同意，当通胀率很高时，降低通胀率所带来的收益大于转换成本。但是，该问题的分歧更多地在于到底应该将通货膨胀降低到什么水平。一些人担心，当通胀率低于某一水平时，经济增长将失去润滑剂……我必须强调，这一观点假定存在某种程度的货币幻觉，但是我发现这与实际观察到的通胀时期工资水平行为很难吻合……最近的一些经验会在（工资增长缓慢时期工资水平行为）这一问题上给我们提供更多有益的信息。因此，我们已经在这一问题上开始了新的研究……由于这项研究刚刚开始，我在此仅仅把我的观点局限在，我们对包括1992—1994年间主要工资协议的初步研究，没有对通胀润滑剂这一理论提供明显的支持。（Thiessen，1996b，p. 3）

惕尔森行长的分析提出了三个值得注意的问题：第一，再一次说明，反通货膨胀的成本是可以直接了解到的；第二，通货膨胀降低的争论是在经验判断基础之上进行的，而加拿大银行承担了支持（或者反对）研究的重担；第三，讨论的焦点集中在通胀率的目标应该定在什么水平之上、应该以什么样的速度达到这一水平，而不是货币政策的目标是什么。在惕尔森行长后来的评论中，他将1995年经济扩张停止的原因归于国际市场的波动和对加拿大政治不确定性的担心所带来的持续增加的利率风险溢价。“在这样的背景下（高利率水平），低通货膨胀的好处只有慢慢地才

会感觉到”。在谈及自从开始实行宽松的货币政策加拿大与美国之间利差缩小的问题时，他指出：“这表明，使通货膨胀下降实际上是一个低利率的政策，而不是像某些批评家经常说的，是一个高利率政策。”

一个月之后，惕尔森行长作了一个题为“加拿大需要更大的通胀率来润滑经济的增长吗”的演讲①，在该演讲中，他对弗廷的观点作了更为直接的回应。他的演讲以下文开始：

在最近，你可能已经听到了一些意见……这些观点认为，以降低通胀率为目标的加拿大银行对加拿大经济扩张的减速以及20世纪90年代顽固的高失业率负有主要责任……此外，根据这些观点，强调以稳定价格为目标的货币政策在某种程度上总是太紧，以至于无法使加拿大经济在未来达到全部的潜在水平。(Thiessen，1996a，p. 63)

然后，惕尔森断言，20世纪90年代初期导致加拿大经济缓慢增长的因素是外部引入的高利率水平和广泛的经济结构调整（对全球化和技术革新的回应）的结合，但是从长期来看，经济发展注定会好转的。接下来，惕尔森就维持低通货膨胀与经济增长之间的关系这一问题阐明了他的观点：

事实上，当加拿大银行采取措施将通胀率保持在1%～3%目标区之内的时候，货币政策操作就成为了帮助维持经济持续增长的稳定器。当经济活动以一种无法持续的速度扩张时……加拿大银行就会采取紧缩的货币政策冷却经济增长。但是，当经济增长下滑，并且通货膨胀有降低到目标区以下的风险时，加拿大银行出于同样的考虑，也会通过实施宽松的货币政策来作出回应。(Thiessen，1996a，p. 67)

在强调了降低通胀水平和保持低的通胀水平二者之间的关系之后，惕尔森重申了他关于工资水平的观点：在低通胀的环境下，工资的调整是非常灵活的，某些行业有向下调整工资水平的需要时，工资水平就会相应地作出调整。他的这一观点对那种认为由于名义工资向下调整的刚性使得零通胀变得

① 惕尔森该演讲的讲稿有重印（1996a），演讲是于1996年11月6日在大多伦多地区贸易委员会进行的。

有成本的说法作出了回应。①

我们在这里对加拿大从采用通胀目标区之后货币政策的第三个重要时期进行比较深入讨论的目的，不是为了支持争论的某一方或者另外一方，而是为了强调这一争论所采取的形式。通货膨胀目标制框架的存在使得这场争论变成了对恰当的目标区水平的实质性的讨论，争论各方都需要通过对实现什么样的目标以及如何实现进行分析，清楚地提出他们的假设，估计其成本与收益。

有趣的是，虽然弗廷的观点提供了攻击加拿大银行政策的一种工具，他的分析远远好于 1993 年竞选时所用的观点，但是在 1997 年的竞选中并没有把对加拿大银行的批评作为主要问题。这种区别所表明的最重要的含义是，弗廷在《加拿大经济大滑坡》这篇讲话中提出的政治责任的失败是不存在的。这一责任的关键要素是加拿大银行通过与公众沟通其政策及政策选择的理由所做的持续的努力。确实，加拿大银行通过其行动、责任感和成绩赢得了民众的支持。

6.4　来自加拿大的主要经验教训

有三个根据加拿大经验分析得出的结论值得强调。第一，加拿大银行在保持较低的通货膨胀和阻止对价格水平的一次性冲击（包括供给冲击、间接税收改变和货币贬值）进入到趋势通货膨胀之中这两个方面做得非常成功。这样的成功之所以成为可能，是因为加拿大银行和财政部的合作以及格外地注重对公众利益的高度责任心。的确，可能是加拿大银行增加其货币政策透明度的努力帮助了公众正确地区分价格水平的一次性冲击和趋势通胀运动之间的区别，减少了经历一次性冲击“传递”的风险。

第二，即使通胀目标制实际上是非常灵活的（例如，在目标失守时，

① “然而，只有当通货膨胀能够欺骗人们，使人们确信他们的状况比实际要好的情况下，它才能起到润滑剂的作用。但事实上，有各种理由证明，人们的行为是随着环境的变化而变化的。在低通胀的情况下，就业者会逐渐地明白，偶尔地向下调整工资或福利水平是有必要的”（Thiessen，1996a，pp. 68–69）。注意，惕尔森并没有肯定这样的工资弹性已经出现或者很快就会上升。

加拿大银行并不会受到任何自动的制裁)，通胀目标制的运行机制也能够很好运转，使加拿大保持了较低且稳定的通货膨胀。这种灵活性使得加拿大银行有适当的空间在经济受到意外冲击时暂时偏离通货膨胀目标。需要再次说明的是，是与各方沟通和对透明度的承诺使得这种灵活性的实现成为可能。

第三，加拿大的通胀目标制可能减弱了而不是增强了商业周期，因为目标区的下限和上限一样受到了重视。的确，在有些时候，加拿大银行在面对疲软的经济状况时，通过运用通货膨胀目标手段，能够采取放松货币条件的政策，同时相信这种放松货币的政策不会导致未来对更高通胀水平的预期。正是因为通货膨胀目标制框架的这种灵活性以及对目标区下限和上限的同样关注，通货膨胀目标制并没有要求加拿大银行在事先承诺承担起稳定实体经济的全部责任。

第 7 章

英国：承担反通货膨胀责任的中央银行

英国仿效加拿大采用通货膨胀目标制度，但所处的环境很不一样。加拿大以渐进方式实行通货膨胀目标制度，经过了试验和讨论的过程。与此相对照，英国采用通货膨胀目标制度是由危机引发的，即 1992 年 9 月的外汇危机，该危机导致英镑浮动和贬值。通货膨胀目标制在英国的采用，主要是作为重建在投机性危机中丧失的对货币政策的可信度的手段，以提供一个可供选择的名义锚。

英国的制度安排也与加拿大有着巨大的差异，这对于新政策制度的运作有重要的影响。与具有相对独立性的加拿大银行不同，英格兰银行没有单方面操纵货币政策工具的权力。在很大程度上，英格兰银行是通过其作出的分析及对公众的规劝来对政策施加影响的。通过这样的方式，英格兰银行为政

府承担“反通货膨胀责任”。我们对这一案例的分析表明，由财政大臣控制政策工具，而由英格兰银行承担对通货膨胀前景进行评估的主要责任，这种分工负责的制度，在从1992年10月通货膨胀目标引入，到1997年5月赋予英格兰银行独立性期间，对英国货币政策的有效性有着重大的影响。

英国通货膨胀目标制度的主要特征

- 英国是在发生汇率危机后采用通货膨胀目标制度的，以便增强货币政策的可信度，并恢复名义锚。与我们在本研究中所考察的其他国家一样，英国也是在经历了一段成功的反通货膨胀之后采用通货膨胀目标制度的，这使得达到最初设定的目标相对容易。
- 英国在通货膨胀目标制度下的货币政策仍然比较灵活。英国的方法更为接近加拿大或德国，而不像新西兰。在新西兰，中央银行某种程度上短期的相机抉择较少。特别是，英国的货币政策对产出和就业的波动作出了反应。
- 英国的通货膨胀目标是按照剔除抵押贷款利息支付的零售价格指数（RPIX）的年度变化的口径定义的。也考虑RPIY价格指数，该指数由RPIX剔除间接税收的第一轮的影响得出。RPIX和RPIY都包括食品和能源价格，以致目标指数在实际操作中成了整体通货膨胀与“核心”或“基底”通货膨胀这一衡量尺度之间的一种折中。负责计算这两个指数的机构（国家统计办公室）与评估通货膨胀目标是否实现的机构（英格兰银行）不是同一个。
- 最初，英国设定的是一个通货膨胀的目标范围。自1997年5月以来，通货膨胀目标已经用一个点来表示，但两边都设“限”。如果通货膨胀突破目标界限，就会要求英格兰银行向政府提供正式的解释。
- 英格兰银行于1997年5月的大选后获得独立性之前，对货币政策工具几乎没有独立的控制权，由财政大臣行使控制权。在1997年前的目标制度下，英格兰银行的行动受到很大的限制，仅限于预测通货膨胀和对过去的通货膨胀情况进行评估。英格兰银行不是一个完全主动的政策制定者，它在很大程度上是为财政大臣承担“反通货膨胀的责任”。

- 部分由于1997年5月前的弱势地位，英格兰银行把实施通货膨胀目标制度的努力集中在与公众沟通其货币政策的目标及对价格稳定的承诺方面。在实现这一目标时，它非常倚重像《通货膨胀报告》这样的出版物，这一创举已被其他实施通货膨胀目标制的国家所效仿。

7.1 通货膨胀目标制的采用

财政大臣 Norman Lamont 在1992年10月8日的保守党大会上宣布英国采用通货膨胀目标制。[①] 三个星期后，在致金融城的年度官邸发言（Lamont，1992）中，财政大臣“邀请”英格兰银行行长发布季度《通货膨胀报告》，详细说明在实现通货膨胀目标方面取得的进展，行长接受了这一邀请。

采用通货膨胀目标制，是在受到一系列投机性攻击后，对三个星期前英镑退出欧洲汇率机制（ERM）作出的反应。（在众所周知的“黑色星期三”的汇率危机当天，英镑贬值了10%以上。）财政大臣的目的是重新建立政府对价格稳定承诺的可信度。在英镑加入欧洲汇率机制的两年中，这种可信度显然是增加的，正如与德国的利差和英国收益曲线的伸展所度量的结果一样。不幸的是，英国在后布雷顿森林体系期间曾采用又放弃一系列货币制度，这似乎对英国货币政策的可信度造成了很大的潜在危害。

在财政大臣宣布前，财政部或英格兰银行都未对设定通货膨胀目标进行过公开讨论。当然，只要英镑仍是欧洲汇率机制的一部分，这样的谈论就是不重要的，因为，维持汇率平价使英国承诺与德意志联邦银行的利率和通货

① 这一宣告因财政大臣同时向议会财政和民事服务委员会提交信函而具有官方性质。

膨胀水平相匹配。此外，当汇率危机出现时，向外透露存在一个退却计划是很危险的。因此，当在1992年10月宣布每年1%～4%的通货膨胀目标，而没有解释应怎样监督和实现该目标以便进行配合时，的确产生了一定程度的冲击效用。也许，以这样一种突兀的方式冒险行动，会被视为对承诺进行强调的一种方式。

财政大臣在一个尽管公开但仍是党派的论坛上宣布新政策，他向全国承诺，该通货膨胀目标仅仅“持续到当前这届议会结束”，即1997年5月。换句话说，这一新政策是多数执政的保守党的政策，不能保证在这一多数地位存续阶段之后可以保留下来。当然，暗含的意思是，如果该政策证明是成功的，那么它可能赢得公众和反对党的支持，并因而会在当前这一届政府任期之后会继续执行。

采用通货膨胀目标制的时机选择是很成功的。英国经济在1990年、1991年和1992年上半年出现衰退后刚刚开始反弹。由于退出欧洲汇率机制时伴随着1%的降息以及货币贬值，没有必要采取任何进一步的短期刺激措施。此外，利率下跌减少了浮动利率抵押贷款的利息，而抵押贷款几乎占整体零售价格指数（RPI）的1/5，该指数在新闻报道中很引人注意。私人和公众预测者都认为，贬值的直接通货膨胀影响会在今后的12个月至18个月显现。最后，失业率在当时仍在上升，对工资解决方案产生向下的压力，而财政大臣承诺削减预算，主要的削减目标是公共部门的工资。

总之，英国是在最可能实现通货膨胀目标的时候采用这一目标制的，至少在最初的几年里是这样。采用通货膨胀目标制的时机选择以及动机，在很多方面与新西兰和加拿大是类似的。正如在那两个案例中的情况一样，主要担心的是在面临一次性的价格上升时（在此是指因货币贬值引起的上涨），要锁定此前的通货膨胀率的跌幅。当然，在急剧的危机和货币贬值后，英国的形势比那些在更早的时候实施通货膨胀目标制度的国家更为紧迫。

要理解英国的新货币政策框架中隐含的论据，考察自保守党1979年上台以来英国货币政策的实践中新政策的起源是很有用的。前一届执政的工党根据国际货币基金组织援助的安排，于1976年7月开始发布货币目标。但

是，其对那些目标的承诺也是令人怀疑的，正如它依靠收入政策（工资—价格控制）来抑制通货膨胀以及依靠对高息银行存款征税（“紧身衣”政策）来减少其目标总量 M3 的增长所表明的一样。收入政策在 1978—1979 年间那个“愤懑的冬天”彻底失败。保守党政府一上台就面临在已经高于 10% 的水平上快速上升的通货膨胀率。此外，占 GDP 5% 的公共部门借款需求（PSBR），在 1980—1981 年间的衰退期开始时就已经很高。

从撒切尔以多数票当选执政之初，政府就意识到，急需恢复经济政策的可信度。在 1980 年 3 月提交的政府的第一个预算中，财政大臣 Geoffrey Howe 爵士宣布中期财务策略（MTFS），是一个关于 M3（M3 是货币存量的一个广义的衡量尺度）增长以及公共部门借款需求年度目标的 5 年计划。借款需求逐步减少，被视为可以相信 M3 增长减缓的一个前提条件，并希望由此会带来通货紧缩。政府通过整个 1980 年和 1981 年期间的极度收紧的货币政策成功地使整体通货膨胀率就从 1980 年年初的 22% 下降到 1983 年年中的 4% 以下。尽管如此，M3 的最初两个目标仍较大幅度地过调。

M3 出人意料的高增长率导致作为中期财务策略一部分的一整套措施的出台，这些措施取消了“紧身衣”政策，并允许银行参与抵押贷款。这些规则的变化，导致银行和建筑协会（类似于美国的储蓄和贷款协会）之间针对存款进行激烈的竞争。政府意识到，M3 的高增长率对货币政策的紧缩发出了错误的信号，正如（例如）基础货币（M0）增长率从 1980 年的约 12% 下降到 1982 年年初的-2% 所表明的一样。

要么继续对 M3 目标过调而不得不重新设定目标，要么改变目标总量，而任何一种做法都会损害整个中期财务策略的可信度。面对这种两难困境，政府选择重新设定目标。这种情形演示了一种会在接下来的 12 年中在英国重现的模式，即在坚持所宣布的当时的中期目标和维持价格稳定之间发生冲突的趋势。正如我们会看到的一样，通货膨胀目标制度通过提供政策的中期目标，而不是提供中间目标，提供了一个较为清晰的框架。在该框架内，可以利用并解释政策的某种灵活性。

政府直到 1986 年才正式宣布实施 M3 增长目标。但是，作为这一情形

的一个直接后果，M3目标的重要性正逐步地降低，而更狭义的总量M0的增长渐渐被视为最重要的货币政策态势的指标。在1984年、1985年和1986年的预算中，对M0和M3都宣布了目标；此后，只宣布M0目标。更重要的是，货币政策的制定者努力限制对货币目标作出承诺，以便在货币总量再次发出错误信号时能够避免潜在的损害。在1984年10月的报告中，英格兰银行行长Bobin Leigh-Pemberton陈述道：

由于短期货币政策关系的可变性，货币目标不得不按照实用的方法进行操作。因而，货币目标总量的路径本身，只能对货币环境的总体评估以及适当的政策反应作出最初的近似估计……这不会在任何意义上降低此类目标的重要性——这些目标对纯粹相机抉择的政策进行了持续而关键的约束：它们为政策提供了一个支柱。目标的存在使当局承担责任，来解释其为什么会忽略货币增长偏离所给出的信号，或者其为什么通过改变目标的指标或范围来修改路径。(Leigh-Pemberton，1984，p.476)

看起来，货币目标这时候的主要作用是：通过提供信息交流的手段，提升政府对价格稳定作出承诺的责任。但是，在没有主要货币目标，更不用说明确的中期目标的情况下，没有一个基准可以据以评价政策的实施情况。

此时认识到一点，如果当局愿意屡屡达不到目标，而同时不说明最终的政策目标，那么货币政策的清晰度和透明度就会大大降低。一种可能性是，选择一个不同于货币增长的目标。在同一篇讲话中，在“替代目标”的标题下，行长Leigh-Pemberton讨论了名义GDP目标制度和汇率目标制度，以便作为替代的策略。他说，名义GDP目标制度不仅受到不能及时获得GDP数据的困扰，而且要求公开的前瞻性的政策运作方式（行长暗示这是不现实的）。他接着说道：

不幸的是，预测处于某种程度上令人怀疑的状态；实际上，玩世不恭的人将其视为潜在地为异想天开提供了不恰当的空间。对预测的依赖，可能被认为损害了中间目标作为对当局的约束和对系统性扩张政策的预防措施的作用。(Leigh-Pemberton，1984，p.476)

对于预测和前瞻性货币政策的作用的当前想法，特别是按照英格兰银行

的观点，反差是很鲜明的。根据英格兰银行的预测来传递一项政策，会有相关联的问题。货币—收入关系作为货币增长目标的基础，存在不稳定的风险。上述问题在这一阶段被认为比这一风险更为严重。总之，给人留下对政策进行过度的政治控制的印象，比起暴露出控制经济结果的能力有限的问题，会产生更多的担心。

1987 年春天，财政大臣 Lawson 启动了一项“钉住德国马克”的政策，使英镑保持在 1 英镑兑 3 德国马克的狭小区间内，货币政策的重要性进一步降低。当时，英国处于繁荣期，GDP 在 1986 年和 1987 年分别增长 5.3% 和 4.8%。但是，整体通货膨胀率仍受抑制，在那两年分别为 3.4% 和 4.1%。广义货币快速增长：1986 年和 1987 年，M3 分别增长 18% 和 23%，M4 分别增长 15% 和 18%。但是狭义总量 M0，这一更受欢迎的指标和目标变量，没能显示会在 1988 年和 1989 年间发生通货膨胀压力的任何早期迹象。1986 年，M0 增长 5.2%；1987 年，M0 增长 4.3%，完全在所宣布的目标范围之内。英格兰银行的工具利率——银行贷款利率——在 1987 年 12 月至 1988 年 5 月之间，从 9% 下降至 7.5%。虽然降息在没有汇率目标的情况下本来不会发生，但是，在 1988 年春天之前，在严格坚持 M0 目标的情况下，货币政策是否会紧缩也是令人质疑的。

然后，随着通货膨胀压力迅速变得明显，货币政策急剧收紧。基础利率在从 1988 年 6 月到 1989 年 10 月的 17 个月中翻番，从 7.5% 上升到 15%，在随后的 12 个月中，维持在这一水平上。但是，要避免整体通货膨胀率在 1990 年 9 月上升至 10.9% 的峰值，已经太晚了。到这时，英国已深陷衰退，真实 GDP 在 1990 年下滑 2%。没能避免又一个繁荣—衰退周期的货币目标，在 1990 年 10 月 8 日英国加入欧洲汇率机制时，货币目标制除了形式以外，被全部抛弃。

欧洲汇率机制应该提供货币目标没能提供的东西，即英国货币政策的可信度和可预见性。但是，在欧洲汇率机制的成员身份和实现国内价格稳定之间出现冲突时，前者应从属于后者，这似乎从来不会产生任何问题。在英镑加入欧洲汇率机制当天的讲话中，行长 Leigh-Pemberton 说道：“也许，关键

的一点是，通过对英镑汇率设定一个有效的下限，我们引入了一个额外的约束——对政策制定者和工商业双方的约束……欧洲汇率机制不是灵丹妙药。它的效益是要去争取的，最主要的是要维持一项坚定的反通货膨胀的政策。”（Leigh-Pemberton，1990，p. 483）

国内价格稳定作为货币政策目标的优先考虑，在 1991 年 10 月 31 日的行长官邸发言中甚至更为有力地作了陈述：

当局对维持币值的承诺，是一项稳定政策的关键要素。而这又使以下这点变得很重要：我们要有一个可信的中期名义框架。这一名义框架按照中期目标进行表述的方式，会随环境的变化而变化。在金融市场发生重大创新的时候，货币总量不可能提供一种清晰的情况。这时，更加有用的方式是：根据其他变量来表述目标，如名义 GDP 或汇率。但是，不管怎样，政策态势本身的可信度——当局不会与通货膨胀进行赌博的认识——的重要性要大得多。通货膨胀预期——以及通货膨胀本身——随后应在价格稳定的最终目标上趋同。（Leigh-Pemberton，1991，p. 496）

与行长 1984 年的发言相对照，这次发言的语言清晰地把政策的侧重点放在通货膨胀预期上，相应地，也放在更广泛的信息上，放在将来上，并放在中期上。在某种程度上，这一变化可能反映了在干预期间宏观经济情况的扩散性。例如，在学术文献中，强调前瞻性行为的通货膨胀的“合理预期”模型，已经取代了较为机械的货币论。

1992 年 9 月的外汇危机迫使政府在试图进行长期而代价昂贵的汇率保卫战和退出欧洲汇率机制之间作出选择。尽管会对可信度造成潜在的损害，政府还是选择了后者。英国货币政策制定者不愿以提升利率来捍卫“黑色星期三”以后的英镑，表明政府对欧洲汇率机制的承诺不是很坚定。

因而，英国在 1992 年采用通货膨胀目标制，包含了连续性因素以及与欧洲汇率机制成员身份时期的变化因素。第一，实现价格稳定仍是货币政策的一个主要目标。但是，该目标表达的明确性，以及在政策目标中的首要地位，在 20 世纪 90 年代增强了。到英镑退出欧洲汇率机制时，政府清楚地表明，它所希望的，不是从政策约束中解脱出来，而是从由于德国和英国商业周期的不同步而产生的问题中解脱出来。第二，为实现目标，应通过改善对货币政策的意图和表现进行传递的手段，来培育在公众面前的可信度。

英国的主要变动因素是，在放弃货币和汇率目标后，作出了在设定政策时不使用任何中间目标变量的策略决定。事实上，财政大臣 Lamont 在宣布实施通货膨胀目标制政策的讲话中很清楚地说明，货币增长和汇率衡量尺度会被予以监督，但不会决定政策。[①] 行长 Leigh-Pemberton 在 1992 年 11 月 11 日所作的报告中再次讲到了这一点：

经验使我们相信，货币政策不能参照单一货币变量进行操作。货币政策的首要目标是价格稳定。因此，政策须参照我们对未来通货膨胀的预期来进行操作……所以，政策制定者应利用每一个可能的变量，根据这一变量作为预期通货膨胀导向的价值，在任何时间点上对任何已知变量给予重视。(Leigh-Pemberton，1992，p. 447)

因而，直接确定通货膨胀目标被视为实现目标的唯一可行的方法。但是，这一结论使得如何让新的政策变得可信这一问题暂无定论，特别是在退出欧洲汇率机制后。行长继续说道："但是在这样一个折中的框架下，政策的深层原理就可能淹没在一堆混乱的统计数字中。这是我们选择公开的政策的原因。"(Leigh-Pemberton，1992，p. 447)

持续地努力与公众交流——并不仅仅是宣布目标——是政策的可信度所要求的，这一认识，是英国通货膨胀目标制度框架的核心所在。不管怎样，当该框架强调责任的时候，它并没有舍弃灵活性，甚至在原则上也是这样。货币政策须保留一些灵活性，以便在出现宏观经济事件时进行应对。这样的想法反映的，很可能不是根深蒂固的信念，而是货币政策制定的责任最终取决于选出的政府这样的现实。正如我们在讨论新西兰的时候所指出的，通货膨胀目标制度被作为规则对待的程度，最好被视为一种设计上的选择。[②]

---

① 20 世纪 80 年代末加拿大银行的官员所作的导致该国采用通货膨胀目标制的报告表达了同样的意思，并带有某些同样的措辞风格。

② 英格兰银行和财政大臣当然意识到新西兰和加拿大的通货膨胀目标制中的创新，但是他们回避公开提及。英国采用通货膨胀目标制仍然被当做是一个更大的变动的一部分。

7.2 通货膨胀目标制的操作框架

英国的目标变量是 RPIX 的年度变化。RPIX 通货膨胀率，至少一直到下次选举为止，会保持在 1% ~4% 的范围内，并预期该通货膨胀率到那时会停留在该范围的下半部分（通货膨胀率为 2.5% 或更低）。[①] 理想的长期 RPIX 通货膨胀率的平均值为 2.5% 或更低。RPIX 旨在掌握基底通货膨胀的情况，通常与 RPIY 一起公布，而 RPIY 由 RPIX 剔除间接税收的第一轮的影响后得出。包括石油冲击的商品价格冲击的影响包含在该目标中。因而，所针对的通货膨胀的衡量尺度，与新西兰和加拿大案例中的整体通货膨胀接近。正如我们所看到的，在不同于整体通货膨胀的所有通货膨胀目标中，在透明度（因为整体 CPI 是人们比较习惯的指数）和灵活性（因为各种不同的价格变化从目标的定义中剔除，关于中央银行须对哪种冲击作出反应，允许存在某种相机抉择）之间存在相互替代关系。

RPIX 证明是一个有效的衡量尺度，金融新闻界和公众会随着时间的推移而适应它。1995 年，曾有过转换成 RPIY 的一些考虑，但是，作出的决定认为，这种策略太冒险，因为公众可能感觉目标（以及货币政策承诺要抵消的冲击）变动太频繁。实际上，为了劝阻过度操纵的观念，由国家统计办公室（一个与英格兰银行分离的机构）来负责计算各种通货膨胀序列。

采用由财政大臣设定的目标范围，被很多人解释成一种设定一个清晰的限度来限定被允许进行相机抉择政策的数量的方法。但是，此后英格兰银行和财政部作出的解释表明，这一区间，严格来讲，从未试图作为目标范围，而更多的是承认对通货膨胀的控制不完善。[②] 但是，到本书截稿时止，财政部和英格兰银行的官方立场是，除了一个在不定期的未来要达到的 2.5% 的

① 在 1995 年 6 月 14 日的讲话中，财政大臣 Kenneth Clarke 宣布，这一目标会无限地延续到下一次大选之后。但是，在英格兰银行的地位没有改变的情况下，执政党无权约束未来的政府，因此 Clarke 声明的力度是不明确的。在 1996 年年末（1997 年春天竞选活动之前），工党领导人表示，如果他们如预期那样赢得选举，他们会继续实施通货膨胀目标制度框架（以及当前的目标）。

② 这与瑞士国家银行为货币增长设定点目标的原理是类似的。但是，正如英格兰银行自己的研究所表明的，如果一个目标范围真的旨在获得对结果的某种合理的置信区间，考虑到控制问题，要对大众赢得可信度，该范围仍然太宽。参见 Haldane & Salmon (1995)。

点目标，不会再有目标范围。这一变化是由财政大臣 Kenneth Clarke 在其1995 年 6 月 14 日致金融城的官邸发言中第一次予以明确的。[①] 在现实中，这样的时间范围的端点，可能与任何议会多数席位的存续期间是相对应的，正如新西兰在 1996 年 10 月选举后改变其目标范围时的情况一样。但是，与新西兰不同，英国现在没有作出明确的承诺，要使通货膨胀率保持在某个范围内。有争议的是，英国的点目标允许政策有某些灵活性，允许通货膨胀率短期内可以偏离目标，而不会引起公众不恰当地关注官方的目标范围是否被突破的问题。

英国通货膨胀目标制度框架中固有的另一个问题是，目标期间的终点是否应与特定的事件相联系：现在所说的事件就是，当时在任的那届议会结束。除非对通货膨胀目标制度的承诺是没有限制的，否则，关于目标制度是否将在最长的目标期间内继续存在的问题仍会有不确定性。结果是，随着目标期间快结束和压力不断增加以致过去的事就让它过去，对于英国实现目标的意愿就会产生疑问。正如我们在讨论欧洲货币联盟的预备期中德国的货币目标时所注意的，此种疑问，对于任何在远在其宣布（或从政治上决定）的终点之前未进行更新的目标框架，都可能产生。但是，正如加拿大占多数席位的自由党在 1993 年执政后不久把 1995 年的目标延续至 1998 年一样，英国工党很清楚地表明，如果其在 1997 年 5 月赢得选举，将在其任期内把 2.5% 或更低的通货膨胀目标延续下去。这一较早的承诺有助于消除不确定性的潜在来源，并强化政策的可信度。[②] 相对照的是，在新西兰 1996 年 10 月的选举中，没有办法将目标期间与政治过程分开。

事实上，英格兰银行的政策的真实目标不是当前的 RPIX 通货膨胀，而是对 RPIX 通货膨胀的预期。成功地达到目标的判断依据是，英格兰银行自己对接下来两年的通货膨胀的预测是否在理想的区间内。这种评估成功的方

① 参见 Clarke (1995)。注意，点目标并不意味着根据一个追溯性的均值对通货膨胀情况进行评估。相反，与点目标相关的通货膨胀的表现，是作为过去的措施和干预情况的结果进行解释的。我们感谢 Mervyn King 对这一点进行了澄清。

② 工党对通货膨胀目标和对英格兰银行更大的操作独立性的承诺，在该党的竞选纲领中说得很明确。对所有观察家来说，迅速赋予独立性（工党执政后一天）不管怎样都很令人吃惊。

法，与通货膨胀目标制度中固有的前瞻性角度是一致的，也与货币政策影响到通货膨胀需要约两年时间的认识是一致的。实际上，在财政大臣最初宣布采用通货膨胀目标制的时候，他受到市场观察家们的批评，认为他侧重于RPIX通货膨胀率本身，而不是对该指数的预期。

从第一份《通货膨胀报告》开始，英格兰银行除了通报自己的通货膨胀预测外，也通报私营部门的通货膨胀预测。在《通货膨胀报告》的最近几期中，英格兰银行也密切关注预测之间的差异，这是通货膨胀不确定性的一种衡量尺度。[①] 通过强调可变性和不确定性，英格兰银行向新闻界和公众传达了这样的信息：前瞻性货币政策必须使风险得到平衡，而不是要做出紧缩控制的样子。

英格兰银行似乎正从一个标准的政策反馈框架——一个可以搜集很多信息并进行权衡的框架——着手工作，这一框架与财政大臣和央行行长最初的讲话是一致的。须通报M0和M4（狭义和广义货币）的数据，并对其宣布一个“监控范围”。但是，有一个明确的理解：如果从货币总量中获得的信息与RPIX的预测发生冲突，就会接受RPIX的预测。汇率和住房价格常常被引用，作为政策决定中使用的指标，但是对此类替代指标的有用性没有明确的排名。英格兰银行承认，货币和汇率目标制度尚没有成功，使它对于依靠任何一个指标或关系感到很犹豫。

英国通货膨胀目标制所宣称的目标是价格稳定，“即经济代理人所预期的通货膨胀率，对于储蓄、投资和其他经济决定，是不重要的”（Leigh-Pemberton，1992，p.446）。正如在很多其他国家中的情况，鉴于标准的价格指数没能完全掌握质量变动的程度（虽然英格兰银行指出，比起很多其他国家的情况，RPIX被重新确定基期的频率要大得多，因此，对于英国的价格指数，替代偏差要小），零通货膨胀的目标，作为不适当的限制因素，没有被考虑。所以，正如我们已注意到的，价格稳定在操作上被定义为：

---

① 以适当的方式向非专业的受众传达这一信息，对《通货膨胀报告》的工作人员提出了挑战。最初用从尖顶扩散的概率“锥形图”描述通货膨胀趋势路径的措施并未得到广泛的理解。最近用色彩从红色（最有可能）逐渐变为粉色（概率分布的尾部）的色彩来表示未来通货膨胀的可能性密度的方法似乎被较好地接纳。

RPIX 每年增长 2.5% 或以下。选择这一数字主要是实用性的一个决定，存在这样的可能性：如果实现或保持了 2.5% 的目标，那么就会设定一个更低的目标，如 2%。在通货膨胀目标制度框架中明确承认的一点是，不会考虑其他的目标，如汇率稳定或熨平商业周期。

但是，与每一个其他的中央银行一样，为了防备真实层面的成本及其对金融系统的影响，英格兰银行事实上仍承诺在必要时替代通货紧缩。这一现实，在行长 Leigh-Pemberton 于 1992 年 11 月的讲话中一段题为“价格稳定的理由”的摘录中得到了最好的说明，该摘录在英格兰银行的《季度公告》中进行了转载。在该讲话中，行长陈述道：“货币政策的首要目标是价格稳定。”（p. 447）但是，在前一段中，行长解释了为什么其他因素允许优先于该目标，并促使英镑从欧洲汇率机制中退出：

它（欧洲汇率机制）显然提供了关于我们对价格稳定所作承诺的非常清晰的标志……（但是）这些通货紧缩的力量产生了一个真实的风险，对真实经济造成了非常不必要的损害。虽然我们将很快实现价格稳定——实际上，有理由相信，我们本来可以在 1993 年就达到这一状态，但存在一个真实的危险，在经济的某些部门（引人注意的是资产市场）中已经很明显的通货紧缩非常普遍。没有必要把向价格稳定的转变阶段压缩至这样短的时间跨度内，很可能在较长的时期内产生相反的效果。[①]（Leigh-Pemberton, 1992, p. 447）

价格稳定和其他目标之间的替代关系是很明显的，即使相对于 1992 年之前的那个阶段，要作的选择不是那么刻板的时候，也是如此。正如英格兰银行和财政大臣，对于从 1992 年 9 月时 3.6% 的 RPIX 通货膨胀率开始的路径所概括的那样，还有什么其他的理由要逐步地寻求实现价格稳定呢？很清楚，通货膨胀作为通货膨胀目标制度下的唯一目标，在对通货膨胀的断言和

① 引用的这段陈述代表了英格兰银行的官方姿态。在同一期《季度公报》中，英格兰银行的“总体评估”回应了两个陈述：“实现价格稳定仍是货币政策的最终目标”（p. 355），以及“如果英国仍留在欧洲汇率机制内，很有可能会在第二年实现价格稳定。虽然价格稳定本身很显然是可取的，但是太快地实现价格稳定，可能使国内债务通货紧缩的问题更为严重。因此，政策作某种放松，是可取的”（p. 356）。

现实之间，存在着缺口。[①] 在近年的多次讲话中，行长 Eddie George 强调，英格兰银行的目的是在目标约束范围内稳定商业周期（从而至少部分地带来汇率的稳定）。

在作出采用通货膨胀目标制度的决定后才三个星期，财政大臣 Lamont 和英格兰银行就制订共同的政策实施方案。英格兰银行从 1993 年 2 月开始，每个季度作出自己的通货膨胀预测，而该预测会成为衡量目标实现与否的主要评价标准。如上所述，该预测在政策的责任方面的作用变得很复杂。当政府对利率的决定与英格兰银行的预测的含义不一致时，就会产生复杂的情况。不管怎样，作出发布通货膨胀预测的承诺的速度正好强调了，首要的信息交流工作对于实施英格兰银行的通货膨胀目标意味着什么——以及仅仅宣布目标本身，又会怎样从来不会被认为是足够的。

通过跟踪通货膨胀目标的进展，英格兰银行在《通货膨胀报告》中详细说明了英国经济在过去的表现，对真实的通货膨胀的结果（包括 RPIX 及其组成部分）和英格兰银行之前的预测进行了比较，找出了对价格稳定产生最大危险的因素，并预测了通货膨胀在两年的时间中处于目标范围的可能性。用行长 Leigh-Pemberton（1992，p. 447）的话说就是："我们的目的是提交对通货膨胀的趋势和压力的完全客观、全面的分析报告，这会考验英格兰银行的专业能力。"从第 3 期（1993 年 8 月）开始，《通货膨胀报告》采用 6 部分的格式，包括通货膨胀率、货币和利率、需求和供给、劳动力市场、定价行为以及通货膨胀预期。此外，《季度公报》发布政策性的讲话和相关研究文章，并经常说明研究文章的作者的身份。

英格兰银行清晰地表明其观点，而财政大臣需要对这些观点作出明确的反应，都是为了在两次选举之间对政府的货币政策态势起到制衡的作用。在 1993 年 8 月发布第 3 期《通货膨胀报告》后，作出了一个决定：英格兰银行只有在报告的内容已经定稿并刊印之后才送交财政部。因而，财政部不会有机会对报告进行编辑或甚至提出修改的建议。这种安排表明，政府接受英

---

① 至少，只要不实施只阻止通货膨胀且对央行来说是"最优"的合约，这种情况就存在。

格兰银行的独立意见。

《通货膨胀报告》最好应在英格兰银行作为财政大臣在货币政策方面的咨询者的传统角色的背景下进行审视。甚至在采用通货膨胀目标制度后，英格兰银行继续提供建议和信息，正如在财政大臣 Lamont 作出实施通货膨胀目标制度决定时的情况。有创意的是，英格兰银行开始向公众独立地就与财政部工作人员和财政大臣的常规会议进行通报。同时，财政部直接向财政大臣报告，自 1992 年 12 月以来，一直发布它自己的月度货币报告。这一出版物，在《通货膨胀报告》之前发行，也更为频繁，跟踪由财政大臣设定的监控范围内的广义货币（M4）和狭义货币（M0）的增长，使读者了解外汇和资产市场的动态，特别是英国房地产市场的动态。通过把这一职责赋予财政部，财政大臣使英国的货币政策承担了对由他自己的工作人员编制的一套指标进行监督的义务，即使英格兰银行强调的是其他变量，并对其他数字进行计算。因而，英格兰银行，尽管有《通货膨胀报告》这样的亮点，在提供货币政策意见方面仍不享有自主权。

强调向公众解释政策，特别是在财政大臣和英格兰银行之间有分歧时更是这样，这得到了另外 3 种制度变化的支持。第一，财政大臣和英格兰银行行长之间举行制定货币政策的月度会议，于 1993 年 2 月得以常规化。第二，从 1993 年 11 月开始，由财政大臣在月度会议上决定的关于何时实施任何利率变动的决定，只要在下一次会议前生效，就由英格兰银行进行相机抉择。英格兰银行作出承诺，一旦作出决定，就发布新闻通告以便解释任何利率变动。与该承诺一起，这种相机抉择给予市场大量信息，以便了解英格兰银行对财政大臣所作决定的看法。第三，也是最重要的一点，从 1994 年 4 月开始，财政大臣和英格兰银行之间的月度会议的纪要在下一次会议的两个星期前发布（用 6 个星期的时滞取代了 30 年的时滞）。

在很真实的意义上，英格兰银行的运作在整个这一阶段，在制度上为政府承担了“反通货膨胀的责任”。在这一职能中存在一个内在的紧张关系，因为英格兰银行仍处在财政大臣的控制之下，而财政大臣还控制着货币政策工具。英格兰银行采用公开论坛和其他途径，来传达其预测、分析，甚至明

确的货币政策建议。这样做的影响是，增加了政府反对英格兰银行评估的成本，可能有助于价格稳定的目标。不幸的是，因为财政大臣除了他在月度会议上选择进行披露的内容外，没有被系统地要求通报其政策决定背后的论据。由于政策偏好或能力差异而产生的冲突，可能蜕变为就预测的准确性进行竞争，正如我们将在下一节中所看到的一样。

但是，月度会议纪要赋予英格兰银行的这种地位，并没有使银行具备选举所赋予的制定货币政策的职能。正是英格兰银行，而不是金融市场或公众，在《通货膨胀报告》中传递着所作出的判断。但是，对该判断的（超越市场反应的）惩罚或奖励，要一直等到下一次选举。1997 年 5 月以来，由英格兰银行新的货币政策委员会来设定英国货币政策，甚至在这一框架下，政策目标的最终责任仍取决于下次选举的议会多数票。[①] 英格兰银行的那些论坛也没有真正地澄清政策意图和目标，因为财政大臣可以推翻英格兰银行的建议，而只需作出有限的公开解释。

7.3 通货膨胀目标制下的英国货币政策

在本节，我们将总结自采用通货膨胀目标制度以来的宏观经济的结果，以及在关键时刻财政部和英格兰银行之间的互动。我们会利用英格兰银行的多期《通货膨胀报告》季报及财政大臣和英格兰银行行长之间的月度会议纪要。图 7—1 跟踪了英国在引入通货膨胀目标制度前后的通货膨胀率、利率、名义有效汇率（下称“汇率”）、GDP 增长率和失业率的路径。

从 1992 年 10 月（英镑退出欧洲汇率机制）到 1993 年年末的时期标志着英国经济衰退的结束和复苏的开始。GDP 增长率在 1993 年的第一季度转变为正值，而失业率于 1992 年 12 月达到峰值 10.6%（参见图 7—1 中的 C 图）。在整个 1993 年，产出增长加速，失业率下降。除了一些短暂的停顿

① 现在有一些要求：英格兰银行及其高级职员定期向下院财政委员会作证。与之相对的是过去那种提出要求（虽然很频繁）才作证的做法。尽管如此，过去这些听证的记录——以及缺少在面对委员会的下院普通议员时偏离各自政党领导层关于货币政策的路线的激励措施——表明，这些听证不可能对英格兰银行的政策产生重大的影响。

外，RPIX 通货膨胀率呈继续下行趋势，于 1993 年 11 月第一次达到指定的 2.5%的目标区间的中间点（参见图 7—1 中的 A 图）。汇率于 1993 年 2 月见底，然后在当年的其余时间上升（参见图 7—1 中的 D 图）。

在《通货膨胀报告》的前两期（1993 年 2 月和 3 月），关于中期通货膨胀预测的讨论中的两个主题是英镑的贬值和政府预算赤字的增加，每一个主题都有可能提升通货膨胀率。官方利率（基础利率）从 1992 年 8 月的 10%下降至 1993 年 1 月的 6%（参见图 7—1 中的 B 图），反映了政府回避德国货币紧缩的愿望。并不令人吃惊的是，在英国退出欧洲汇率机制后的 5 个月中，英镑贬值 14.5%，正如英格兰银行的汇率指数所度量的一样。在财政方面，英格兰银行提到，它担心对未来可能的政府债务的货币化会成为通货膨胀率上升预期的源头。但是，英格兰银行没有要求立即采取财政措施或直接批评政府的财政政策。尽管存在这些关切并且经济正在复苏，英格兰银行在前两期报告中的通货膨胀预测，在所有讨论的期间仍然继续下降。

在 1993 年 5 月的《通货膨胀报告》中，英格兰银行表明了其观点，认为政府在接下来的 18 个月中应将通货膨胀率保持在 4%以下。这并不是对政府货币政策的保证，因为财政大臣不仅对在两年内通货膨胀率处于目标范围（低于 4%）内作出了承诺，而且他也表示，他会使通货膨胀率到 1997 年处于该目标范围的下半部分（低于 2.5%）。英格兰银行把高于目标的通货膨胀率的可能性与政府的政策决定联系起来，而不是与不受政府控制的经济环境相联系。英格兰银行也表示了对汇率影响价格的关切，指出英镑（按贸易加权）自 2 月以来升值 5%，允许有一些乐观，但不是太乐观，因为调查和金融市场利率继续表明，通货膨胀目标缺少中、长期的可信度。英格兰银行也强调，对通货膨胀预测的主要的不确定性，大多在上升方面，来源于国内工资和利润的可能走向的不确定性。沿着对通货膨胀的关切的方向，可以直到得出逻辑结论。英格兰银行行长 George 3 个星期后发表讲话，明确警告，不会降息。英格兰银行显然担心，随着财政大臣近在眼前的交接（Kenneth Clarke 接替 Norman Lamont）以及预算的提交，会作出放松政策的决定，以弥补各种财政措施。但是，当时并没有降息。

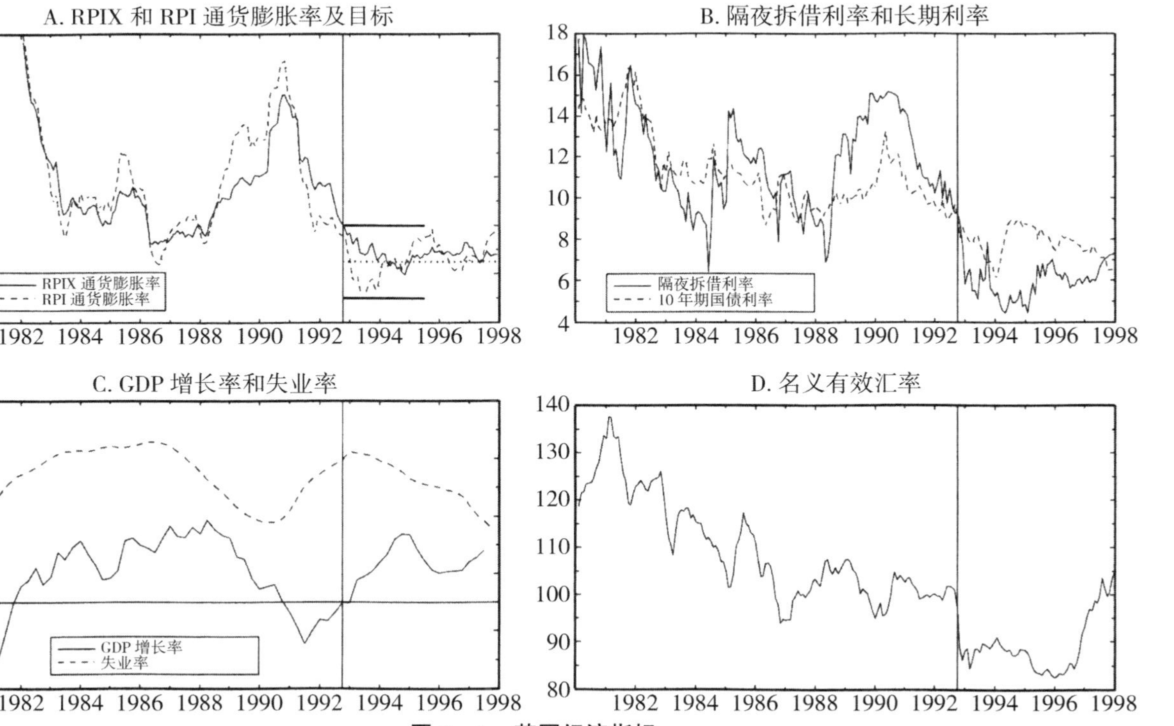

图 7—1　英国经济指标

资料来源　A. 国际清算银行数据库，英格兰银行；B. 国际清算银行数据库；C. 经济合作与发展组织的主要经济指标；D. 国际清算银行数据库。

6 个月以后，在 11 月的《通货膨胀报告》中，英格兰银行再次谈到了同一个主题，甚至更为严厉。根据英格兰银行的看法，通货膨胀率在近期超过目标的可能性很小。此外，英格兰银行说，其已预见到了，如果整体通货膨胀率上升至 4% 的目标范围的上限，那么就可能推升名义工资。同样，英格兰银行对政治形势作出反应。在这种形势下，很多保守党的下院议员和评论员预期会降息。政府已经同意，从 1994 年 4 月起，将增值税（VAT）扩展至国内燃料和电力，并削减某些支出，而关于真实经济情况的新闻总体上并不好。这次，财政大臣 Clarke 确实降息 0.5%，而没有进一步采取财政紧缩来进行弥补。

在英格兰银行和财政大臣之间的这种冲突中特别有趣的是，英格兰银行在《通货膨胀报告》的 5 月和 11 月两期中已经为财政大臣提供了一条出路。英格兰银行把预测的 1994 年通货膨胀率上升中的 0.4% 归因于增值税的变化，该税被作为财政赤字减少的因素。此外，英格兰银行提醒民众，如果考虑的是 RPIY（该指数剔除了税收的第一轮的影响）而不是 RPIX，通货膨胀率会达到目标，尽管接近目标范围的顶部并有向上的风险。出于某种原因，财政大臣决定不乘机利用所提供的这种辩护。

虽然在这种情形下并未实施，这种定义性的策略对维护政策可信度提出了一个真正的两难处境。如果间接税收被排除在考虑因素之外，那么为什么财政大臣和英格兰银行首先选择以 RPIX 而不是以 RPIY 为目标？如果在英格兰银行“允许”（避免进行批评）后，政府事实上已换成 RPIY，金融市场和选民又怎么确信这只是一个一次性的事件呢？并且，如果英格兰银行担心的工资上升变成现实，那么这一转换是与此无关，还是允许将责任转嫁到不够成熟的工会头上？根据这种情况，似乎应该把定义和度量目标通货膨胀序列的人与评估是否成功达到目标的人分开。英国的框架在这方面可以与新西兰进行比较：新西兰的中央银行——部分的原因是新西兰比较小——保留了对目标通货膨胀序列短期定义的一些相机抉择，并在较少的几种情况下使用了相机抉择。

在 1994 年年初左右，当时通货膨胀的情况比预期要好，财政大臣进一

步放松货币政策。通货膨胀压力仍受抑制，因为较早时期的贬值对价格的滞后影响，被与持续较弱的就业有关的单位劳动力成本的下降所抵消。当时很明显的一点是，避免了在退出欧洲汇率机制时汇率的一次性贬值的全部转嫁——这对于新的货币体制是一个重大的成功。[①] 英国退出欧洲汇率机制，推想起来，打击了英国的可信度，考虑到这是遭受打击之后发生的，这一成就甚至比加拿大成功避免1991年加税影响的全部转嫁还要令人印象深刻。基础利率从6%削减至1993年11月的5.5%，1994年2月又削减25个基本点至5.25%。尽管从1993年8月起的每期《通货膨胀报告》都作出了通货膨胀率可能上升的预测，降息还是发生了。实际上，通货膨胀率一直到1994年年末才开始上升。

在评估其过去的预测质量时，英格兰银行指出了特定的错误来源，如收入出人意料地缓慢增长以及零售利润率受到挤压。财政大臣因为没有作出明确的预测，也不必证明其对数据的解释是合理的。英国的安排在这里有一个基本的模糊不清的地方：没有办法确切知道，英格兰银行的意见和财政大臣的政策之间的偏离是对经济形势的不同评估的结果，还是对在短期内实现通货膨胀目标的重要性的不同评估的结果。实际上，总体而言，只要选出的官员不被要求作出他们自己的预测，以便与中央银行的预测进行比较，他们可以选择进行隐瞒，所隐瞒的可能是对通货膨胀目标不够坚定的承诺。

在整个1994年，GDP大幅增长，第四季度真实GDP同比增长4%。这一年的前10个月，RPIX通货膨胀率呈下降趋势，在9月和10月达到2%的27年来新低，之后于12月上升至2.5%。失业率在全年继续下降至约9%。英镑（根据英格兰银行的指数）在1993年年末处于峰值，并在1994年略有下降。

1994年夏天，对英格兰银行来说有一点是很清楚的：经济反弹比预期强劲，《通货膨胀报告》开始列举通货膨胀压力的证据，如批发价格上升。尽管通货膨胀数据较好（当时RPIY和RPIX通货膨胀率都低于2.5%并正

① 但是，这一点不应被夸张，因为意大利也成功地限制了退出欧洲汇率机制的影响的全部转嫁，而并没有采用通货膨胀目标制度（参见第10章）。

在下跌)，在英格兰银行行长的建议下，财政大臣于9月12日提升了基础利率，12月7日再次提升，每次都为0.5%。与1988年的紧缩不同，这些升息都是预防性质的——这是一个新闻界广泛注意到的事实。[①] 将当前政策与未来预期状况相联系，从而考虑到政策影响经济的时滞，这种能力是实施明确的中期政策目标的很明显的优势。

在这几个月中，财政大臣 Clarke 与英格兰银行行长 George 之间的讨论一步步导致了1994年9月的紧缩政策，为了解英格兰银行的中期通货膨胀预测在政策过程中所发挥的作用提供了一些见解。在7月28日的会议上，根据英格兰银行的最新预测，行长指出：

他确实看到实现1996年通货膨胀目标的风险，暗示需要在不久之后在某种程度上收紧政策……根据目前的最佳猜测，他并不会预测通货膨胀会强劲上升，而正如一直发生的情况一样，最佳猜测会有很大的误差。但是，对1996年年中的最佳猜测已经略高于目标范围的中间点，并且有一种不舒服的感觉。这次，中期预测向上的风险在某种程度上大于向下的风险。(Bank of England，1994a，July 28，p.5)

但是，财政大臣陈述道："存在的风险是，提前太早就试图设定行动方案，而不审视方案披露时发生的事实证据……预测表明，通货膨胀在接下来的几个月中甚至可能会下降。"(Bank of England，1994a，July 28，p.6) 虽然他们同意当时不提升利率，但是，该决定对货币政策的决定实际上在多大程度上会依据英格兰银行的中期预测产生了疑问。当对目标存在承诺，并且英格兰银行公开的意见声明使英国政府走向更为前瞻性货币政策的时候，政府不能被迫采用英格兰银行认为最优的政策。政府私下的预测——即使是被迫进行的，因为受政治目的驱使，要对英格兰银行的正式分析结果进行下调——再次成为实际的目标。此外，因为不管是估计值自身还是其背后的论据都与公众的看法不同，所以，政府的预测不能作为公开宣布的目标，政策也不能完全透明。[②]

---

① 参见 *Economist* (1994)。
② Svensson (1997a) 说明了政策的目标就是货币政策制定者对通货膨胀所作的预测的好处。

1995 年，GDP 增长从 1993 年第四季度和 1994 年第四季度之间的 4%，减缓到 1995 年最后一个季度为止的 2%。但是，失业率继续逐步下降，在年底达到 8%。RPIX 通货膨胀率于 1 月上升至 2.8%，而在当年的其余时间，在 2.6% 和 3.1% 之间波动，没有显示出清晰的趋势。1995 年年初，很清楚的一点是，产出增长尽管比 1994 年的步伐慢，相对于经济的生产潜力的增长来说仍然较高。这一观点促使英格兰银行和财政大臣形成这样的认识：通货膨胀预测处于恶化的危险之中。因而，在 2 月 2 日，基础利率提升 0.5% ~6.75%。尽管采取了这一预防性质的紧缩政策，汇率仍在接下来的 3 个月中下跌。到 5 月 4 日，英格兰银行的英镑指数比 2 月 2 日下降了 4.7%。货币贬值恶化了贸易品部门和非贸易品部门复苏程度上令人担心的差异。这一时期的“二元经济”可以从 1994 年出口增长 10% 与 1995 年年初持平的零售和服务业收入增长的下滑的对比中看出。

作为贬值及其带来的进口价格上升的一个后果，英格兰银行 1995 年 5 月对 RPIX 通货膨胀率的预测从 2 月开始，整个 1996 年将上调近 1%。RPIX 通货膨胀率在 1996 年上半年几乎达到 4%，之后于 1997 年年初下降至 2.5% 左右。① 货币贬值对通货膨胀预测的可能后果主导了 4 月 5 日和 5 月 5 日的月度会议。

正是在对英格兰银行的通货膨胀预测进行上调以及出现“二元经济”问题的背景下，财政大臣在 1995 年 5 月 5 日的会议上否决了英格兰银行行长提升利率的建议。这一否决提供了由于英格兰银行的从属地位而产生冲突的一个突出的例子。实际上，在 George 行长举行的月度会议于当天结束的时候，财政大臣 Clarke 立即召集记者会，并宣布维持利率不变。因为与常规不同，英格兰银行行长并没有在场回应财政大臣会后的声明，并且 Clarke 提及讨论的细节（包括 George 行长得出通货膨胀成为真实威胁的理由），而

① 英格兰银行在其预测中假定官方利率不会变动，汇率变动会反映英国短期利率和按照贸易加权得出的海外短期利率之间的利差。

不是等待6个月以后发布会议纪要，显然，Clarke否决了英格兰银行的意见。[①] Clarke对增长的预测提出了质疑，但似乎披露冲突的急切程度与进行解释的急切程度一样（Chote，Coggan，and Peston，1995）。

也许财政大臣的直率是对英格兰银行通过通货膨胀目标制度而赢得新影响所作出的反应：他可能已感觉到，最好的防卫手段就是大胆进攻。不管怎样，一个星期后，随着英格兰银行5月的《通货膨胀报告》的发布，冲突已变得很明显。英格兰银行的估计值是在两年的时间内通货膨胀率会达到3%。这表明与政府的保证相反，到本届议会结束时，通货膨胀率会处于目标范围的上半部分。此外，英格兰银行补充道，其预测的风险几乎一致地处于向上并且"很高"的一面。英格兰银行陈述道，英镑目前正在贬值，正如1992年秋天，但是，与那时的形势不同，工资需求及对产能的压力也很大。

在上任时，财政大臣Clarke曾对George行长作出承诺，他不会任何时候都对《通货膨胀报告》进行审查，但是他保留不同意英格兰银行观点的权利。似乎已经出现的问题是一种体制问题，在这种体制下，当产生不同意见时，财政大臣应明确表现出对于英格兰银行立场的独立性，并至少应做出某种小小的努力，来证明纠正英格兰银行的通货膨胀预测是有理由的。这种体制对反通货膨胀的整体政策趋势可能产生有益的影响，但是，由于在财政大臣和英格兰银行之间设定了这种"游戏"，可能会损害对预测和决策的客观性及目标的公信度。

在接下来的几个月中，很明显的是，在这一例子中财政大臣的建议是对的。第一季度GDP增长向下修订，新的住房和制造业数据也比预期要低，而全球债券市场反弹（预期美国利率下降）支撑了英镑。在1995年9月对财政大臣和英格兰银行行长之间自5月以来进行的讨论的叙述中，

① 几个英国新闻界的评论员观察到，这次5月的会议被推迟到一些地方选举举行之后，并以此作为即将升息的标志，因为Clarke不想在选举前的一天实施他的政策。尽管财政大臣——央行会议是月度会议，但是准确的时间选择并不是系统性的，偶尔也会重新安排日程。在这个例子中，在会议前有一个广泛的预期，财政大臣会同意英格兰银行的评估。财政大臣此后却公开否决了英格兰银行的意见，维持利率不变，可以视为对较广泛的保守党的政治现实的一种调整，但这种调整也强调了经济的现实。正如下文陈述的那样，英国新闻界易于寻找货币政策的政治化倾向。

George 行长宣称："我们仍然认为，如果不进一步提升（基础利率），是不利于在接下来18个月左右的时间内实现通货膨胀目标的。"但是他承认："我们事实上并不强求升息——自夏季假期以来一直没有这样做。"（George，1995a）

那么，在这个例子中是否应责备英格兰银行在预测时没有财政大臣那么准确呢？因为财政大臣 Clarke 对1995年5月的预测仍是私下的预测。这再次证明，不能确定他不同意英格兰银行的意见，是因为他对英格兰银行的预测持怀疑态度，还是仅仅因为他愿意冒较大的风险以便实现较高的增长。是否值得对《通货膨胀报告》一点一点地反驳而可能损害公众关于英格兰银行预测职能的认知呢？预测表现的记录很明显会影响责任心；但是，同样清楚的一点是，把货币政策的争论变为一种预测方面的竞争是不可取的。只要预测和政策决定来自不同的方面，紧张关系就似乎是不可避免的。

会议纪要并未对这些问题提供清晰的答案，但是它们确实使这些问题突出。会议纪要给人的印象是，英格兰银行行长和财政大臣从未讨论英格兰银行中期预测本身背后的逻辑；相反，讨论集中于该预测中使用的数据是否反映了内在的趋势，或受到暂时情况的影响。1995年6月7日会议讨论的纪要陈述道："政策过程的一种力量是，每个月对所有新证据就其对通货膨胀的影响进行审视，重要的是，不要把可能证明是不正常的一个月的数据太当回事。"（Bank of England，1995a，June 7，p. 8）此类考虑因素可能可以解释对英格兰银行中期预测的较少关注。

1995年6月14日，在致金融城的官邸发言中[①]，财政大臣 Clarke 把通货膨胀目标扩展至下一次大选最新的可能日期以后。但是，他确实承认，通货膨胀率在接下来的两年内，可能暂时上升到目标范围的上限4%以上。关于"达到目标"是否意味着在他和他的前任为本届议会结束时设定的4%的上限和2.5%的目标以下的问题，他也制造了一些困惑。（George，1995b）行长在对同样的听众的讲话中只提到了2.5%的目标，并称目标是可以达到

① 参见 Clarke（1995）。

的。从政府债券收益中得出的对 10 年期间的通货膨胀率的预期，对这些讲话作出了反应，从 5 月初的 4.36% 上升至 7 月末的 4.94%，这一动向到 1996 年年底才得到扭转。

为了得出对 1995 年下半年的通货膨胀的预期，英格兰银行对由于英镑贬值的滞后影响而产生向上的风险，以及由于产出增长减缓和库存增加的迹象而产生向下的风险，进行了斟酌。国内通货膨胀压力仍然较弱，贸易品通货膨胀继续超过非贸易品通货膨胀。此外，英格兰银行在 11 月的《通货膨胀报告》中指出，在当前的周期中，真实工资增长受抑制的程度比预期要高得多。还有，RPIX 通货膨胀率在到 9 月的 1 年中为 3.1%，预测将在 1996 年上半年达到约 3.5% 的峰值。但是，紧随其后，1995 年前 3 个季度的 GDP 数据大幅向下调整，而且到 11 月的 1 年中，RPIX 通货膨胀率出人意料地处于 2.9% 的低位。这些经济衰退的迹象为 12 月 13 日首次基础利率的降息创造了条件，降息共 4 次，每次 1/4 个百分点。

英国经济所希望的“软着陆”在 1996 年实现。快到当年年末时，GDP 增长回升。在第三季度，GDP 同比增长 2.4%。失业率继续逐步下降，于 1996 年 12 月下跌至 6.7%。从 1995 年 10 月至 1996 年 9 月，RPIX 通货膨胀率在 2.8% ~3% 之间波动，然后于 10 月和 11 月上升至 3.3%。从 1 月至 9 月末，英镑逐步坚挺，然后在当年的最后 3 个月中迅速上扬，在这一阶段的升值达 11.6%。

成本压力减小，制造业产出数据较弱，以及 1995 年最后一个季度的 GDP 增长 0.5%，促使基础利率于 1996 年 1 月 18 日和 3 月 8 日再度两次降息，各为 1/4 个百分点。在 3 月 8 日的会议上，财政大臣和英格兰银行行长达成共识，认为需求和产出可能在当年晚些时候及整个 1997 年上升，并且认为有一个可能性是，最近一次降息应在某个时候扭转。英格兰银行又通过支持财政大臣对经济的解释，向财政大臣提供了相当于例外条款的东西——或者至少是对必要时未来政策的逆转的一种辩护。1995 年 5 月 1 日，提供了类似的辩护，但并未采用；这次行使了选择权。

英格兰银行的评估在 1996 年没有改变，在 5 月的《通货膨胀报告》中

发布的中期通货膨胀预测，与上一次预测相比基本上没有变化。两年后的RPIX通货膨胀率预测维持在2.5%，在短期内存在向下的偏差风险，但在中期内有向上的风险，因为预期的经济活动的上升强度存在不确定性。在6月5日的会议后，尽管英格兰银行行长反对，财政大臣仍宣布对基础利率再次降低1/4个百分点，认为降息“幅度足够小，不会引起任何重大的通货膨胀风险，而会减小对复苏的向下的风险。如果消费需求开始过快增长，而使通货膨胀目标处于风险之中，那么在这一点变得明显时可以升息”（Bank of England，1996a，June 5，p. 9）。在英格兰银行基于预测的前瞻性方法与财政大臣强调当前经济形势和最新数据的趋势之间似乎再次出现了某种紧张关系。随着选举的接近，财政大臣（选举产生的官员）为了在短期内刺激经济增长，可能愿意承担比以前更大的通货膨胀的风险。

英格兰银行在8月的《通货膨胀报告》中对它所反对的6月削减基础利率的后果不同寻常地直率。列举“自5月以来的低利率，对税收和公共支出的新的财政预测，以及当年上半年略好于预期的总体出口表现”作为证据（Bank of England，1996b，August，p. 45），英格兰银行预测认为，通货膨胀率会上升至2.5%以上。与该预测一致，从8月的会议开始，英格兰银行行长强烈要求升息；但只是到了1996年10月30日，财政大臣才同意提升基础利率1/4个百分点至6%。金融新闻界的一些人推测，当时升息的决定旨在回避在普选（最迟得在1997年5月举行）接近时进一步升息的需要。①

这种进行通货膨胀预测的机构和进行政策决策的机构之间的持续的分裂状态，以及它带给通货膨胀预期的偏差，可能被视为本来会大体上成功的英国通货膨胀目标制度的基本的局限因素。由于职责的分离而产生的问题，很可能促成了新的工党政府于1997年5月6日作出的决定，将操作独立性赋予英格兰银行。当天财政部新任财政大臣Gordon Brown召集新闻发布会，

① 例如，参见《金融时报》（1996）。应注意的是，英国新闻界易于把注意力集中在商业和货币周期受政治和选举情况左右的可能性上。尽管有事实表明，在英国这样一个开放的经济体中，竞选只有很短的提前通知时间，竞选期也很短，没有数量经济证据或其他证据表明这样的周期会起作用。

宣布他已取消了与英格兰银行行长约定的月度会议；预计他也会宣布升息，这是英格兰银行长期要求的措施，以便处理高涨的通货膨胀。（到1997年年底，RPIX通货膨胀率的预测为2.9%。）他确实宣布了主要货币政策工具——基础利率下降1/4个百分点。但是，随后他令人吃惊地宣布，英格兰银行从今以后拥有对基础利率和短期汇率干预的控制权。

作出赋予英格兰银行操作独立性的决定的一个重要因素，是英格兰银行在提供预测和政策意见时总体成功的表现，正如针对清晰、公开的基准进行衡量的结果一样。财政大臣Brown引用的另一个因素是，独立的英格兰银行会给通货膨胀目标制度框架带来更多的责任心——这一变化会使货币政策对政治监督更为敏感。当公开陈述货币政策的目标时，正如在英国通货膨胀目标制度下一样，虽然目标可以不受短期政治因素的影响，但是，目标不可能在较长的时期内偏离社会的利益。

在新的制度下，决策权被授予一个新创立的货币政策委员会。从1997年6月开始，委员会的会议代替了财政大臣—央行行长会议。委员会由9名成员组成：央行行长和两名副行长（一名负责货币政策，一名负责金融事务），两名其他的央行常务董事，以及4名由政府任命的成员（都是知名的学术或金融方面的经济学家）。成员任期3年，可续任，并最终轮换。

选出的政府保留对货币政策的“国家利益”的控制权，允许政府在它认为必要的时候，否决央行的利率决定或对通货膨胀目标的追求。政府不会提前规定实施例外条款的任何正式程序或行使例外条款的条件。

6月12日，就在货币政策委员会的第一次会议前，财政大臣Brown告诉委员会，希望设定一个基底通货膨胀率为2.5%的目标。目标范围被目标上下各1%的“界限”所取代。“界限的作用是定义一个通货膨胀数字，达到该数字，我会预期从你们（委员会）那里得到一份解释函。”财政大臣说道。在该函中，英格兰银行被要求解释为什么通货膨胀已经这么远离目标，银行将采取什么措施来应对，何时通货膨胀预期会回复到目标范围内，以及怎样实现货币政策目标。财政大臣保留告知英格兰银行应尽快整改不达标情

况的能力（Chote，1997）。

这种规定采取的对不达标情况作出的反应，旨在为公众提供相关的信息。政府不承诺因为不达标而解聘央行行长来惩罚央行，实际上也不承诺任何预先规定的措施。因而，政府对英格兰银行的控制，更像加拿大议会对加拿大银行的控制，而不像新西兰政府对其央行的控制。但是，正如在所有我们所考虑的案例中的情况（除德意志联邦银行和瑞士国家银行以外），通货膨胀目标的数值和目标范围仍由内阁控制，即英格兰银行没有被赋予目标独立性。

同样，这种框架的变化通过把政策决定与《通货膨胀报告》中发布的预测和解释相联系，可能会增加货币政策的透明度和责任，而减少公众的疑虑。也可以增加英国对其通货膨胀目标所作承诺的可信度，因为现在偏离目标就要求政府公开地否决央行的意见或重新设定目标，而在旧制度下，政府可以将偏离目标归因于短期预测。

7.4 英国经验的主要教训

英国的经验为通货膨胀目标制度提供了一些特别有趣的教训。直到1997年5月，英国的通货膨胀目标制度都是在这样的体系下操作的：政府，而不是央行，控制货币政策工具。结果是，到底什么促成利率变动与否的决定并不十分清楚：是财政大臣和央行行长之间在预测上的差异，还是对所宣布的通货膨胀目标的承诺不同？同样不清楚的是，哪个机构对通货膨胀是否达到目标负责：是作出公开预测的机构（英格兰银行），还是设定货币政策工具的机构（财政部的财政大臣）？这种清晰度的缺乏，在对通货膨胀目标的承诺的程度方面造成了很多混乱，并且有力地说明，短期政治考虑因素影响着货币政策。

即便如此，英国通货膨胀目标制度，在1997年5月以前，仍创造了比英国多年所经历的更低和更稳定的通货膨胀率。通货膨胀目标制度在英国的成功可以归功于英格兰银行对透明度的关注及对货币政策策略的可靠的解释。也许是因为多年来其地位比其他中央银行低，英格兰银行设计出与公众交流的独创方法，特别是通过《通货膨胀报告》进行交流。实际上，它在这一方面的成就已被很多其他承诺实施通货膨胀目标制度的中央银行所效仿。

第 8 章

瑞典：寻找名义锚

与英国相类似，瑞典是在被迫放弃钉住汇率制之后，开始实行通货膨胀目标制的。瑞典比英国采取了更加坚决的政策来抵御一系列对其固定汇率的投机冲击。瑞典中央银行曾经一度将隔夜拆借利率提高到 500%，以阻止投机冲击。这一不情愿地废止钉住汇率制的举措无疑反映了汇率目标区（虽然频繁地贬值）在 20 世纪对瑞典长期和史无前例的影响。但最终，如同英国一样，瑞典慢慢地发现，跟随德国货币政策的经济成本过重以致无法维持，因此瑞典对瑞典克朗进行了贬值。依然与英国相类似，由于不希望在任何延展期没有名义锚，瑞典发现通货膨胀目标制是一个替代的策略。瑞典的货币史及在世界经济中所占规模均与英国不同，而这些因素有助于解释为什么瑞典在设计其通货膨胀目标制框架中作了不同的选择。

瑞典通货膨胀目标制的主要特征

- 虽然瑞典货币政策在相当长的历史时期都是为钉住汇率制服务的，但在大部分情况下它都是以一种灵活的方式来执行通货膨胀目标制的。瑞典的通货膨胀目标制更接近于加拿大和英国，而不像新西兰。例如，在面对国内金融脆弱与经济衰退时，它便有意地推迟其通货膨胀目标制度开始实行的时间，以增加货币政策的灵活性。
- 然而，这种灵活性的哲学理念并没有贯穿于瑞典通货膨胀目标制框架的所有方面。瑞典体制中的一些更为僵硬的地方，例如把整体通货膨胀（headline inflation）而非核心通货膨胀（core inflation）作为目标（参见下文），增加了瑞典银行向公众提供其货币政策有说服力的解释的负担，同时还带来了工具不稳定的可能性，这很类似于新西兰的情况。
- 瑞典采用整体 CPI 而非修正价格指数作为通货膨胀目标。修正价格指数是指消除某些冲击影响的经过调整的价格指数。瑞典的选择可能反映了整体通货膨胀在该国企业工资制定安排中的重要性。然而，近年来，“基底”或趋势通货膨胀标准在瑞典银行的决策与解释中起到更大的作用。因此，从这个方面看，瑞典正在向采用通货膨胀目标制国家的正常情况靠拢。
- 瑞典的通货膨胀目标被设在一个比较窄的区间内，一般情况下幅度仅有 2%。目标区间的使用是一种非常有效的方法，它可以调整在控制通货膨胀过程中可能产生的不可避免的错误。标准的通货膨胀率的底线为每年 1%。类似于加拿大，强调需要设置下限与上限，反映了瑞典对因通货紧缩而引起的金融体系风险的担忧，以及在大萧条时期瑞典运用价格指数水平底线的成功经验。
- 政府保持对瑞典银行法律上的控制，但在实际上，由瑞典银行来设定通货膨胀目标与工具利率。政府的最终控制可以避免类似于英国 1997 年以前出现的责任分裂问题。

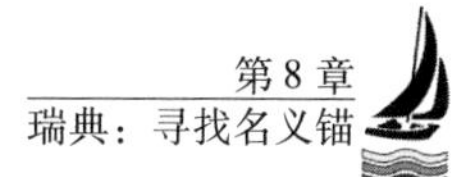

- 如同本书所讨论的其他采用通货膨胀目标制国家一样，瑞典定期发表《通货膨胀报告》，该报告在宣传教育方面的影响力、印发的广泛性与经济理念随时间的发展而稳定增长。很多情况下，该报告为瑞典银行向财政政策制定者施加控制财政赤字的压力提供了极好的讲台。

8.1 通货膨胀目标制的采用

1993 年 1 月 15 日，瑞典银行管理委员会发表了一份声明。该声明称，货币政策的目标是“从 1995 年起，把消费者价格指数的年增长率控制在 2%，并允许上下各 1 个百分点的波动”。该委员会同时宣布，在 1993 年和 1994 年，“货币政策的主要目标是防止通货膨胀的发生与瑞典克朗贬值结合在一起，从而导致基底通货膨胀率的增加”（Sveriges Riksbank，1994a，1，p. 6）。1992 年 11 月 19 日，在瑞典克朗开始浮动仅仅两个月之后，瑞典银行管理委员会的声明反映出它急于寻找一个新的名义锚，以取代在 1992 年秋季货币市场波动中失去的锚。采用通货膨胀目标制的决定得到了代表各执政党的瑞典银行管理委员会所有成员的支持。①

除了在 1914—1922 年和 1931—1933 年以外，从 1873 年以来，瑞典一直实施把固定汇率作为名义锚的货币政策，开始是在金本位体系下，后来是在布雷顿森林体系下。② 从 1973 年 3 月到 1977 年 8 月，瑞典加入了“蛇形体系”，一个由斯堪的纳维亚国家和一些欧共体成员结成的货币联合浮动体系。1977 年 8 月，瑞典银行开始把瑞典克朗钉住贸易加权的货币篮子，在开始阶段，允许瑞典克朗在上下 2. 25% 的区间内浮动。在 1981 年 9 月 14 日

① 瑞典银行管理委员会由 8 名委员组成。其中 7 名委员由国会任命，任期与国会期限相同（3 年）。这 7 名委员任命瑞典银行行长为第 8 名委员。但是行长的任期为 5 年，且不是该委员会主席。在出现投票相等的情况下，不是由瑞典银行行长，而是由委员会主席投决定票。

② 在 20 世纪 30 年代，瑞典的货币政策遵循的一条原则是维持价格稳定，一个本书考虑的货币政策策略的先驱者。这一阶段的叙述可以参见 Jonung（1979）。

和1982年10月8日，瑞典银行分别将瑞典克朗贬值10%和16%（参见图8—1中的D图）。

在接下来的10年，没有出现新的贬值。随着1985年春季出现的外汇市场的动荡（这些动荡对利率的影响可以从图8—1中的B图中看出），瑞典银行重新承诺执行维持钉住汇率的政策，并使汇率浮动区间缩小到1.5%。这样做主要是因为，较窄的汇率区间可以表示维持汇率的更大决心，有助于瑞典克朗在外汇市场的稳定。然而，对于一个像瑞典这样非常开放的国家来说，较窄浮动区间的信号价值是以降低政策灵活性为代价的，而且其维持难度也非常大。的确，许多欧洲汇率机制（ERM）成员国在1992年9月之后都无法将其汇率保持在上下2.25%的区间内了。

1988年年初，由于注意到由国内强劲的经济所造成的通货膨胀风险以及对汇率的压力，瑞典银行开始采取紧缩性货币政策。从20世纪80年代中期起，瑞典的GDP增长率一直很高，而失业率则低于2%，以瑞典的标准来衡量也是低的（参见图8—1中的C图）。20世纪80年代初期，瑞典金融市场自由化所采取的一些措施以及对利息支付方面的一些税收优惠政策刺激了私人家庭与企业的借款。债务存量的增多提高了维护经济稳定而必须提高利率的可能性，而利率增加对实体经济的影响要大于以前紧缩货币政策时的影响。渐渐地，国内目标同需要维持钉住汇率政策之间的不一致开始加剧。如在前一章所见，英国——一个拥有更加自由金融体系及经济周期与欧洲大陆更加不同步的国家——在试图维持钉住汇率制时，也经历了相同的矛盾。

1990年2月和10月，瑞典银行发现自己不得不被迫大幅提高边际利率（这是其主要政策工具），以阻止资本大量外流，并捍卫钉住汇率制。当时，利率的增加对经济活动减缓有更大的潜在影响，因为利息支付可抵税的比重到1990年1月1日已经从47%下降到40%，到1991年1月1日进一步下降到30%。（这些因素对整体通货膨胀的影响可以从图8—1中的A图中看出。）如果把利率上升的因素考虑进去，税收抵免的下降意味着住房抵押贷款的税后利息支出从1989年到1991年增加了1倍多，使得以后一年到两年

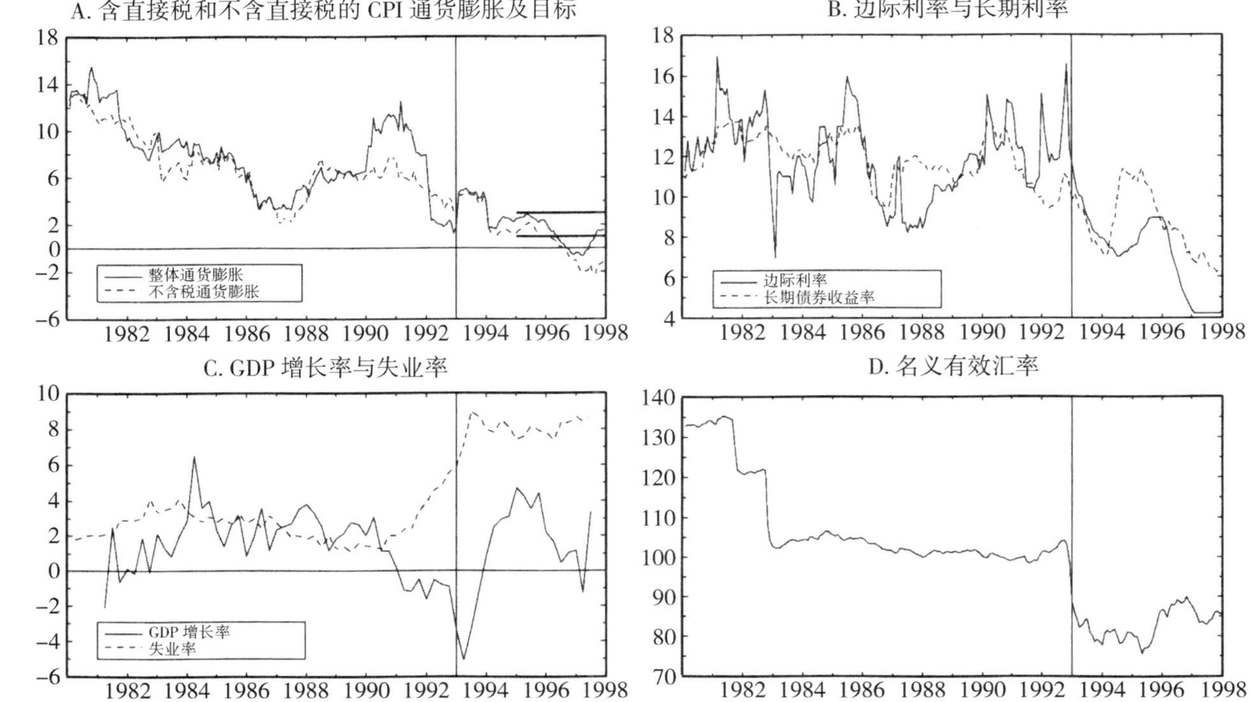

图8—1　瑞典经济指标

资料来源　A. 国际清算银行数据库，瑞典银行；B. 国际清算银行数据库；C. 经济合作与发展组织的主要经济指标；D. 国际清算银行数据库。

的经济萧条似乎越来越成为可能。可以推断，瑞典修改税目的目的是减少导致私人部门债务大幅增多的刺激因素，减轻通货膨胀压力。但是当变化开始实行时已经太晚了，想要维持钉住汇率制度与选择适合于国内经济发展的货币政策的不相容性变得越来越明显了。

1990 年 12 月，当瑞典国会授权政府申请欧共体成员资格时，公众对瑞典克朗的信心显著地增加了。1991 年，10 年期瑞典政府债券收益率迅速下降，反映了该国经济进入衰退期，以及与欧共体更紧密的经济与货币一体化的预期。1991 年 5 月 17 日，瑞典银行决定使瑞典克朗单方面钉住欧洲货币单位（ECU）（相对于以前使用的贸易加权货币篮子）。在该决定公布之后，短期利率与长期利率进一步下降。[①] 为了应对环境的变化，汇率目标的定义也在改变。这种变化说明，甚至在一个看起来不具灵活性的货币体制里也能一定程度地引入灵活性。汇率目标定义的变化，也可以作为与社会公众沟通的一种方式，通过它来强调政府对本国经济与欧共体一体化的承诺。从 1990 年 9 月到 1991 年 9 月，瑞典 10 年期债券与德国同期债券的利差从 4% 下降到 1.5% 以下，这表明对瑞典汇率目标承诺信心的增加。

然而，在接近 1991 年年底时，公众对汇率政策是否同国内经济政策目标相一致的怀疑开始显现出来。特别是在德国统一之后，它采取的紧缩性的货币政策要求整个欧洲货币体系以及其他钉住欧洲货币单位的国家（如瑞典）都必须提高短期利率。然而高利率显然不是瑞典最好的药方。在整个 1991 年，瑞典经济都陷于衰退之中，失业率迅速上升，通货膨胀率从原来就很低的水平进一步下滑。另外，瑞典金融部门饱受不良贷款率居高不下的严重打击。这是紧缩货币政策、前一阶段信用过度扩张以及听信错误的建议而改变管理政策共同作用的结果。这种状况随着芬兰中央银行于 1991 年 11 月 15 日决定将芬兰马克兑欧洲货币单位汇率贬值 12.3% 而进一步恶化，因为这增加了瑞典克朗的市场压力。

但此时，瑞典银行依然决心捍卫瑞典克朗的钉住汇率制度。为阻止 11

① 瑞典银行将瑞典克朗钉住欧洲货币单位的决定是大势所趋。1990 年 10 月 22 日，挪威采取钉住欧洲货币单位的制度。芬兰在 1991 年 6 月 1 日也采取了相同的方式。

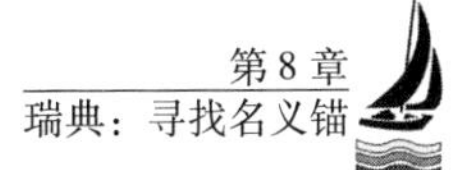

月以来出现的货币大量外流，在12月初，瑞典银行把边际利率从6%提高到17.5%。瑞典银行认为：

短期利率大幅增加可以有效打破负面预期，并因此使货币外流变为内流。在此之后可以再相对迅速地转回到较低的利率。考虑到利率的不确定性，如果仅仅采取谨慎的利率增加策略，会冒无法打破预期的风险。(Sveriges Riksbank，1992a，1，p. 10)

然而，持续地转回到较低利率被证明是不可能的，同时对利率增长的预期增加了人们对金融危机的恐惧。在信用繁荣之后，常常会出现由于货币紧缩政策无法挽救货币贬值而引发的金融脆弱性，这一动态变化过程是维持固定汇率制度的一个内在缺陷。在1992年，瑞典经济依然处于衰退之中，失业进一步增加，金融部门变得更加危险，政府财务状况急剧恶化。① 与1991年12月的道理相同，瑞典银行希望通过在短期迅速大幅度提高利率，能够以一个可以接受的成本来捍卫钉住汇率制。9月8日，瑞典银行宣布，从9月10日起将把边际利率从16%提高到24%。而在9月10日，瑞典银行又宣布，它实际上将把边际利率提高到75%。9月13日，它把边际利率暂时降低为20%。在9月16日的“黑色星期三”，瑞典银行把边际利率提高到500%，并在该星期中一直保持在这一水平上。9月20日，法国对《马斯特里赫特条约》进行公投之后，瑞典银行把边际利率降低到50%。在接下来的6个星期中，该利率逐渐地下降到11.5%。虽然英国和意大利都被迫退出欧洲汇率机制，但是瑞典一直想方设法维持钉住欧洲货币单位。

然而，这次成功地保卫瑞典克朗是不可复制的。12月12日，瑞典国家债务办公室公布了一个人们事先没有预料到的大额借款要求，随后发行的国库券并没有完全售出。这些事情使人们注意到瑞典银行对瑞典克朗的成功保卫并没有解决瑞典经济存在的任何问题。一场新的危机开始了。在以后的一个星期中，有相当于1 580亿瑞典克朗的外币流出瑞典。然而，这一次瑞典银行并没有求助于提高利率的措施。相反，1992年12月19日，瑞典银行

① 在瑞典银行内部对投机冲击和确保瑞典克朗维持浮动利率的记录中，瑞典银行提到了所有这些瑞典克朗敏感性背后的因素。参见 Sveriges Riksbank，1993a，1，p. 10。

决定废除钉住汇率制度，并让瑞典克朗自由浮动。

在作出这一决定之后，瑞典银行马上强调，它依然考虑把价格稳定作为其货币政策的最终目标。实际上，它这次对其目标的表述远比以前讨论的政策更加清晰。

作为对以前（11 月 19 日）宣布的将边际利率提高到 20% 的一种替代，新的利率水平确定在 12.5%，或者说比以前高一个百分点。瑞典银行用这种方式表明，向浮动汇率制的转变并不意味着货币政策最终目标的改变；同时，在新的制度下，瑞典银行将致力于实现价格长期稳定。（Sveriges Riksbank，1993a，1，p. 12）

在接下来的几个星期中，瑞典银行开始着手设计执行货币政策的新框架。瑞典银行同意国内因素将取代汇率成为货币政策的主要决定因素，在政策计划与评价中将采用更为广泛的信息变量。虽然瑞典银行并没定义什么是“价格稳定”，但其声明中的含义清楚表明，它决不意味着零通货膨胀目标或承诺改变过去价格上升的状况。另外，低通货膨胀显然不是瑞典政策制定者唯一关心的目标。如果是这样的话，那么瑞典政策制定者一定会仅仅考虑维持钉住欧洲货币单位的制度，而不管国内经济活动与金融部门的成本有多大。最后，瑞典银行有意就货币政策对经济控制的实际限制同公众沟通，这表现在它在前面引文中所用的“致力于”一词。

在瑞典银行实行瑞典克朗钉住欧洲货币单位的 18 个月以后，降低通货膨胀已经取得显著的成功，瑞典银行想要再次实行钉住汇率制。而且瑞典银行想要避免给人们一种其货币政策没有任何指南和预期参考目标的印象，至少在较长时间内不应如此。然而，与英国相类似，在实行钉住汇率制期间，瑞典政府并没有就汇率目标的替代问题同公众或私人部门展开过讨论。因为更担心这种讨论一旦泄漏出去，将进一步危害政府对钉住汇率制的承诺。

瑞典银行似乎并没有适应新环境的应变计划。瑞典银行的工作人员及一些学术界人士被瑞典银行行长很快召集起来，在相当大的时间压力下，撰写一系列关于形势的文章……包括对加拿大、新西兰和瑞士货币政策等

的研究……这些研究表明新的货币政策将转向哪个方向。（Svensson，1995，pp. 69-70）①

因此，瑞典采纳通货膨胀目标制并没有经过认真考虑，也不是政策上长期计划的转变。应该说，只是对货币政策失去长期依赖的名义锚而被迫采取的行动。由于瑞典银行对浮动汇率制下货币政策的执行经验非常少，所以只是吸收了其他一些具有同样环境的开放国家的近期经验。

查阅当时的文件可以发现，在采用通货膨胀目标制度决策的背后似乎有两个主要动机：第一，在失去固定汇率制以及与之相联系的政策信任度之后（瑞典银行在前期已经尽了特别大的努力来保卫瑞典克朗的前提下），瑞典银行需要一个媒介来传递其将要采取稳定价格的政策。第二，前几年的经验教训表明，必须建立这样一个框架，它能够使得货币政策在处理国内目标时，在短期内具有更大的灵活性，同时要能对各种宏观经济的冲击作出反应。

从第一个动机来看，无疑可以认为，钉住汇率制的崩溃对瑞典货币政策的可信度有很不利的影响。同时，经济状况要求采取比瑞典克朗钉住欧洲货币单位结束时更宽松的货币政策。而两难的困境是，在瑞典克朗贬值（它本身就是一个松货币政策）后就立即采取松货币政策将可能产生很高的长期和短期通货膨胀预期。

在缺乏对……利率政策制约的情况下（没有直接的参考目标），在瑞典克朗下跌之后，外部观察者很难判断货币政策的可能方向及应该建立的目标……瑞典国内外疲软的经济状况与高失业使人们形成了瑞典长期通货膨胀目标一定会倾向于明显扩张性政策的预期。（Sveriges Riksbank，1994a，1，p. 5）

在没有清晰、可靠的直接目标的情况下，宣布一些政策最终目标数字的策略似乎是锁定公众预期与传达政策制定者意图的一种最可取的方法。② 在

① 这里的论文是指在瑞典银行（1992c）发表的那些文章。

② 例如，参见 Svensson（1992，pp. 18-19）的论述。无疑，对于小国而言，开放经济仍然受到经济自由化的影响，任何形式的货币目标都是不可能的。

没有一个明确目标的情况下，执行货币政策不是一个可行的选择。这一观点不仅被加拿大与新西兰的经验所证实（对这点瑞典银行显然是清楚的），同时也被公众本身为货币政策确定一个名义锚的长期经验所证实。

从第二个动机来看，需要更大的短期政策灵活性：在20世纪90年代初期，瑞典需要对外采取的货币政策与对内采取的货币政策出现了冲突。特别是前面提到的，如同瑞典银行判断的那样，虽然采取支持瑞典克朗钉住欧洲货币单位的紧缩货币政策可能会同长期价格稳定目标相一致，但是从短期看，它可能是造成1991—1993年经济衰退的重要原因。这些周期性因素导致了财政赤字，支撑脆弱的银行体系的费用进一步恶化了财政赤字，而事实表明，这种脆弱的银行体系是难以维持的。金融部门以及与之相关的财政赤字问题是瑞典银行所关心的。从更广泛的角度来看，尽管瑞典银行致力于维持价格长期稳定，但它也希望追求多种短期目标，因此它需要一个允许实现这种灵活性的框架。

瑞典银行认为新框架所涉及的内容不仅仅是货币政策的变化。它强调，瑞典银行可信度需要同时考虑财政失衡问题。

> 然而，为了令其（一个通货膨胀目标）具有意义，使该目标具有可信度环境的存在是必需的……因此，其他经济政策等必须与价格稳定目标相一致。在这方面一个重要的不确定性因素是政府财政预算的变化……在一段时间，瑞典经济中的需求是由公共开支来支撑的；同时，对任何经济政策缺乏信心和固定汇率制度，引起了利率升高。如果实现有约束力的预算，将会创造一个较低利率的环境。作为对经济的一种刺激因素，较低的利率——一个较为宽松的货币政策——将会比财政政策所能达到的更为有效。(Hörngren, 1992, pp. 73–74)

归纳起来，瑞典采用通货膨胀目标制有两个目的：第一，要使货币政策直接面向国内目标，包括短期产出的稳定；第二，与此同时，降低社会公众对货币政策长期取向的担心和财政赤字不可维持而最终将货币化的担心。

追求多重目标似乎同20世纪30年代瑞典价格水平目标的成功经验相冲突。瑞典在20世纪30年代的经验是我们目前所了解的20世纪唯一货币政

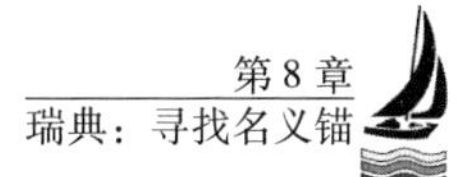

策价格水平目标的真实例证。但是这一冲突更多是表面上的，而不是实际上的。20 世纪 30 年代瑞典价格水平目标在面对世界范围通货紧缩与衰退情况下实现了较低的价格水平。这一政策的主要益处是避免了价格大幅下降所带来的对产出与就业的负面后续影响。通货膨胀目标制一个相似的益处（如加拿大所强调的）是，一个适度管理的通货膨胀目标制度既可以避免通货紧缩，也可以避免过度通货膨胀。

瑞典在 1993 年 1 月采取通货膨胀目标制时，国内经济正处在一场严重的衰退之中。1992 年，实际 GDP 下降 4%；失业率达到 7%，并继续向前所未有的高度发展；中央政府的财政赤字增长到超过 GDP 的 11%。此外，从 1990 年初期开始稳定下降的通货膨胀率进一步降到年均 3% 的历史低水平。虽然从 1992 年最后几个月起，瑞典克朗（对德国马克与欧洲货币单位）14% 的贬值对通货膨胀有不可避免的影响，但是由于瑞典的衰退过于严重，所以没有能改变通货膨胀率下降的趋势。因此，当瑞典宣布采用通货膨胀目标区政策时，几乎不需要进一步采取严厉的政策手段就可以取得成功。然而，为增强其灵活性，瑞典银行通过强调在经济状况达到正常之前不需要考虑实现通货膨胀目标而制定了一个免责条款。有些令人吃惊的是，瑞典选择在货币贬值传导效应可能结束之后来设定通货膨胀阶段目标，而这一实际情况并没有导致其对未来的类似冲击设立明确的免责条款（例如新西兰就有这样的条款）。然而可以想象到，瑞典银行与瑞典政府在环境不利时可以使用这一实际上的免责条款。

在瑞典克朗开始浮动之后，关于货币政策的政治分歧开始出现。执政的自由—保守联盟支持瑞典银行的谨慎降低利率的政策，而虽然也应该支持实行通货膨胀目标制的社会民主党却主张采取更积极的货币扩张政策。[①] 从政治角度看极为奇怪的是，2% 的 CPI 通货膨胀目标（1% 和 3% 之间的中点）是在下一次普选后 1995 年前设立的，而该通货膨胀目标要求在 1994 年 9 月之前实现。因此，虽然当时经济衰退与通货膨胀都已经减速，通货膨胀目标

① 关于 1993 和 1994 年期间货币政策的政治讨论的详细叙述参见 Svensson（1995）。

似乎也一定能够实现，但是社会公众对政府关于通货膨胀目标承诺的力度还一定存在很多的疑惑。

现任政府之后通货膨胀目标制承诺仍可以延续下去的使人信服的能力是令人感兴趣的。从英国与加拿大的分析中可以了解到，一旦通货膨胀目标向社会公布，并为实现目标而采取了一些措施，继任的政府除了延续该政策以外，几乎没有什么选择。因此，通货膨胀目标的宣布似乎能够给公众带来一些实质性的影响，而无论哪个政党执政。

8.2 通货膨胀目标制的操作框架

除了 1993 年 1 月 15 日瑞典银行管理委员会的最初宣布之外，一直没有详细阐述瑞典通货膨胀目标制度框架的官方文件与表述。由于这方面资料的缺乏，关于瑞典货币政策的新框架在某种程度上是不清晰的，包括对通货膨胀目标的考虑。总体来讲，瑞典并不像其他采用通货膨胀目标政策国家那样强调透明度。在某些时候它似乎采纳这样的观点：公众了解得越少越有利于维持货币政策灵活性。正如在第 3 章中曾经讨论过的，虽然在短期的某些情况下，灵活性与透明度之间的确存在着替代关系；但现有的证据都支持，从长期看，灵活性与透明度趋于互相增强。

根据通货膨胀目标声明，瑞典货币政策目标是“从 1995 年起，把消费者价格指数年增长率控制在 2% 以内”（Sveriges Riksbank，1994，1，p. 6）。同所有其他采用通货膨胀目标制国家一样，价格稳定的操作性定义是一个高于零的谨慎的通货膨胀率（最初的通货膨胀目标区设定为 1% 到 3%）。考虑到瑞典金融体系当时正处在非常脆弱的时期，显然瑞典银行想要阻止通货紧缩，因为通货紧缩会进一步削弱瑞典金融体系。在该声明中没有提到目标 CPI 中不包含哪些项目，同时也没说明目标价格指数在什么情况下应该修正。这一遗漏是很令人吃惊的，例如考虑间接税的变化对瑞典 CPI 的重大影响。通过比较包括所有项目的 CPI 通货膨胀率与剔除掉间接税和津贴的通货膨胀率（参见图 8—1 中的 A 图的实线与虚线）演化过程，可以发现，税收

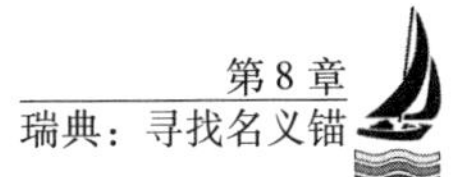

变化的第一轮影响是非常大的。同时（可以推测），1992 年 11 月，瑞典克朗一次性贬值对进口石油和食品已经要求在目标价格指数的确定中考虑这一因素。瑞典银行通过推迟通货膨胀目标区开始的时间，一个比简单从通货膨胀目标指数中剔除这些因素更特别的方法，来避免回应瑞典克朗贬值以及前面提到的利率增加的影响。

无论如何，对区分核心通货膨胀与整体 CPI 通货膨胀似乎缺乏兴趣，是瑞典框架与其他主要采取同样政策国家的一个重要区别。在这方面，它同新西兰的对照是非常明显的。如在对新西兰的研究（第 5 章）中所提出的那样，狭义通货膨胀（不包括很多类型的通货膨胀冲击）只能部分地弥补货币政策对一个开放小国经济不稳定的潜在的短期影响。瑞典决定将广义或整体通货膨胀标准定为指标，而不是将衡量核心通货膨胀的修正指数作为通货膨胀目标。这要么表明，它希望在面对冲击坚持通货膨胀目标时能够更加灵活；要么表明，其政策制定者具有更大的承受风险的能力。

瑞典以整体通货膨胀作为目标，可能反映了该指标在集体谈判与工资指数方面所起到的核心作用。然而，在公众清楚工资集体协商中指数化与通货膨胀问题的情况下，使工资和价格确定者了解核心通货膨胀目标似乎不应该是一件难事。政策制定者积极讨论赞成的观点和反对的观点，随着时间的推移，逐渐把基底通货膨胀问题交由公众讨论。[①] 例如，1997 年 12 月的《通货膨胀报告》以一种类似于其他采用通货膨胀目标制国家报告的方式刊登了剔除间接税、津贴和所有者住宅利息成本后的 CPI 通货膨胀预测。

该通货膨胀目标阐述中的另外一个含混之处在于，在某些情况下，人们不清楚从 1995 年开始的 2% 目标是指 1995 年及以后的月度通货膨胀率（以年平均化为基础来进行衡量）还是 1994 年 12 月到 1995 年 12 月全年的通货膨胀率。“只是在最近，瑞典银行的官员才澄清，通货膨胀目标并不是指 1995 年中单个月份的 12 个月通货膨胀率”（Svensson，1995，p. 82）。所以像其他采用通货膨胀目标制国家一样，瑞典通过为其通货膨胀目标设立较长

① Berg & Grottheim（1997，pp. 171-175）.

的时间段来构造一些灵活性。而且，瑞典认为，目标实现的标志不是基于最近的日历年度，而是最近四个季度。①

另外，一旦通货膨胀目标达到了，通货膨胀目标的时间区间就变成不固定的。与其他实行通货膨胀目标制国家一样，瑞典银行可以通过清楚地表明要实现通货膨胀目标的时间范围，来增强其政策的责任感与透明度。瑞典银行在开始时没有表明这一承诺的原因。我们不清楚，在 1995 年年初整体通货膨胀率高于 3% 是否应该认为没有达到目标。这只能留给公众去猜想了。同时，它也没有清楚表明，当目标被突破时情况会怎样。然而，如同近来英国的框架一样，瑞典银行被要求一年至少要向公众解释一次是否出现任何目标区的偏离。

根据瑞典银行的解释，货币政策框架的时间区间为 3 年，在这期间内，通货膨胀率要保持在 1% 到 3% 的目标区间之内。尽管瑞典银行近期的经验表明一个窄的目标区很难维持汇率稳定，但是，其决策层还是选择了窄幅区间通货膨胀目标，而不是点目标。这样做的原因在于意识到，在放弃钉住欧洲货币单位之后需要重新建立信任。如同我们在第 3 章讨论过的，在目标区间的幅度选择上存在着一种替代关系：在其他条件相同的情况下，目标区的幅度越窄，公众越有可能认真考虑中央银行对通货膨胀目标的承诺。从另一方面看，窄的目标区间降低了政策的灵活性，增加了由于一时疏忽而突破目标的风险，并有可能带来政策工具的不稳定性（为了尽量使通货膨胀保持在目标区理想的范围内而突然地调整利率）。此外，瑞典考虑到其金融部门存在的问题，的确将其通货膨胀目标的底线设为 1%，为零通货膨胀留有一些余地。

根据 1993 年 1 月的声明，瑞典在选择通货膨胀目标制初期没有采用加拿大式的通货膨胀过渡路径指导原则，原因是要增加短期灵活性——特别是要使货币政策从抵消 1992 年 12 月瑞典克朗贬值的第一轮冲击中摆脱出来。相反，很像其他采用通货膨胀目标制的国家，其货币政策仅仅用来防止增加

---

① 我们感谢 Claes Berg 对这一问题的论述。参见 Bäckström（1994）。

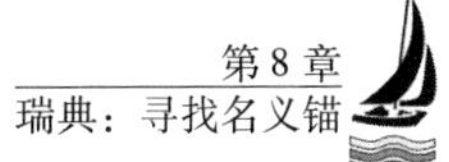

"基底通货膨胀率" 带来的贬值效应。同样，推迟执行通货膨胀目标，实际上相当于行使了免责条款。然而，考虑到其结构设计中没有衡量基底通货膨胀的指标，事实上这一免责条款再也没有被应用过。应用免责条款与实现通货膨胀目标制过程中缺乏对基底通货膨胀衡量标准的矛盾，需要瑞典银行不断为之辩解：如果一个允许当局忽视那些不影响核心通货膨胀冲击的免责条款是可以接受的，那么适当的通货膨胀目标似乎应该是核心通货膨胀的衡量标准，而非整体通货膨胀。

瑞典银行强调，它不会在新的政策框架中使用任何中间目标：

> 必须在缺少一个假定可以满足控制力的标准并同价格形成有稳定关系变量的情况下作出这一决定……瑞典的货币政策控制，如同其他大多数实行浮动汇率制的国家，开始以研究未来活动与未来通货膨胀的几个指标来替代形成经济发展与通货膨胀过程的综合情况的尝试。(Sveriges Riksbank，1994，1，pp. 6–7)

瑞典银行所应用的信息变量包括货币与信贷总量、汇率、利率（以收益率利差形式或者结合作为货币条件指数的汇率的形式来表示）、工资及一些货物价格（如进口价格与商品价格）。在阐述政策时运用这么多信息变量是与下面的观点相一致的，即当前通货膨胀预测本身必须既是中间目标，又是解释政策决策的基础。[①]

由于瑞典银行管理委员会是国会的臂膀，所以国会对货币政策的监管似乎是很放心的。该委员会的 4 名成员包括由执政党提名的主席和由反对党提名的另外 3 名成员。委员会成员的任期与国会的任期相同。尽管可以任命议员以外的人，但是绝大多数被任命者都是国会议员。瑞典银行行长由管理委员会成员来决定，任期为 5 年，并可以在任何时期解除其职务。根据所有标准化的法律标准，瑞典银行是欧洲独立性最差的中央银行。然而，瑞典银行实际上还具有一些合理的自主性，甚至承担对汇率进行干预的责任（不像大多数其他欧洲中央银行）。

---

① Svensson（1997a）认为通货膨胀目标制应该被解释为中央银行使用通货膨胀预测作为中间目标。

在瑞典克朗自由浮动之前，一个由政府任命的委员会曾负责瑞典银行改革计划。该委员会于 1993 年 3 月向政府提交了报告。该报告建议，设立法定的价格稳定目标，并给瑞典银行更多的独立性。但是面对国会中社会民主党的反对以及建立和实施新的货币政策框架的压力，政府作出了不向国会提交该建议的决定。[①] 加拿大也有类似的一个时机不当的建议报告，该报告建议以一个新的名义锚来替代正式增加其央行独立性的计划。然而，如同加拿大一样，瑞典通货膨胀目标的制定实际上增加了中央银行操作上的独立性。在 1997 年，增加瑞典银行法定独立性的法律议案重新提出，并成功地通过了国会的一读。[②]

如同我们所指出的，由于瑞典银行在某种程度上是国会的臂膀，所以在瑞典不存在对货币政策的明确的监督机制。国会选举过程中一直在确保瑞典银行的责任性，因为货币政策的表现有助于决定政府选举的命运。然而，许多经济学家（包括我们本身）认为，瑞典的这种制度安排是一个相对于完全政策工具独立的中央银行来讲较差的次优选择。

瑞典银行通过《通货膨胀报告》向公众报告其货币政策（到 1995 年 12 月之前该报告名称一直为《瑞典通货膨胀与通货膨胀预期》，1995 年 12 月后改为《通货膨胀报告》）。该报告从 1993 年 6 月至 1995 年 12 月，每年出版 3 期；1995 年 12 月以后，每年为 4 期。从第 1 期开始，该报告的格式已经几次进行了改变。在最近的格式中，该报告有各种通货膨胀标准的调查总结。该报告同时也包括目前通货膨胀压力指标（生产能力利用率）、重要部门、劳动力市场和财政政策的发展情况以及货币总量。通货膨胀预期部分报告了对家庭与企业（1 年时间段）和债券投资者（2 年和 5 年时间段）抽样调查的结果，以及从 1994 年 10 月起对货币市场经纪人、采购经理、雇主与雇员组织（1 年、2 年和 5 年时间段）的调查结果。由于瑞典实行集中化的各阶层合作的工资谈判制度安排，所以应该比其他国家更加容易获得准确的通货膨胀预期数字。该报告的这一部分同时也给出一些金融市场的通货膨胀

① 瑞典银行改革问题的讨论详见 Svensson（1995）。
② Berg & Grottheim，1997，pp. 178–180.

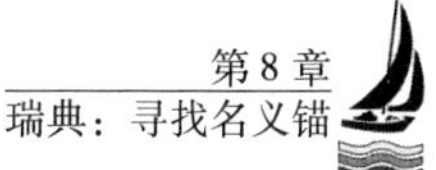

预期指标，如一些有关远期利率曲线的运动及同德国对比的利差。另外，与其他实行通货膨胀目标制国家的中央银行发表的报告一样，瑞典的《通货膨胀报告》也经常刊登一些对正在讨论的经济问题进行解释的文章，目的在于教育公众。

直到 1995 年 6 月以前，《通货膨胀报告》都是由瑞典银行的经济部来发行，并由该部的负责人来签署，而不是由行长或管理委员会来签署。虽然在责任性方面会有些成本，但是对于通货膨胀情况的专业评估与影响瑞典银行的政治力量之间不言而喻的距离可以增加该评估的可信度。然而，从 1995 年 11 月起，《通货膨胀报告》改由瑞典银行发行，并由该行行长来签署。在这一期的前言中有这样一段声明："瑞典银行管理委员会在对通货膨胀进行分析的基础上，讨论了对未来货币政策的设计。"这可能被看成是为避免出现英国式的政策分析与政策责任相分离情况而进行的努力。当然，从理论上讲，即使是政府任命的管理委员会否决了行长的决定，也还为公开反对政策留有一定的空间。

与德意志联邦银行非常类似，瑞典银行在最初并没有公布自己对通货膨胀的预测。只是从 1995 年 6 月以后，《通货膨胀报告》开始包含瑞典银行对未来一到两年通货膨胀将处于目标区内或外，以及在目标区的上半部或下半部的预测结果。具体来说，瑞典银行与新西兰储备银行处在目标区体系的两个极端，而英格兰银行和加拿大银行处在大约中间的位置。在以整体 CPI 为通货膨胀目标方面，瑞典银行在实践中渐渐地转向了其他采用通货膨胀目标制的国家建立的标准。1997 年 12 月，瑞典银行开始以英格兰银行的形式，通过图表来公布对通货膨胀的预测。

如同我们在前面提到的，到目前为止，在瑞典银行改革中最有挑战性的是政府任命的瑞典银行管理委员会的报告，该报告于 1993 年 3 月初提交给政府。① 该报告包括 3 个主要建议：（1）由瑞典国会为瑞典银行设定法定目标。（2）改变瑞典银行管理委员会提名的规则与构成，目的是使该委员会

① 这一论述是根据瑞典银行管理委员会报告（SOU 1993：20）的摘要，所有参考的引文也是来自于这一摘要。感谢 Lars Svensson 为我们提供这一摘要的英文版本。

与国会保持一定的距离。（3）（在该委员会报告附加的一份专家报告中提出）对瑞典银行管理委员会成员或者行长实行严格的业绩条件标准（通过解除职务的威胁来增加威力）。

虽然该委员会的报告不是法律文件，但是也应该简单地对它进行一下分析，因为它影响了关于瑞典银行的公开辩论，也因为它提出的关于通货膨胀目标政策及中央银行独立性的观点。瑞典银行法定目标设计可以看做使该银行向更加独立的方向前进。“瑞典银行更大的独立性……以（国会）为其设计行动目标为前提条件。这使货币与汇率政策具有民主性的基础。”该委员会进一步提出了瑞典银行的目标：

应该是……价格稳定。不应通过立法以量化形式来确定特定的通货膨胀目标。目标应考虑通货膨胀在中期和长期的发展。

价格稳定目标应该从政策操作上来进行定义，即它能够随着环境的改变而变化。它不应该过分地注重短期，它应该成为长期通货膨胀预期的锚。该建议进一步提出，追求价格稳定并不意味着货币政策不考虑其他目标。

价格稳定目标并不意味着货币政策不考虑其他目标。只要在不会损害价格稳定目标情况下可以促进其他目标的实现，瑞典银行就应该支持总经济政策，并为其他目标的实现作出贡献。

同样，关于价格稳定的长期责任与短期灵活性的这一区分，以及通货膨胀目标作为框架与作为规则的区分或多或少地借鉴了本书中讨论的其他国家的政策制度及实践（例如，可以发现在语言上很像德意志联邦银行的章程）。虽然该报告没有被采用，但却在瑞典广为流传，并与瑞典银行目前的目标与角色相一致。

8.3　通货膨胀目标制下的瑞典货币政策

我们现在开始讨论 1993 年 1 月瑞典采用通货膨胀目标制后货币政策的发展。在图 8—1 中的 A 图中，曲线表明 1993 年 1 月以后的货币政策可以分为 3 个阶段。第一阶段的时间跨度为从通货膨胀目标制被采用到 1994 年 4

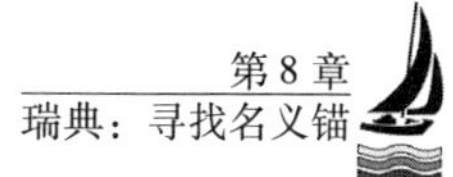

月。该阶段的特征是通货膨胀率下降、GDP 增长反弹以及短期利率下降。第二阶段的时间为 1994 年 5 月到 1995 年年底。在这一阶段，通货膨胀率开始增加，达到 1% ~3% 的目标区的上半部，同时 GDP 增长强劲，短期利率上升。在第三阶段，即 1996 年年初到 1997 年年底，1994 至 1995 年的情况开始逆转：通货膨胀率迅速下降，突破了通货膨胀目标的下限，同时 GDP 增长减缓，短期利率迅速上升。

1993 年 1 月，年度 CPI 通货膨胀率明显上升，从 1992 年 12 月的 2% 增至 1993 年 1 月的 4.8%。通货膨胀率增长的最主要原因是 1992 年 12 月瑞典克朗贬值对进口商品造成的巨大传导效应。1993 年 4 月，通货膨胀率渐渐达到 5.2% 的峰值。在 1 月的上半月，10 年期政府债券的收益率略有增加，但是在宣布采用通货膨胀目标制后，它又继续着瑞典克朗贬值后开始的下降趋势。由于清楚地意识到市场参与者在当时对未来货币政策不确定性的程度，瑞典银行开始谨慎地调低利率。1994 年通货膨胀率的预期高于 4%，这主要基于对瑞典银行由于为克服经济衰退而必须大幅降低利率的分析上。的确，在 2 月 5 日，瑞典银行把边际利率从 10.5% 降低到 9.75% 后不久，就被迫对货币市场进行干预，以阻止短期利率降低到 9% 以下。1993 年第一季度，瑞典克朗进一步贬值，可能是对国会在政府财政赤字问题上陷入僵局的一种反应。瑞典政府的财政赤字在当时达到创纪录水平。

从 1993 年 4 月直到年底，通货膨胀率都在下降（除了在 10 月和 11 月有短暂的上升）。10 年期政府债券的收益率从 1 月的 10% 降低到 12 月的 7.25%，与德国政府同期债券收益率利差从 1 月的 3% 以上降低到年底的略高于 1%，达到了一个在钉住欧洲货币单位时从未实现的低水平。瑞典银行继续其谨慎的宽松货币政策，通过 8 次 0.25% 的降低利率操作，使利率下降到 7.75%。到 11 月，对债券投资者的抽样调查显示，对 2 年内通货膨胀预期已经下降到 3%，而 5 年内通货膨胀预期依然高于 4%。大约在 1993 年年底，信号显示 GDP 增长率再度转为正值，这主要是由出口增长带动的。瑞典克朗贬值以后，由于衰退期间大量工作岗位削减后的劳动力单位成本下降提高了瑞典出口部门的竞争力。到年底，以贸易加权指数计算，瑞典克朗已经比1992年11月的水平贬值了24%。

1994年1月，整体通货膨胀率从1993年11月的5%和12月的4.1%下降到1.9%，这是瑞典克朗贬值减缓的直接影响。在整个4月，通货膨胀都处在这个新的低水平。1994年1月，10年期政府债券收益率达到了7%的最低点。然而，在国际债券市场从1994年1月到8月的低迷时期，10年期债券收益率从7%上升到11.4%，瑞典与德国10年期债券收益率利差从稍高于1%扩大到4%以上。从1月到5月，由于国内实际因素和金融环境的刺激，瑞典银行继续降低边际利率，通过3次0.25%的操作，降低到7%。一直到1995年年底之前，瑞典有关当局都没有保证通货膨胀目标的实现，但是通货膨胀目标框架的公布似乎在瑞典克朗贬值之前就已成功地将通货膨胀预期锁定在较低水平。同样值得庆幸的是，瑞典克朗贬值并没有造成对通货膨胀的重大冲击。与英国一样，瑞典从汇率目标制到通货膨胀目标制的转变在没有以较大的通货膨胀成本为代价的前提下，为放松政策限制与国内（而不是德国）需求相一致提供了灵活性——尽管人们普遍预期退出欧洲汇率机制将会对货币政策的信誉有严重影响。

进行民意测验的专业预测者对通货膨胀预期的估计在1994年上半年几乎一直没有变化，1994年为2%，1995年为3%，均处于目标区范围内。整体通货膨胀率从1994年4月的1.8%上升到5月的2.3%。实体经济方面的信号是混杂的：虽然第一季度的出口与私人消费都在上升，但是投资部分依然在下降。在6月中旬出版的《通货膨胀报告》中，瑞典银行总结说，“1994年的经济增长似乎较疲软”，同时来自劳动力市场的通货膨胀推动也是很弱的（Sveriges Riksbank，1994b，June，p. 16）。由于没有将要产生通货膨胀预期的明显信号，瑞典银行宣称，长期收益率上升“可能与那些并不代表通货膨胀预期增加的因素有关”。它提出的因素包括债券投资策略的变化和政府没能解决财政赤字问题等（Sveriges Riksbank，1994b，June，p. 36）。这一观点得到了该年上半年瑞典克朗大幅升值的支持。更为重要的是，瑞典银行向公众的解释强调货币政策控制经济的局限性。瑞典银行同时还透漏，尽管存在官方通货膨胀目标是根据整体通货膨胀来定义的问题，但是并非货币政策要对所有通货膨胀的变动都采取同样的行动。

6月的《通货膨胀报告》发表不久，就开始清楚地显现通货膨胀的前景并不如最初的预想。6月，整体通货膨胀率上升到2.9%，9月也仅仅下降到2.7%。基底通货膨胀指标表明了春季期间的明显上升，显示出价格增长的基础广泛，并发生在所有重要的经济部门。而且，由于衰退期间出现的生产能力减少以及在瑞典克朗贬值后出口需求的强劲增长，现存的生产能力几乎被完全利用。此时，生产能力利用率指标——通货膨胀压力的重要指数——达到1989年以来的最高水平。专业预测者在夏季时对1994年的通货膨胀率预期从2%攀升至3%，而债券投资者对2年内和5年内的通货膨胀预期分别上升至3.4%和4.2%。同时，政府借款的需求依然保持稳定，但却在一个非常高的水平上。8月11日，这些变化因素促使瑞典银行把回购利率（从6月1日起该利率取代边际利率成为瑞典银行的政策工具）从6.92%提高到7.2%，这是从1992年瑞典克朗贬值后就一直保持下降趋势的短期利率的一个逆转。

如同人们广泛预测的那样，在1994年9月18日的议会选举中，社会民主党成为控制政府的主要政党。在选举前几周中，该党表示将不改变通货膨胀目标制，也不会更换瑞典银行行长——Urbran Bäckström。在组成少数派政府之后，社会民主党任命最后一位社会民主党财政部长Kjell-Olof Feldt（他已经从政治生涯中退出，且不是国会成员）为瑞典银行管理委员会主席。这一任命进一步显示出该党将避免对货币政策施加直接政策压力。虽然在最初的通货膨胀目标声明中就已表明，从1995年起，通货膨胀目标制就将被一直采用下去，但是新政府关于保留通货膨胀目标制不变的决定依然是对该原则的一个重要确定。如同加拿大和英国一样，在通货膨胀目标制采用后，国会构成从右派多数到左派多数的变化非但没有导致通货膨胀目标制的改变，实际上反而增强了公众对于政府将对价格稳定承担长期责任的感觉。重要的是，这种政策的延续性一般都发生在这样一些国家，即货币政策目标选择是政府的特权，不存在改变货币政策的法律与程序障碍。表面上，公开的通货膨胀目标声明可以作为政府优先考虑的一个约束条件，而不需要进一步“捆住（政府的）手”。

在选举结束之后，瑞典银行开始对财政政策提出批评。在10月中旬出版的《通货膨胀报告》中，瑞典银行提出：

通货膨胀预期以及与之相伴的疲软的汇率和高的长期利率是中央政府借贷需求一直非常高的后果……（一个）稳固的中央政府财政对于实现中央政府债务的可持续发展是至关重要的。而这些需要创造的条件是较低的通货膨胀预期、长期利率的下降和瑞典克朗的升值。（Sveriges Riksbank，1994b，October，p. 8）

从1993年到1994年，通货膨胀预期及与之相关的长期利率依然很容易受到政府高额财政赤字的伤害。通货膨胀目标制的存在使得瑞典银行可以勾画出它承担责任的那些政策的各个方面，并且为它赞扬（或批评）那些它不承担责任的政策提供了平台。

在1994年第三季度整体通货膨胀率逐渐下降之后，1994年11月，整体通货膨胀率开始上升，到1995年4月达到3.4%的峰值。一直到4月，10年期政府债券收益率都一直在11%到12%之间波动，与德国政府同期债券收益率利差从3月到4月扩大到4%以上。根据《通货膨胀报告》1995年2月与1995年6月发表的抽样调查结果，1年内、2年内和3年内的通货膨胀预期处于3.5%到4%之间。很显然公众并没有指望通货膨胀目标能够实现，也没有指望在该年的后半期通货膨胀率能下降。瑞典银行在10月27日提高了回购利率，12月13日再次将其提高到7.6%。这些行动之后伴随的是1995年2月到4月连续地大幅提高利率，回购利率达到8.5%的高点。尽管短期利率上升，但是在1995年第一季度瑞典克朗却大幅升值。

1995年夏季，状况开始改善。整体通货膨胀率在4月达到峰值，到7月回落到通货膨胀目标区的上半部。同样，10年期政府债券收益率及其与德国同期政府债券收益率利差也在4月达到高峰，分别为11.4%和4.7%。从3月以后瑞典克朗就没有再进一步贬值，在6月开始升值。7月5日，瑞典银行将回购利率提高到8.91%，在该年的余后时间里一直都保持不变。在瑞典银行出版12月的《通货膨胀报告》时，紧缩的货币政策的后果开始

显现出来。基底通货膨胀指标从4月起就开始稳步下降。从1994年年末以来，私人消费就一直没有增长，工业生产能力利用率几乎没有发生变化。一部分原因是产业投资的良性增长提高了生产能力。1995年，政府财务状况明显改善，而且正在实行的财政紧缩预计对私人消费有进一步抑制的效果。货币政策的状态由6月以来瑞典克朗升值10%来支撑。根据这些情况变化，瑞典银行自身关于1996年CPI通货膨胀率的估计是2.5%到3%之间。

到1995年年底，瑞典银行抽样调查显示，其所关注的1年内、2年内和5年内通货膨胀预期都已回落到3%以下。到1996年1月，整体通货膨胀率下降到2%。10年期政府债券收益率自4月以来从9.2%（注：英文原文为3.2%，译者分析为笔误）下降到8.2%，与同期德国政府债券收益率利差缩小至2.5%。前6个月通货膨胀状况的改善，促使瑞典银行在1月到2月通过4步操作将回购利率降低80个基点，减至8.05%。2月末的远期利率显示，投资者预期到该年年底短期利率会降到7.25%。不过，从1月首次降低回购利率以来，10年期远期利率上升了近150个基点。这表明公众对价格稳定承诺的信心骤降。

在1996年3月出版的《通货膨胀报告》中，瑞典银行表示了对通货膨胀压力已经回落的信心。第一，从1995年下半年开始，国内与国际经济活动都开始减缓速度。第二，1995年的通货膨胀结果明显低于1994年年底的预期。根据这些情况，瑞典银行认为：

> ……与1995年经济出人意料地强劲增长的事实相伴随的是相对有限的通货膨胀以及通货膨胀预期的下降，这表明早期的通货膨胀模式已经被打破。但是，它还继续适应工资形式，这样，在工资成本发展与价格稳定相一致的同时，就业也能提高。(Sveriges Riksbank, 1996b, March, p. 10)

与德意志联邦银行一样，瑞典银行在企图降低通货膨胀预期的时候，必须面对集中化的工资确定机制以及政府脆弱的财政政策。瑞典银行采取了工资率提高并不一定决定价格增长的立场。这样，即使瑞典银行注意到由高工资方案导致的通货膨胀，但是它强调它考虑到了“通货膨胀符合通货膨胀目标的条件……是良好的”（Sveriges Riksbank, 1996b, March, p. 10）。

1996年第二季度与第三季度，通货膨胀率继续以未曾预料到的速度下降。4月，整体通货膨胀率为1.3%。在6月初出版的《通货膨胀报告》中，瑞典银行把低于预期的通货膨胀数字主要归功于较低的进口商品价格和较低的抵押贷款利率。瑞典克朗的继续升值同样对降低外国对瑞典出口商品的需求造成影响，而这是1996年上半年GDP增长速度明显减缓的主要原因。1996年上半年10年期政府债券收益率依然处在8%到8.5%之间，该收益率的变化很大，表明通货膨胀率的下降很大程度上是周期性与暂时性的。从3月到5月的3个月中，瑞典银行进一步把回购利率降低155个基点，达到6.5%。对未来1年和2年的通货膨胀预期分别下降到2%和2.5%。瑞典银行认为“可能……在1996年，下半年通货膨胀率（以CPI来衡量）将趋于上升……但是在1996年的余下时间里将会低于2%”（Sveriges Riksbank，1996b，June，p.19）。然而与3月出版的《通货膨胀报告》中的乐观情绪形成鲜明对照，瑞典银行在此时强调通货膨胀下降主要是因为国际经济持续低迷和劳动力市场疲软。

似乎瑞典银行对1996年夏季到秋季通货膨胀率的迅速下降感到意外。到9月整体通货膨胀率已经跌到目标区底部以下，达到0.2%。10月，瑞典银行进一步把回购利率降低185个基点，达到4.65%，同时10年期政府债券收益率降到8%以下。在第二和第三季度，GDP增长率依然稳定地保持在较低的水平。10月，尽管工业部门的平均工资在1996年增长6%，瑞典依然出现了自1959年以来的首次通货紧缩，按年度环比计算，整体CPI下降0.1%。瑞典银行和瑞典政府指出这是由于食品增值税（从21%下降到12%）削减和家庭抵押贷款利率下降的一次性影响。尽管没有关于核心通货膨胀的官方统计数字，有关当局特别指出，不包括这些影响因素的通货膨胀率依然在1.5%到2%之间，因此落在目标区内。财政部长Erik Asbrink表示，政府认为经济发展“是非常积极的……并不是我们处在经济下降边缘意义上的通货紧缩。相反，越来越强的信号显示我们正处在经济上升阶段的分界点”（McIver，1996）。尽管瑞典银行所要承担的通货膨胀目标责任是整体CPI通货膨胀率，但是只要基底通货膨胀率还是比较温和的，瑞典的货币

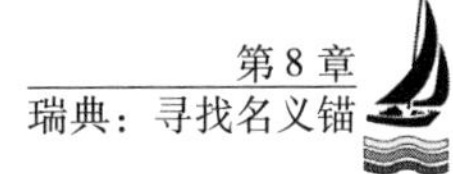

政策制定者就不会让一次通货膨胀目标的突破来决定他们的政策。

在CPI通货紧缩后，瑞典银行在1996年12月的《通货膨胀报告》中承认："1996年通货膨胀率将低于通货膨胀目标区可以容忍的较低界限。这一低通货膨胀率主要是对经济政策信心增加的结果，它使利率下降，使汇率坚挺。"（Sveriges Riksbank，1996b，December，p. 4）预期的错误被认为是对通货膨胀目标制框架可信性意外增加的一个结果。在该报告的结尾部分，瑞典银行虽然承认，由于反通货膨胀而引起产出低于瑞典经济潜力，但是它对其进行了充满希望的解释：

此外，在价格形成方面出现了一些更持久变化的征兆。低通货膨胀与近年来已经下降的通货膨胀预期结合在一起，这似乎表明，国内与国际竞争力的增加已经改变了价格的行为。这些变化似乎在日常用品与服装的贸易方面表现得尤为显著……在通货膨胀保持稳定且水平较低的经济环境中，生产集团内部与集团之间的价格转移是更加透明的。这导致竞争更加激烈，成本自动转移到消费价格中的可能性更小。（Sveriges Riksbank，1996b，December，p. 7）

在这样的判断能够得到强有力的支持之前，瑞典银行需要一定的时间与更加充分的数据。在分析瑞典工业部门工资增长与失业率上升方面，该报告还指出"工资形成方式目前还没有能够适应低通货膨胀的经济环境"（Sveriges Riksbank，1996b，December，p. 11）。[①] 毫无疑问，通货膨胀率已经下降，但是没有证据表明，通货膨胀正在转为通货紧缩。家庭预期抽样调查显示，未来两年的通货膨胀预期为1.5%，未来5年通货膨胀预期为2%，均符合宣布的通货膨胀目标。

一个特别令人感兴趣的问题是，瑞典银行在通货膨胀率低于约2%的预测和"可以容忍的区间"情况下如何进行操作。在1996年12月的《通货膨胀报告》中题为《货币政策总结》的一章中，瑞典银行强调了货币政策对通货膨胀影响的滞后与在确定现行货币政策时需要对未来通货膨胀进行评

① 参见Berg和Lundkvist（1997）对瑞典经济针对通货膨胀目标制的结构性调整的论述。

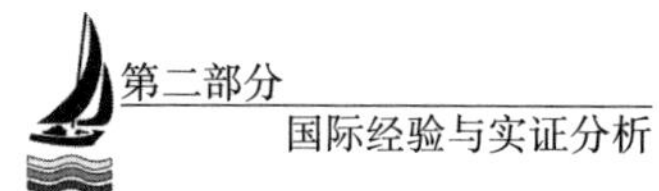

估之间存在着紧密的关系。特别是，在对通货膨胀行为的实质性变化采取行动，而该变化是由于实行通货膨胀目标制而造成的时候，必须要特别谨慎。

由于向浮动汇率制与价格稳定目标转变，造成了货币政策同需求及通货膨胀之间的传统联系的变化，货币政策对需求与通货膨胀的影响也更难预测了。瑞典经济可能也在走向一条在货币政策设定时没有预测到的新道路。如果经济趋势看起来正在走向通货膨胀的反面，货币政策需要调整，通货膨胀会渐渐地回到通货膨胀目标内。在这种情况下，即使是要使通货膨胀在短期内维持在目标区内也需要强的、可能是不合理的货币政策手段，而这样的货币政策手段可能会导致不稳定性的后果。(Sveriges Riksbank，1996b，December，p. 26)

与新西兰储备银行不同，瑞典银行对通货膨胀突破目标区的处理不像货币政策工具急剧运动那么严重，而货币政策工具急剧运动对阻止这种突破是必不可少的。在前面提到的报告发布的同时，瑞典整体 CPI 通货膨胀率已经连续 6 个月在 1% 到 3% 的目标区以下。这种突破并没有引起公信力的瓦解，这可以从通货膨胀预期数字中看出，因此瑞典银行执行政策的灵活性似乎是没有成本的，至少在短期是这样的。

瑞典银行并不采用对称的方法来处理通货膨胀，对低于超出通货膨胀目标下限的通货膨胀采取行动的强度要低于超出目标上限的通货膨胀，这很类似于德意志联邦银行有时对其货币增长目标的方法。不过瑞典银行对渐进主义的强调、对“不稳定”影响的担心，再加上对目标幅度内长期通货膨胀预期的详细描述，使得那样的解释似乎是不正确的。而且，虽然德意志联邦银行是否用货币增长来处理通货膨胀目标失守在很大程度上依赖于通货膨胀环境，但是德意志联邦银行在处理高于和低于理想水平的通货膨胀时所采取的行动很少是不对称的。瑞典银行政策应该看成是另一种类型，即它的透明度和与社会的沟通（包括对未来指标与基底通货膨胀的评论，虽然实际上官方通货膨胀目标是整体 CPI）增加了其政策的灵活性。

瑞典银行副行长 Lars Heikensten 在 1997 年 1 月举行的一次讨论会上对处理通货膨胀目标失守的灵活性与解释经济预测透明度之间的联系进行了评

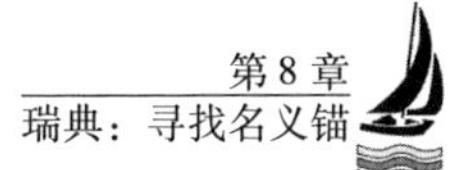

论。在对曾导致整体 CPI 通货紧缩的综合要素（瑞典克朗升值、抵押贷款利率下降等）进行总结之后，Heikensten 对为什么没有采取相应的货币政策使通货膨胀回到目标区内进行了解释：

这是因为，它是 1996 年通货膨胀平均水平处于瑞典银行目标区以外的临时性影响。作为一种规则，围绕着通货膨胀目标数字的区间应该足以吸收构成通货膨胀这一形式的变化。在对瑞典经济环境进行清醒评估后，我们认为这不是必须要做的事情。(Heikensten，1997，p. 2)

在这里，瑞典银行把通货膨胀目标区看成是其内在灵活性的一种来源。然而，当面对应该对临时性因素作出反应还是不去恪守已被证明过于狭窄的目标区的选择时，瑞典银行选择了让目标区失守。Heikensten 的阐述同时也强调了货币控制的局限性。特别是瑞典银行似乎已经接受了这样的观点，即通货膨胀预期的变化，甚至是那些与新货币政策框架相关的有益变化，在某种程度上是外生的，因此是无法控制的。

这样，瑞典的货币政策制定者没有过多地考虑通货膨胀与通货膨胀预期的变化。Heikensten 展开地讨论了货币政策可以做什么与不可以做什么，他提醒其听众：

直到（政府）财政预算结果出来之前，都不能够说我们已经取得了对债券利率等积极影响的效果……从政治辩论的观点来看，可能有强调财政政策对货币政策具有重要性的原因。紧缩的货币政策通常意味着对通货膨胀更有利的环境，它会使瑞典银行更容易实现与低利率联系在一起的通货膨胀目标。另外，缺少信誉的财政政策会为货币政策带来麻烦，如 1990—1995 年大部分时间的情况。1996 年出现的利率大幅度下降就是我们应该非常感谢财政政策的某种例证。(Heikensten，1997，p. 3)

所有这些重要的进展，不论是在瑞典银行的控制之内还是控制之外，都基本上与通货膨胀预期相联系。只要通货膨胀预期继续处在适度的区间内，就没有必要采取行动来实现低于目标的通货膨胀。如同 Heikensten 指出的，“因此，关于通货膨胀的‘昨天’数字仅仅在它们说明未来的意义上是有关的……然而从根本上讲，（最近 6 个月的数字）反映了短期效果的力量”

(Heikensten, 1997, p. 5)。

1997 年 1 月和 2 月，年度环比整体 CPI 通货膨胀率继续下滑，而基底通货膨胀率（剔除掉抵押贷款利率、间接税及补贴变化的影响后）依然没有变化，保持在 1%。在 1997 年 3 月出版的《通货膨胀报告》中，瑞典银行继续把未曾预料到的低通货膨胀主要归因于瑞典经济中存在的“较低的通货膨胀倾向”。但是，同时它也承认，“以 CPI 为衡量标准的通货膨胀受临时性因素的影响要比预测大得多”（Sveriges Riksbank, 1997b, March, p. 4）。通过该题目所占篇幅来衡量，瑞典银行同样关心的一个问题是：整个 20 世纪 90 年代瑞典经济增长持续缓慢。用 Beveridge 曲线（反映总失业与职位空缺之间的关系）对瑞典经济进行分析的结果表明，在劳动力市场上，工作岗位与工人的匹配过程变得越来越没有效率。该讨论既是想表明为什么这样的失业不能归咎于货币政策，同时也是要澄清公众争论的这个问题：

然而，一般来讲，近年来的情况表明，瑞典现正在经历着欧洲其他国家近几十年来已经存在的持久性高失业问题……正在降低的劳动力市场效率意味着失业作为工资形成中不利因素的作用在减小，高失业依然变得更为持久。这应该是 1995 年的协议安排使工资增加约 6 个百分点而失业率依然上升的一个原因。(Sveriges Riksbank, 1997b, March, p. 13)

瑞典银行认为，如果失业与货币政策或者通货膨胀不再相联系，则失业率的提高就不应该成为实行宽松货币政策的一个判断标准。

然而，在 3 月的《通货膨胀报告》中，瑞典银行重复地引用回购利率已经降低（例如，“在 1996 年期间，回购利率一共降低了 4. 81 个百分点”(p. 7)），含糊地承认了解决失业问题的压力。《通货膨胀报告》的作者提醒瑞典，对于一个开放的小国经济，货币政策的实际效果是通货膨胀与汇率综合作用的结果：

在 1997 年初期出现的某种程度上的高实际短期利率被较弱的实际汇率抵消了。从 12 月的报告起，总体的货币条件——利率与汇率对需求的影响

——在某种程度上变得更具扩张性了。(Sveriges Riksbank，1997b，March，p. 19)①

然而，尽管存在所有的解释与辩护，低于目标的通货膨胀开始连续几个月出现。在瑞典银行所引用的大多数通货膨胀预期抽样调查中，未来一年和两年通货膨胀率的预期均低于2%的目标。瑞典银行试图强调这样一个事实，即1997年临时性因素将继续使整体通货膨胀率低于基底通货膨胀率，并低于目标。

这些观测数据使瑞典银行认为，"主要的说明与基本的假设都不事先排除在某种程度上讲更简化的货币条件，因为1998年通货膨胀率预期将略低于2%"（Sveriges Riksbank，1997b，March，p. 19）。瑞典银行在展望1998年时，提出一个关键性的问题：虽然瑞典将放松货币政策以回应低于目标的通货膨胀率，并如同我们在加拿大例证中看到的那样，让目标底部稳定产出与价格，但是，只有在现在的条件显示出未来将出现低于目标的通货膨胀时，才会去这样做。如果低利率完全是由临时性因素造成的，则瑞典银行将不会采取措施对低通货膨胀做出回应。同样，如果失业与通货膨胀的结论性关系不再存在，瑞典银行也不会采取宽松货币政策来解决高失业问题。这一策略不应该被解释为瑞典银行不关心实际产出，或者不关心使通货膨胀维持在目标区底部之上。它应该表明，瑞典银行认识到了货币政策的滞后意味着需要前瞻性的政策。

在1997年中期，整体CPI通货膨胀率在0～0.2%之间波动，基底通货膨胀率处于1%～1.5%之间（根据不同的指标）。这两种通货膨胀率都与瑞典银行的预测一致。有很多月份整体通货膨胀率一直低于通货膨胀目标，而没有引起相应的货币政策调整或者政府干预（也就是说，在这件事情上没有导致公众或金融市场的抗议），这代表着货币政策实际上转向基底通货膨胀率，而不再是整体通货膨胀率。为了实行前瞻性的货币政策，只对趋势性通货膨胀（而非临时性通货膨胀冲击）采取行动，瑞典政策制定者被迫在

① 与加拿大银行不同，瑞典银行没有用于权衡经济中汇率和利率波动效果的货币条件指数。但是，瑞典克朗币值对经济的影响在公众对政策的讨论中从来没有被忽略。

实务操作中与其他采用通货膨胀目标制国家保持一致，尽管同公开宣布的通货膨胀目标存在着差异。继续沿着这一方向，瑞典银行在 1997 年 6 月的《通货膨胀报告》中对各种基底通货膨胀的指标进行了大量详细的讨论。它同时也警告，政府春季经济法案建议中的税收改变建议可能对整体通货膨胀带来暂时性的影响，事先告知公众货币政策将不会对这些影响采取措施（Sveriges Riksbenk，1997b，June，p. 28）。

基底通货膨胀率与整体通货膨胀率长期的不一致似乎表明，一次性的通货膨胀冲击没有因为工资与价格提高而消失，而这促使瑞典银行思考："通货膨胀过程是否已经发生了改变?"利用菲利普斯曲线估计，瑞典银行研究人员分析了他们抽样调查中发现的家庭通货膨胀预期的突破是否变成通货膨胀形成过程的变化。[①] 这些研究人员发现，当用产出缺口指标代表需求时，在 1993 年以后，通货膨胀往往倾向于被高估；然而，"当用失业率代表需求时，在 1993 年以后，对通货膨胀就不再高估"（Sveriges Riksbenk，1997b，June，p. 9）。如同我们在第 6 章提到的，加拿大在 20 世纪 90 年代同样也经历了一个基底通货膨胀率与整体 CPI 通货膨胀率都出人意料地低（低于通货膨胀目标）的阶段。然而，由于加拿大的低通货膨胀是与经济衰退相伴的（而不是瑞典与欧洲普遍经历的 GDP 的高增长与失业上升），所以尽管通货膨胀预期向下移动，加拿大银行认为低通货膨胀是工资与价格形成变化缓慢的证据。

8.4 瑞典经验的主要教训

瑞典的经验反复说明了通货膨胀目标制框架中灵活性与透明度关系的话题。与所有在本书中研究的国家相同，瑞典选择采用通货膨胀目标制并不表明中央银行不关心产出、就业和短期金融稳定；恰恰相反，它对经济活动这

---

① 参见 Sveriges Riksbank（1997b，June，pp. 8-10）。在第 10 章，我们报告了通货膨胀目标制国家和非目标制国家更多样本的抽样调查结果。在 20 世纪 80 年代，瑞典家庭对整体 CPI 通货膨胀率的预期年平均为 6% ~7%。从 1992 年起，这一预期平均为 2%。

些方面的关注从钉住汇率制到通货膨胀目标制的漫长转变过程中得到了证实，而对这些方面的关注有效地充当了一个免责条款（的确，如同英国，如果低通货膨胀是瑞典货币政策的唯一目标，那么该国在维持其钉住欧洲货币单位或者确定不同的货币平价方面就可能没有什么障碍）。用直接同国内经济目标相冲突的更加灵活的通货膨胀目标制来替代以汇率为基础的货币政策，似乎并没有损害瑞典银行的可信度，尽管出现了钉住汇率制度瓦解的危机。

瑞典关于通货膨胀目标定义的演进证明了透明度与灵活性关系的另外一个方面。从最初开始，瑞典银行与政府就申明要以整体 CPI 为钉住目标，这可能反映了整体 CPI 在国家工资谈判中的作用。这可能也是对那些认为有关价格稳定，可能甚至是有关价格水平目标的强有力、透明的承诺对弥补因钉住汇率制瓦解而导致的公信力损失是必要的人的一种让步。尽管瑞典银行强调该问题，但是它并没有对整体通货膨胀的反复的短期运动采取措施，实行了相当于采用基底通货膨胀或核心通货膨胀的政策。也就是说，当面临选择的时候，瑞典银行并不是牺牲灵活性的重要因素来换取最大限度的透明度；相反，瑞典的实践很像其他某些采用通货膨胀目标制的国家，它们常常忽略即期汇率对通货膨胀“特殊”的和“暂时性”的影响，只要这些因素不影响对未来通货膨胀的预测。

瑞典银行对这些实际情况的认识可能通过《通货膨胀报告》不断增加的可见性和完整性得到说明，也体现在它通过其他的努力来影响与教育公众等方面。如同我们在这里研究的其他国家一样，通过更好沟通而实现的透明度对货币政策具有重大益处。实际上，瑞典银行可以告诉公众，狭义的短期通货膨胀目标与追求通货膨胀的长期目标并不冲突。在这一方面，瑞典银行现在最类似于加拿大银行，加拿大银行经常比较整体通货膨胀与核心通货膨胀的变化，在短期钉住并回应核心通货膨胀，但是同时要对长期整体通货膨胀的表现进行判断。

第9章

三个小型开放经济体：以色列、澳大利亚和西班牙

通货膨胀目标制度已超越其原先支持者的范围而传播到不同类型的国家。在本章中，我们考察三个小型开放经济体——以色列、澳大利亚和西班牙的经验。这三个国家都在经历了长期的通货膨胀以及长时间的通货膨胀治理之后，采用了通货膨胀目标制度。虽然它们在很多方面，如发展程度、与主要工业经济的一体化程度等，存在差异，但这些国家对这一新政策带来的挑战所作出的反应是类似的。每一个国家都实现了历史上较低的通货膨胀率，同时表现出了财政紧缩，并完成对从钉住汇率制向更灵活的汇率制度的转型。它们的成功都支持了这样一个观点，即通货膨胀目标制度在广泛的经济背景下是一个可行的策略。

以色列、澳大利亚和西班牙的通货膨胀目标制的主要特征

- 在这三个国家中，向通货膨胀目标制的转型都是渐进的，没有出现像新西兰和英国那样制度上的剧变。确定澳大利亚向通货膨胀目标制度转变的准确时点特别困难。但是，随着这些国家的政策框架得以较好地定义，政策透明度增加了，通货膨胀预期也稳定了。
- 这三个国家都把采用通货膨胀目标制作为一种手段，使外部经济环境的不确定性（特别是汇率的行为）与稳定公众通货膨胀预期相平衡。以色列和西班牙逐渐不再强调严格的汇率波动区域政策，而支持只在汇率变动被认为可能影响国内价格时才对其作出反应的政策。澳大利亚选择了一个“粗点”通货膨胀目标，而没有选择目标区间，对汇率的行为已相对不很关注。
- 以色列和西班牙选择把整体 CPI 度量的通货膨胀作为目标。澳大利亚的参考通货膨胀序列是一个剔除很多波动价格的“基底”通货膨胀序列。
- 与我们讨论过的其他所有国家一样，这三个国家都在开始后较长的时期内选取了大于零的通货膨胀目标。在以色列，虽然计划进一步地抑制了通货膨胀，但甚至通货膨胀率在8% ~10% 内的通货膨胀目标也起到了支撑通货膨胀预期的作用。再次说明，对于零通货膨胀作为名义锚似乎没有什么特别的。
- 在以色列，确立通货膨胀目标的责任主要由财政部长承担，并与以色列银行协商。西班牙采取了相反的策略，将马斯特里赫特条约要求的价格稳定职责交由西班牙银行负责。在澳大利亚，通货膨胀目标的选取由中央银行单方面决定。
- 以色列和澳大利亚对中央银行就货币政策的短期真实效果的责任作出了陈述，这一陈述比前几章中所讨论的任何国家的都更为明确。但是，这三国无一国规定了像新西兰那样明确的免责条款。相反，这三国都采取了渐进的方法，在经历了宏观经济冲击后使通货膨胀回到目标上来。

- 由于这三国公共部门都很庞大，并且都有工资对通货膨胀的普遍指数化，因此中央银行对工资议价机制就低通货膨胀环境进行调整的能力表示了关切。与加拿大和新西兰的中央银行从一开始就很乐观不同，这三国的中央银行认为工资结构变化很慢是理所当然的。这三国的中央银行也经常发表意见，支持财政整合。通过强调劳动力市场灵活性和财政政策对宏观经济结果的重要性，货币当局试图就货币政策能够或不能够被期望做到什么，向公众传达清晰的信号。
- 为保持政策的透明度，这三国的中央银行定期发布关于货币政策和通货膨胀的报告，并公开声明鼓励按照其他实施通货膨胀目标制度的国家的思路进行公开讨论。他们这样做提醒了我们，对通货膨胀目标制度作出承诺，会自然地导致更多的公开披露和解释。过去这三国无一国有过这样的传统。
- 以色列和西班牙都经历了现有的（尽管不严格）汇率目标与国内通货膨胀目标之间的短暂冲突。但是，他们选择不对短期汇率波动作出反应，成功地使通货膨胀预期和利率两者都保持稳定。在 1995 年，当当期通货膨胀和预测通货膨胀对短期价格上升作出反应而趋同时，澳大利亚面临了类似的潜在冲突。但是，澳大利亚储备银行仍始终关注通货膨胀目标，就不对价格上升作出反应进行了解释。同样，这些事件说明，透明度往往会在长期内提高货币政策的灵活性和有效性。

9.1 以色列

9.1.1 以色列采用通货膨胀目标制

1991 年 12 月 17 日，以色列财政部和以色列银行共同宣布，1992 年期间的 CPI 通货膨胀保持在 14% 至 15% 之间。在以后的每一年，都会宣布下

一年的通货膨胀目标。[①] 财政部长对设立这一目标负主要责任，通常也与以色列银行进行协商。

在我们所研究的实施通货膨胀目标制度的国家中，以色列至少在以下两方面是独特的：第一，它是唯一一个在当期通货膨胀率处于两位数时开始确定通货膨胀目标的国家。[②] 第二，它是这些国家中唯一一个同时对通货膨胀率和汇率设立官方目标的国家。但是，依靠汇率作为政策引导的作用随着时间的流逝而减弱，因为以色列银行对价格稳定承诺的公信度已经改善，通货膨胀开始得到控制。

以色列是在宏观经济出现危机时开始走向通货膨胀目标制度的。1985年，由于黎巴嫩战争的大量开支和庞大的社会保障费用给财政造成了巨大的压力，国家处于恶性通货膨胀的边缘。财政赤字达到 GDP 的 14% 这一高水平，而且对国外的债务负担（公共和私人）占 GDP 的 80%。

1985 年 7 月，在以色列银行行长迈克尔·布鲁诺（Michael Bruno）的领导下，[③] 以色列实行了一项重大的经济稳定计划。除了旨在控制财政赤字的措施外，政府还宣布将汇率目标作为价格的名义锚。在第一年中，谢克尔的汇率与美元固定。此后，汇率则钉住由五国集团成员国货币组成的货币篮子。

该规划异常地成功。在随后的几个月内，年通货膨胀率约从 400% 下降至 20%。另外，这一成果还得以保持，到 1990 年，以色列的通货膨胀率仍保持在每年 16% ~18%。

但即使这样的通货膨胀率也还是太高，不能与谢克尔的固定汇率相协调。当价格上升时，谢克尔的固定价值意味着汇率不断的、真实的升值，以及以色列出口部门竞争力的丧失。此外，为保持固定汇率，中央银行不得不在外汇市场上频繁地干预，从而引发利率和对外储备的剧烈动荡。谢克尔偶

① Ben-Bassat 认为，“大约在 1986 年，以色列银行开始把通货膨胀目标设定为货币政策的基础，但没有公开披露”（Ben-Bassat，1995，p. 38）。

② 当通货膨胀达到两位数时，智利也实施了一种通货膨胀目标制度，显然很成功。参见 Morande 和 Schmidt-Hebbel（1997）。

③ 经济稳定计划已受到学术界的大量关注。例如，参见 Bruno 等（1991）列出的贡献。

尔会进行贬值，如 1987 年 1 月，也未能完全解决汇率管理的问题，因为真实汇率仍然变化很大，很难预测，结果导致贸易受到损害。

1989 年 1 月，政府决定让汇率在较窄的区间内浮动，也对中央平价的贬值作出规定。最初，汇率区间的宽度设定为目标上下各 3%。1990 年 3 月，容许波动的幅度增加到 5%。中央平价于 1989 年 6 月、1990 年 3 月、1990 年 9 月和 1991 年 4 月发生贬值。

尽管在中央平价中引入波动区间大大地减少了真实汇率的可变性，[①] 但汇率的阶段性调整仍有不良的副作用，引人注意的是频频对谢克尔进行的投机性攻击：

> 波动区间每六至八个月上移 6% ~10%。不仅新制度没能阻止投机性资本流动，而且在 1991 年 3 月以后这些投机甚至有所加剧。有一点很清楚，在汇率区间下，不连续的汇率变化仍会发生。(Ben-Bassat，1995，p. 21)

货币政策制定者的注意力更多地从控制通货膨胀和其他宏观目标中转移到回应谢克尔的投机性攻击。当局必须采取某种措施。在 1991 年 12 月，

> 在对又一次投机性攻击保持强硬态度后，通过短期利率的大幅上升，当局放松了中央平价的固定制度。相反，当局宣布中心汇率按预先宣告的幅度向上爬行……一旦向爬行区间制度过渡实施后，当局须确定区间的向上波动幅度。所作出的决定是，预先宣布某一年中央平价的爬行幅度，大约等于当局对当年设定的通货膨胀目标和对以色列主要贸易伙伴的平均通货膨胀率预测值的差额。这就是通货膨胀目标如何变成了政策目标。(Bufman et al.，1995，pp. 172-73)

财政部和以色列银行共同作出将汇率目标与通货膨胀目标制度相联系的决定。当时，这并未被看做是一个重大的政治步骤。事实上，通货膨胀目标只是在宣布引入汇率“爬行区间”的新闻发布稿的倒数第二段中提及。

采用通货膨胀目标并不意味着取代失去的名义锚（正如英国或瑞典的情况一样），也不是旨在锁定抑制通货膨胀的收益（正如新西兰和加拿大的

---

① 例如，参见 Ben-Bassat（1995）表 1 中所描述的结果。

情况一样）。相反，一旦钉住汇率制度降低了通货膨胀并赋予中央银行某种可信度时，这似乎要试图打开固定汇率制度强加在货币政策身上的枷锁。

可以稳妥地说，明确的通货膨胀目标并非由于其自身的优点而受到政策制定者的欢迎，而是作为爬行汇率区间特定上浮这一选择的重要投入变量。也许是因为这个原因，1992 年引入明确的通货膨胀目标甚至未被以色列大部分公众（包括经济学家）所注意……当局对于这一目标的承诺的程度没有明确的认知。只是在以后的年份中，通货膨胀目标才逐步开始有了自己的生命。（Bufman et al.，1995，p. 173）

对汇率和通货膨胀都予以关注，是对平衡宏观经济目标的尝试。在像以色列这样的小型开放经济体中，汇率是一个不能被货币政策忽略的变量。我们已经看到，当新西兰储备银行不关注汇率时所遭遇的政治和操作方面的困难。以色列政策制定者明确地作出决定，汇率稳定是很重要的一个目标，汇率区间不能完全抛弃。但是，通货膨胀率仍保持在较低的两位数也是一个关注点，通货膨胀目标应试图处理这一问题。当局第一次明确地规定了降低通货膨胀率的进度。同时，他们希望，通货膨胀目标与抑制通货膨胀的渐进方法一起，可以使经济免于遭受过高的实际成本。

可以感觉到，这一体系所提供的稳定性，与有利的总供给环境一起，会允许汇率目标和汇率爬行幅度逐步降低，也许从真实产出损失来看成本很小或没有成本……如果有一个能使通货膨胀率降低到西方国家一位数水平的积极计划，但它可能会在短期内引起真实成本，该计划可能不会得到公众的支持。（Offenbacher，1996，pp. 61-63）

不幸的是，证据表明，抑制通货膨胀在短期内就损失产出和就业而言，确实产生了真实成本（参见第 10 章）。

认识到与抑制通货膨胀及其负担相关的政治问题，以色列银行选择对公众采取一个较为公开的方式，而不是试图隐瞒其抑制通货膨胀的意愿。它的希望是，公开和劝说可能会鼓励工资和价格制定者一方采取较为前瞻性的行为，也许会促使发生一些变化，以避免合同被广泛地指数化。当时没有什么国际经验可循：实施通货膨胀目标制的仅有的试验在新西兰才不到 2 年时间，在加拿大也才 10 个月。因而以色列银行决定将其汇率政策与通货膨胀目标相联系，这是一个大胆而创新的行动。

总之，以色列货币当局是在已取得一些中央银行的可信度后（在 1985 年稳定措施后），但又是在价格稳定措施进一步进展受阻时，宣布通货膨胀目标的。通货膨胀率持续达到两位数，加上对固定汇率的承诺，给货币政策和出口部门施加了沉重的负担。宣布通货膨胀目标，并对谢克尔实施有控制的贬值，旨在劝阻投机性攻击并集中精力控制通货膨胀。同时，它为货币当局提供了一个框架，可以把抑制通货膨胀的预期比率传达给公众。因而以色列货币当局几乎很意外地找到了一个新的、合理的决策方法。

9.1.2 以色列通货膨胀目标制的操作框架

以色列货币当局在定义通货膨胀目标时选择使用所有项目 CPI。水果和蔬菜这类波动性项目的价格没有从该指数中剔除，抵押贷款利率成本和公寓价格也未剔除。其原理是，价格波动性项目约占消费物价指数的 40%，财务和工资合约按所有项目 CPI 进行指数化仍很普遍。此外，按照以色列的惯例，价格和工资已经与所有项目的整体 CPI 相联系。在决策中，以色列银行很可能与我们所讨论的任何中央银行一样，给予整体 CPI（相对应的是核心或基底通货膨胀衡量指标）一样的权重。但是，“尽管 CPI 被选作目标，但它并不能独自承担确定货币政策的任务，而三个波动性的组成部分和基底通货膨胀也应予以考虑”（Ben-Bassat，1995，p. 43）。有趣的是，不包括住房、水果和蔬菜的通货膨胀衡量指标——核心 CPI，在 1992 年后 6 年中的 5 年里都低于整体 CPI 通货膨胀，而且波动性也较小。

以色列每年都宣布下一年度的通货膨胀目标（有些情况下很迟，直到 12 月才宣布）。由于货币政策措施在大多数国家对通货膨胀的影响有 6 个月到 2 年以上的时滞，

很难确定该目标是否确实反映了政策制定者坚定的承诺，或者它仅仅是用来计算中央平价汇率爬行幅度的通货膨胀“现实的”预测。通货膨胀目标是否真正是“政策目标”——意味着当局被期望采取明确的政策措施来

实现这一目标——或者合理的通货膨胀的“预测”在政策出台后就已经与之相伴了。(Bufman et al.，1995，p. 174)

最近的证据表明，以色列银行利率和M1（狭义货币）等操作工具的变化，对通货膨胀影响相对较快，主要的影响在两个季度内显现。如果该证据是正确的，那么在以色列即使是较短期间的通货膨胀目标也可以通过货币政策来实现。[①] 不管怎样，1997年宣布通货膨胀目标这一事件表明，目标期间可以延长为一个几年的框架。“最近，政府采用了一个更为严格的长期策略，并决定到2001年完成抑制通货膨胀的过程，使通货膨胀率与OECD成员国通行的水平相同”（Frenkel，1996，p. 53）。从宣布1998年的目标开始，这就包含了政府逐步减少通货膨胀的承诺，承认了货币政策的效果存在时滞。[②]

1992年设定的通货膨胀目标被规定在一个较窄的区域，只有1%的幅度，而1993年和1994年设定的目标被规定为点目标。但是，自1995年以来，目标已规定为较宽的区间，幅度达2%（1996年）或3%（1995年和1997年）。

为通货膨胀目标设定一个区间很关键，因为政策工具和通货膨胀之间的联系是不稳定的……而且在短期内，经济受到多种冲击的影响——主要在供给方——这也促使通货膨胀偏离目标。鉴于这些考虑，明显的一点是，设定一个特定的点不可能有可信度。同时存在的风险是，公众会只对区间的上限有可信度，因此区间必须相对较为狭窄。(Ben-Bassat，1995，p. 45)

正如我们在较早的案例分析中发现的一样，采用目标区间会鼓励金融市场和公众关注区间的上下限（特别是上限），而不是中心目标。以色列人本来更喜欢采用通货膨胀的点目标，像瑞士人和英国人一样，但是，他们担心对通货膨胀的控制不精确，致使这样的承诺变得不可信。

只对下一年宣布目标的做法导致抑制通货膨胀的进度是极度渐进的。正

---

① Bufman and Leiderman，1997，p. 33。

② 这种将通胀目标的选择与将来抑制通货膨胀明确联系起来的承诺，是与以色列通胀目标的最初阶段相比发生的一个巨大变化，在这一变化中，甚至是政府的政策制定者也在讨论将“目标”和“预测”混用。我们感谢Ohad Bar-Efrat对这一点进行的讨论。

如我们所提到的，给人的感觉是，渐进是必要的，以保持公众在面对抑制通货膨胀引发的真实成本时对价格稳定目标的支持。1992 年设定的通货膨胀率的第一个目标是 14% ~15%，随后是 1993 年的 10% 的目标，1994 年的 8%，1995 年的 8% ~11%，1996 年的 8% ~10%，1997 年的 7% ~10% 以及 1998 年的 7% ~10%。

每一年设定目标，是考虑到政治因素和经济因素的决策过程的结果。目标宣布本身的时机选择有变动，这一做法很可能减少了透明度而增加了不确定性。对 1994 年设定的目标（为点目标）早在 1993 年 7 月就宣布，反映了乐观的态度。而 1997 年的目标（为区间目标），在 1996 年尽可能迟的时候（12 月 27 日）宣布，反映了对财政部的政治压力，压力通过财政部传递到以色列银行。

汇率路径确定的方法说明了一点，即该变量在某种程度上起到了中间目标的角色。实际上，在以色列确定汇率路径和德国确定货币目标之间存在着有趣的相似之处。正如我们在第 4 章中所看到的一样，德国的货币目标开始于通货膨胀目标开始的过程中得出。这一目标是与关于潜在产出增长率和通过数量方程（说明货币增长率加上速度趋势等于产出增长率加上通货膨胀率的等式）得出的速度趋势的假设相联系的，以便得出合理的货币增长率。类似地，以色列的汇率路径（钉住汇率的“爬行幅度”）是由通货膨胀目标加上关于国外可能的通货膨胀率的假设确定的，并通过购买力平价关系（该关系表明以色列汇率的贬值必须等于以色列和国外通货膨胀率之差）与之相联系。[①] 同时，如德国货币政策制定者一样，以色列货币政策制定者除了谢克尔的价值以外还考虑很多其他因素，对货币存量增长以外的其他状况也要作出反应。

以色列和德国政策框架的一个区别是，以色列的汇率稳定性在政策制定者眼里具有一定的独立性，而德国的货币目标失守不会产生直接的后果。特别是，汇率影响贸易模式，而且如果汇率偏离目标太远，就会有投机性挤兑

① 这一关系假设真实汇率没有变化。

的危险。因而，以色列汇率承诺可能对政策构成的约束比货币目标在德国构成的约束要强。但最终，以色列与德国一样，货币政策主要由通货膨胀目标驱动，通货膨胀目标既决定了中间目标的设立，又对政策选择施加了长期的约束。如在德国一样，以色列政策制定者已越来越愿意使中间目标（在以色列是汇率）从属于通货膨胀目标，并利用中间目标之外的信息，该中间目标与实现通货膨胀目标有关。

对于一个仅仅在10年前才完成以汇率稳定为目标的国家而言，以色列轻视汇率而偏好利用完全信息预测通货膨胀的能力是相当强的，但它同时也强调这一措施能带来汇率稳定。但是，正如我们所看到的，自1992年通货膨胀目标生效以来，从爬行钉住汇率作为货币政策唯一引导，到它从属于通货膨胀目标，这一转变是一个渐进的过程。随着抑制通货膨胀政策的推进，越来越少强调汇率目标的共识已经形成。

可以说，随着时间的推移，以色列经济越来越趋向弹性汇率，并越来越转向通货膨胀目标锚。这一过程的自然延续将可能允许汇率更大的灵活性，如汇率浮动区域比现在幅度更宽。（Bufman et al.，1995，p. 189）

以色列银行监控多种通货膨胀和通货膨胀预期指标，它从与相似期限的指数化国库券和非指数化国库券的收益率比较中得到这些数据。“财政部目前发行3年期以下的非指数化债券，2年期以内的指数化债券和非指数化债券都有较为活跃的二级市场”（Offenbacher，1996，pp. 64–65）。金融市场的成熟和深化可使以色列银行收集到前瞻性的私营部门信息，并在外汇市场上进行中和性干预。这可能是尽管以色列在其他方面是发展中国家，但仍然可以采用通货膨胀目标制度的一个原因。以色列银行在预测通货膨胀率时使用各种其他指标，包括资产价格、M1增长以及真实经济状况的指标。

以色列银行直到最近（1998年3月）才公布了官方的通货膨胀报告。但是，它每3个月公布一个题为“近期经济运行情况”的10页的文件，其报告的经济状态的指标范围非常广。该文件的七大部分与以色列银行的年度报告相对应，即重大进展、主要行业、劳动力市场、外贸和国际收支、价格、政府财政以及货币市场和资本市场。该文件考察经济运行情况，但不包含关于这些情况对货币政策影响的预测或讨论。这种在以色列通货膨胀目标制度实施的最初几年里的有限报告，可能增加了公众对以色列银行以前瞻性方式执行政策的努力的不确定性。

1954年的以色列银行法详细规定了几个货币政策的目标，包括："（1）稳定以色列国内外的币值；（2）维持以色列国内产出、就业、国民收入和资本投资的高水平。"[①] 在被问到是否应该重新修订这一法律的时候，以色列银行行长 Jacob Frenkel 说：

是的，我认为重新修订该法律的时间已经到来。目前，该法律为我们设定了多重目标——提高生活水平和实现价格稳定。目标应该反映现实的时候已经到来，货币政策在影响通货膨胀时有比较利益。我建议采用马斯特里赫特条约式的表达，把稳定价格设定为压倒一切的目标。（Frenkel，1996，pp. 56–57）

以色列银行享有高度的独立性，特别是在政策的日常执行中更是如此。行长任期5年，可连任（联合政府的最长选举周期只有4年）。行长向咨询理事会和咨询委员会进行咨询，两会没有管理权，而只有（顾名思义）咨询职能。自从1985年实施经济稳定计划以来，以色列银行已不能为政府赤字融资。行长也担任政府的经济顾问。

作为政府代表的财政部长，在中央银行的建议和合作下，确定通货膨胀目标，并由中央银行负责实现目标。加拿大、新西兰、瑞典和英国（近期）遵循相同的程序。行长 Frenkel 已表达了对这一安排的支持，"当由政府设定时，（通货膨胀目标）就成了经济的整体政策目标中不可缺少的组成部分"（Frenkel，1996，p. 53）。

但是，以色列银行积极参与政府的决策过程也存在疑问，这一分工在原则上是清晰的，在实践中是否也是这样清晰呢？在转型期，汇率目标和通货膨胀目标哪个优先有时候不是很明显，这种模糊不清就需要一定程度的推理。正如所有中央银行具有独立性的国家一样，以色列汇率政策的职责是由

① Offenbacher，1996，p. 61.

财政部和中央银行共同承担的，而短期干预的决策基本由中央银行作出。1993年和1994年的通货膨胀目标也是由财政部和以色列银行共同设定的，反映了通货膨胀目标和汇率政策的紧密关系。但是，在1994年出现通货膨胀目标的过度调整后，目标设定变成了一个具有强烈政治色彩和重要经济意义的决定，特别是它需要对抑制通货膨胀的途径作出承诺。因此，政府开始起主导作用。就1996年的目标而言，“适当目标和货币政策在实现该目标中的作用之间存在的分歧，导致了财政部在没有以色列银行同意的情况下宣布了通货膨胀目标”（Offenbacher，1996，p. 63）。1998年的目标（1997年7月设定）是在财政部的牵头下由整个内阁讨论的。这些情况解决了由哪个机构设定目标并为该决定负责的问题。一位以色列官员对此总结如下：

改善公信度的一个必要但不充分的条件是，由财政部和中央银行设计出一套制度安排，内阁据以正式决定货币政策的最终目标，并把责任和工具都赋予以色列银行以便实现该目标。（Offenbacher，1996，p. 64）

即便如此，由于需要在财政问题上对选出的政府进行经常性的约束，责任心问题就变得很复杂。在没有此类约束的情况下，货币政策制定者不采用有力的限制性措施来控制通货膨胀的能力受到削弱。当货币政策的重点是价格稳定而财政政策的重点是其他问题的时候，财政政策和货币政策之间出现紧张局面是常有的事。以色列实施通货膨胀目标制度的做法，正如加拿大和新西兰一样，至少迫使政府承认政府支出对通货膨胀和通货膨胀预期有影响。

9.1.3 以色列实施通货膨胀目标制的经验

以色列实施通货膨胀目标制度的经验整体上是成功的。有关以色列主要宏观经济指标的历史，参见图9—1。除了对1994年通货膨胀目标作了较大的过度调整之外，1992年以来，通货膨胀目标要么实现，要么超过不到1%，通货膨胀率年均为10.6%。近期的通货膨胀率为个位数。甚至在1994年目标没有实现之后，通货膨胀和通货膨胀预期都似乎没有脱离控制。对汇率关注较少，以及随之带来的更高的政策透明度，也没有造成任何问题。实

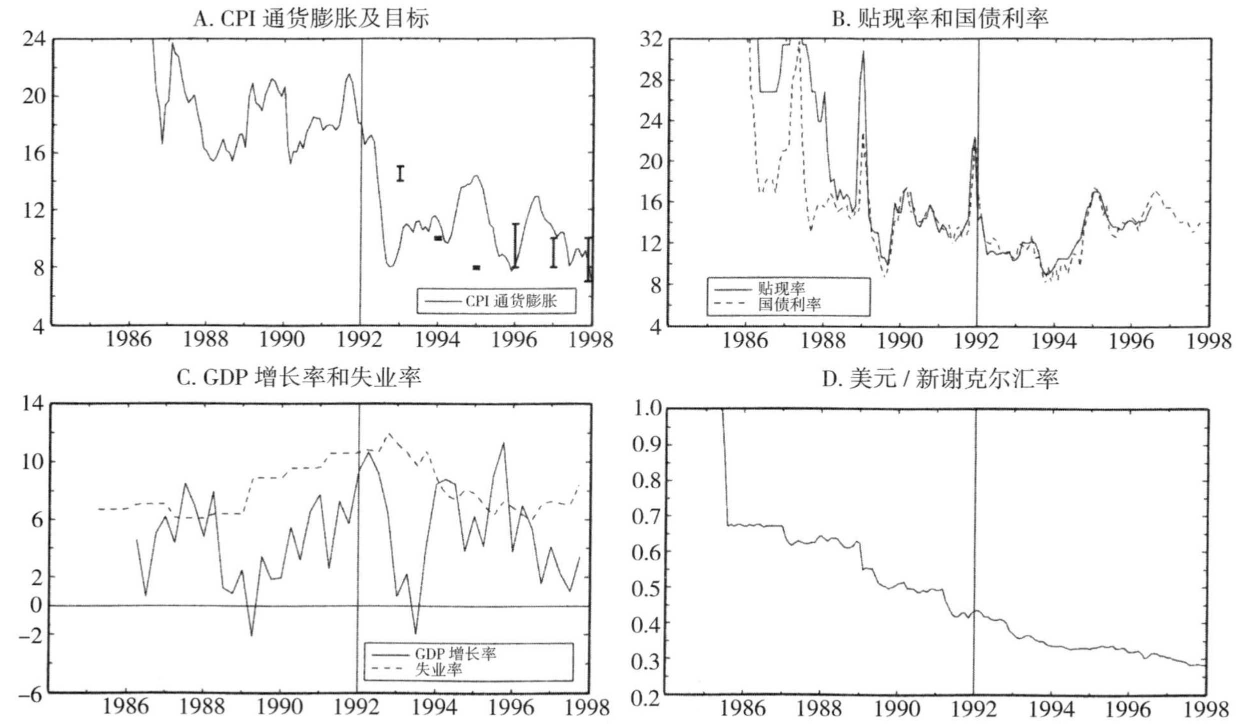

图 9—1　以色列经济指标

资料来源　A. 国际货币基金组织国际金融统计资料，以色列银行；B. 国际货币基金组织国际金融统计资料；C. 国际货币基金组织国际金融统计资料；D. 国际货币基金组织国际金融统计资料。

际上，对谢克尔的投机性攻击减少了。而且，谢克尔一直在爬行区间的下端（币值较强的一端），即便是在区间不断放宽以及区间下限的波动减小（这意味着以色列与五国集团之间预期通货膨胀的差异减小）后也是这样。总之，以色列通货膨胀目标制度提供了一个突出的例子，说明货币政策怎样可以更具灵活性而不明显丧失公信度和有效性。

以色列通货膨胀目标制战略的关键时刻出现在1994年。到1993年，汇率目标和通货膨胀目标的相对重要性仍模糊不清。例如，在1994年，以色列银行强行将谢克尔贬值30%，以抵消出口补贴减少的影响，这一行动的理由是对私营部门竞争力的关切。同时，通货膨胀目标的公告被放在一系列与汇率区间变动有关的公告的末尾。

但是，1994年通货膨胀目标公告的措词远比前几年明确，并高调地设定了一个8%的点目标。而且，通货膨胀目标第一次决定了汇率目标，表现为汇率浮动区间变小，以便与通货膨胀目标相一致。政策制定者也开始对通货膨胀目标作出强烈的反应：作为以色列银行政策工具的利率，于1994年8月到达13%的低点，但随后又稳步上升，因为很清楚的一点是，当时通货膨胀目标将会被超越。到1995年2月时，利率水平为18%。

1994年设定的8%的通货膨胀目标被严重突破，高出了6.5%。但是，比目标失守更为重要的是，中央银行紧缩了货币政策以便对高通货膨胀作出反应，尽管汇率几乎正好达到目标（在中央平价）。因而，当两个目标发生冲突时，以色列银行清楚地表明，实现通货膨胀目标优先于保持钉住汇率制度。中央银行对私营部门通货膨胀预期的主要衡量指标——政府债券的名义利率与指数化利率之差——于1994年11月达到峰值，预期通货膨胀率为15%，与实际通货膨胀率一致。但是，也许反映了中央银行反通货膨胀的公信度不断上升，当中央银行对利率采取大胆的行动时，通货膨胀预期就迅速下滑。

汇率决定货币政策的能力在1995年进一步削弱，当时汇率波动区间扩大至14%，同时对国际资本流动的限制减少或被取消。尽管当时发生了令人担心的财政扩张，但还是采取了这些措施。财政赤字使1995年的目标被突破（赤字占 GDP 的 3.2%，而目标是 2.75%，不包括政府债务的利息支付），1996 年目标被突破得更厉害（赤字占 GDP 的 4.6%，而目标是 2.5%）。作为对上述变动的反映，尽管有大量的俄罗斯移民，失业率仍从 1992 年的 11.2% 下降至 1996 年的 6.7%，由于谢克尔贬值比预期慢而使经常项目赤字增加。① 宽松的财政政策无疑助长了通货膨胀预期（由名义政府债券和指数化政府债券的利差衡量）的急剧上涨，1996 年 7 月再次达到 15% 的峰值。

尽管有这些巨大的压力，货币政策仍坚守阵地。1996 年下半年，利率上升，经济增长放缓。到年底，通货膨胀率只超过目标 0.6%（目标区域的上限为 10%），通货膨胀预期下降。中央银行短暂但始终如一的反通货膨胀承诺似乎限制了过热经济的危害，无需采取剧烈的措施，尽管放松了对汇率的承诺。

因为 1995 年和 1996 年财政赤字超出目标是多种强烈的政治压力的结果，所以在以后的年份里大胆的通货膨胀目标在内阁中得不到支持。根据以色列熟悉的模式，1997 年的财政政策可能是高度扩张性的，很可能存在通货膨胀倾向。正如我们所提到的，财政部把宣布 1997 年的通货膨胀目标推迟到 1996 年年底，推迟宣布是由财政部与中央银行在目标上的冲突造成的。财政部最终宣布的 7% ~10% 的通货膨胀目标是一个妥协的结果，虽然它坚守了通货膨胀的阵地，但没有要求进一步抑制通货膨胀。

尽管有妥协，但通货膨胀目标的存在以及政府对（最终）价格稳定的承诺仍有正面的影响。显然，实施了通货膨胀目标制，以色列政府不能在 1997 年宣布一个比 1996 年高得多的通货膨胀目标——更不用说完全放弃通货膨胀目标——也不会引起人们对政府违反稳定价格承诺的关注。艰苦的政治谈判使 1997 年的财政赤字下降至占 GDP2.8% 的目标水平。

通货膨胀的改善在 1997 年得以继续。谢克尔再次反复被推至汇率浮动区间的高点，最终宣布，浮动区间在 1997 年从 14% 扩大到 28%，然后于

① Bufman and Leiderman，1997，p. 62.

1998年扩大到30%，而区间下端（币值较强）的贬值将从6%减少到4%。[①] 货币政策的可信度明显提高并仍在上升。同时，由于围绕中央平价的浮动区间非常宽，汇率目标作为对货币政策的约束因素正失去其重要意义。

治理通货膨胀常常伴有经济衰退，以色列经济在1997年明显开始放缓。面对上升的失业率，1998年的通货膨胀目标没有变化，再次放弃进一步抑制通货膨胀的承诺。但是，这次，通货膨胀目标于1997年8月宣布，并明显地成为其他经济政策的参考点。到本书1998年年中截稿为止，以色列的通货膨胀率仍处于7%的目标范围的下限以下。有趣的是，看看以色列银行是否跟从加拿大，把目标范围的下限与目标范围的上限同等重要地对待。

到1998年，以色列完成了从1985年以稳定性为基础的固定汇率制度向更灵活的、更具前瞻性的通货膨胀目标制度的转变。虽然在处理汇率和通货膨胀目标的潜在冲突中没有发生突发事件，但这一潜在冲突确实放慢了中央银行赢得支持、采取进一步抑制通货膨胀措施的努力。特别是，在赋予通货膨胀目标优先权之前，明确承认汇率区间给出口商这一利益集团一个对货币政策发表意见的机会。因而，尽管中央银行仍会就其政策的影响对政府负责，但其将重点放在通货膨胀上的最终举动为以色列银行提供了某些政治庇护。

9.2 澳大利亚

9.2.1 澳大利亚通货膨胀目标制的采用

1994年9月26日，澳大利亚储备银行行长宣布："在我们看来，2%至3%的基底通货膨胀率对货币政策来说是一个合理的目标。"他接着说：

顺便说一下，这些数字并非旨在定义一个（狭窄的）范围；更确切地

① Bufman and Leiderman，1997，p. 62.

说，数字说明了我们想看到几年内的平均通货膨胀率。这样的通货膨胀率……与美联储和德意志联邦银行的非正式目标类似，也并非与英国、加拿大和新西兰的更为正式的目标完全不同。(Fraser, 1994c, p. 21)

这一陈述是当时的行长 Fraser 在一个度假胜地召开的经济学会议上作出的，这一事实说明了储备银行走向通货膨胀目标的非正式表述。向注重通货膨胀控制的战略转型与正式宣布通货膨胀目标之间存在时滞并非澳大利亚所独有，类似的时滞也发生在新西兰和加拿大。但是，澳大利亚采用通货膨胀目标制，比我们所讨论的其他任何国家都更具有渐进性。

澳大利亚采用通货膨胀目标制是澳大利亚储备银行单边的决定，不像新西兰和西班牙是靠中央银行法定职责的变化推动的。既没有像加拿大和以色列那样以共同声明的方式，也没有像英国那样作为政府的一项法令，澳大利亚没有做出任何努力将通货膨胀目标作为政府和中央银行的共同政策。可能行长没有把通货膨胀目标视为对中央银行先前职责的重大背离：1959 年《储备银行法案》的第 10 部分只规定，货币政策的目标是“维持澳大利亚货币的稳定，保持澳大利亚的完全就业，保证澳大利亚的经济繁荣和人民的福利”。在其 1994 年的讲话中，行长 Fraser 强调了在采用通货膨胀目标制后政策的连续性（“从我个人来讲，我对多重目标感到得心应手”（Fraser, 1994c, p. 19)）。

在相当长的时期内，澳大利亚储备银行选择不承担有关对明确的通货膨胀目标进行公开承诺的责任，这一事实使得确定澳大利亚实施通货膨胀目标制度的准确起始日期变得很难。与我们所考虑的其他几个国家不同，澳大利亚没有突然失去名义锚，来迫使澳大利亚储备银行去寻找一个新的策略。货币（更具体地说是广义总量 M3）增长目标已经在 1985 年被放弃，而澳大利亚挺过了 20 世纪 80 年代，并没有出现任何意义上的货币危机。

澳大利亚储备银行自己的观点是，1993 年年初开始它就有了通货膨胀目标。[①] 尽管承认存在模棱两可，我们更愿意将澳大利亚通货膨胀目标制度

① Edey, 1997, p. 62.

开始的日期确定为1994年11月，这是行长Fraser发表陈述时所说的。这一日期与我们的观点一致，通货膨胀目标制以公开宣布通货膨胀指标和通胀水平的数字目标为起始。这不仅是个学术问题，因为我们要明确是选择完整的通货膨胀目标制度框架，还是加强通货膨胀控制（澳大利亚在1994年9月前所处的状况），这是实现收益最大化必需的。澳大利亚的经验说明，明确采用通货膨胀目标制度框架是有益的。正如我们将要看到的一样，储备银行1993年到1995年年初对增加透明度采取行动后，金融市场对澳大利亚储备银行政策操作的反应有所改善。

澳大利亚的货币政策措施与新西兰的措施至少在20世纪80年代后期非常相似，表明这两个紧密相关的经济体的经济状况和政策目标非常相似。像新西兰一样，澳大利亚认为，在20世纪80年代后期，通货膨胀率是一个值得关注的问题。例如，在1988年2月和1989年11月之间，尽管整体通货膨胀率没有变化，而基底通货膨胀率有所下降，澳大利亚储备银行仍提升了作为其政策工具的现金利率，从10%升至18%。很清楚，澳大利亚储备银行认为通货膨胀率不令人满意，当时为7%。在3年后的一次讲话中，当时的副行长（后来成为行长）Macfarlane说，"政策意识到，需要利用这一'十年不遇'的机会来降低通货膨胀率"（Macfarlane，1992，p. 15）。像在新西兰一样，尽管可能程度不同，20世纪80年代澳大利亚的政策制定者有这样一种感觉，多年宽松的财政政策及由此引发的高通货膨胀率和高通货膨胀预期应彻底改变。①

但是，在1989年年末新西兰强行实施了正式的通货膨胀目标制后，澳大利亚储备银行却未作出对通货膨胀数字目标的公开承诺。相反，在随后的几年中，它却试图向公众表达这样的观点，澳大利亚于1991年已基本结束的抑制通货膨胀措施是政策目标永久性转变的结果，而不仅仅是1990—1991年衰退的副作用。用副行长Macfarlane的话说就是：

---

① "（从1987年到1989年）的动机是（澳大利亚储备银行内外）不断增长的对政策相机抉择程度的不满，加上意识到大多数其他的OECD国家已成功地使通货膨胀率降低。由于通货膨胀率离10%也不是太远，澳大利亚看起来不合拍，并且越来越多的呼声要求储备银行'对此做点什么'"（Grenville，1997，p. 135）。

在（1992 年 8 月）公布的年报以及 1991 年的年报中我们指出，在这一周期中，货币政策已形成一个更为中期的反通货膨胀的侧重点。这是一个很难说的情况，因为这是关于侧重点的变化，而不是放弃一种方法而接受另一种完全不同的方法……中央银行发表了很多文章、讲话和报告来强调通货膨胀的成本以及回到低通货膨胀的可能机会。(Macfarlane，1992，p. 14)

这种不采用新的政策框架来实现公众对价格稳定支持的努力，使人想起在加拿大银行行长 Crow 发表 Hanson 演讲和 1991 年实施通货膨胀目标制期间的一些陈述（参见第 6 章）。

到 1993 年年初，很多后来成为澳大利亚通货膨胀目标制内容的运作措施已经实施。在 1993 年 3 月 31 日所作的报告中，行长 Fraser 说，在他看来，“如果基底通货膨胀率能够在几年内保持在平均 2% 至 3% 之间，那将是一个好的结果”（Fraser，1993，p. 2）。不过在同一篇讲稿中，他说：

据我所知，没有一个国家通过咒语来降低通货膨胀，更不用说在经济中造成萧条的方法。我对这一迹象的理解是，澳大利亚降低通货膨胀至少与新西兰这样的国家一样有效（就通货膨胀和产出损失的替代而言）……我认为 0 至 2% 这样狭窄范围的通货膨胀目标，对我们而言坏处比好处多。特别是，这样的目标易于使政策对冲击的反应出现偏差，进而冲击价格。这样的冲击本可以被价格和经济活动两者的变化所吸收，但如果当局束缚于狭窄的通货膨胀目标，那么几乎所有的冲击都必然会对经济活动产生影响。(Fraser，1993，pp. 3–4)

最后两句揭示了为什么在该阶段澳大利亚储备银行的政策制定者不愿意跟从新西兰和加拿大同仁们的道路。在他们看来，明确的数字化通货膨胀目标约束会使政策不灵活，并且会损害实体经济。而且，与新西兰和加拿大在采用目标制之前不同，澳大利亚中央银行没有发表公开声明，强调正式目标的积极意义。例如，它没有表明政策框架的变动会改变工资和价格确定的模式，或因进一步抑制通货膨胀而降低产出和就业成本。

但在随后的 18 个月中，对通货膨胀目标会限制澳大利亚储备银行灵活性的担心似乎有所减弱，结果是行长 1994 年 9 月发表讲话。更重要的是，

经济形势有可能促使澳大利亚储备银行对保持价格稳定的承诺比过去更为具体。1994年年初，情况变得很清楚，澳大利亚经济从1990—1991年的衰退中反弹，而债券市场在1994年上半年的下降趋势使10年期政府债券收益率从6.4%上升到9.6%。这是美国长期收益率增加值的两倍，比新西兰高1%以上，表明澳大利亚储备银行对价格稳定的承诺在金融市场参与者中并非完全可信。通货膨胀目标可能有助于支撑通货膨胀预期的观点赢得更多的公信度。

正如我们所注意到的一样，在9月份的讲话中，对澳大利亚储备银行的货币政策而言，行长宣布的2%至3%的基底通货膨胀率是“一个合理的目标”。他也比较详细地讨论了选取适当的通货膨胀指标所涉及的问题，也讨论了指标的使用以及澳大利亚储备银行在决策过程中自己的通货膨胀预测。尽管澳大利亚在此前的3年中有“令人印象深刻”的通货膨胀记录，行长仍提醒道，“我们需要通过当前周期中的上升阶段来保持低通货膨胀率，以建立真正的公信度”（Fraser，1994c，p. 23）。因为没有提出一个定义清楚的通货膨胀目标水平，讲话对储备银行如何进行绩效评价仍模糊不清。但不管怎样，中央银行还是对量化的通货膨胀目标作出了承诺。

澳大利亚储备银行用来描述通货膨胀目标的语言逐步具体化。在1995年3月30日的讲话中，行长Fraser提到，“在几年的时间内”平均2%至3%的基底通货膨胀率将作为“储备银行的目标”（Fraser，1995，p. 22）。1995年10月19日，“目标”一词第一次出现在行长向众议院的银行、财政和公共管理常务委员会提交的声明中：

> 像其他中央银行一样，我们有一个通货膨胀目标来帮助引导货币政策，即使基底通货膨胀率在几年内保持在平均2%至3%的水平上。正如我们在很多场合所解释的一样，这并不是说基底通货膨胀率每年都必须在2%和3%之间。更确切地说，它意味着平均通货膨胀率在该周期内应为“百分之二点几”。（Reserve Bank of Australia，1995，November，p. 7）

评价储备银行绩效所用的时间范围现在与“该周期”相联系，但对“该周期”未作进一步说明。

总之，在澳大利亚，采用通货膨胀目标制是由澳大利亚储备银行在抑制通货膨胀后单方面决定的。采用通货膨胀目标制既不是因为澳大利亚储备银行法规的变化或随着法规的变化来推动的，也不是取决于政府和储备银行之间的协议。确切地说，这是货币政策逐步走向承认价格稳定作为主要目标而重新定位的一部分。澳大利亚储备银行，在公众对其承诺的不确定性可能将使通货膨胀预期无法控制并破坏已经实现的价格稳定的情况下，对通货膨胀目标作出了承诺。

9.2.2 澳大利亚通货膨胀目标制的操作框架

要理解通货膨胀目标制度的澳大利亚形式，我们最好还是将它与其他小型开放经济体如新西兰、以色列和西班牙的经验进行比较。像这些国家一样，澳大利亚也面临着因对外部门和贸易条件受冲击而遭受经济打击的可能性。像它们一样，澳大利亚面对的商业周期，既受大贸易伙伴（美国）的推动，也受到国内因素的推动。同样，也像这些国家一样，在较长一段时期，随着澳大利亚价格稳定承诺变弱，它正努力巩固近年取得的通货膨胀效益。

但是，与新西兰通货膨胀目标制度框架形成鲜明对照的是，澳大利亚储备银行在其操作的所有方面都强调灵活性，从目标的定义到承认在对冲击作出反应时可以作出的相机抉择。[①] 与之最接近的可能是瑞士货币目标框架（参见第4章）。与瑞士银行一样，澳大利亚储备银行强调，在短时期内达到准确的通货膨胀目标范围会有困难。澳大利亚的目标是“在中期内约2%到3%”的“粗点”目标（Stevens and Debelle，1995，p.82）。目标所指的通货膨胀率是“基底口径”的消费价格增长率。考虑到澳大利亚储备银行设定其工具的相对独立性，以及对目标的相对不很具体的承诺，澳大利亚政策的总体基调与瑞士国家银行的“受约束的相机抉择”非常相似：

（2%～3%的目标）不是中央银行觉得通货膨胀必须或有必要在任何时

---

① 例如，“在原则上，附有硬性边界区间和使通货膨胀持续保持在特定范围内承诺的体系，如新西兰，可以与澳大利亚和芬兰的体系进行对比，后者侧重平均值而不是许可范围。但是，考虑到很多系统存在限制条件和例外情况，这些差别很容易被夸大”（Edey，1997，p.61）。

候、任何情况下都应保持的范围。考虑到通货膨胀短期预测和控制的困难，在我们看来，这样狭窄的区间过于大胆……考虑到通货膨胀的某些周期性变化以及影响价格的大量较小冲击，几乎肯定会发生一些偏离。（Reserve Bank of Australia，1995，November，p. 7）

澳大利亚储备银行否认能够提前确定偏离目标的情况（与新西兰储备银行不同），甚至也否认，在较短期限内使通货膨胀保持在目标区域内。正如一些澳大利亚政策框架的设计者所言，“在我们看来，作为货币政策的长期目标，这不能代表对‘价格稳定’承诺程度的降低。相反，这反映了对澳大利亚货币政策宣称能够在短期内实现目标的一种担心”（Stevens and Debelle，1995，p. 82）。澳大利亚储备银行似乎已对新西兰经验作出了像我们在第5章中所作的差不多的解释，在短期内过于机械地追求严格的通货膨胀目标可能会造成政策和经济的不稳定。

关于澳大利亚选择“粗点”目标而不是区间目标的问题，Grenville 作了如下陈述：

考虑到澳大利亚所经历的常规贸易条件的冲击，并审视澳大利亚通货膨胀周期性波动的历史（追溯到20世纪50年代和60年代的价格稳定时期），很明显，这些变动大于新西兰声明中提到的2%。[①]（Grenville，1997，p. 147）

澳大利亚和瑞士货币政策框架的显著相似之处是，尽管没有像瑞士那样在价格稳定方面有长期的记录，澳大利亚仍成功地获得了与瑞士同样程度的相机抉择，而且还改善了通货膨胀状况。[②]

正如我们已注意到的，澳大利亚目标本身是开放型的（一段几年的时间）而不是一个具体的时间段。目标总是设定为大于零的可度量的通货膨胀。但是，度量误差未被作为选择大于零的目标的解释。相反，与其他已采用大于零的通货膨胀目标制度的很多国家一样，其原理是在通货膨胀率已经

① 更笼统地说，“在澳大利亚，我们没有采用这种硬性的边界区间，原因是担心支付职能中断会引发货币政策工具的不稳定性，并进一步造成一个由政策推动的商业周期”（Debelle，1997，p. 119）。

② 如 Laubach 和 Posen（1997b）对瑞士和德国货币目标制度的讨论中所阐述的一样，“严重地限制中央银行的相机抉择，即所谓的‘捆住手脚’，似乎并不是持续的低通胀所必需的条件”。

很低时，持续地抑制通货膨胀对真实经济产生的收益是否大于成本。[①] 在澳大利亚，可以证明，宣布一个相对较低的通货膨胀目标就足以支撑通货膨胀预期，对最终抑制通货膨胀的量的争论，只能将来再作决定。

在操作方面，澳大利亚储备银行与新西兰有一个共同的特点，即明确地定义"基底消费物价指数"目标，并剔除了很多项目。这一目标剔除了水果和蔬菜、汽油、按揭贷款利息、公共部门产品和服务以及其他价格波动较大的商品"。[②] 由于澳大利亚储备银行与新西兰储备银行不同，它不受目标的"硬"区间的约束，因此对目标的定义如此具体似乎有点不恰当。澳大利亚储备银行的做法与瑞士"简单规则、复杂解释"的例子比较接近。例如，关于按揭利率在目标中的作用，"……中央银行需要清楚地解释这些利率的影响是什么，为什么中央银行会因政策原因对这些影响不予考虑，而且要求价格和工资的确定者在作决策时应区分整体通货膨胀率和基底通货膨胀率"（Stevens and Debelle，1995，p. 84）。这里的责任不是要把指标的表现与某一标准机械地比较，因为苛刻地追求那个标准本身就是有害的，而且向公众进行清楚解释的负担也会加重。

实现目标的时间段（中期）的不确定说明，澳大利亚储备银行对相对长期的平均通货膨胀很关切，在澳大利亚框架中不会出现通货膨胀的短期反向超调或调整不足。看起来，澳大利亚储备银行希望在必要时对经济的冲击作出反应，而不动用新西兰框架下的"免责条款"，甚至不需要运用最近英国采用的方法，即对突破目标范围作出解释。实际上，澳大利亚储备银行比我们所讨论过的任何其他中央银行都更加明确地对产出和就业的短期波动作出反应。正如储备银行行长 Fraser 所指出的，将价格稳定作为货币政策的唯一目标这一点过去从来就没有得到过有力的支持：

还有一种感觉，直白地说，（向价格稳定单一目标的转变）使货币政策

---

① "平均2%或3%的通货膨胀率与只稍微低一点的通货膨胀率之间的差别可能是一个非零的数字，但很难相信，这一差别是这么关键。考虑到进一步降低通货膨胀率会有成本，而且，额外收益的大小并没有那么确定，暂时而言，在澳大利亚一个可行的方式是，引导政策去保持目前的较低的但仍为正值的通货膨胀率"（Stevens and Debelle，1995，p. 87）。

② Edey，1997，p. 62.

的目标过于简单，或者说过分简单化……澳大利亚储备银行认识到，在很大程度上，经济活动和价格目标之间并无冲突（而且事实上，经济活动是通货膨胀的一个主要的前瞻性指标）；当有冲突时（在发生供给冲击或需要从结构上降低通货膨胀时），给予价格绝对压倒一切的优先权只是简单化的权宜之计，无法使问题得到解决。(Grenville，1997，p. 149)

这种实用主义的语调再一次让人想起瑞士的方法。

正如我们所讨论的所有通货膨胀目标制度的实施者一样，澳大利亚对于真实层面目标的关注，主要隐含在价格水平受到冲击后对通货膨胀的逐步调整中。在通货膨胀出人意料地发生变化后，澳大利亚储备银行没有对实现通货膨胀目标确定具体的时间界限。"（在）通货膨胀发生没有预见到的变化的情况下……作出承诺，对政策环境作出调整，使通货膨胀尽可能快地回复到2% ~3%的水平上。可行的做法是，无法提前预测的、取决于事件的性质的短期菲利普斯曲线斜率（抑制通货膨胀的失业成本）和其他因素的函数……"（Stevens and Debelle，1995，p. 84）。

在对通货膨胀作预测时，澳大利亚储备银行十分关注真实经济活动，如就业的变化、支出的变化及类似内容。它也考虑私营部门通货膨胀预期和预测以及当前的工资解决方案。有趣的是，与西班牙和以色列形成对照，澳大利亚储备银行通常对通货膨胀率的短期波动并不敏感。这一态度与澳大利亚储备银行的某种认识是一致的，它认为汇率的很多（虽然不是全部）变动反映了贸易条件（澳大利亚商品的相对价格）的变动，而不是通货膨胀预期或商业周期的变动。考虑到澳大利亚的出口导向，这一假设并非不合理。

但是，澳大利亚处理汇率的方法与另外两个出口国——新西兰和加拿大的方法区别很明显。加拿大以及近期的新西兰已采用"货币环境指数"，或称 MCI 作为政策的操作指导，该指数把国内利率的变化与汇率的变化结合起来（参见第5章和第6章）。因此，加拿大和新西兰的货币政策对汇率的变化作出很剧烈的反应。在汇率确实反映贸易条件变化的范围内，货币政策不应进行抵消，正如 MCI 所要求的一样。显然，澳大利亚认为自身面临与加拿大和新西兰不同的外部环境。这一观点是否正确最终是一个实证的问题，但这些明显类似的经济体在这一关键问题上的认识不同，仍是很令人惊讶的。在实施通货膨胀目标制度的背景下采用 MCI 有哪些优点和不足，是值得进一步研究的课题。

经济状况通报、行长和副行长的讲话，以及偶尔发表的研究文章主要来自于储备银行的每月公告。除报告之外，公告中发表的所有文章都是不署名的。早在 1993 年之前，澳大利亚储备银行已经每隔两期在公告中发布一篇题为“经济和金融市场”的报告，包括“国际经济”和“澳大利亚经济”，后一部分中包含了对于价格和成本情况的讨论以及经济活动的其他衡量指标。1993 年以来，澳大利亚储备银行一直在公告中发布关于经济的季度报告，但报告的格式变动很大。该报告自 1995 年 1 月以来称做“经济和金融市场季度报告”（以下简称“季度报告”），通常包含金融市场、国际经济和国内经济等方面的内容。国内经济部分讨论各种各样的问题，包括通货膨胀的趋势和前景、批发价格和利润率、劳动力成本和通货膨胀预期的信息。“金融市场”部分讨论国际债券和股票市场的情况、货币政策和短期利率、银行业情况以及外汇市场情况。

随着 1993—1994 年间逐步向通货膨胀目标制度的转变，《季度报告》越来越多地强调储备银行内外对通货膨胀的预测以及货币政策的近期情况。有关消费者对 1 年以后通货膨胀预期的《墨尔本机构调查》在 1993 年以前就发表过。自从 1994 年以来，对《舆论预测》也进行了讨论，该预测反映了私营部门对专业意见的预测。① 1994 年 8 月 17 日开始，即现金利率连续三次加息的第一次加息后（从 1994 年 10 月的第一期开始），《季度报告》也解释了货币政策的变化。自 1995 年 4 月以来，《季度报告》一直都发表储备银行的官方通货膨胀展望，尽管该展望相对模糊的用词令人想起瑞典银行（在 1997 年 10 月以前）提到通货膨胀状态时的用词。

澳大利亚储备银行也进行更正式的报告。1991 年以来，储备银行的年度报告在议会的预算会议上提交，并接受众议院银行、金融和公共行政常务

① 第 10 章进一步讨论了被一致认可的预测，并利用这些数据来研究多个通货膨胀目标制度的公信度。

委员会的听证（尽管最初该委员会似乎很少利用这一机会，正如 Fraser（1993）所说明的那样）。当1996年8月14日 Macfarlane 接替 Fraser 为行长时，财政部和当选行长发表了一篇名为“关于货币政策行为的声明”。在声明中，双方同意：

（当选）行长将支持澳大利亚储备银行发布特别声明，该声明阐述了货币政策以及货币政策在实现储备银行目标中扮演的角色。这些声明包含关于通货膨胀展望的信息，并大约每隔6个月发布一次。（Reserve Bank of Australia，1996，September，pp. 2–3）

相应地，自1997年5月起，澳大利亚储备银行提供《关于货币政策的半年声明》。该声明实际上是澳大利亚储备银行的官方通货膨胀报告。尽管结构上与《季度报告》相似，但它却更为详细，篇幅大约是《季度报告》的四倍，其中包括大量教学式的工具，如解释经济概念和经济指标的专栏，还包括大量的关于当前经济状况与以前商业周期历史的比较资料。像《季度报告》一样，该声明首先深入地讨论国外经济形势。关于国内经济活动的一章，涵盖居民家庭、企业和农业部门的情况以及国际收支和劳动力市场的情况。信贷市场、金融中介以及货币总量的情况包含在“金融部门”一章中。该声明的最后讨论了通货膨胀的趋势和前景。与通货膨胀预期的很多指标一样，对通货膨胀的几个衡量指标，即进口和生产价格、GDP缩减指数以及劳动力成本趋势，都进行了调查。澳大利亚储备银行自身的通货膨胀展望也都作了比《季度报告》更全面的讨论，而且对形成展望的因素以及上升或下降的风险都进行了很详细的解释。但是像《季度报告》一样，声明并未提供量化的通货膨胀预测。相反，它只提供了在不太确定的期间内，关于通货膨胀相对于通货膨胀目标所处状况的总体评价。

声明的一个重要内容是，它包含了政府对通货膨胀目标强有力的支持，并强调了澳大利亚储备银行在追求该目标时执行货币政策的独立性。这种支持，加上现在每年两次在议会委员会上高调的正式亮相，增加了货币政策框架在澳大利亚的正统性。

9.2.3 澳大利亚实施通货膨胀目标制的经验

与新西兰一样，自1993年以来澳大利亚货币政策的关键阶段是1994年紧缩的货币政策以及1995年通货膨胀的上升。

20世纪90年代初期，澳大利亚和新西兰的宏观经济环境极其相似（比较图9—2和图5—1中的图形）。1990年和1992年之间，GDP增长率和失业率增加的情况几乎是一样的，1990年以后，两国的整体通货膨胀和基底通货膨胀也随之一起变动。正如短期利率所反映的，金融市场指标（如名义汇率和长期利率）、货币政策也是类似的情况。

到1993年年底，澳大利亚从1991年的衰退中逐渐复苏，真实GDP的增长增至4%，符合储备银行的预期。1993年全年，失业率仍在11%左右，储备银行对此的评估是，要使失业率回到更能接受的水平必须维持4%的真实增长。考虑到经济的不景气，在这一阶段通货膨胀的唯一风险来自于外部因素。澳元在截至1993年9月的两年中按贸易加权计算已下跌20%，“澳大利亚储备银行强力干预外汇市场，也考虑过提高利率以支撑汇率”（Fraser，1994b，p. 21）。最终，澳元反弹，澳大利亚储备银行也将作为其操作工具的现金利率稳定在4.75%。

1994年年初提供的数据表明，尽管经济中仍存在不景气，但复苏范围越来越大，预计失业率将会在1994年下降。根据1994年1月的《季度报告》，澳元的贬值在1993年9月以前是“成本拉动通货膨胀压力的主要来源”（Reserve Bank of Australia，1994，January，p. 8），而劳动力成本的增长仍受到抑制。1994年年初，澳大利亚储备银行对通货膨胀前景持良性观点，市场也持有同样看法。90天票据的收益率降至4.8%，而票据的期货价格表明，在接下来的月份中预计不会实施紧缩政策。10年期政府债券的收益率于1月份降至6.4%。

然后，随着美联储于1994年2月4日紧缩政策的实施，债券市场上对未来通货膨胀的评价突然发生了剧烈变化。在2月至3月间，澳大利亚10年期债券的收益率从6.4%升至8%。金融市场认为，更高通货膨胀的风险

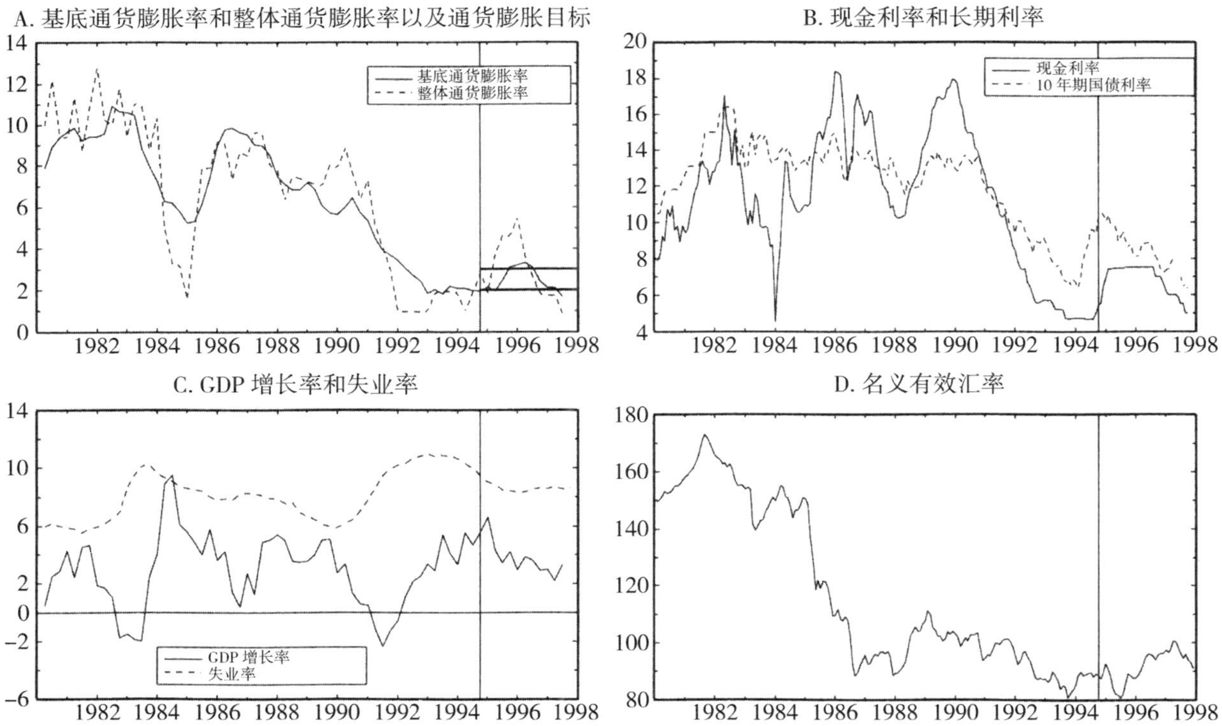

A. 基底通货膨胀率和整体通货膨胀率以及通货膨胀目标

基底通货膨胀率
整体通货膨胀率

B. 现金利率和长期利率

现金利率
10 年期国债利率

C. GDP 增长率和失业率

GDP 增长率
失业率

D. 名义有效汇率

图 9—2　澳大利亚经济指标

资料来源　A.OECD 主要经济指标，澳大利亚储备银行；B.OECD 主要经济指标，澳大利亚储备银行；C.OECD 主要经济指标；D. 国际清算银行数据库。

已经增加，澳大利亚储备银行则持不同的看法。在 1994 年 3 月 30 日的讲话中，行长 Fraser 列举了低通货膨胀预期会持续的几个理由，尽管增长会略增至 4% 以上（Fraser，1994a）。他给出了一个理由，澳大利亚经济在 20 世纪 80 年代实施改革措施后更加紧密地融入世界市场，这令人想起大约在同时期新西兰储备银行所表达的观点，认为早期的结构改革已经提高了经济的持续增长率。

但是，到 7 月初，澳大利亚储备银行开始为紧缩政策作准备，而同时仍为其当前的货币政策立场作辩护。其展望没有变化，不管是对产出增长率，还是对通货膨胀，前者仍预期在接下来的 12 个月中处于 4% 至 5% 之间的范围，而后者预测会在相同的时期内保持在 2% 至 3% 的范围内。"经济不会立即破灭而跳出 4% 至 5% 的增长范围，没有迹象表明工资或其他成本增长在加速。实际上，完全有理由相信，当前的增长率和通货膨胀率在 1994—1995 年间会持续"（Fraser，1994b，p. 22）。但是，金融市场已经很清楚地表明了与这一评价不同的观点，10 年期债券的收益率在 2 月 3 日至 6 月 30 日之间已上升到 3. 2%，美国为 1. 6%，而重要的是，新西兰只有 2. 1%。

澳大利亚债券收益率高于平均水平的增长似乎反映了市场的判断，商品价格上升会推动已经快速增长的澳大利亚经济更快地增长，从而产生通货膨胀压力，在市场看来，当局的反应较慢。尽管对澳大利亚和世界经济增长强劲的展望表明债券收益率应比以前高，如一年前，澳大利亚当局仍表示，对澳大利亚债券收益率上升中所隐含的通货膨胀的展望，他们持不同观点。(Reserve Bank of Australia，1994，July，p. 15)

到 6 月底，90 天国债的收益率已升至 5. 8%，而 9 月份 90 天国债的期货价格的收益率已升至 6. 4%，反映出市场产生了货币政策紧缩即将开始的预期。储备银行没有清晰地规定通货膨胀目标，也没有通货膨胀应怎样发展的准确表述，这助长了通货膨胀未来走向的不确定性。

在 8 月 17 日，澳大利亚储备银行开始实施紧缩货币政策，将现金利率提高 0. 75%，达到了 5. 5%。"尽管该举措的时机选择受到美国近期利率上升的影响，该举措本身还是受到澳大利亚国内经济环境的明显转变的推动"

（Reserve Bank of Australia，1994，September，p. 23）。

在1994年10月的《季度报告》中，澳大利亚储备银行指出，“随着经济中的额外产能被运用，周期性的价格压力预期会增加”（Reserve Bank of Australia，1994，October，p. 1），却没有表明它期望通货膨胀走向何处。截止到6月以来的这一年中，真实GDP增长4.3%，而基底通货膨胀率在同期仍稳定在1.9%的水平上。失业率自1993年11月以来从11%一直下降至9.5%。已经被广泛预期的现金利率在8月17日上升后，市场没有什么反应。但到《10月报告》发布时，“市场开始将政策进一步收紧的可能性计入价格”，90天国债收益率已从5.7%上升到6.4%。10年期国债收益率，在8月17日后曾跌至9.2%，但9月底又升至10.3%，使自2月3日以来的升幅接近4%。

1994年第四季度是一个分水岭，澳大利亚储备银行于10月24日和12月14日两次以每次1%的幅度将现金利率提高到7.5%。在12月14日加息后的声明中，澳大利亚储备银行承认：

> 这次进一步的紧缩政策，比一些人预期得要早，从根本上说是因为有证据表明总体经济增长比原先想象得强劲……到目前为止，价格和工资仍得到较好的控制。按基底口径计算，消费价格增长约2%……但是展望未来的情况，以目前这样的增长率，这种状况预计不可能继续下去。（Reserve Bank of Australia，1995，January，p. 27）

早在澳大利亚储备银行的行动之前，90天国债的收益率的升幅就高于现金利率，从这种情况可以反映出，两次紧缩都预见到了。10年期政府债券收益率稳定在10%左右。但是，澳大利亚储备银行在实施紧缩政策之后的通货膨胀展望，与1995年1月的《季度报告》中所反映的一样，仍不清晰。

在1995年4月的《季度报告》中，澳大利亚储备银行提供了它对下一年通货膨胀的预测。这一做法保留了下来。尽管暂时有迹象表明，现金利率上升对经济活动产生了一些减缓的作用，但基底通货膨胀仍保持在2%左右，金融市场的情况仍然不妙。10年期国债收益率在10%至10.5%之间波动，而澳元相对其贸易伙伴的货币在第一季度下跌11%。澳大利亚储备银行承认，澳元的下跌：

（也）部分地反映了澳大利亚特有的担心。与澳元常常同步变动的其他货币——新西兰元和加拿大元——在这一季度都较为坚挺，两次都是官方利率进一步上升的支撑……与澳大利亚更直接相关的是，加拿大和新西兰的（国债）收益率分别大幅下降至8.5%和7.9%。（Reserve Bank of Australia，1995，April，p. 17）

澳元下跌幅度较大的原因是经常项目恶化，反过来也反映出1994年国内需求的强劲增长。不管怎样，澳大利亚储备银行表示了关切，“基底通货膨胀率1995年预期会上升，可能高于3%”。

这些情况对澳大利亚储备银行的政策策略提出了挑战。澳大利亚储备银行对通货膨胀目标制度的“软”方式的好处是，只要基底通货膨胀率上升至3%以上被认为只是暂时的，它就不需要做出政策反应。

潜在的通货膨胀情况更多地归因于商业周期的内在运作机制，而不能归咎于当局失去维持低通货膨胀的决心。储备银行没有采用区间狭窄、硬性边界的通货膨胀目标制，而偏好使平均基底通货膨胀率在几年内保持在2%~3%的范围内有两个原因：一是通货膨胀的周期性变化，二是围绕通货膨胀预测存在较大程度的不确定性。货币政策将继续致力于保持这一结果。（Reserve Bank of Australia，1995，April，pp. 15-16）

但这一方法本身的问题是怎样使公众确信，即使GDP增长持续较高、汇率迅速疲软也没有必要进一步紧缩货币政策。这时候储备银行可能也发现，加拿大和新西兰货币及债券市场的卓越表现，与这些国家较多地强调对货币政策立场进行信息交流是相互关联的。

在接下来的两个季度中，基底通货膨胀率预期上升的情况发生了。基底通货膨胀率从3月的1.9%（同比）上升至6月的2.5%和9月的3.1%。但到这时，澳大利亚储备银行已成功地使公众确信这一上升是暂时性的。储备银行向更为公开的政策的转变似乎也产生了作用，这在实质上更接近于其他实施通货膨胀目标制的国家。10年期政府债券的收益率开始下降，从3

月底的刚刚低于10%，下降到6月底的9%和9月底的8.5%。长期利率的下降反映出有更多迹象表明1994年的紧缩政策是在真实GDP增长放缓至5%以下的情况下发生的。到6月底，90天国债收益率降至7.5%，与现金利率的通行水平相同，这表明一年中市场首次没有预期政策会进一步紧缩。此外，汇率在第二季度稳定之后，在第三季度重新上升，几乎收复了第一季度的所有失地，这表明经常项目赤字已达到顶点。

金融市场对通货膨胀预期逐步下降的趋势持续到1996年，这与长期收益率、指数化和非指数化债券收益率之间的利差，以及私营部门预测人士的调查所反映的情况一样。债券收益率的下降于2月份暂时停止，主要是对国外情况，特别是认为美国利率周期已经触底反弹所作的反应。1996年1月18日至4月9日期间，澳大利亚10年期国库券收益率上升85个基点，达到9%。但重要的是，与1994年年初相比，这次澳大利亚债券收益率比新西兰债券收益率上升的幅度小。此外，在4月份，自1990年以来首次出现澳大利亚和新西兰的债券收益率利差缩小的情况，而且从6月份起，澳大利亚的收益率低于新西兰的收益率。

澳大利亚储备银行在其1996年1月的《季度报告》中预测（准确地说，结果证明是这样），基底通货膨胀率在回到1996年下半年的2%至3%之前，会上升到1995年9月的数值——3.1%以上。尽管有这种情况与通货膨胀预期的趋势并存，现金利率在1996年上半年仍保持在7.5%的水平上。澳大利亚储备银行产生这种担心的主要原因是工资上升幅度较高（5%至6%）。

> 很显然，这些（工资上涨）必须减缓，因为它与我们现在所生活的低通货膨胀环境是不协调的。较坚挺的汇率或利润率的某种挤压有助于缓冲最终产品价格暂时免受较高劳动力成本的冲击。但工资正以5%以上的速度上涨，与通货膨胀控制在平均2%～3%的目标是不协调的。（Macfarlane，1995，p.13）

澳大利亚储备银行清楚地表明，它会把当前的工资上涨看做“过去式”，不会通过进一步的紧缩政策进行矫正。但是，澳大利亚储备银行同样清楚地表明，它决心阻止此类工资上涨成为常规情况。

到7月，工资增长减缓到约4%，6月的数字表明基底通货膨胀率达到3.1%，已到达上季度的顶点，澳大利亚储备银行将现金利率减少0.5个百分点至7%。在接下来的12个月中，进行了四次降息，每次50个基点。基底通货膨胀率于1997年6月下降至1.7%，低于“粗点”之前，于9月突破2%至3%的目标范围。整个1996年，GDP增长保持在2.8%的中等水平，而失业率保持在约8.5%，与1995年年中的水平持平。澳大利亚政府债券收益率除1997年年初再次出现短暂停顿外，继续下行，于1997年7月跌至7%以下。到该月底，澳大利亚与美国的10年期政府债券之间的利差缩小至35个基点，而新西兰债券收益率比澳大利亚债券收益率高35个基点。

总之，澳大利亚实施通货膨胀目标制度的方法，向国际惯例迈进的速度很慢，最初很少强调信息交流、透明度和责任心。但是，澳大利亚储备银行对其预测和目标变得越来越明确。这一动向似乎在控制通货膨胀预期方面有了成果，特别是在债券市场中得到了反映，并且有助于保持较低的、稳定的通货膨胀率。

9.3 西班牙

9.3.1 西班牙通货膨胀目标制的采用

1994年11月28日，西班牙银行行长在西班牙议会经济事务委员会的讲话中，宣布西班牙采用通货膨胀目标制度。[①] 这一宣布是根据《西班牙银行自主权法》进行的，该法是同年1月通过的，于6月2日生效。采用通用目标是西班牙银行理事会根据该法第7条第2款和第8条作出的单方面决定，第7条第2款规定，“西班牙银行应定义和实施以实现价格稳定为主要

① Banco de España, 1995b, January, pp. 5-13.

目标的货币政策”，而第8条规定，“西班牙银行应通过在适当时候对货币总量增长率或利率设立中间目标，或通过使用被认为必要的其他程序来制定货币政策”。①

狭义上讲，采用通货膨胀目标制是颁布中央银行自主权法的直接结果。但是从广义上讲，三方面的发展导致该目标的采用。首先，作为欧洲联盟马斯特里赫特条约的签字国，西班牙政府有责任在成立欧洲货币联盟（EMU）之前的某个时间给予西班牙银行自主权。但是，该法超越了马斯特里赫特条约要求给予西班牙银行不受政府影响的独立性的规定。该法在上述引用的条款中规定了，西班牙银行有责任定义一个凭以追求其目标——特别是价格稳定目标的框架。其次，尽管西班牙比塞塔在1992年9月危机后连续贬值，它仍在欧洲货币体系的汇率机制（ERM）之中，但是阻止ERM的承诺成为名义锚，就像1989年6月西班牙比塞塔加入ERM时所做的。这样，就必须采用某种新的支撑价格水平和期望的方法。最后，有越来越多的证据表明，名义收入和公众持有的流动资产（西班牙文的缩写为“ALP”）之间的关系不稳定，而后者是西班牙银行自1984年以来设定的年度货币目标——广义货币总量。与很多其他国家的情况一样，货币总量和收入之间关系的不稳定产生了替代这一方法的压力，即把以货币增长作为中间目标的方法替代为利用更完全的信息直接设定目标变量的方法。

1978年以来，西班牙银行一直为货币总量ALP的增长率设定目标。对ALP需求不稳定，部分原因是在20世纪80年代中期西班牙金融部门快速发展，这种不稳定使西班牙银行对这一总量选择越来越宽的目标区间，从而使确定目标的程序变得没有意义。尽管1989年6月西班牙比塞塔加入欧洲汇率机制，西班牙银行仍继续为ALP的增长设定年度目标。但是，任何坚持货币政策目标和钉住汇率之间的矛盾都是以有利于后者的方式解决的，从而有效地使ALP变成了一个信息变量，而不是一个目标。

货币政策优先考虑的是利率的有序变动与汇率稳定相协调。只有在中

---

① 这段引用和其他引用选自西班牙银行的网页（http：//www. bde. es）所提供的该法律的英文翻译版。

期，并且在汇率提供足够空间的情况下，才会采用货币政策措施，以便接近ALP的目标路径。在这一背景下，1989—1993年期间，货币政策的国内外困境导致了追求目标的重大冲突和两难处境。（Ortega and Bonilla，1995，p. 52）

因此，正如以色列实施稳定计划以后的情况一样，维持钉住汇率成为1989年以后西班牙货币政策制定者的主要考虑。

1994年以后汇率仍为政策目标，但正如所指出的一样，围绕中央平价的区间变宽减少了汇率对政策的约束程度。如同在以色列一样，通货膨胀目标制度的引入提供了一个可供选择的名义锚。《西班牙银行自主权法》的第11条将汇率政策定义为政府的权利范围，附带条件是汇率政策“必须与价格稳定的目标相一致”。但是，没有一个明确的数字目标和时间期限，“一致”的意义仍不清晰。这一点对西班牙银行的责任设定了一个限度。

在采用这一目标时，西班牙经济从1993年的衰退（德国统一后由欧洲的较高利率引发）中复苏的势头增强。真实GDP增长率在1994年间达2%以上，并仍在继续增长（参见图9—3中的图C）。CPI通货膨胀从1989年8%的高位下跌至1993年3月4%的低位；在1989—1995年期间，CPI在4%至5%之间波动，而没有进一步下滑（参见图9—3中的图A）。西班牙比塞塔在1992年9月和1993年5月之间贬值三次，而在1993年1月和1994年7月之间，短期利率几乎下降一半，从14%下降到7.35%（参见图9—3中的图B和图D）。但是，对价格稳定的承诺有了一些可信度，因为西班牙的通货膨胀率在货币贬值后没有上升，通货膨胀预期也没有上升。

尽管如此，西班牙银行关注的是通货膨胀预期可能很快上升，这将会威胁其大幅降低通货膨胀的中期目标。特别是，它担心CPI通货膨胀在1994年后几个月的细微改善可能是因为1995年1月1日生效的增值税和货物税的上调而不起作用。与加拿大一样，宣布通货膨胀目标的时机选择是为了表达增值税上升对通货膨胀的影响是一次性的，以避免通货膨胀预期的上升。如果工资和价格的确定者对通货膨胀的上升没有反应，则会减轻增值税上升的较长期的影响，相应地，西班牙银行就不必紧缩货币政策。同时，西班牙

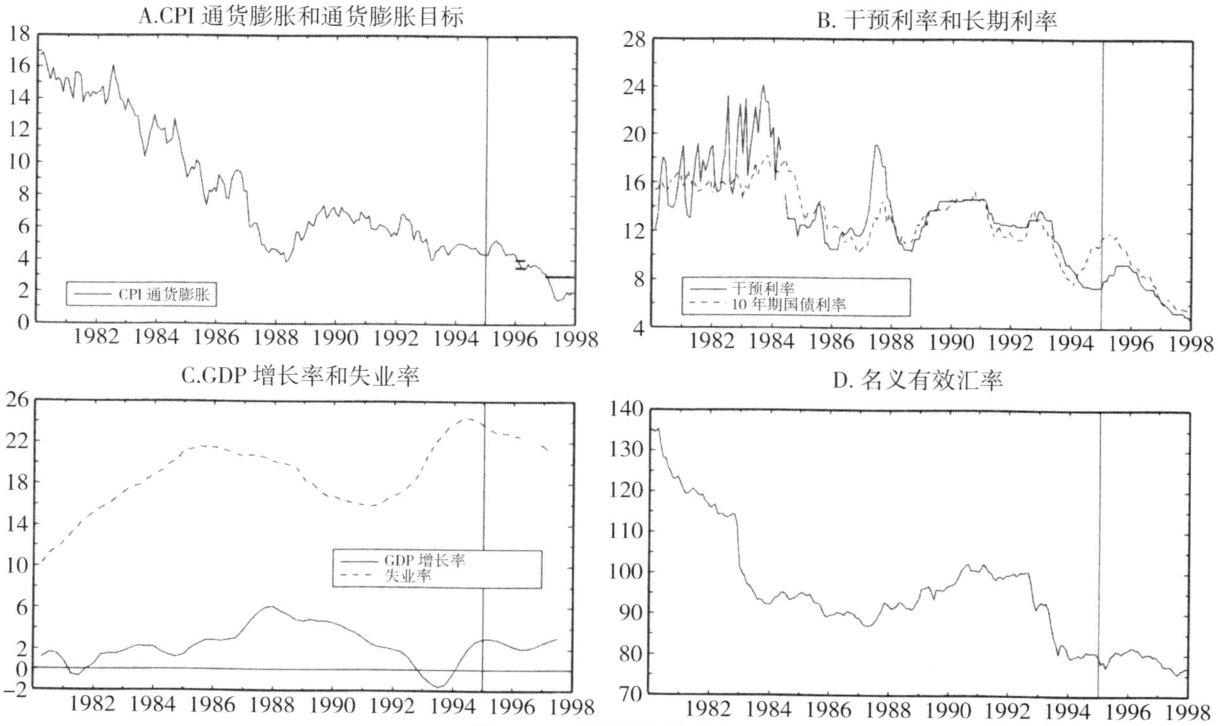

A.CPI 通货膨胀和通货膨胀目标

CPI 通货膨胀

B. 干预利率和长期利率

干预利率
10 年期国债利率

C.GDP 增长率和失业率

GDP 增长率
失业率

D. 名义有效汇率

图 9—3　西班牙经济指标

资料来源　A. 国际清算银行数据库，西班牙银行；B. 国际清算银行数据库；C.OECD 主要经济指标；D. 国际清算银行数据库。

银行承认，新框架抑制通货膨胀上升的效果是不确定的。

其他国家实施通货膨胀目标制度策略的直接结果，只有在经济周期的下行阶段才能观察到，还没有在经济上升期控制通货膨胀取得效果的经验。由于西班牙经济正处在复苏过程中，不知道引入（通货膨胀目标）在多大程度上足以应对可预见的经济活动好转所带来的通货膨胀风险。（Banco de España，1995a，p. 17）

当然，正如我们在第 4 章（德国和瑞士）、第 7 章（英国）和第 8 章（瑞典）所看到的一样，从大量的先例中看出，中央银行宣布通货膨胀目标，不仅可以是在面对价格水平受到一次性冲击的时候，甚至可以是在打算对利率进行下调的时候。西班牙与其他实施通货膨胀目标制度国家的共同点是要作出艰难的决定，到底是在通货膨胀减弱的时候采用通货膨胀目标——因为这时目标肯定会达到，还是在限制通货膨胀预期及其对价格的冲击产生第二轮和第三轮影响的能力就要受到考验的时候采用通货膨胀目标。

支持采用通货膨胀目标的论点与《西班牙银行自主权法》关于价格稳定是货币政策的主要目标的规定是一致的。西班牙银行承担任务，制定实现该目标的最适当的框架。鉴于货币总量和收入之间越来越不可靠的关系，进一步依靠货币目标被视为对政策的透明度是有害的，并会减少操作效用。相反，“根据价格来确定直接目标，会涉及使货币政策的（操作）目标受法定目标约束的问题，这会有助于增加中央银行行动的透明度和公信度”（Ortega and Bonilla，1995，p. 50）。西班牙银行非常清楚地意识到，它正抛弃中间目标，虽然汇率承诺是恰当的，但不会替代中间目标。相反，通货膨胀预测会成为政策的向导，因而成为预期的锚。

总之，西班牙采用通货膨胀目标制度，是对西班牙银行地位的体制变革作出的反应，进而由政府遵循马斯特里赫特条约的决心所引发。采用通货膨胀目标，是在汇率承诺不再成为对货币政策的约束性限制，并且在货币目标作为实现价格稳定的向导已变得不可靠之后才实施的。新方式也是在西班牙银行关注通货膨胀预期即将上升的时候采用的，目的是对西班牙经济复苏和间接税增加对通货膨胀的第一轮影响作出反应。总之，除了马斯特里赫特的

承诺之外，采用通货膨胀目标的动机几乎在所有方面都与新西兰、加拿大、英国和瑞典类似。

9.3.2 西班牙通货膨胀目标制度的运作框架

1994年11月宣布通货膨胀目标的公告中说明，货币政策的中期目标是“通货膨胀率逐步地、稳定地降低，按消费价格度量，在接下来的3年中降至3%以下”（Banco de España，1995b，January，p. 12）。选取的通货膨胀指标是整体CPI12个月的百分比变化，该指数包括波动性的部分、利率影响、税收影响以及类似内容。这意味着与以色列的情况一样，西班牙银行在操作中选择了一个简单的目标定义，有可能需要对目标的偏离作出复杂的解释。但是，在引入该目标时，西班牙银行注意到，一些不受其控制的因素，如财政政策和大胆的工资设定方法，会影响通货膨胀结果。[①]

到1997年，宣布通货膨胀率将低于3%，意味着3%将被当做通货膨胀严格的上限。对这一要求直白的理解就是，对政策灵活性或控制误差没有任何余地。这一“硬性”上限造成了西班牙银行的艰难处境：如果政策制定者试图通过将通货膨胀率设定在低于上限的水平以避免过度调整，那么从他们的意图来讲，他们对公众就不那么诚实。但是，如果他们试图达到目标，他们可能会较为频繁地对上限过分调整。

西班牙银行没有立即面对这些问题。在引用从1995年1月1日生效的增值税上升幅度时，西班牙银行选择不去对1995年设定任何目标（这是加拿大和瑞典在向通货膨胀目标制度过渡时所采用的策略）。但是，即使是一个将来强力推动的目标，也应规定从通货膨胀的当前水平达到目标的过渡路径。西班牙银行建议：

> 到1996年年初，一旦增值税的影响被吸收，CPI的12个月增长率应在3.5%至4%的范围之内。从这一状态开始，它就可以更快地向中期目标迈进。（Banco de España，1995b，January，p. 12）

① Almeida and Goodhart，1998，p. 12.

1995年1月，通货膨胀率为4.3%，因此，如果没有因增值税上升引起通货膨胀的重大突破，那些目标似乎是可以达到的。即使西班牙银行打算把通货膨胀率降到1.5%以下，它仍认为渐进方法是可取的。1996年12月，西班牙银行将目标期间延长至1998年：

具体的目标是1998年间12个月的（CPI通货膨胀）率设置为接近2%。为达到这一目标，12个月的通货膨胀率应于1997年年底在接近2.5%的水平上运行，使它在以后可能逐渐与中期目标趋同。（Banco de España，1997b，January，p. 7）

正如我们所提到的，西班牙的通货膨胀目标似乎与新西兰、加拿大和英国的通货膨胀目标不同，它与汇率目标共同存在，反映了西班牙在欧洲汇率机制的成员身份。但是，这一特点比实际更为明显。尽管汇率承诺在一开始并非从属于通货膨胀目标，但它很快就表现出次要的作用（正如以色列的情况一样）。考虑到欧洲汇率机制区间的幅度，西班牙在欧洲汇率机制的成员身份并未立即为货币政策提供中间目标。如果西班牙遵循马斯特里赫特条约中规定的通货膨胀的趋同标准，如同它到本书截稿时一直做的一样，很难想象汇率会偏离15%的区间。正如我们会看到的一样，到目前为止，只有一个通货膨胀目标和汇率目标发生冲突的例子。

汇率目标从属于通货膨胀目标与欧洲新出现的共识一致：

近年的情况告诉我们，汇率稳定及其本身或由于它对名义稳定性的贡献，成为一个主要的目标，但只能以稳定的方式作为整体上（与价格稳定的目标）相一致的经济政策的结果来实现。（Banco de España，1994a，p. 20）

西班牙的货币政策策略无论如何是有限的，因为货币政策的控制权将在1999年1月（事实上是1998年5月设定官方平价的时候）转交给欧洲中央银行。我们在第12章还要讲到通货膨胀目标制度对欧洲中央银行的意义。对西班牙来说，鉴于加入EMU的时间有限以及货币政策存在时滞，西班牙银行唯一可能有意义的行动在本书截稿时已经采取。因此，其通货膨胀目标制度，在整个20世纪90年代保持通货膨胀预期的下行路径方面已经可以宣

布成功。这一成就使人印象深刻，因为在1995年，西班牙是否通过EMU的第一轮情况还不明显。因此，这一策略必须有作用，这一点是必要的。

除了消费物价指数及其各组成部分的信息外，西班牙银行使用了多种信息来源。它使用了生产价格、农产品价格、进口价格、工资、单位劳动力成本和企业利润率。它也考虑了总需求的多种衡量指标，包括财政政策对通货膨胀的影响。用西班牙银行自己的描述就是，预测一直包括主观的评价，但不到8%的ALP增长率仍作为主要基准，这是早期的货币增长目标制度残留的东西。[①] 事实上，西班牙是实施通货膨胀目标制国家中唯一一个对其通货膨胀预测明确确定主要指标的国家，不论是货币指标还是其他指标。货币市场隔夜拆借利率是货币政策变动的操作目标，但西班牙银行使用的实际工具是所谓的“干预”利率——10天回购利率。这些做法与转变之前使用的做法类似，该转变是指从ALP目标向通货膨胀目标的转变。

关于信息交流和责任方面的具体内容在《西班牙银行自主权法》的第10条中作了陈述，其第1段要求：

至少一年一次，并且每当发生重大变化时，西班牙银行应将已经设定的货币政策的总体目标以及计划实施时所采用的程序公之于众。

第2段规定：

西班牙银行应定期向议会和政府通告其目标和货币政策的执行情况，并视情况报告它所遇到的维持价格稳定的障碍。

西班牙银行行长，从1994年11月宣布通货膨胀目标的讲话开始，每年都在西班牙议会经济事务委员会描述下一年的货币政策目标。按照法律上独立的中央银行的欧洲标准（例如，与德国和瑞士的做法相比），这种司法责任的正式程度是相当高的。另一方面，很清楚，西班牙银行在设定其通货膨胀目标方面的独立性要高于英格兰银行或瑞典银行，在这方面，它更像德意志联邦银行或加拿大银行。

行长的年度讲话在西班牙银行的《经济公报》（月刊）的1月刊上转载

① Almeida and Goodhart，1998，p. 20.

（英文版《经济公报》为季刊）。年报和每月公报都在报道货币政策的范围和可接受程度方面进行了升级。虽然《西班牙银行自主权法》未作要求，但西班牙银行还是从 1995 年 3 月起每 6 个月（同时用西班牙语和英语）发布一次《通货膨胀报告》。《通货膨胀报告》的格式分为四部分，以概述开篇。第二部分讨论消费物价指数及其各个组成部分的情况，特别强调被称作“服务和非能源加工产品指数”的“核心消费物价指数”类的序列，或按西班牙语缩写为“IPSEBENE”。尽管对整体消费物价指数通货膨胀率目标有官方承诺，但对这一个序列给予的关注似乎并没有使公众感到困惑。对生产价格、农产品价格、进口价格和各种行业缩减指数的情况也作了描述。《通货膨胀报告》的第三部分涉及外部因素以及总需求的组成部分，供应方的情况包括产能运用和劳动力市场的紧张程度的衡量尺度，以及货币和金融指标，如利率以及西班牙和其他国家的利差。

《通货膨胀报告》中唯一包含前瞻性信息的部分是第四部分，标题为“货币政策和通货膨胀展望”。但是，即使是这一部分也没有对任何变量提供准确的预测。相反，西班牙银行的观点通过一句定性的陈述进行了总结，即关于实现通货膨胀目标所需要做出的努力，很像 1997 年 12 月以前澳大利亚和瑞典的方式。紧接这一陈述的是，对于通货膨胀展望的上行和下行风险的详细讨论（还是没有数字）。货币政策影响通货膨胀的时滞也没有任何陈述。考虑到西班牙银行的措施可能对经济影响的时间较短，而且一旦向欧洲银行的过渡开始，西班牙银行将可能否认对未来后果的责任，最后一部分对数字的省略是不应该的。同时，缺少明确的通货膨胀预测和降低通货膨胀的时间表，使对西班牙银行当前政策措施的任何外部监督都变得复杂起来。①

如上所述，《西班牙银行自主权法》的第 7 条第 2 款规定：

西班牙银行应定义和实施以实现价格稳定为主要目标的货币政策。在对这一目标没有偏见的条件下，货币政策应支持政府的总体经济政策。

---

① 除了《通货膨胀报告》以外，西班牙银行每 3 个月还在经济公报中发布《西班牙经济季度报告》。这一报告详细地分析了近期的经济状况，但报告不讨论任何政策性的决定，也不提供任何其他前瞻性的分析。

《西班牙银行自主权法》的序言指出："这一新法律使《欧洲联盟条约》的规定与我们《宪法》规定的职责相平衡。"序言继续陈述：

例如，第7条，对有关货币政策应致力实现的目标进行了定义，把价格稳定设定为优先目标，这是《宪法》第40条中所指的"经济稳定"的基本要素，尽管应当承认，这不是唯一的要素。

这一段说明，正如与其他实施通货膨胀目标制度的所有国家的情况一样，真实的经济发展，特别是就失去的产出和工作而言的通货紧缩的成本，是不应被忽略的。

《西班牙银行自主权法》的基本要点是保障货币政策免受政府干预的独立性。根据第20条的规定，西班牙银行理事会作为政策制定机构，由10名成员组成，其中，8位允许对货币政策事项进行投票，即行长、副行长和6位选出的理事会成员。第24条和第25条规定，行长由政府任命，任期6年，不能连任，副行长由行长提议，由政府任命，任期为同一个6年，不能连任。6位选出的理事会成员"由经济和金融部长提议，并与西班牙银行行长协商后"由政府任命，任期4年，可以连任一次。政府可以因以下原因解聘理事会的这8位成员：

由于永久无力履行职责，严重违背职责，可能在任职期内职位不相容（利益冲突），或因蓄意犯罪而被起诉（Article 25 [4. d]）。

不包括新西兰储备银行法案中的那种特别的履行职责条款。

9.3.3 西班牙实施通货膨胀目标制的经验

自从西班牙采用通货膨胀目标以来，通货膨胀在最近几十年中达到了最低水平（参见图9—3中的图A）。到1997年夏，西班牙的通货膨胀率已达到了马斯特里赫特趋同标准。西班牙银行自1995年12月以来不断降低其作为操作工具的利率，长期金融市场利率紧跟其后下跌，通货膨胀率下降（参见图9—3中的图B）。失业率仍然特别高，而经济增长，尽管有财政整合和不断下降的通货膨胀的共同作用，却已经复苏（参见图9—3中的图C）。到1997年8月，西班牙的整体通货膨胀率为1.8%（按同比口径），远低于所陈述的1997年3%的“上限目标”。该目标此后通过以下陈述作了修改，“12个月通货膨胀率应于1997年年底接近2.5%”（Banco de España，1997c，September，p.6）。虽然通货膨胀率比5月时1.5%的低点略有上升，但到本书截稿时，通货膨胀率仍低于所宣布的1998年2%的目标，没有理由预期会有上升趋势。

西班牙短暂的通货膨胀目标制度发生唯一真正挑战的时间较早，到目前为止只发生过一次国内通货膨胀目标与汇率目标的潜在冲突。1995年3月，作为墨西哥危机（该危机从1994年12月开始）的后果，针对西班牙比塞塔的投机性压力很大，尽管有15%的汇率区间，仍迫使其欧洲汇率机制平价贬值（参见图9—3中的图D）。西班牙面临双重挑战，它不得不限制对其汇率的一次性冲击以及直接税收的同时穿透。不管怎样，西班牙银行感到，通货膨胀目标并未处于突破的严重危险之中，而且没有大幅提升短期利率以捍卫平价。

结果证明，对新框架的挑战与其说是真实的，不如说是假设性的，因为西班牙比塞塔被证明是有抵抗力的。在1年之内，西班牙比塞塔回到了3月份对其欧洲汇率机制中央平价调整之前的水平。“西班牙比塞塔……因此就完全扭转了它在1995年的开始几个月中所经历的大幅贬值，消除了比塞塔的这种贬值所引发的通货膨胀的风险”（Banco de España，1996c，March，p.7）。到1995年4月月中，比塞塔开始对德国马克升值。从1995年9月至12月，在贬值对价格的影响被感觉到之后很长的一段时间内，通货膨胀率平均为4.35%，包括间接的税收增加所产生的影响。最大通货膨胀率发生在4月份，为5.2%。到1996年2月，当间接的税收增加的影响大部分消散的时候，整体CPI通货膨胀率下降到3.7%，仍在所宣布的目标范围之内。正如我们在以色列的情况（以及在英国和瑞典退出欧洲汇率机制的情况）中所看到的一样，从一个不合适的汇率承诺中退出，明显不会损害中央银行反通货膨胀的可信度。通货膨胀的下降甚至充分地表现在私营部门的预期（正如工资谈判和收益率曲线所反映的一样）中，预期认为西班牙银行能够两次对干预利率降息，每次25个基点，分别为1995年12月22日和1996

年1月12日。

西班牙银行并没有力图就这些情况对信贷进行控制，甚至宣称这一预测没有风险。确实，在到目前为止的每一期《通货膨胀报告》中不同形式地重复了一个警告，西班牙银行作了如下陈述：

在这方面，宏观经济政策设计的有效性不应只取决于货币政策的反通货膨胀约束。为了继续降低通货膨胀率，关键是要消除财政整合过程中的不确定性，取消收入指数化和价格指数化机制，继续推进经济自由化……财政政策立场应特别注意可能转换成通货膨胀压力的影响。（Banco de España，1997c，September，p. 7）

在定义货币政策能做的和不能做的内容的限度，以及在强调稳健的财政政策在反通货膨胀中的作用的时候，西班牙银行遵循的模式与加拿大银行、新西兰储备银行以及统一后的德意志联邦银行的声明是类似的。在西班牙，那些声明明显具有有利的影响，它们有助于迫使政府处理其财政措施对通货膨胀的影响。

西班牙银行于3月13日将其利率进一步降低50个基点至8.25%。同时，它宣布了货币政策的一个新的中期目标，该目标"包括将1997年间的通货膨胀率稳定在3%以下"。

当通货膨胀下行向目标水平迈进时，西班牙银行继续在1996年剩余的时间内放松政策。对这些策略的理解，要求公众有某种认识，西班牙银行的政策是预先防止性质的，并且西班牙银行已经超越当前的情况。虽然西班牙银行没有说明它期待当前利率变化有效的时期，但它确实将其措施与经济环境中正在发生的变化联系了起来：

1995年12月启动的西班牙银行干预利率的降息，由于两个因素而能够在最后一期《通货膨胀报告》（1996年3月）发布后继续进行：一是，可觉察到通货膨胀有所改善，这可以在其他价格指标中看出；二是，在新政府的经济政策对优先考虑兑现《欧洲联盟条约》规定的趋同标准的承诺……变得公开的时候所逐步确立的自信的氛围。在这年的4月、5月和6月连续三次降低基本利率（第一次为半个百分点，其他两次为1/4个百分点）……

(Banco de España, 1996c, September, pp. 5-6)

虽然西班牙银行阐述了整体 CPI 通货膨胀口径的目标，但是它仍继续监控“基底”通货膨胀的衡量尺度，包括 IPSEBENE 序列、批发生产价格、进口单位价值，甚至是各种 GDP 缩减指数。西班牙银行对整体的通货膨胀序列（在指数化中使用的并在公众讨论中表现出特点的）和不太熟知的通货膨胀趋势的衡量尺度都给予关注，这遵循了所有实施通货膨胀目标制度国家的中央银行的惯例。西班牙银行将整体通货膨胀序列作为官方目标，这与较密切地关注“核心”通货膨胀的衡量尺度的中央银行不同。在这方面，西班牙遵循了瑞典的做法，也许两国有共同的情况，即有较大的公共部门以及使用按整体 CPI 进行指数化的工资合同。但是，与瑞典银行不同，西班牙银行已提出了最终废除指数化的要求。

当西班牙的通货膨胀下降到非常低的水平时，开始出现很难进一步下降的情况，因为通货膨胀和通货膨胀预期有下行的“粘性”。1996 年 9 月，西班牙银行作了如下陈述：

从相应的信心调查中得出的消费者预期，以及市场所发布的通货膨胀预测，都明显地出现了这种情况。通货膨胀预期未充分得到巩固，已经传输到工资的解决方案中……平均工资增长率稳定在 3.5% 至 4% 之间的水平，似乎与 3% 以下的通货膨胀率不相匹配。(Banco de España, 1996c, September, pp. 26-27)

当通货膨胀接近新的低点时工资预期向下出现粘性的现象，在加拿大这也成为争辩的关键点。很清楚，西班牙银行本来可以选择进一步紧缩而不管工资和价格预期的粘性，而这样做可以更快地达到马斯特里赫特通货膨胀的标准。关切已经很高的失业率的恶化，可能是西班牙银行没有采取大胆行动的原因。

但是，在通货膨胀上继续取得进展。宣布的新目标规定，通货膨胀率在 1997 年年底应处于接近 2.5% 的水平，而不是全年保持在 3%。但是，西班牙银行并未强调，到年底变为 2.5% 实际是一个点目标，以便代替 3% 的上限。总体来讲，西班牙银行相对不太关注对实施情况和责任方面的数量评

价。目标的变化是一个有趣的例子，在环境有利时重新设定目标，而不是按照通常的做法，在条件不利时重新设定目标。

当对达到较低的通货膨胀目标的信心增加时，政策工具利率再次下调。下调分四步，到1997年3月时为5.75%。CPI通货膨胀率从1996年8月的3.7%下降到1997年2月的2.5%。核心通货膨胀，用IPSEBENE指数来衡量，在2月跌至2.3%。西班牙银行再次强调，这是由于影响通货膨胀预期的多种因素，而不是过去的通货膨胀情况本身，使其能够削减利率：

西班牙银行谨慎地运用降息以坚持维持宏观经济环境的稳定，继续降息的自由空间是由一系列因素提供的。这些因素就是：根据预算的数量得出的结果；需求的逐步恢复；已经披露的改善经济竞争能力和使总供应更加灵活的措施；货币和金融总量的行为；最后，在降低通货膨胀率方面的上述进展。(Banco de España，1997c，March，p. 6)

很引人注意的是，没有任何地方直接提及作为减息推动因素的比塞塔的运行情况。虽然西班牙银行确实在报告的较后面引述了比塞塔对德国马克的稳定性，但总体持这样的观点，即如果通货膨胀情况较好，则比塞塔也会很坚挺。

后来，在讨论通货膨胀预测的不确定因素时，西班牙银行陈述道，“近几个月比塞塔对美元和临时欧洲货币的大幅贬值是另一个可能对1997年进口价格产生负面影响的因素”。但是，由于对德国马克的汇率保持稳定，西班牙通货膨胀对马斯特里赫特参考通货膨胀值（欧洲汇率机制成员国三个最低年通货膨胀率的平均值）的超过部分下降，贬值没有作为一个重大关切看待。

事实上，西班牙银行虽然允许美元需求和在EMU的预备期对欧洲货币一体化的怀疑对比塞塔造成某种向下的压力，但还是坚持认为，通货膨胀目标是政策的最终决定因素。

改变市场氛围无疑是最为影响1997年货币政策执行的因素之一，但是货币当局的决定主要取决于通货膨胀的可预见路径及其影响因素……不仅通货膨胀率在1995年设定的中期目标的安排之前提前实现，而且有一种合理的可能性，在货币规划的措施中为1997年设定的新的中期目标（CPI通货膨胀在1998年为2%）……将证明是可以达到的。通货膨胀预期的很多指标正对这一点给予证实，这些指标在近几个月中已逐步开始趋同并逐步向下调整。(Banco de España，1997c，March，p. 29)

通货膨胀预测是推动西班牙货币政策的因素，而汇率只有在它影响该预测的范围内才会被考虑。此外，当清楚地知道通货膨胀目标是否可能达到时，通货膨胀目标本身是以前瞻的方式进行重新评估并变动的。尽管有欧洲汇率机制表面上的限制，但西班牙银行在推动其货币政策举动以及怎样向公众证明这些举动的正当性方面，仍一直追求一种可作为范例的通货膨胀目标制度的策略。

正如我们在本章的一开始所指出的一样，西班牙银行的通货膨胀目标制度的策略被证明是成功的。1997年8月，通货膨胀率达到1.8%，确保1997年年底2.5%的目标会轻松达到。也许更重要的是，截至1997年7月，西班牙已符合马斯特里赫特通货膨胀趋同标准。西班牙银行的政策工具——利率又于4月和5月两次下降25个基点，降息在利率的整个年限结构中都有所反映（Banco de España，1997c，September，p. 7）。西班牙银行不仅相信货币政策，而且相信“旨在减少预算赤字的财政政策以及……旨在提高市场效率和灵活性的自由化措施的组合”可以降低通货膨胀率。

没有直接提到1997年年底及稍后的一段时间内所采取的货币政策措施要到EMU（于1999年1月1日）诞生之后才能被感觉得到这一事实，西班牙银行开始转移对经济后果的责任：

（走）向EMU的举措涉及货币政策自主权范围的逐步减小。EMU规划的参加国之间货币环境趋同的前景，限制了西班牙货币政策对稳定支出和控制融资流动所作的贡献。相反，财政政策作为国内需求的调节者将会承担更大的负担，以巩固已完成的宏观经济稳定的任务（Banco de España，1997c，September，p. 9）。

因此，在实施通货膨胀目标制度的西班牙，已确立的信息交流的渠道在向公众进行关于西班牙加入EMU时将会带来的变化（特别是货币政策

的行为和责任的变化）的教育方面是有用的。即使当货币自主权降低的时候，透明度也可以减少不确定性，而不管留下什么灵活性，都可以使之最大化。

9.4 以色列、澳大利亚和西班牙的主要经验教训

以色列、澳大利亚和西班牙作为小型开放经济体，必须敏锐地意识到其货币的国际价值。不管怎样，正如本章所叙述的一样，它们的经验演示了运用通货膨胀目标制度而不采用汇率目标制度的优势。如果汇率区间较窄，那么汇率目标制度会对货币政策施加严厉的约束，从而增加投机性攻击的威胁，使国内经济非常容易遭受宏观经济冲击以及来自国外的政策决定的攻击。如果汇率区间较宽，那么以汇率为目标可能就是确立名义锚的不恰当方法，对政策制定者没有指导意义。通货膨胀目标制度将货币政策的主要侧重点放在国内经济环境上，而且又会提供与汇率长期稳定相协调的环境。

以色列和西班牙都通过从强调汇率转向通货膨胀目标制度而增加了政策的灵活性。此外，它们似乎也没有承受因丧失可信度、较高通货膨胀或通货膨胀预期，或者甚至是汇率不稳定而造成的成本。澳大利亚走得更远，减少了汇率对货币政策重要性的强调，甚至在进行通货膨胀预测时也不关注汇率的波动。在所有三个国家中，当政策从汇率限制中释放出来时，长期利率都保持稳定，甚至下降。这表明，货币政策可以变得更为灵活，同时不会失去反通货膨胀的可信度。

这三个国家关于通货膨胀目标制度操作上的设计所作的决定，在很大程度上与我们所称的“新兴良好行为”相一致。特别是，所有三个国家都遵循了走向更大灵活性的总趋势（例如，更长的目标期间，更少地关注短暂的价格变化）。所有三个国家的中央银行都大大增加了它们与政府和公众的信息交流。这不仅强化了中央银行的责任性，而且增加了公众对中央银行能够合理地对货币政策负责的理解。加强信息交流，特别有助于向公众说明改变财政政策（所有三个国家在该阶段都经历了财政整合）和汇率体制的

后果。

正如我们所考察的其他国家一样，这三个经济体增加的透明度和公信力已经对货币政策的公开讨论产生了有益的影响。例如，以色列内阁中关于货币政策的争辩已更多地侧重于在未来抑制通货膨胀，而不是短期的就业趋势。总之，瑞士类型的通货膨胀目标制度强调的是相对灵活货币政策的结果的长期评价，似乎在这些国家运作良好。

以色列、澳大利亚和西班牙这些国家，虽然在价格稳定与重大的财政和结构问题方面的记录相对较差，但在采用通货膨胀目标制度后，它们维持了较低的通货膨胀率。他们的经济表现是强有力的证据，说明与现代的通货膨胀目标制度相联系的透明度和灵活性的组合，可以在很多类型的经济背景下很好地运作。

第 10 章

通货膨胀目标制：到目前获得多大的成功？

通货膨胀目标制框架的采用对实行这一制度国家的通货膨胀水平会产生影响吗？通货膨胀目标制的采用改变了私人的通货膨胀预期吗？如果是的话，产生这种影响有多快？通货膨胀目标制对实体经济，特别是反通货膨胀的产出和就业成本有什么样的影响？对于要求名义锚和政策透明度的理论争论可能有助于证明向通货膨胀目标制方向运动是正确的，但是同样需要很好了解的另一个重要问题是，在实践中这一方法是如何运行的。

通货膨胀目标制在某一国家是否有效的问题，等于去问，如果这个国家采取其他制度是否可以获得不采取时无法得到的经济效益。由于我们无法确切知道，没有实行通货膨胀目标制的国家会发生什么，回答这一问题就有难度也带有猜想的成分。尽管如此，在本章中，我们从研究样本中一些实行通货膨胀目标制的国家和没有实行通货膨胀目标制的国家中拿出各种各样的证据，作了一个初步的经验评价。

在我们的分析中，我们将要考虑的实行通货膨胀目标制的国家分别是新西兰、加拿大、英国和瑞典。这些国家是经合组织（OECD）成员国，它们实行通货膨胀目标制的时间至少在四年以上。本章中，我们常用的一个方式是对每个国家实行通货膨胀目标制前后的经济表现进行比较。由于上述国家中没有一个在实行通货膨胀目标制后经历了一个完整的经济周期，而且它们实行通货膨胀目标制的背景也不同（两个国家用通货膨胀目标制取代了钉住汇率制度，两个国家在此之前没有名义锚），因而这种比较有明显的局限性。

作为另一种方式，我们运用“控制组”的策略，在这个策略中，我们把实行通货膨胀目标制国家的经济表现的各个方面，与大体上相似但在我们研究时间里没有实行通货膨胀目标制的国家进行比较。我们把加拿大和新西兰同澳大利亚进行比较（在我们的经验分析中运用了控制，我们使用了1994 年以前阶段的数据，当时澳大利亚加入了实行通货膨胀目标制的国家行列）。所有这三个国家都是小型、开放、以资源出口为主的国家，它们的经济与美国的经济周期联系紧密。我们把英国和瑞典同意大利进行比较，这些欧洲工业化国家在 1992 年因为受到投机性攻击而被迫放弃钉住汇率制度。[①] 最后，我们把通货膨胀目标制下的货币政策效果与德国和瑞士这两个长期实行目标制（尽管目标是货币而不是通货膨胀）的国家的效果，以及虽然还没有宣布通货膨胀目标的具体数字，但属于低通货膨胀国家的美国的可观测到的效果进行比较。

即使大致看一下我们所研究的四个实行通货膨胀目标制国家的数据，也会发现通货膨胀目标制至少在这些国家实行期间还是成功的：通货膨胀处于或者低于所有实行通货膨胀目标制国家的目标区间，也明显低于 20 世纪七

① 在我们看来，Huh（1996）的观点类似于把苹果和橙子作比较。他的分析重在把英国与法国——一个 ERM 的成员国，当时汇率被高估，政策可信度在增加，与美国——一个没有宣布名义锚、具有不同的经济周期和更小的开放度的国家进行比较。

八十年代的水平。尽管在这些国家通货膨胀的下降就表明获得了真正成功，但对于这个结果是实行通货膨胀目标制之前既有的力量形成的，还是实行通货膨胀目标制促进了这一过程，还不清楚。而且，我们想知道在反通货膨胀过程中通货膨胀目标制是如何影响其他经济变量的，如产出和利率。本章中，我们做了有关通货膨胀目标制有效性的三个检验。

在第一个检验中，我们用所说的牺牲率和菲利普斯曲线等式来研究实行通货膨胀目标制的国家是否用比其他方法更低的成本实现了反通货膨胀，或者是否通货膨胀已经下降到超出正常的国内或者国际的周期性因素所能解释的范围。

在第二个检验中，我们看一下从预测调查和利率差中推断出来的私人部门的通货膨胀预期，在实行通货膨胀目标制后是否已经下降得超出了伴随通货膨胀下降的程度。

最后，在第三个检验中，我们用从简单的预测模型中得出的模拟来确定，在实行通货膨胀目标制后，通货膨胀、货币政策和实际 GDP 三个变量之间相互的影响关系是否出现了变化。

我们运用上面的三个检验，原因是在处理几个存在差别的问题和有限的样本范围（实行通货膨胀目标制的国家数量少，实行通货膨胀目标制的时间跨度有限）时，我们要对任何一个证据持谨慎的态度。我们的研究方法与对通货膨胀目标制的比较实证分析有所不同，后者只关注一个指标，通常是对金融市场的预期。[①] 通过运用三个不同的检验，以及从实行通货膨胀目标制和没有实行通货膨胀目标制的国家获得的数据，我们希望能为研究通货膨胀目标制的有效性和效应，提供充分合理的证据。

为了预测结果，我们发现通货膨胀目标制在降低通货膨胀（存在滞后效应）和私人对通货膨胀预期方面是成功的。一旦达到这一目的，它同时也有助于价格稳定，特别是在防止通货膨胀的一次性冲击对通货膨胀产生持久性影响方面。然而至少在实行新方式的初期，我们还没有发现实行通货膨

① 参见 Svensson（1993），Ammer and Freeman（1995），Freeman and Willis（1995），and Huh（1996）。

胀目标制降低了反通货膨胀的实际产出和就业成本。

10.1 实行通货膨胀目标制降低了反通货膨胀的成本吗？

首先我们来看通货膨胀对经济周期的反应。我们考虑两个相关的指标：所谓的“牺牲率”和基于对菲利普斯曲线估计的预测。

10.1.1 来自牺牲率的证据

牺牲率是用来衡量一国经济为了降低通货膨胀而付出的产出和就业损失的指标。牺牲率通常用通货膨胀每降低 1 个百分点而造成的一年产出下降和失业增加的百分比来计算。

对于确定牺牲率有一些假想。例如，有的理论认为，如果事先说明反通货膨胀的政策，并且如果中央银行作出的承诺是可信的，那么，牺牲率就会低一些。由于公众的预期调整得快，造成重新制定价格和工资的节奏加快，在可信的政策下反通货膨胀的成本就会低一些。由于通货膨胀目标制的一个目标是增加中央银行的可信度，因而看引入通货膨胀目标制是否确实会带来更低的牺牲率将是令人感兴趣的。

在研究通货膨胀目标制对牺牲率的影响方面，我们要对其他决定反通货膨胀造成的实际经济损失的潜在因素进行控制。例如，在通货膨胀处于较高的水平时，通货膨胀每降低 1 个百分点所付出的成本比通货膨胀低时的成本要小，这一点是比较合理的。在低通货膨胀时，工资和价格的制定者对通货膨胀的效应关注的程度就低一些，因而对通货膨胀的意识和对货币政策的反应不明显。因此，要使工资和价格发生变化，就要造成更多的短期产出损失和更多的失业。相反，如果通货膨胀处于高水平，或者反通货膨胀的要求大，我们预期到工资和价格制定者反应的速度会快一些，实现每个百分点反通货膨胀的产出损失会小一些。由于类似的原因，反通货膨胀的产出效应取决于产生反通货膨胀的速度。我们的分析对反通货膨胀的速度和规模以及最

初的通货膨胀水平进行了控制。

为了计算本章所分析国家的牺牲率，我们采取鲍尔（Ball，1994）的研究方法，[①] 全部采用季度数据。鲍尔主要关注产出损失而不是就业损失。首先，他把每个国家的趋势通货膨胀的路径定义为年通货膨胀率的九个季度移动平均值。然后，他把比前 4 个季度和其后的 4 个季度都高（低）的季度确定为趋势通货膨胀的峰值（谷底）。我们这里采用鲍尔对反通货膨胀的定义，即其为从通货膨胀的峰值开始到通货膨胀的谷底结束的场景，同时在谷底的年均通货膨胀率至少要比峰值低 2 个百分点。

在对每个国家的反通货膨胀时期进行确认之后，鲍尔接着估计了产出的相应损失。为了进行估计，他假定，产出处于通货膨胀峰值和谷底 4 个季度后的趋势水平上（因此，允许产出只有在经过一段滞后期才能够从反通货膨胀阶段复苏）。之后，他通过在通货膨胀峰值时的实际 GDP（取对数）和通货膨胀谷底后 4 个季度的实际 GDP 之间划一条直线，来计算整个期间的趋势产出水平。牺牲率的分子，即在反通货膨胀期间的产出损失，是趋势实际 GDP 和实际观察到的 GDP 之差。分母是在反通货膨胀期间趋势通货膨胀的变化。

在对鲍尔的论文进行评论时，弗里德曼（1994）和 Cecchetti（1994）对他的方法提出了一些批评。弗里德曼对是否可以用损失的产出或者增加的失业来计量牺牲率提出质疑，对鲍尔趋势产出的计量方法也存有异议。由于我们在此的目的是对不同时间和不同国家的牺牲率进行比较，我们对这一比率的相对幅度感兴趣。从这个意义上说，连续的计量缺陷对结果不会产生重大影响。Cecchetti 注意到鲍尔认为产出损失完全是由于需求紧缩造成的，这使得他明显地忽略了供给冲击的潜在效应，而这实际上对结果有着关键性的影响。在我们提供基于估计的菲利普斯曲线的结论之前，我们会再次讨论这一问题。

运用鲍尔的方法，我们采用了从 OECD 主要经济指标中得到的实际

① Ball（1994）对劳动力市场的结构对牺牲率的影响进行了探讨。由于数据有限，我们在分析中忽略了这个因素。

GDP和国际清算银行的所有项目的CPI序列。我们把季度通货膨胀计算为本季度最后一个月的CPI相对于去年同期的百分比变化。[①] 从样本中的9个国家中，我们识别出每个国家在两次石油冲击（1973年和1979年）后各有一次彻底的反通货膨胀；除了德国和瑞士，在所有国家中，我们识别出在20世纪90年代早期的第三个完整的反通货膨胀，这样我们就有了25个用来计算牺牲率的反通货膨胀时段。为了进行核对，我们把分析结果与鲍尔所作的分析中有可能用到的（特别是我们样本中经历过前两个反通货膨胀的7个国家，在鲍尔的研究中他根据季度数据也分析了这几个国家的牺牲率）进行比较。鲍尔对这些事件研究得出的牺牲率的均值为1.59，而在我们样本中这些可比事件的牺牲率的均值为1.35。两组比率的相关性为0.71，表明我们的结果和鲍尔的结果之间存在着合理的一致性。[②]

得到估计的牺牲率后，我们就要考虑实行通货膨胀目标制的国家相对于过去和其他可比较的没有实行通货膨胀目标制的国家，实际上是否降低了反通货膨胀的成本。表10—1中的回归分析解释了在初始通货膨胀水平上牺牲率的变化（为了验证是否初始通货膨胀水平越低，反通货膨胀的成本越高）；在这些事件中反通货膨胀的总额（检验是否更大的反通货膨胀会诱致更低的每点反通货膨胀成本）；反通货膨胀事件的时间（确定更快的反通货膨胀是否更可信，成本更低一些）。根据25个牺牲率的样本得出的我们的研究结果证实了初始通货膨胀水平和反通货膨胀事件的时间长度对决定牺牲率的重要性，这里这两个变量的估计系数在统计上显著性通过，并且符号与预想的相同。

运用表10—1中列示的估计系数，以及每个国家在最近的反通货膨胀初期的通货膨胀水平、通货膨胀下降的幅度、反通货膨胀的时间长度，我们根

① 采用季度中间月的百分比变化或者季度内3个月的通货膨胀的平均水平的替代方法对结果的影响不大。

② 我们的结果和图5—1中Ball的结果的差别原因在于反通货膨胀的时间上的不同，或者在一定时间内对产出缺口计量的不同。在用Ball的事件和通货膨胀变化进行运算的时候，我们的结论与他的结论几乎一样，这意味着计量的产出缺口不是造成差距的原因。在不用Ball的事件而用我们估计的通货膨胀的变化时，在程度顺序的比率0.2~0.5之间存在差别。最后，当我们用Ball的标准来确定反通货膨胀经历的时间时，我们得出在1~3季度顺序开始和结束时间的差距。这表明Ball是用另一种方式来计算的通货膨胀，因而识别出稍微有所不同的事件。

表 10—1 **牺牲率和决定因素**

把25个牺牲率的样本(除了德国和瑞士,每个国家有3个)分别对常量、每个反通货膨胀初期的通货膨胀、在反通货膨胀期间的通货膨胀变化、反通货膨胀的时间长度(季度)进行回归分析。括号内为T值。

常量	2.16	(2.80)
初始通货膨胀	-0.17	(2.98)
通货膨胀变化	-0.01	(0.07)
反通货膨胀的时间长度	0.09	(2.06)
调整后的T方差	0.56	

近期的完整反通货膨胀的牺牲率

	新西兰	加拿大	澳大利亚	英国	瑞典	意大利	美国	德国	瑞士
反通货膨胀	86Q3-92Q4	90Q3-93Q4	89Q2-93Q1	90Q1-93Q4	90Q4-93Q1	90Q2-93Q4	90Q1-94Q4	80Q4-87Q1	82
初始通货膨胀	15.38%	5.25%	7.62%	8.64%	9.55%	6.42%	5.13%	5.87%	5.93%
通货膨胀变化	14.25%	4.16%	6.22%	6.48%	6.43%	2.05%	2.43%	5.75%	4.82%
牺牲率	2.05	3.04	1.87	2.19	0.53	2.58	3.77	2.47	2.15
预测的牺牲率	1.67	2.34	2.12	1.95	1.32	2.28	2.99	3.19	2.78
过去平均牺牲率	0.98	1.06	0.28	0.55	0.93	0.34	1.52	4.46	2.34

据回归分析的结果预测计算牺牲率的数值。我们发现在引入通货膨胀目标制后，在我们样本中 4 个实行通货膨胀目标制的国家中有 3 个（除了瑞典），实际牺牲率不仅比反通货膨胀时期的平均牺牲率要高，而且高于表 10—1 中回归分析的预测。例如，从意大利——我们在进行比较中考虑的没有实行通货膨胀目标制的国家——和美国，我们得到了与大多数实行通货膨胀目标制的国家相同的模式，在 20 世纪 90 年代初期实际牺牲率比过去平均值和预测值都高。而对澳大利亚来说，在最近的反通货膨胀期间尽管实际牺牲率高于过去平均牺牲率，但低于预测值。最后，德国和瑞士（更早一些）的牺牲率低于预测值和过去的牺牲率。在通货膨胀目标制下反通货膨胀或者至少是第一次反通货膨胀，并不比没有实行通货膨胀目标制的成本低。从通货膨胀目标制研究上没有发现“可信度奖金”（就更低的牺牲率而言），这使人联想到近来在货币制度上的改进（中央银行独立性增强）也没有产生可信度奖金（具体见，例如，Debelle 和 Fischer，1994；Posen，1995a）。

正如我们提到的，鲍尔的方法最有争议的一个方面可能是在他研究的反通货膨胀期间所有偏离潜在水平的产出都根源于政策诱致的需求紧缩。实际上，正如 King 和 Waston（1994）指出的，牺牲率的计量方法通常对特定的假定比较敏感，通过这种假定识别政策引致的产出萎缩比较容易。例如，如果增进生产力的创新（正向的供给冲击），鲍尔对紧缩性货币政策造成的产出损失的计量会低估反通货膨胀的真实成本，进而导致对牺牲率的低估。在提及采取通货膨胀目标制是否改变了产出—通货膨胀之间的此消彼长的关系时，避免这一问题的潜在方法是考虑对通货膨胀的预测，然后把实行通货膨胀目标制后的通货膨胀水平与在此之前根据既有信息预测的通货膨胀水平进行比较。

10.1.2 根据估计的菲利普斯曲线得出通货膨胀预测

为了确定实行通货膨胀目标制国家的通货膨胀水平下降的幅度是否比宏观经济条件预测的幅度大，我们采取 Gordon（1985）和 Fuhrer（1995）的

方式，根据估计的菲利普斯曲线对每个国家的通货膨胀进行预测。特别是对样本中的每个国家，我们把季度通货膨胀对其滞后项、资源利用的衡量尺度和供给因素对价格形成的压力的两个衡量尺度——名义有效汇率的滞后变化和以美元计值的商品价格指数的滞后变化作回归分析。供给压力只有在用调整的拟合优度来计量，并使拟合度得到改善时才包括在内。[①] 用实行通货膨胀目标制时的数据进行回归分析，我们建立了 8 个季度的通货膨胀预测。这个分析的目的是确定实行通货膨胀目标制国家的通货膨胀下降的幅度是否超出了正常的国内和国际周期性因素所能解释的程度。作为一个副产品，这个回归分析有助于我们判断实行通货膨胀目标制是否会引致工资和价格出现明显的变化。[②]

我们作的回归分析样本区间为这四个国家从 1971 年第二个季度到实行通货膨胀目标制期间。对澳大利亚的估计样本与新西兰的一样（请注意，即使对澳大利亚的样本外预测是截止到澳大利亚实行通货膨胀目标制之前，因而可以把澳大利亚视为控制国家）。对意大利估计的样本区间与英国的一样，也就是直到里拉在 1992 年的第三个季度退出 ERM 之前。对美国、德国和瑞士的回归分析的时间截止到 1990 年 2 月德国统一，这允许与美国公认的对低通货膨胀的可信承诺和长期的名义目标者进行比较。

表 10—2 显示的是回归分析和通货膨胀预测的结果。为了对包括滞后项数目在内的结果的稳健性进行检验，我们用两个具体说明给出每个国家的结果。为了保证拟合的效果，第一个包括每个变量的滞后项。第二个规定更简约，在案例中我们通过按顺序减少每个变量的滞后项的个数直到最后的滞后项在 5% 的水平上显著通过，由此得到滞后结构。[③] 调整拟合优度显示出了

① 新西兰是用两个储备银行的 CPI 序列计算通货膨胀，加拿大是用剔除食物和能源的 CPI 计算通货膨胀，英国是用 RPIX 计算通货膨胀，瑞典用扣除间接税和金额补贴来计算通货膨胀。除了新西兰和澳大利亚，其他的国家的 CPI 序列来自于 BIS。对资源的利用的计量用失业率或者 HPGDP 对数的残值（掌握产出缺口）。除了新西兰，失业率和实际 GDP 的数字来源于 OECD 的主要经济指标。下面我们给出与资源利用计量选择相关的结果的稳健性。扣除能源价格的名义有效汇率和美国美元计值的商品价格指数，来自于国际清算银行（采用包括能源价格的指数对结果没有影响）。

② 由于我们完全用回归分析得到通货膨胀预测，我们没有把右边的任何当时的变量包括在内，为的是避免多重共线性的问题。我们也没有通过限制滞后通货膨胀的系数之和为 1 对通货膨胀进行单位根检验。这样防止我们对估计的参数作出结构性的解释。

③ 对任何国家来说，Box-Pierce 检验在 5% 的水平上 1 ~ 16 滞后项的残值中并没有显示任何自相关。

表 10—2 **用菲利普斯曲线**

用实行通货膨胀目标制之前（美国、德国和瑞士是1990年的第三季度之前，澳大利亚是1990年第一季度之前，意大利是1992年第四季度之前）的季度通货膨胀（年度）对自身的滞后项、利用率衡量尺度、名义有效汇率和商品价格进行回归分析得出的结论，从实行通货膨胀目标制之后八个季度的样本外的通货膨胀预测。

	新西兰	加拿大	澳大利亚	英国
利用衡量尺度	失业率	失业率	失业率	失业率
样本	71Q2-89Q4	71Q2-90Q4	71Q2-89Q4	71Q2-92Q3
预测时间长度	90Q1-91Q4	91Q1-92Q4	90Q1-91Q4	92Q4-94Q3
A. 基本模型,包括每个变量的四个滞后项				
调整后的拟合优度	0.66	0.62	0.63	0.56
所有滞后项的系数和(所有滞后项的联合显著性):				
通货膨胀	0.60(8.57)*	0.90(24.02)*	0.83(25.54)*	0.63(7.41)*
利用衡量尺度	-0.08(3.12)*	-0.06(2.33)	-0.06(1.88)	-0.14(3.84)*
汇率	-0.08(4.16)*			
商品价格		0.01(0.98)		
参数稳定性(5%的临界值)	0.44(1.73)	1.63(1.67)	0.40(1.70)	0.35(1.74)
平均预测误差	0.69	-0.84	0.87	1.89
B. 简洁式模型				
调整后的拟合优度	0.65	0.63	0.64	0.53
所有滞后项的系数和(所有滞后项的联合显著性):				
通货膨胀	0.53(4,7.78)*	0.88(3,33.76)*	0.75(1,109.95)*	0.48(1,26.79)*
利用衡量尺度	-0.11(4,3.32)*	-0.07(3,4.96)	-0.06(1,4.49)	-0.17(1,13.75)*
汇率	-0.01(3,4.63)*			
商品价格				
参数稳定性(5%的临界值)	0.39(1.73)	1.67*(1.66)	0.42(1.70)	0.46(1.74)
平均预测误差	0.25	-0.51	2.81	2.39

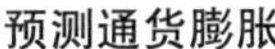

预测通货膨胀

瑞典	意大利	美国	德国	瑞士
产出缺口	失业率	失业率	失业率	失业率
71Q2-92Q4	71Q2-92Q3	71Q2-90Q2	71Q2-90Q2	71Q2-90Q2
93Q1-94Q4	92Q4-94Q3	90Q3-92Q2	90Q3-92Q2	90Q3-92Q2
0.23	0.71	0.67	0.57	0.42
0.66(5.50)*	0.78(18.22)*	0.92(21.43)*	-0.01(0.24)	0.49(3.61)*
0.11(1.61)	-0.13(4.22)*	-0.07(2.89)*	-0.14(6.24)*	0.13(5.64)*
	0.02(3.25)*	-0.01(3.29)*	-0.15(3.00)*	0.01(2.47)
0.08(2.50)	0.01(0.77)	0.03(1.70)	0.04(3.24)*	
1.01(1.80)	0.48(1.89)	0.68(1.69)	0.72(1.69)	0.52(1.68)
0.12	0.29	-0.54	-1.78	-0.11
N/A	0.68	0.64	0.58	0.40
	0.65(1,57.31)*	0.89(3,29.06)*		0.39(3,3.47)*
	-0.15(2,9.99)*	-0.09(2,4.29)*	-0.14(3,30.91)*	0.15(4,5.49)*
	-0.05(4,4.87)*	0.01(2,6.43)*	-0.15(4,3.65)*	0.01(3,3.86)*
		0.02(1,3.55)*	0.04(4,3.31)*	
	0.57(1.88)	0.51(1.69)	0.73(1.69)	0.57(1.68)
	2.88	0.13	-1.78	-0.14

瑞士之外的国家回归分析的拟合度非常好。对瑞士来说，产出缺口的滞后项联合不显著，原因是我们没有给出瑞士的简约规定。对每一个回归分析和包括在回归分析中的每一个变量，我们给出了所有变量的滞后项的系数和，以及它们的联合显著性（对不包括所有这个变量的滞后项进行检验的 F 统计值，5% 的临界值处于 2. 50 ~ 2. 53 之间）。系数和刻画了通货膨胀对分析中考虑的变量每单位的变化的累积反应。

一些国家的名义汇率和商品价格通货膨胀对通货膨胀没有产生重大影响，这一事实相当令人惊讶，特别是对那些拥有相当原材料生产规模的国家，如加拿大和澳大利亚。在回归分析的前半部分汇率显得重要，商品价格通货膨胀只在 8 个国家中的 2 个国家中显得重要。从德国的回归分析中得出的一个特别的结果是过去的通货膨胀对当前的通货膨胀影响不显著。然而，考虑到利用尺度的选择，这个最后的结果并不稳健。

在菲利普斯曲线回归分析中，我们的一个主要兴趣是为了识别实行通货膨胀目标制后通货膨胀和失业或产出之间的关系。为了方便这么做，我们开始对从菲利普斯曲线中得出的参数不稳定进行检验和样本外预测。

从表 10—2 中，我们给出对从 1971 年第二季度到 1996 年第四季度①的数据再次进行回归分析和对参数不稳定性的测试的结果；如果实行通货膨胀目标制对工资和价格制定行为产生影响，那么我们将观察到在实行通货膨胀目标制时菲利普斯曲线处于不稳定状态。我们研究的 4 个实行通货膨胀目标制国家中有 3 个国家的菲利普斯曲线的参数稳定性的假设在实行通货膨胀目标制时在 5% 的水平上显著性通过，也就是说，这些国家实行通货膨胀目标制并没有使菲利普斯曲线出现重大变动。参数不稳定性只有在加拿大有所表现，而长期实行目标制的 2 个国家——德国和瑞士，以及我们样本中的其他可比较国家都没有发现参数不稳定性。对所有 9 个国家的参数不稳定性的检验，无论从利用指标还是时滞期的选择上都表现出强健性。

尽管除了加拿大，其他国家在实行通货膨胀目标制后还没有关于参数不

① 由于数据的原因，对意大利的估计到 1995 年第三季度，对澳大利亚的估计到 1995 年第二季度，对新西兰的估计到 1995 年第一季度截止。

稳定的证据，但是有趣的是，需要知道在这一时期通货膨胀是否低于根据菲利普斯曲线预测的值。为此，我们用除了通货膨胀（用过去的预测值）以外的所有变量的实际值，对时间跨度为 8 个季度的样本外的通货膨胀进行预测。给定在预测时间跨度内所有其他变量的实际实现值，我们把由此产生的预测作为每个国家预期将运行的过程。把这些虚拟的通货膨胀路径与实际路径进行比较，可以帮助我们评价通货膨胀目标制使经济有不同表现的程度。

这里要处理的一个技术性问题是如何评价通货膨胀的实际值和预测值之差是机会的原因，或者这个差是否大到在统计和经济上具有意义。回答这一问题要对通货膨胀预测误差的分布进行分析。由于是对样本外的预测，预测误差的分布是估计参数的非线性函数。[①] 而且由于预测是有条件的，它们的分布也取决于回归分析中其余变量的实际值。

我们对预测误差的分布作如下处理。我们要对从第一季度到第八季度的每个季度预测的不确定性作一个大致的估计。为此，我们对每个国家 8 个季度的时间跨度做了 15 个预测，从实行通货膨胀目标制至少 8 个季度前开始（为的是避免与实行通货膨胀目标制之后的时间出现重叠）。用这些实行通货膨胀目标制前的预测，我们只是为了估计预测误差的标准偏差。特别是，我们首先对样本中每个国家在菲利普斯曲线作回归估计到实行通货膨胀目标制前的 23 个季度为止，然后从实行通货膨胀目标制时减去 22 个季度到实行通货膨胀目标制时减去 15 个季度期间对通货膨胀进行预测。接下来我们对菲利普斯曲线进行估计直到实行通货膨胀时减去 22 个季度为止，然后从实行通货膨胀时减去 21 个季度到实行通货膨胀时减去 14 个季度对通货膨胀进行预测。依此类推，我们作了 15 个不同的预测，然后估计每季度的根均值方差（RMSE），作为在每个相应的时限的 15 个不同预测误差的实证标准偏差。[②]

图 10—1 显示了这些预测的结果，图中的垂直线代表预测起始，虚线是对通货膨胀的预测，粗线是按上述方法做成的两个每季度的根均值方差，单

① 更准确地说，k 时限样本外预测的预测误差是预测参数的 k 次方的函数。
② 预测重叠的事实介绍了序列相关。

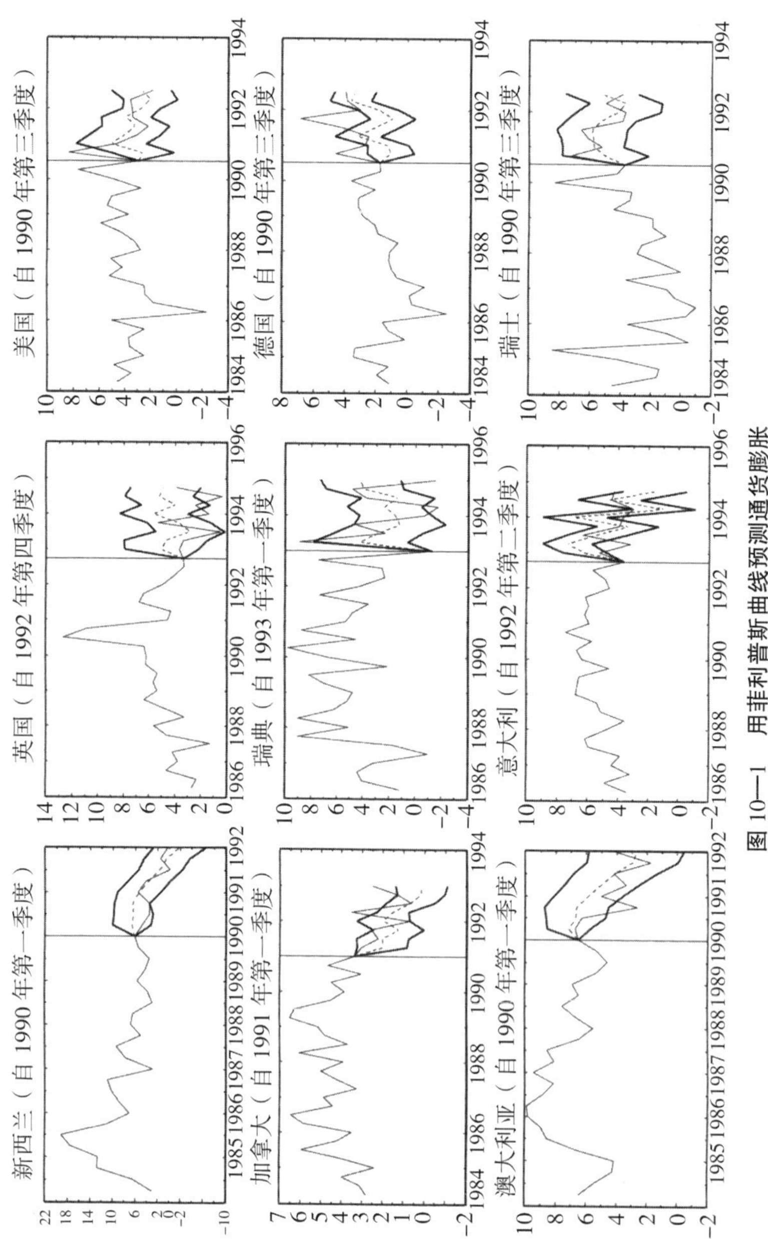

图 10—1　用菲利普斯曲线预测通货膨胀

线是实际的通货膨胀过程。[①] 在表10—2中，我们给出了实行通货膨胀目标制后的8个季度内对通货膨胀预测的平均预测误差，用年通货膨胀来表示（为了方便解释，在图10—1中季度通货膨胀用年率来表示）。一个正的预测误差意味着实际通货膨胀平均来说低于我们从回归分析结果预测得出的结果。

对于4个实行通货膨胀目标制的其中3个国家来说，在实行通货膨胀目标制后的8个季度里实际通货膨胀没有表现出持续偏离预测的迹象，它保持在每季度的根均值方差区间内。对新西兰的平均高于预测是0.69，瑞典是0.12，而加拿大的实际通货膨胀平均超出预测值的0.84%。对于英国而言，通货膨胀低于预期的证据相当显著，在8个季度中有7个低于预测，8个季度中有3个处于误差区间之外。平均来说，实际通货膨胀低于预测1.9%。

与参数不稳性检验相一致，实行通货膨胀目标制的其他5个国家在其他宏观经济指标行为的条件下，没有一个国家的通货膨胀行为变化显著。澳大利亚的通货膨胀持续低于预测（平均为0.87%），但是几乎保持在误差区间内。美国的通货膨胀在1990年的第三季度高于预测。之后，实际通货膨胀总是处于误差区间内并接近预测值，这导致平均低于预测0.54%。德国经济统一后，由于需求冲击的影响，除了一个季度外，其他季度的通货膨胀超出预测值，（在1990年和1991年第三季度）是每季度的根均值方差的两倍，这造成对通货膨胀的预测平均低于实际通货膨胀1.78%。而到预测期间截止时，德国的通货膨胀回到预测值，对此我们的解释是这与基于名义锚的价格稳定承诺是一致的。1989—1990年瑞士通货膨胀的急速上涨在两年后出现反转，这与预测几乎是一致的。通货膨胀平均超出预测的0.11%。[②]

10.1.3 总 结

我们所做的菲利普斯曲线和牺牲率结果显示这里研究的4个实行通货膨

① 我们只讨论（见图10—1）用所有包括在内的变量的四个滞后项的说明进行预测的结果，因为这种不全的说明没有预测函数表现好。

② 对大多数国家来说，用产出缺口而不是失业率作为利用尺度对结果并没有很强的影响。加拿大、英国、意大利、美国、德国的平均预测误差分别为0.38、-1.25、-1.35、-0.14、-1.20。除了意大利，其他国家的通货膨胀较以前相比很少超出根均值方差带。

胀目标制的国家并没有对实现反通货膨胀的实际经济成本产生重大影响。因而我们认为制定工资和价格的基本结构也没有变化。假定他们的想法是降低通货膨胀，则实行通货膨胀目标制的国家即使实现了经济周期之外的额外的反通货膨胀效应，这种效应也是非常之小，或者说，就此而言，此效应没有超过没有实行通货膨胀目标制的国家。根据德国和瑞士的经验，即使是长期具有可信的目标的国家也没有享受到这一好处。换句话说，看来实现反通货膨胀需要艰辛努力，即为了换取长期价格稳定的收益，就要接受严重的短期产出（和就业）损失。把通货膨胀目标制作为货币政策的一个框架并没有改变这样一个基本事实。

10.2 采用通货膨胀目标制降低了通货膨胀预期吗？

对通货膨胀目标制的效应进行评估的第二个相关证据是公众对通货膨胀预期的关注。为了对实行通货膨胀目标制是否降低了通货膨胀预期进行观察，我们考察了每个国家的通货膨胀预测共识以及这些国家的短期利率和长期利率与美国或者德国的利差。我们感兴趣的问题是实行通货膨胀目标制是否提供了类似政策不确定性或政府债务的低利率溢价等形式的较大的可信度。正如我们在本章的第一部分给出的证据显示的一样，即使决定通货膨胀对经济周期反应的经济结构最初对实行通货膨胀目标制没有作出反应，政策制度发生变化时对通货膨胀的未来预期也要调整。

10.2.1 从预期调查中得出的证据

图 10—2 中的一组图显示的是每个国家的实际 CPI 通货膨胀率，以及 1990 年以来每年年末私人部门对通货膨胀的预测共识。① 正方形是指对出现

① 预测数据来自《共识预测》——由伦敦的共识经济公司出版的月度出版物。每月初，共识经济公司从一些国家的金融机构和专业预测机构搜集到 15 个经济变量的预测（这里仅提到其中几个，如产出、就业、价格、利率）。调查机构的数量因经济的规模而异（例如，美国有 30 个应答者，而意大利有 8 个等）。我们在这部分采用的对通货膨胀的预测是对当年年底和对下一年年底的 CPI 通货膨胀的预测。

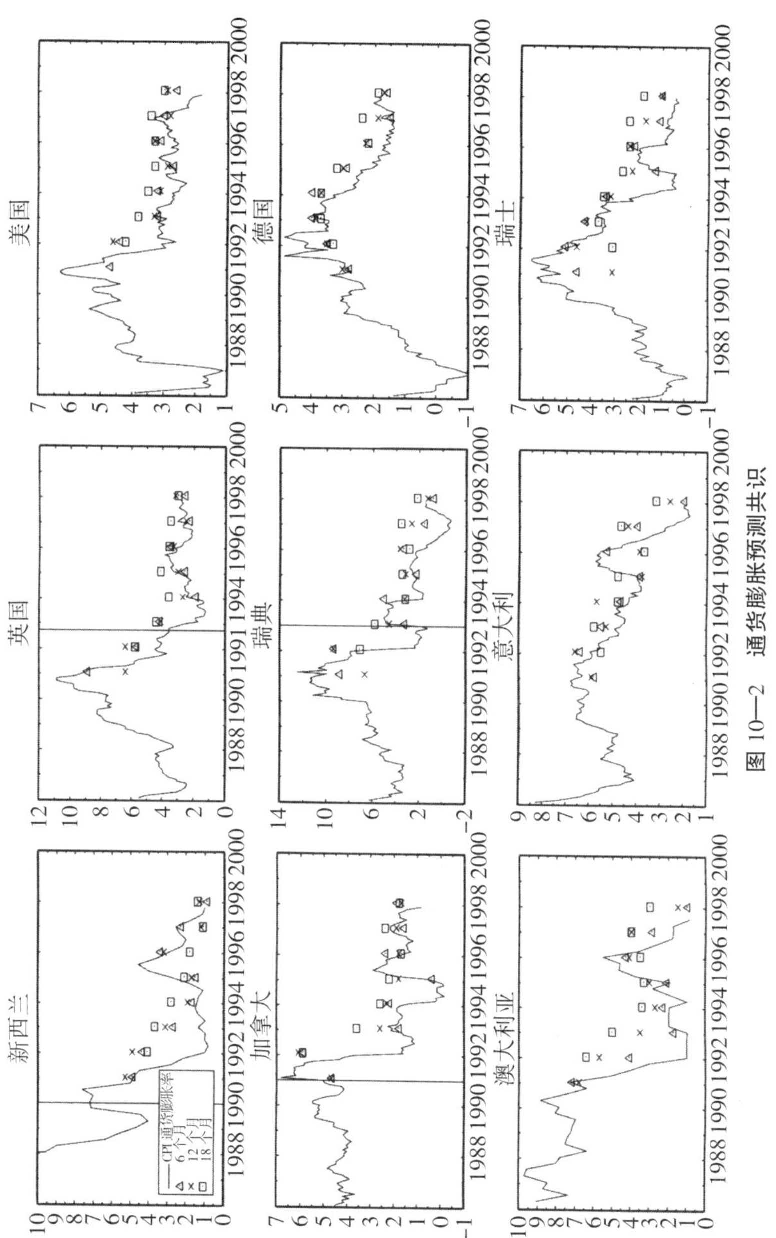

图 10—2　通货膨胀预测共识

这一符号的日期之前的18个月的通货膨胀预测共识（星号是指12个月之前的通货膨胀预测，三角形是对6个月以前的通货膨胀预测）。在图10—2中，用预测来估量，我们可以分析我们研究中的每个国家对通货膨胀预期的反应。

在实行通货膨胀目标制的第一个国家——新西兰，3个时限的预测都显示了持续下降的趋势（除了1995年6个月和12个月的预测）。在宣布实行通货膨胀目标制的前4年，通货膨胀预期要么处于目标区间的下端，要么处于区间的上端，即使在1991年、1992年和1993年年末实际通货膨胀在目标之内或者低于目标时，也出现过这种情况。只有在1993年年中，18个月的预测跌出官方目标区间之外。但是随着时间的推移，新西兰的目标制度取得了可信度。在1995年年中，尽管核心通货膨胀高出目标区间3%，在1996年年末对18个月的通货膨胀预测仍处于1.1%的水平，从那以后一直处于区间之内。

在加拿大实行通货膨胀目标制之前，不出意外，对1991年的通货膨胀的预测是会上涨，非常有意思的是，1994年6月的预测也是如此。在新西兰，私人部门的通货膨胀预测（至少是部分）是由滞后的通货膨胀决定的。换句话说，制度变化并没有引起预期形成的变化。但是，12个月前和18个月前的通货膨胀预测在目标期间的其他时间里，表现出连续下降的趋势，在实行通货膨胀目标制后，所有的预测处于目标区间内（6个月前的预测在跌出目标区间1个点之外，这反映1994年的税收调整产生的一次性效应）。因而加拿大实行通货膨胀目标制取得了与新西兰一样的政策可信度。

即使在核心通货膨胀处于官方目标区间（或者接近下限）期间，英国的长期通货膨胀预期也一直保持1%～4%目标区间的上限。在实行通货膨胀目标制的4年内（1993—1996），英国的通货膨胀预期比实际的高，处于不断下降的过程。在这里我们又一次观察到私人部门的“学习”过程；或者如私人预测机构所说的，新政策的试用时期。有趣的是，尽管核心通货膨胀上涨了几乎2%，对未来18个月的通货膨胀预期在1995年并没有出现上升。

从1992年年底对18个月的通货膨胀预测来看，在1992年人们已经部分地预测到瑞典的反通货膨胀，但是预期的调整并不完全，这正如通货膨胀预期成功地向下调整所显示的一样。类似地，1992年秋克朗贬值对通货膨胀产生的影响在1993年被低估。从1993年年末一直到1996年早些时候，即使实际通货膨胀保持在目标区间内，瑞典的通货膨胀预期也一直处于目标区间的上端，有时会稍微高一些。之后，在短期内通货膨胀预期下跌到与实际通货膨胀一致的水平，而实际通货膨胀首先跌到目标区间的底部，最后跌出区间，在长时限内通货膨胀预期保持在目标的中心。

这4个国家的结果显示，在实行通货膨胀目标制后，多数通货膨胀预期的调整是一个渐进的过程。在一定程度上实行通货膨胀目标制最初对私人的通货膨胀预期会产生影响，这一点与没有实行通货膨胀目标制的国家相比是非常明显的。例如，澳大利亚在向通货膨胀目标制靠拢的过程中，通货膨胀预期的过程与新西兰相似。澳大利亚的通货膨胀预期在所有时段表现出连续下降的趋势，每年都成功地把通货膨胀预期调低。与新西兰相比较，在1994年到1996年期间，尽管澳大利亚的通货膨胀的实际表现与新西兰的不同，澳大利亚18个月期的通货膨胀预期呈向上的趋势。在1996年，那一年年末的通货膨胀预期高于1994年年末实行的通货膨胀目标制所规定的2%～3%的目标区间1个百分点。相对极的可比较国家在中期预期上的差异确定显示出它们在中期目标的锚效应上的差别，这或许是由于澳大利亚采取的目标具有非正式的特点，也可能仅仅是因为澳大利亚近期才实行这一制度。

用来与其他被迫贬值的国家（英国和瑞典）进行比较的意大利在退出ERM后，相当成功地控制了大幅贬值的通货膨胀后果。这对私人部门的预测者来说是个意外的震动，这在1993年对未来12个月的通货膨胀预测上得到反映，对18个月的预测（平均）在原来的4.8%的基础上上调了0.9%，在6个月后又调低了1%。在1993年到1994年期间，通货膨胀出现持续下降的趋势，长期通货膨胀的预期下降到3.7%。降低通货膨胀预期的收益大部分又失去，在通货膨胀上涨期间，对未来18个月的预期比前一年的水平高出1.5%。从1996年年初起，意大利的通货膨胀预期与实际通货膨胀一起下降。

从1988年起，美国的CPI通货膨胀一直保持在4%的水平，在1991年期间迅速从6%下降到3%，在随后的5年里没有明显的趋势，保持在3%的水平。对18个月的时限的通货膨胀预测从1990年年中的4%以上，在以后3年的时间里逐步下降到1993年年中的3.3%，那时这个数字比实际通货膨胀高一些。

在1991年到1992年期间，德国的通货膨胀上涨超出了预期的程度，这并不令人感到奇怪。在1993年到1994年期间对随后的反通货膨胀速度低估，在德国统一期间通货膨胀预期（在1991年年末）很少高于3%，一旦通货膨胀预期上涨到接近4%的水平，在长期通货膨胀预期回到2%的水平附近以前，反通货膨胀就大约需要2年的时间。因此，德国的通货膨胀给人的印象是明显受到近期经验的影响。瑞士的数据出现类似的情况：在1990年年中，尽管通货膨胀在5%以上，但1991年期间对通货膨胀的预期仍保持在3.1%的水平。在1991年，当通货膨胀达到峰值时，长期通货膨胀预期也没有出现类似幅度的增长。18个月的时限通货膨胀预期从3.7%的峰值下降到2.4%，在过去2年间一直高于实际通货膨胀的水平。

德国和瑞士的经验显示，在证明是可靠的目标制度下，通货膨胀预期表现出高度的惰性，这对冲击之后通货膨胀上涨的势头和对反通货膨胀的反应速度形成一定的制约。尽管没有宣布明示的目标，美国也存在同样的情况。从近期实行通货膨胀目标制的国家的经验来看，特别是在新西兰—澳大利亚和英国—意大利的比较中，实行通货膨胀目标制在稳定中期的通货膨胀预期上是有效的。预期的惰性会有助于实行通货膨胀目标制的国家抵制冲击对价格水平产生影响后形成的通货膨胀持续上涨，但同时会使反通货膨胀更加困难。

10.2.2 来自利差的证据

利率为观察通货膨胀预期提供了另一个视角。图10—3左边的一组图显示了美国国债（10年期政府债券和3个月国库券）与类似的新西兰、加拿

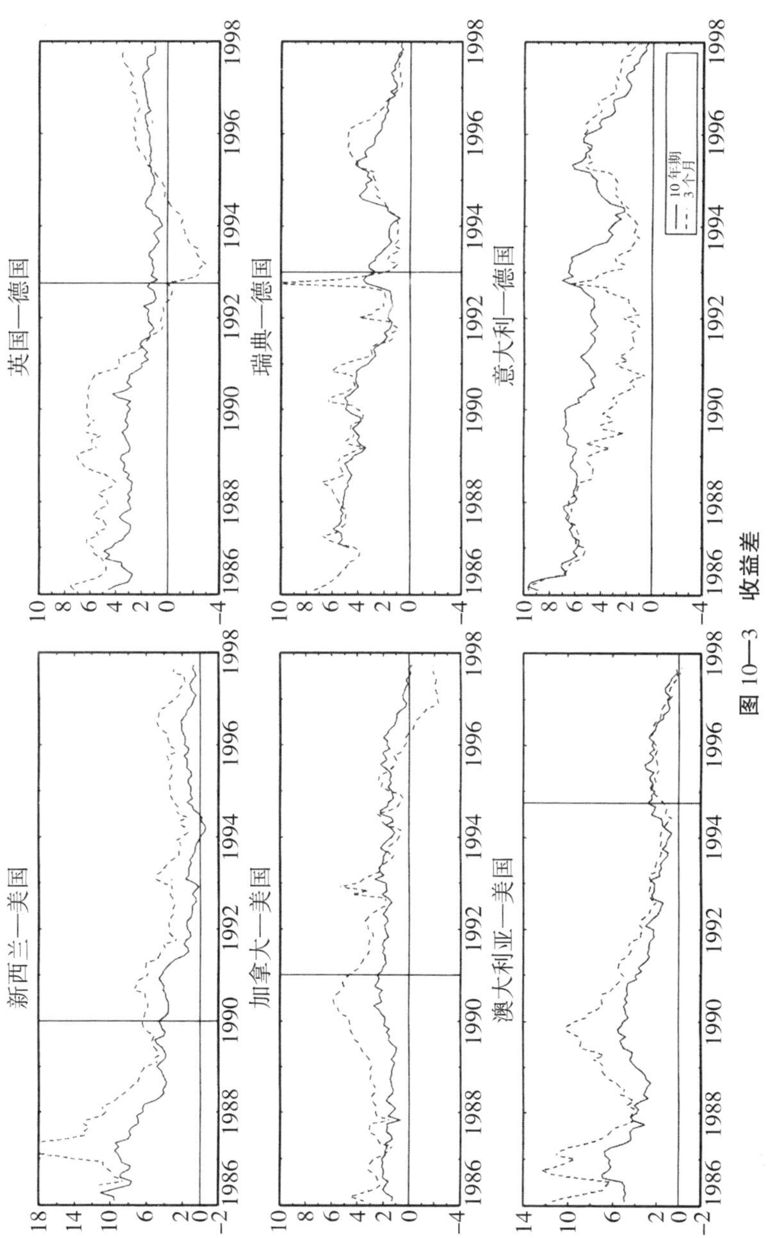

图 10—3　收益差

大和澳大利亚公债的收益差。图 10—3 右侧的一组图显示的是英国、瑞典和意大利的政府债券相对于德国的政府债券的收益差①。从经济理论来看，不同国家的利差在很大程度上是由预期到的汇率的相对变化决定的，而这一变化又反映了对通货膨胀的不同预期。因而通过观察利差，我们基于市场计量每个国家的通货膨胀预期（或者更确切地说，母国相对于进行对比的国家，如德国或美国的通货膨胀预期）。

新西兰的长期利差与实行通货膨胀目标制后的 3 年反通货膨胀过程非常接近。在 1994 年年初的最低点，对新西兰元的长期投资名义收益比同样的美元投资的收益要低，而新西兰与美国的 3 个月利差下降到 2% 以下。有趣的是，1995 年新西兰的核心通货膨胀高于目标，利差只出现小幅上扬，这反映了对新西兰低通货膨胀承诺的持续信心。

在 1992 年年末到 1993 年，加拿大的短期利率出现大幅上涨，这是在 ERM 的震荡期和美国债券市场的大幅价格变化之后，国际外汇市场的混乱局面，以及加拿大的宪政和选举危机的一个反映。除了这种大涨以外，从 1996 年起加拿大与美国的 3 个月利差一直持续下降，加拿大 3 个月期的收益实际上低于可比较的美国利率。更重要的是，从 1995 年下半年开始，长期利差显著下降，目前低于历史上加拿大与美国的利差区间。在长期利差开始缩小之前的相当长的一段时间反映了财政和魁北克问题引发了对加拿大的长期政府债券质量的怀疑。只是近来这个利差才开始由货币政策承诺主导。

在英镑从 ERM 退出后，英国接连调低官方利率，而德国对降低短期官方利率（回购利率）保持谨慎的态度。这反映了从 1992 年年末到 1994 年年中英国和德国之间的短期利差。在这个期间，长期利差徘徊在 1% 的水平，在短期内曾下降到 0.5% （1994 年年初）。之后，长期利差升至 1% 以上，从 1995 年年初到 1997 年年初逐渐从 1% 上升到 2% 的水平。需要强调的是英国和德国的利差在后布雷顿时期相对较低，这显示英国用通货膨胀目标作

---

① 德国的 3 个月的利率是 3 个月的 FIBOR。德国的国库券序列来源于德意志银行对 3 月期国库券的操作，从 1995 年年末就停发。尽管如此，序列显示长期的模式与德意志银行的贴现率和伦巴第利率是一样的模式，因而它并不是一个显示市场状况的好指标。相比较而言，除了期限的溢价外，3 个月的 FIBOR 的表现与隔夜利率类似。

为货币政策的名义锚成功地替代了ERM。

瑞典的利差变化无常。瑞典银行1992年9月维护克朗的币值造成国库券收益率与德国的收益相比突然出现攀升，长期债券收益差也大幅攀升。克朗浮动后边际利率的降低，在随后的几个月里，也就是到1993年9月使短期利差缩小到0.8%。从那时到1995年年底，短期利差扩大到5%，然后缩小到1%以下。直到1994年2月长期利差才收窄，达到0.8%。从短期利差来看，收窄的势头出现反转，在随后的6个月里长期利差扩大到4%，在1年里保持在3%～4%区间。然而从1995年年中起，长期利差稳步降低到2%以内。

1994年利差快速扩大（特别是在长时间内），这显示到那时瑞典的通货膨胀目标制并没有获得可信度。从1995年起两次利差收窄显示在可信度上取得重要进展。尽管欧洲货币同盟（瑞典政府没有作出加入的承诺）的前景和近年的财政紧缩对利差收窄有一定作用。

从1988年年中到1990年年中澳大利亚和美国的政府债券和国库券的利差上涨分别超出新西兰的同期政府债券和国库券的水平，而新西兰的核心通货膨胀低于澳大利亚。从1991年起，澳大利亚与美国的短期利差低于新西兰的水平。长期债券的利差表现不同，它的变动相当有趣。尽管近些年澳大利亚和新西兰的通货膨胀表现几乎相同，但从1991年起新西兰和美国的政府债券的收益低于类似的澳大利亚和美国的债券收益。同等条件下，新西兰的债券市场的流动性比澳大利亚的低，这增加了新西兰和美国之间的利差。特别是在债券市场行情不好的1994年，澳大利亚与美国的政府债券之间的利差相对于新西兰与美国的政府债券利差高出1.5%。在1994年年末澳大利亚实行通货膨胀目标制之后，到1997年两个长期利差才趋于接近。因而澳大利亚和新西兰的长期利差的相对表现证实了从预期调查得出的通货膨胀目标制有助于稳定通货膨胀预期的结论。

意大利和德国政府债券的利差表现出与瑞典类似的走势。在1992年秋的危机期间短期和长期利差出现的大幅上涨的势头最终降下来，利差降低到历史上的低水平。瑞典短期利差的收窄在1993年8月停了下来，当时利差达到 1%，而长期利差在 1994 年 4 月从 2.2% 的谷底走出。短期利差随后稳步上升至 1995 年 10 月的 5.5% 的水平，之后回落到 1%。长期利差在 1995 年 4 月达到 6.3% 的高点，之后降到 1% 以下。前面的证据表明 1997 年年末两个利差收窄不仅是受意大利的良好的通货膨胀表现的影响，而且（作为一个结果）受对欧洲货币联盟和联盟成立后意大利加入联盟的可能性（现在成为现实）预期的影响。

10.2.3 总 结

调查数据和利差的证据显示实行通货膨胀目标制并没有即刻收到提高货币政策可信度的成效，特别是通货膨胀预期缓慢地降到官方通货膨胀目标区间内。这个发现与本章第一部分提供的证据相一致，第一部分认为实行通货膨胀目标制并没有降低反通货膨胀的实际成本。由于可信度是逐步见效的，并且制度安排（如工资和价格制定）在实行通货膨胀目标制后的变化不快，实行通货膨胀目标制并没有提供避免反通货膨胀的实际成本的万能钥匙。对于货币政策的制定者而言，仅仅宣布这一政策是不够的，获得可信度的唯一出路是赢得它。

另一方面，调查数据和利差显示一旦获得可信度，就能提供更好的结果。在成功实现通货膨胀目标一段时间后，即使在面临经济扩张的周期时，通货膨胀预期也能保持在低水平上。这一证据显示尽管在反通货膨胀的通货膨胀稳定阶段，从实行通货膨胀目标制得到的收益并不高，但是新制度确立后通货膨胀目标制确实有助于压低通货膨胀预期。

10.3 通货膨胀目标制改变了通货膨胀的行为吗?

即使实行通货膨胀目标制没有很快改善产出—通货膨胀的权衡的条件，或者缓和通货膨胀预期，但实行通货膨胀目标制可能改变动态的通货膨胀过程。例如，随着中央银行对价格稳定的承诺建立起来，经济中的行为主体对通货膨胀冲击的反应将发生变化，这会产生一个给定的对通货膨胀的一次冲击，但不会造成通货膨胀的持续上涨。换句话说，实行通货膨胀目标制的一个潜在的重要收益在于它能够制约通货膨胀的冲动，防止这种冲动对趋势或长期通货膨胀产生影响。

我们通过一个预测试验，为这一问题提供了如下一些初步的证据：在我们样本中的每个实行通货膨胀目标制的国家，我们对通货膨胀的共同行为和相关变量做了一个简要的统计模型。我们还特别对每个国家用 3 个变量、无约束向量自回归（VAR）模型对核心通货膨胀、GDP 增长和中央银行调控的隔夜利率（政策工具）进行估计。样本区间是每个国家从 1971 年的第二季度到实行通货膨胀目标制的时间为止。利用这些估计方程，我们对 3 个变量在实行通货膨胀目标制之后 5 年或更长的时间的变动情况进行预测。这些预测是“动态的”，模型预测值（而不是实际价值）是用于预测期间的滞后变量值。[①] 因而没有从实行通货膨胀目标制后的一段时间里采集数据用于预测。

这个分析的目的是估计实行通货膨胀目标制后，通货膨胀、GDP 增长和短期利率的变化之间的交互影响是否发生大的变化。[②] 我们的统计模型对每个变量的（无条件）预测可以作为对如果保持实行通货膨胀目标制之前的制度，经济系统如何运行（没有新冲击时）的一种描绘。这种经济活动的预测可以与实行通货膨胀目标制后的实际活动进行比较。由于本章研究的 4 个国家在实行通货膨胀目标制后，没有遇到大的需求或供给冲击，对这些变量的实际值和预测值进行比较，至少在 20 世纪 90 年代早期是一个有益的尝试。[③]

---

① Ammer 和 Freeman（1995）作过一个类似的分析。他们把自己的结论解释为实行目标制后低于预测的 GDP 增长、低通货膨胀和低利率。但是他们所做的模拟采用的数据序列比这里提供的序列早了两年。正如我们从新西兰和加拿大的模拟结果中看到的，GDP 增长最初低于预测值，原因在于实行目标制前的反通货膨胀政策。但是在实行目标制后的整个期间，GDP 增长出现反弹并处于预测的平均水平上。

② 对货币政策制度反应函数的结构性断裂的正式检验有三个缺陷，这制约了它评价通货膨胀目标制的有效性。一是由于实行目标制的时间有限，即使是新西兰也是如此，这个检验的效力相当低。二是这个检验要求我们采用每个国家的货币决策的结构模型，对这一问题的分析不在本研究范围内。三是我们对定性的结果最感兴趣，而正式的检验只提供了是或者不是的答案。

③ 对此进行比较，国家的冲击并不是造成这一问题的潜在的唯一原因。通货膨胀和利率比预测的低的另一原因是由于这一时期很多国家存在广泛的反通货膨胀趋势，这使得实行目标制的国家和没有实行目标制的国家的变量出现下降。由于上述原因，我们把澳大利亚和意大利包括在我们的比较内。由于我们的预测从澳大利亚实行目标制的五年前开始，因此，把澳大利亚作为一个非目标制国家比较合适。

在20世纪90年代早期实行通货膨胀目标制的4个国家（新西兰、加拿大、英国和瑞典），通过紧缩的货币政策反通货膨胀在实行让利率降下来的通货膨胀目标制时就已完成（这些国家的通货膨胀进一步降低是由于早期政策产生的滞后效应）。这与我们研究中发现的这些国家在通货膨胀回落之后一般实行通货膨胀目标制就是为了把“通货膨胀预期”锁定在低水平上是相一致的。这里的一个关键问题是在实行通货膨胀目标制之后，对通货膨胀的正向冲击是否会使通货膨胀比实行通货膨胀目标制前的持续涨幅小一些(产出和利率保持不变)。

图10—4到10—6给出样本中每个国家在实行通货膨胀目标制后的时间里模拟结果（虚线）与实际通货膨胀、GDP增长和利率工具的对比图。图10—4对两个实行通货膨胀目标制的以资源为主的小型开放国家——新西兰和加拿大与一个类似的、在1994年年末实行非正式通货膨胀目标制的国家——澳大利亚进行比较。图10—5对两个放弃汇率钉住制的欧洲国家——英国和瑞典与意大利——由于投机性打击放弃钉住汇率制度、没有实行通货膨胀目标制的欧洲国家——进行比较。图10—6给出德国、瑞士和英国的结果。如同我们预期的一样，模拟变量随着时间“变得平缓”，向样本的均值或向轻微的趋势移动，这是在模拟中没有新冲击的结果。

图10—4和10—5显示4个实行通货膨胀目标制的国家实际通货膨胀比预测的低，特别是在实行通货膨胀目标制后的一年多表现更明显。实行通货膨胀目标制国家的实际通货膨胀也表现出温和的下降趋势，这与模拟中见到的轻微的上升趋势不同。可是重要的是，除了瑞典，4个实行通货膨胀目标制的国家中有3个国家在实行通货膨胀目标制后的两年里，与预测值相比较，出现低于预期的通货膨胀和GDP增长大幅下降共存的现象。这个结果肯定了我们以前得出的结果，就是在实行通货膨胀目标制后并没有证据表明产出和通货膨胀之间的权衡会得到改善，恰恰相反通货膨胀最初回落是以产出的短期损失为代价的。之后在所有实行通货膨胀目标制的4个国家中，GDP增长率高于预测值，而通货膨胀和短期利率保持低于预测值的水平。

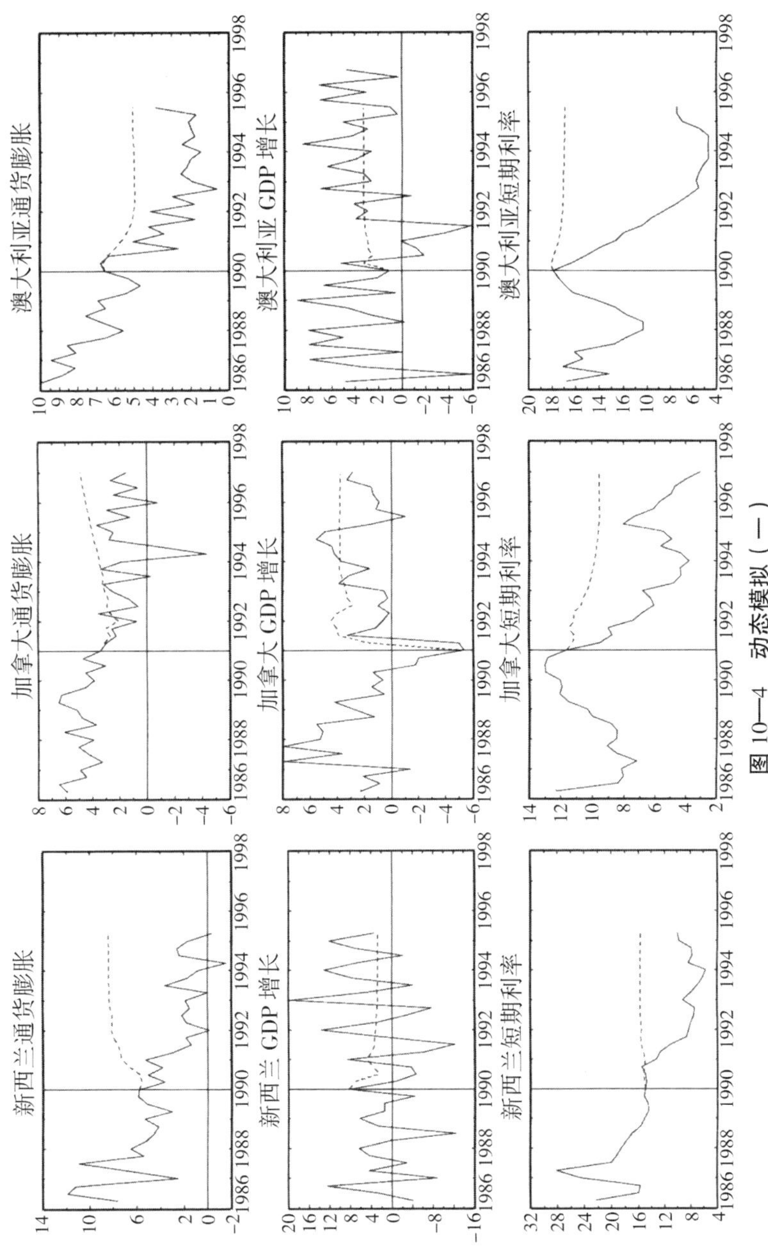
新西兰通货膨胀
加拿大通货膨胀
澳大利亚通货膨胀
新西兰 GDP 增长
加拿大 GDP 增长
澳大利亚 GDP 增长
新西兰短期利率
加拿大短期利率
澳大利亚短期利率

图 10—4　动态模拟（一）

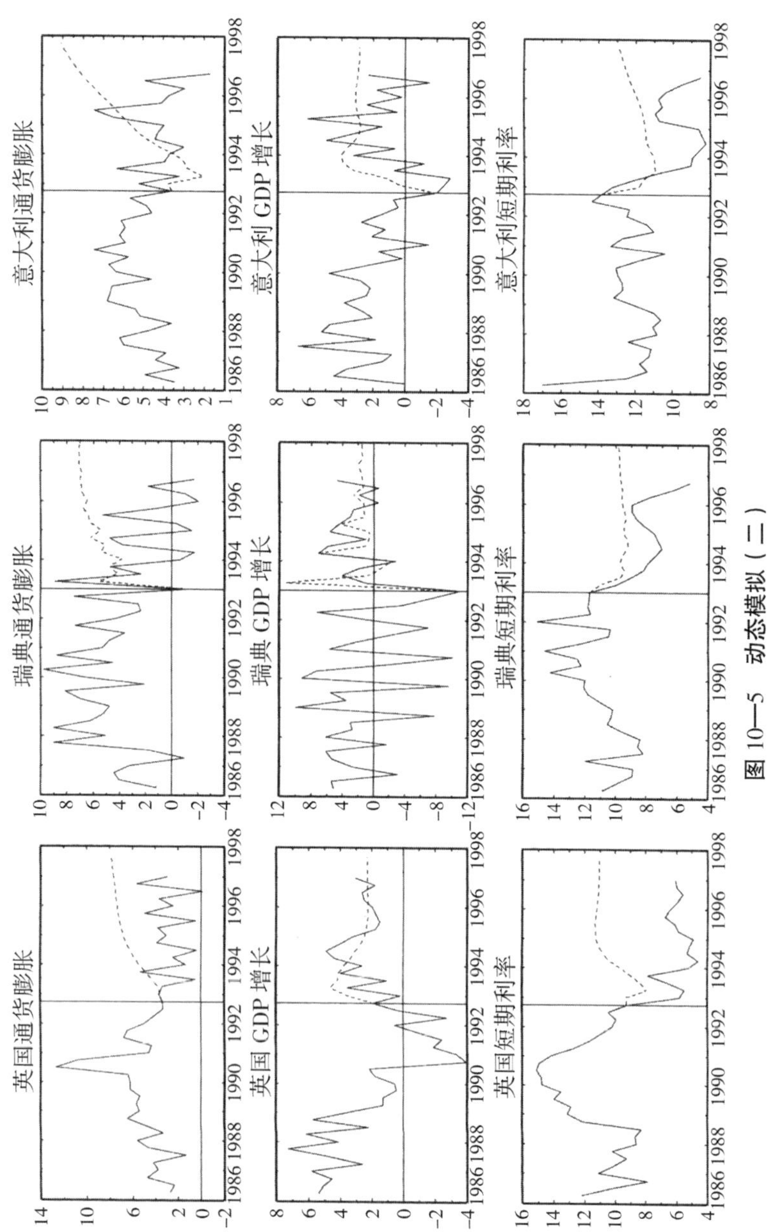
英国通货膨胀
瑞典通货膨胀
意大利通货膨胀
英国 GDP 增长
瑞典 GDP 增长
意大利 GDP 增长
英国短期利率
瑞典短期利率
意大利短期利率

图 10—5 动态模拟（二）

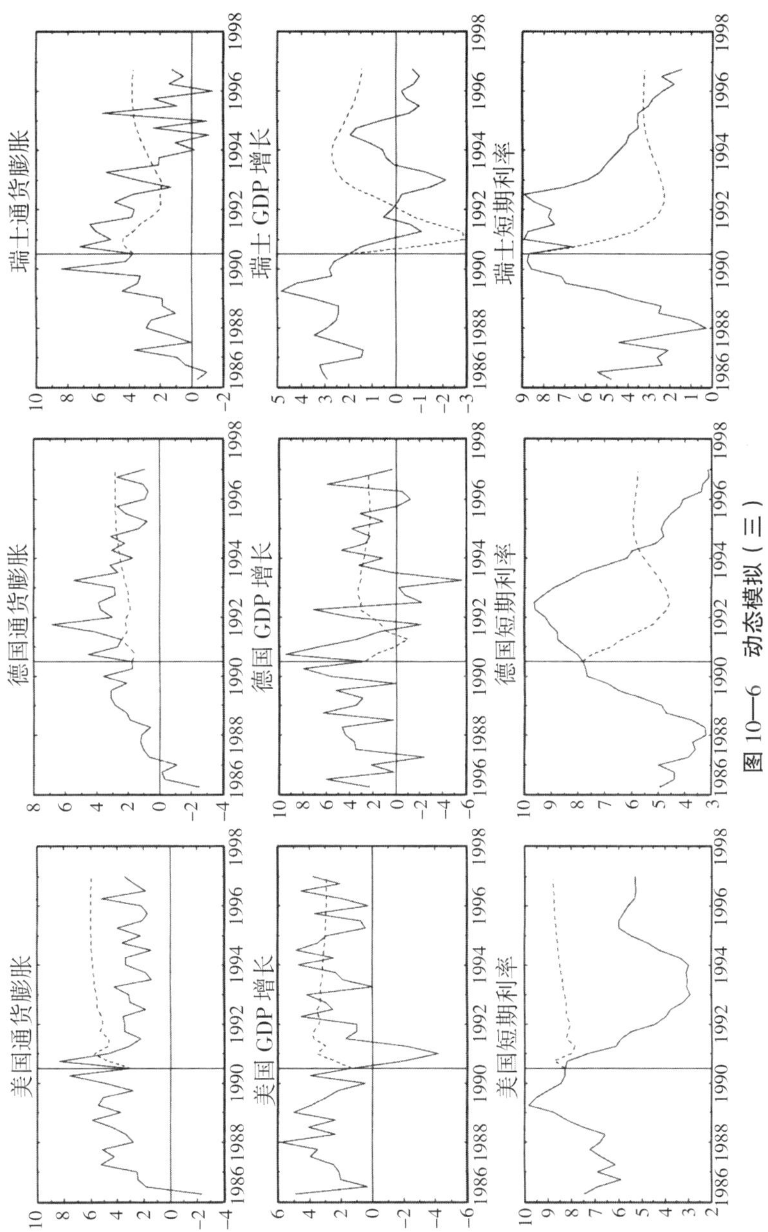
美国通货膨胀
美国 GDP 增长
美国短期利率
德国通货膨胀
德国 GDP 增长
德国短期利率
瑞士通货膨胀
瑞士 GDP 增长
瑞士短期利率

图 10—6　动态模拟（三）

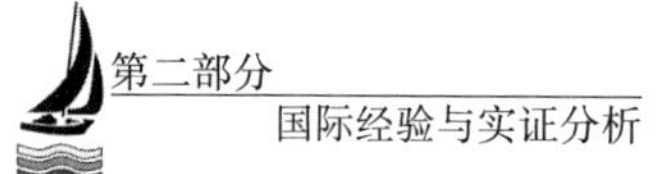

对包括在比较中的没有实行通货膨胀目标制的国家研究的结果是很难说清的。像新西兰和加拿大（进行比较的国家），澳大利亚的通货膨胀表现出低于样本外的通货膨胀预测（见图 10—4）。然而，通货膨胀回落在模拟开始的头两年付出相当大的、无法预期的 GDP 增长下降的成本。之后，结果表现出与对比国家一样的走势，GDP 增长回归原路径，通货膨胀和利率保持在新的低水平上。因此，我们看到澳大利亚没有正式的目标，也出现通货膨胀回落的效应。

与其他国家比较，意大利的通货膨胀最初高于预测，从 1994 年开始低于预测（见图 10—5）。同时，直到 1994 年年末意大利的 GDP 增长才明显偏离趋势。在接近预测时限的后期，意大利的通货膨胀和利率低于预测，GDP 的增长也低于预测。意大利的整体经济表现比其他欧洲国家的表现要差一些。

我们的简单统计模型在很大程度上没有预测到美国（见图 10—6）的通货膨胀在 1990 年出现高涨，以及 1990—1991 年的经济衰退。到 1992 年，GDP 增长回到趋势水平上，而在其余的预测时限通货膨胀和短期利率仍然低于预测水平。我们对美国模拟的结果因此与从 4 个实行通货膨胀目标制国家和澳大利亚观察到的基本态势接近。

其他两个基准国家——德国和瑞士的结果与实行通货膨胀目标制的国家，或者美国相比有很大不同（见图 10—6）。对德国的模拟清晰地显示货币统一的效应，直到 1994 年年初，通货膨胀和货币政策工具处于趋势之上。瑞士也有类似的表现，在 1989—1990 年通货膨胀出现上涨后，实际通货膨胀直到 1992 年年末才超出趋势，这一趋势在通货膨胀回到预期水平后保持了两年之久。德国和瑞士的 GDP 增长在预测早期高出预期，这可能是总需求扩张的结果；但是到 1992 年和 1993 年，紧缩性货币政策的效应使产出低于预测的趋势，这一点从到 1994 年下半年利率高出预测就可以看出。我们认为在意料之外的大规模需求冲击后，通货膨胀和货币政策工具回归到趋势水平，这是成功的目标制度的特点。然而我们也看到即使是公认的可信的货币政策也要进行紧缩，以应对冲击，这种政策紧缩具有实际效应。

为了评估给出的结论的稳健性，我们基于VARs对1980年以来数据的估计进行模拟。这么做的一个原因是我们样本中的多数国家在20世纪70年代，执行货币政策与第二次石油冲击后以及其后知识和政治上的进展有相当大差异。[①] 另一个原因是如果我们把通货膨胀显著的20世纪70年代包括在样本内，由于预测变扁平后接近样本均值，我们可能使结果出现偏差，并发现通货膨胀低于预测。当我们采用更短期的样本数据时，对GDP增长和短期利率的预测会出现微小的变化，在另一个模拟中，9个国家中的8个国家的通货膨胀预测降低。对实行通货膨胀目标制的国家和美国来说，通货膨胀持续低于预测。澳大利亚的通货膨胀预测更高，造成对实际通货膨胀的预测过高。

10.3.1 结 论

对于实行通货膨胀目标制的国家而言，本部分所作的预测显示在实行通货膨胀目标制后，通货膨胀率比预计的没有实行通货膨胀目标制时要低。通货膨胀回落并不是没有成本的，它伴随着产出增长下降（相对于预测），这再一次表明实行通货膨胀目标制并没有免除降低通货膨胀的成本。另一方面，一旦通货膨胀回落，实行通货膨胀目标制的国家的通货膨胀表现就会比从过去经验推测的要好，产出增长恢复，在短期内甚至超出预期的水平。在实行通货膨胀目标制的国家，在产出重新增长的过程中，通货膨胀上涨比预期到的要低，这个发现与我们研究得出的在强经济周期的上升期，这些国家的通货膨胀预期保持相对平稳的结论是一致的。

对其余5个国家的研究给这些结论增加了两个重要的附加条件。一是澳大利亚（在实行通货膨胀目标制前）和美国的结论显示，超出预期的通货膨胀表现并不仅限于实行外在通货膨胀目标制的国家。换句话说，通货膨胀目标制并不是实现持续低通货膨胀的一个必要条件。二是从对德国和瑞典的

① 例如Clarida，Gali和Gertler（1998）表明1979年10月后联储更严肃地对待控制通货膨胀问题、制定货币政策工具，以至于通货膨胀上升造成实际联邦利率上涨，而不是像1979年之前那样出现下降趋势。

研究结论中得出的一点是，即使有长期的保持目标可信度的记录的国家，在短期内降低通货膨胀仍要付出较大的产出损失的代价。

10.4 通货膨胀目标制的有效性：一个初步评估

考虑到所有情况后，我们在本书研究的国家把通货膨胀目标制作为货币政策的框架是成功的。我们无法确切知道如果没有实行通货膨胀目标制会发生什么，这些国家已经看到通货膨胀水平和通货膨胀预期的下降，并低于根据过去推出的预期。另一方面，在实行通货膨胀目标制后反通货膨胀阶段的初期，一些实行通货膨胀目标制的国家（加拿大和新西兰在这方面特别明显）希望反通货膨胀成本下降的期望并没有实现。很难说是否应当把这个问题看作实行通货膨胀目标制没有建立可信度，或者是对以往关于货币政策结构的变化在短期内对通货膨胀—产出的权衡几乎没有产生效应的研究结论的一个肯定。

把实行通货膨胀目标制国家的记录与各自“控制”国家——澳大利亚和意大利进行比较，突出说明了通货膨胀目标制对通货膨胀预期产生的效应尽管滞后但有效。总之，我们必须承认在考察期间没有实行通货膨胀目标制国家的经济表现与实行通货膨胀目标制国家相比没有多大不同。在所有实行通货膨胀目标制国家，当 GDP 增长回到预期的路径，通货膨胀之低出乎意料，澳大利亚和美国也是如此。

对样本国家中实行通货膨胀目标制的国家与长期目标的国家——德国和瑞典的经验进行比较，得出两点重要的结论。其一是，从负面的角度来说，不能对货币制度，即使是具有高度可信度的制度改善产出—通货膨胀之间的权衡条件期望过高。因而，我们从实行通货膨胀目标制国家得出的结论并不奇怪。其二，更肯定地说，在一个可信和透明的目标制度在受到对价格的暂时冲击时能够“锁定”中期和长期的低通货膨胀预期。因而我们发现一种不对称性：名义目标制度的优势（例如，货币增长或通货膨胀）就在于即使积极地反通货膨胀政策有一定成本，它也能应对和抑制不利的通货膨胀形

势的发展。因此，尽管通货膨胀目标制不可能降低向低通货膨胀过渡的成本，但它可能通过增加政策的透明度和货币政策决策者的责任，对中央银行维持长期价格稳定有一定帮助。

第三部分

结　论

第 11 章

我们从中学到了什么？

我们对世界上一些实行通货膨胀目标制的国家的经验进行了总结，我们也从统计上对采取这一货币政策方式的效应尝试作出评价，并给出了评价的结果。现在是总结我们所学的经验的时候了。

我们报告的证据有助于我们回答通货膨胀目标制运行的一些重要问题。其中三个问题显示出它们的重要性。

第一个问题是关于通货膨胀目标制的设计、执行和操作。假设一个国家决定实行通货膨胀目标制，如何建构这一政策制度？例如，谁应当对制定通货膨胀目标制负责？谁应当对达到目标负责？谁应当对向公众解释政策目标和行动负责？决策者如何对各种影响价格稳定或其他经济目标的冲击作出反应？是否存在引入通货膨胀目标制的最佳时机（或者一系列经济或政治条件)?在日常执行通货膨胀目标制过程中存在有关这一制度的“最佳做法”的共识吗?

第二个问题是，通货膨胀目标制获得了多大的成功?这一方式的收益和成本是什么?通货膨胀目标制的利弊在多大程度上取决于具体的执行、政治环境和经济状况?

第三个问题是，通货膨胀目标制的优势是它自身所独有的吗?其他货币政策方法会运行得好还是更好?

本章主要回答上述问题。读者对于我们所持有的如下观点不会感到惊讶。我们认为建构良好的通货膨胀目标制尽管不是万能药，也不是决策智慧的替代品，但是它给制定货币政策提供了一个有益的框架。

11.1 制定和设计通货膨胀目标制

借用爱迪生的话，好的政策是1%的概念，99%的执行。通货膨胀目标制为思考和执行货币政策提供了一个有用的概念框架。但是采取这一方式的一些国家的经验表明，实行通货膨胀目标制的主要工作在于具体的执行，包括选择目标、与公众的沟通方式、确保中央银行责任的制度安排等。

我们的案例研究表明，实行通货膨胀目标制的大多数国家在设计政策制度中出现了相当大程度的趋同性。事实上，在如何回答第3章中提出的很多操作性问题、在构成实行通货膨胀目标制的“最佳做法”上出现了共识。执行通货膨胀目标制的具体情况因国家而异，这些差异已为我们研究和思考通货膨胀目标制框架下哪些可行与哪些不可行提供了借鉴。

11.1.1 引入通货膨胀目标制

何时是引入通货膨胀目标制的最佳时机?一般而言，货币政策制度在处于压力的情况下才进行重大调整，因此，通货膨胀处于失控状态时可能是启动通货膨胀目标制的最佳时机。然而大多数实行通货膨胀目标制的国家是在成功地把通货膨胀水平从过去的高水平降下来之后，才选择实行这一新制度的。

时机的选择通常反映了这样一个技术上的政治决策。为了建立新制度的可信度，以高概率达到最初的通货膨胀目标是重要的。它同时也反映了通货膨胀目标制的主要好处之一在于“锁定”早期反通货膨胀的收益，特别是在处于一次性通货膨胀冲击的情况下。例如，从英国和瑞典退出欧洲外汇机制以及加拿大在1991年征收商品和服务税中，我们可以看出这一效应。在上述案例中，通过宣布有助于稳定公众预期并给货币政策以明确、清晰的计划和方向的通货膨胀目标制，可以避免通货膨胀死灰复燃。

引入通货膨胀目标制的动因差别较大。在一些情况下新方式是在间断事件之后引入的，如英国或瑞典钉住汇率制度崩溃后，或如新西兰采取更广泛的一揽子经济改革方案。在其他情况下，这种货币政策的新方式作为对现有制度不满的反应，处于逐渐演变过程之中。我们在加拿大、以色列和澳大利亚等国看到这一方式。中央银行在向通货膨胀目标制靠拢的过程中起到关键的作用，但是在一些国家，如英国和西班牙，是政府发起这一动议的。正式的法律变化只有在少数情况下才发挥作用。无论新政策的起因是什么，最好的结果应该是在通货膨胀目标制被大张旗鼓地引入时获得，即采用在通货膨胀目标制引入前向公众说明将采用一个全新的方法而不是悄无声息地引入的方式。新方法得到政府或者政府和中央银行共同负责和支持，将有助于这一框架最终获得成功。

11.1.2 选择和确定目标

尽管对追求“价格稳定”是辞令上的说法，这里研究的所有国家都选择钉住通货膨胀率，即价格随时间变化的比率，而不是价格水平。原因是决策者关心价格水平目标对短期宏观经济稳定的影响。如果决策者钉住特定的价格水平，目标会被高估，将出现一段时间的价格下降，也就是通货紧缩，价格水平回落到目标区。正如我们在第3章中知道的，对通货紧缩的担心是必要的，包括危及金融体系和加剧经济紧缩的可能性。实际上，通货紧缩通常伴随着严重的经济衰退甚至像20世纪30年代的经济萧条。因此，本书研究的有关国家的决策者认为可能要有一段时间的通货紧缩的价格水平目标，会带来难以承受的产出和就业损失成本。实行通货膨胀目标制的国家的经验表明，价格水平目标要求对偏离目标进行全面修正并不是保持低通货膨胀或政策可信度的必要条件。

由于相关的原因，还没有国家如“价格稳定”字面所要求的那样，把通货膨胀目标区间的中点定为零。即使世界上最坚定地反通货膨胀的中央银行之一——德意志联邦银行选择的年名义通货膨胀目标也为2%（目前为1.5%到2%），高于官方对通货膨胀的向上偏差的估计值。一个根本的原理是考虑到可能出现通货紧缩：通货膨胀的目标取值大于零，为的是降低出现意外通货紧缩的情况。而且经济学家认为（尽管仍存在争议）在通货膨胀处于2%到3%区间时可以实现低通货膨胀的收益，而更低的通货膨胀水平会成为实体经济运行的障碍。有证据表明，像德国银行所做的，通货膨胀大于零（但不能太高）的目标保持一段时间后，并没有造成公众不稳定的通货膨胀预期或中央银行的可信度下降。

尽管实行通货膨胀目标制的国家把通货膨胀而不是价格水平作为目标，最优目标不是零，而是小幅的正通货膨胀，但他们在选择明确的操作目标上的表现有着显著不同。这当中最明显的可能是在钉住何种通货膨胀方法上还没有达成共识。一些国家用“核心”或所有项目的CPI，大概是因为公众对这些指标比较熟悉的缘故。其他国家采用扣除一些项目（如能源和食品）之后的CPI通货膨胀指标，是为了避免对短暂的供给冲击的第一轮效应（对通货膨胀的直接效应）作出反应。其他国家这两种指标都采用。

我们看到在设计通货膨胀目标上的一个中心问题是透明度（如宣传的，运用简洁、众所周知的通货膨胀计量方法）与政策的灵活性（由剔除供给冲击的第一轮效应的通货膨胀指数所增强）之间的取舍。典型的折中方案是选择相对简单、广为人知的指标明确通货膨胀目标，但要对偏离目标作出繁杂的解释。例外的例子是新西兰，新西兰采用公开剔除与供给冲击相关的多种价格。这一选择提高了政策的灵活性，但是以牺牲一定的透明度为代价，原因是公众可能感觉难以接受其他的指数，特别是在一定期间内定义不能保持一致的指数（如新西兰的例子）。总之，只要对通货膨胀目标的计量方法调整不是过于频繁，偏离“核心”通货膨胀不是过大，选择的方法就不是决定通货膨胀目标制成功与否的关键。

在透明度和灵活性之间的权衡也决定由哪一个机构对通货膨胀的计量负责。新西兰的储备银行负责达到目标和计量（和调整）官方通货膨胀数值。储备银行对调整通货膨胀计量方法有一定的相机抉择权的目的在于增加政策应对不可预见事件的灵活性。比较而言，我们研究的其他国家选择把达标的职责（权力在中央银行）与计量目标变量的职责（权力在统计部门）分开。尽管允许中央银行计量和调整目标变量可能会增加灵活性，但会降低透明度和公众对制度完整性的信心。把计量通货膨胀和实现通货膨胀目标分配给不同部门执行是明智之举。

11.1.3 短期政策灵活性和多重目标

货币政策关注通货膨胀并不意味着可以忽略传统的稳定目标。在通货膨胀目标制下货币政策制定对实体经济表现无足轻重的看法是不正确的。在我们研究的国家中对通货膨胀目标制负责的中央银行仍然关注产出和就业波动。对短期稳定目标的适应能力在一定程度上已经纳入到通货膨胀目标制中。在转向通货膨胀目标制之后，决策者仍然关注产出和就业，这从实行通货膨胀目标制的国家逐渐地进行反通货膨胀，避免对实际经济产生不当压力的情况中显现出来。例如，包括加拿大和瑞典在内的国家把初始通货膨胀目标产生效果的时滞定得较长，以避免给产出和就业等带来不必要的短期成本。一个普遍的惯例是区分长期通货膨胀目标和短期通货膨胀目标，使后者逐渐向前者靠拢。通过调整接近长期目标的速度（或者目标时限），决策者能够降低通货膨胀的实际成本，也减少产出波动，同时保持对长期价格稳定的承诺。[①]

无论对外在的（通过目标区间）还是隐含的可接受的通货膨胀率设定

① 参见 Svensson（1997b）提供的一个理论论证，他认为对中期通货膨胀目标向着长期目标的连续调整对于既关注产出波动又关注低且稳定的通货膨胀的政策制定者是最优的。

上限和下限，都是对宏观经济稳定的关注。对于这一点加拿大银行强调得最多，加拿大银行认为设定了上限和下限的通货膨胀目标制，可以避免总支出对实际经济的冲击。特别是造成通货膨胀率低于目标区间的下限的总需求下降，将自动地刺激中央银行放松货币政策，而不用担心这一行为将影响通货膨胀预期。因此，通货膨胀目标制增加了中央银行对总支出下降作出反应的灵活性。只要总需求冲击是一国经济周期中的主导因素，这一方式就会增加货币政策反周期的倾向，这与过去很多国家货币政策的不稳定的顺周期行为形成明显的对比。

总供给冲击如何？与总需求冲击不同的是，通货膨胀目标制框架不能自动地处理总供给冲击。然而，在我们研究的所有国家里，货币政策当局按惯例允许对供给冲击偏离通货膨胀目标作出反应。在发生供给冲击（或预计到）之后，例如增值税变动，通常的程序是，如果需要的话中央银行首先偏离既定目标，然后向公众解释采取这一政策的原因。在我们研究的国家中，只有新西兰有明确的“免责条款”，对这种行为给予合理的解释，尽管新西兰储备银行允许只有在特定基础上能被合理解释的目标偏离。在下述情况下允许偏离短期目标的能力是有益的：（1）它们对公众而言是合理的；（2）它们不影响长期通货膨胀目标。如果必要的话偏离目标的能力使中央银行在短期内稳定经济方面具有相当大的灵活性，而不是以牺牲长期低通货膨胀和低通货膨胀预期的益处为代价。

政策灵活性另一方面在于货币政策当局调整通货膨胀目标制（相对于偏离既定目标）的权力。所有实行通货膨胀目标制的国家都逐步地调整官方通货膨胀目标制或目标区间向上（如 1979 年石油冲击后的德国和 1996 年大选之后的新西兰）和向下（如这里研究的国家在最初的反通货膨胀中）。只要事先宣布目标路径变化的时间足够长，不给人留下是对实际通货膨胀后果的事后理性化处理的印象，公众一般认为目标路径的变化是适应经济情况的一个合理途径。特别是当中央银行解释的理由充分时，公众就能够对通货膨胀的一次性、临时冲击（可以通过暂时提高通货膨胀目标的方式来适应）和趋势通货膨胀的变化（通常设定通货膨胀目标制进行阻止）进行区别。

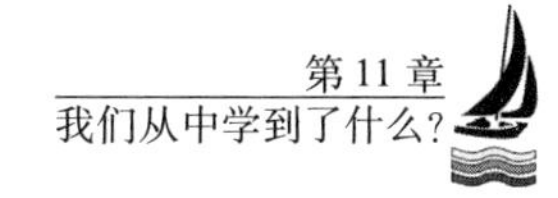

由于抑制通货膨胀预期是除了经济放缓的痛苦出路之外唯一的控制通货膨胀的办法，因而这有很大的益处。

11.1.4 信息变量和中间目标

实行通货膨胀目标制的中央银行一般不把自己和特定的中间目标，如货币存量的增长速度或汇率（尽管在一些国家汇率是货币政策的第二个目标）联系在一起。在使用中间目标的情况下，如德国和瑞士使用混合制度，几乎总是以优先通货膨胀目标的方式解决中间目标和通货膨胀目标之间的冲突。

利用中间目标（如 Svensson（1997）强调的，不包括对未来通货膨胀的预测）与通货膨胀目标制不相适应，很多实行通货膨胀目标制的中央银行强调宏观经济指标，如包含未来经济过程信息，但是本身并不作为目标的信息变量。这方面的例子如新西兰和加拿大的货币状况指数和西班牙的广义货币总量 ALP。中央银行对公众对通货膨胀预期的估计和从债券收益推测通货膨胀预期的估计非常重视。关于经济的结构模型在很多国家发挥着重要的作用。尽管实行通货膨胀目标制的国家在政策制定上对通货膨胀的特别指标重视程度不同，但在决策上都依赖于多样化的信息来源，从而形成所说的“受约束的相机抉择”的政策制度。例如，它不同于货币主义支持的“自动测试”方式，特别是由于“受约束的相机抉择”使中央银行从机械的规则中解脱出来，并使得短期和长期政策目标之间存在差别，它使得通货膨胀以外的目标纳入到货币政策的决策中。

11.1.5 点目标与目标区间

设计决策对政策的短期灵活性的影响在于是把通货膨胀目标设定为一个点（例如，瑞士 1975 年以来和英国 1995 年以来采取的货币目标），还是可接受结果的区间。区间的好处在于给目标制度提供更外在的灵活性，同时向公众传达了不能完全控制通货膨胀的重要信息。然而，采取区间也存在一定问题。在实行区间制国家的案例研究中我们看到，以及从以区间为汇率制度目标的经验中我们了解到，区间可能“有自己的生命”。在目标区间下，决策者、金融市场和公众通常关注通货膨胀是偏离还是处于区间内，而不是偏离区间中点的程度。而且在通货膨胀预测存在不确定性的情况下，即使采取适当的货币政策，通货膨胀率也可能处于目标区间之外。在公众看来偏离整个区间比偏离目标点（这种情况几乎不可避免地会发生）的问题更严重，导致丧失通货膨胀目标制的可信度。

采取目标区间的另一个问题是如果目标时限较短，就很可能偏离目标。通货膨胀的“刚性的”目标区间可能造成工具不稳定，在这种情况下，决策者试图将通货膨胀控制在目标区间之内的做法将造成政策工具，如短期利率或汇率不必要的大幅度波动。通货膨胀的控制失误和工具的不稳定性问题在新西兰表现得很严重，但是还没有发现其他实行通货膨胀目标制的国家存在这一问题。

解决这些问题的出路在于放宽目标区间，例如，1996 年 11 月新西兰就采取了这一做法。如果扩大区间足以降低工具不稳定性和控制问题，目标制度将失去可信度。如果公众关注区间的边界而不是中点，如果扩大区间以至于它的上限高得离谱，这种情况就很有可能发生。实际上，扩大区间的行为（这与对事件作出反应离开区间的中点有区别）可以视为货币当局信心受到削弱的迹象，而不是努力提高系统运转的信号。

替代目标区间的一个做法是给通货膨胀设定点目标。为了避免控制问题和工具不稳定性，有必要让公众认识到由于不可避免的不确定性，即使最好的政策也不可能使通货膨胀在很小的可容忍范围内与点目标相一致。这对中央银行形成更大的压力，迫使它作出有说服力的解释。然而，只要公众相信中央银行的解释，中央银行就有更大的灵活性来应对目标偏离问题，而无损于它的可信度。在点目标下，政策成功与否不再定义为准确地达到目标（或者通货膨胀是否落在目标区间的边界之内和之外的问题），而是定义为在相当长的一段时间内中央银行使通货膨胀合理地接近目标的能力。

11.1.6 透明度

强调“透明度”政策，即简洁、清晰和易于理解的政策，强调与公众沟通是所有我们研究的实行通货膨胀目标制国家的特征（或多或少在一定程度上）。实行通货膨胀目标制的中央银行进行沟通的方式多种多样。中央银行经常与政府沟通，这些是由法律授权的，有些是对信息咨询作出的答复，中央银行官员还就政策和经济形势做公开讲话。这些渠道在实行通货膨胀目标制国家得到广泛应用。实行通货膨胀目标制的中央银行通过各种信息宣传和公开发布“通货膨胀报告”等方式，把公众参与推进了一步。通货膨胀报告首先在英国出现，如今几乎所有实行通货膨胀目标制的国家都采纳了这一形式，它以清晰、易懂的风格提供有关通货膨胀前景、中央银行的计划和目标的全面信息。

通过上述交流渠道，中央银行在尝试向大众和某些小范围内特定的人(如金融市场的参与者）说明以下内容：（1）货币政策的目标和局限，包括通货膨胀目标制的基本原理；（2）通货膨胀目标制的数值和如何确定这些数值；（3）在当前经济情况下，如何实现通货膨胀目标；（4）偏离目标的原因。即使德国银行作为一个独立性很强的中央银行，拥有公众强有力的支持，但它仍在这方面做出了巨大努力。

为什么要在清晰度和沟通方面做出这么大的努力？改善透明度和沟通是实行通货膨胀目标制的中央银行在这一制度上获得成功的关键。它们通过降低货币政策、利率和通货膨胀的不确定性，改善了私人部门的计划；通过让公众了解中央银行的可为与不可为，促进了公众对货币政策的公开讨论；增加了中央银行长期决策的自由度，例如，暂时偏离目标而对通货膨胀预期不产生负面影响；明确了中央银行和政治家们在货币政策操作方面的职责。透明度和沟通有助于增强责任。

11.1.7 责任

这里讨论的通货膨胀目标制的独特特征是中央银行的责任在不断增强。最独特的例子是新西兰，新西兰政府与中央银行就制定政策目标签订了正式协议，如果没有达到通货膨胀目标，政府有权撤销储备银行行长的职位。在其他实行通货膨胀目标制的国家，中央银行的责任就没有这么正式。与通货膨胀目标制相关的政策透明度使得中央银行对公众和政府高度负责。高水平的责任在这里研究的实行通货膨胀目标制的主要国家都有所体现。

责任制在操作和政治上有如下几个优点。自始至终我们在案例研究中发现，以事先宣布和明确的基准（如通货膨胀目标值的路径）来估计，货币政策操作成功的可持续性在建立公众对中央银行的独立性和政策的支持方面发挥着作用。从德国银行和瑞士国民银行的经验来看，即使在对绩效评估没有明确定义和法律标准的情况下，也能够建立公众支持和责任。获得公众信任和支持的中央银行在制定政策时能够保持更大的独立性并从长远考虑，从而产生更好的经济成果。受信任的中央银行对影响其他经济政策层面，如财政政策的短期力量形成制衡。我们不止一次地看到公众对中央银行的信任和尊重使中央银行对政府预算决策产生温和的影响，而后者直接危及到通货膨胀目标的实现。

暂且不考虑经济因素，通货膨胀目标制具有与中央银行在民主社会的作用完全一致的特点。尽管在长期内中央银行不受短期政治压力对利率决策的影响，但中央银行应当对实现既定目标的政治过程负责。换句话说，中央银行应当保持工具独立性，而不是目标独立性。当货币政策的目标，以及中央银行实现目标的记录比较清晰地向公众显示时，中央银行在相当长的一段时间内很难执行与社会利益不一致的政策。

11.2　通货膨胀目标制下的宏观经济表现：国际记录

经济对通货膨胀目标制如何作出反应？对国际经验的研究发现，通货膨胀目标制确实起到降低通货膨胀的作用。在我们研究的所有国家中，与以往的经验相比，实行通货膨胀目标制的国家大大地降低了通货膨胀水平。相对于以往经验，相对于没有实行通货膨胀目标制来说，这些国家的公众对通货膨胀的预期大大降低。而且一旦通货膨胀降下来就比较稳定：在反通货膨胀期间之后，实行通货膨胀目标制国家的通货膨胀水平在随后的经济扩张周期

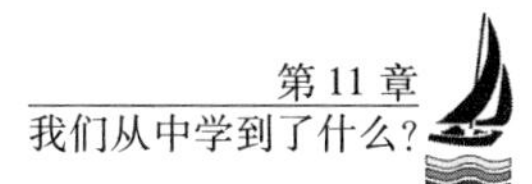

中没有出现反弹。通货膨胀目标制确实有助于决策者缓和和控制通货膨胀。

经济理论和证据都支持这样一个观点，即稳定的低通货膨胀可以促进长期经济增长和效率。因此，通货膨胀目标制与财政和结构改革一起为经济繁荣创造良好的环境。温和的通货膨胀也并不是通货膨胀目标制的唯一收益。由于通货紧缩对金融体系和经济的危害相当大，准确地执行通货膨胀目标制以避免通货紧缩就显得同样重要。最后，通货膨胀目标制的前瞻性（与反应相反）特点可能减弱顺周期的程度，减少“停停走走”的货币政策。“停停走走”的货币政策（在通货膨胀成为问题后才对通货膨胀作出反应，过后实行突然的紧缩的货币政策）是工业国家（包括美国）萧条和繁荣周期产生的重要原因。

尽管稳定的低通货膨胀的长期收益明显，但对通货膨胀目标制的短期成本和收益的平衡还不清楚。很多经济理论表明，中央银行对降低通货膨胀的承诺可以提高其可信度，从而降低与滞胀相关的通货膨胀预期和产出损失，但经验（第 10 章的计量分析）并不支持这一预测。实行通货膨胀目标制后，就我们对通货膨胀预期估计的能力而言，通货膨胀预期并没有很快地向下调整，相反它对通货膨胀下降后的反应存在一个时滞。换句话说，公众对降低通货膨胀采取的是“眼见为实”的态度。中央银行实现价格稳定的唯一途径是通过艰苦的努力，通过实际上表明它能够实现反通货膨胀来获得可信度。

与通货膨胀预期反应迟缓的发现相一致的是，在实行通货膨胀目标制的国家（见第 10 章）很少出现与反通货膨胀相关的产出损失，即所谓的“牺牲率”。当然，随着通货膨胀目标制政策在降低通货膨胀方面取得持续的成功记录，实行这一方式的开拓者和后继者将有希望开始享受到以更低的实际成本来降低通货膨胀的“可信度奖赏”。①

尽管通货膨胀目标制下反通货膨胀成本很高，但是通货膨胀的冲击效果有所减弱。例如，在 1991 年 2 月实行通货膨胀目标制后，加拿大银行面临

---

① 但是应该注意到由德国、瑞士编撰的相对长期的低通货膨胀记录，美国并没有使这些国家的牺牲率出现明显的下降（Posen，1995a）。

着间接税大幅提高产生的负面供给冲击，这在以前会产生通货膨胀的棘轮效应。但是这次情况有所不同的是，税收增加只造成价格水平的一次性上涨，它并没有造成第二轮和第三轮工资和价格上涨，以及通货膨胀的持续上涨。另外两个例子是 1992 年脱离固定汇率制度的英国和瑞典。一般预期贬值会刺激这些国家的通货膨胀上涨，这在第一轮高进口价格的直接效应和随后对工资和价格制定行为产生的效应中得到体现。然而，这两次贬值的通货膨胀影响很小，有理由认为这是实行通货膨胀目标制产生的良好结果。目标使公众关注贬值冲击的临时性影响，同时表明中央银行不愿在中期对冲击采取适应性的货币政策。两个因素都有助于缩短最初通货膨胀冲击的第二轮和随后一轮效应。

对通货膨胀目标制存在的一个共同的顾虑是决策者对通货膨胀过度关注，这将造成产出和就业水平低和增长不稳定。我们提供的证据，无论是实证分析还是案例研究都非常清楚地说明了这一点。在通货膨胀目标制初期、反通货膨胀阶段，降低通货膨胀与低于正常的产出相伴。然而，一旦实现低通货膨胀水平，产出和就业就会至少恢复到以往的高水平。由此得出一个保守的结论，即一旦实现低通货膨胀，通货膨胀目标制就不会对实体经济造成损害。实际上，在 20 世纪 90 年代后期实行通货膨胀目标制国家的强劲的经济增长表明，通货膨胀目标制除了控制通货膨胀外，还可以促进经济增长。

11.3　重复这一观点：是一个框架，而不是规则

本书的一个主题是，通货膨胀目标制并不适合于传统货币理论的“规则与相机抉择”两分法。根据两分法的观点，货币政策要么是完全机械式的（让货币存量按每季度 1% 的速度增长），要么是不受控制的相机抉择对决策者的实验。一些经济学家把通货膨胀目标制的特点描述成另一种类型的政策规则。他们引用了对规则的大量批评，即规则使决策者对不可预见情况的反应能力受到了过多的严格制约。

然而，需要重复的是现代中央银行在实践中运用的通货膨胀目标制并非

是一个硬性的政策规则。首先，与传统的货币政策规则（如金本位）不同，通货膨胀目标制并没有给中央银行如何执行货币政策提供简单、机械的指引。为了实现通货膨胀目标，通货膨胀目标制要求中央银行利用所有可用来决定采取什么行动的有效的信息。与其他政策规则直接把中央银行的注意力与一个关键指标（如货币增长或汇率）联系起来不同，通货膨胀目标制不鼓励中央银行在政策制定方面忽视恰当的信息。

而且正如我们在案例研究中看到的，通货膨胀目标制保持了相当程度的政策相机抉择权，使中央银行在保持长期价格稳定的目标内，对经济发展作出相当灵活的反应。例如，我们上面提到的，调整近期通货膨胀目标制以对经济情况作出反应，而不放弃长远通货膨胀目标的机制有很多种类。对通货膨胀目标制的批评大多是建立在通货膨胀目标制对货币政策施加结构的硬性过大，因而基础不牢的前提上的。通货膨胀目标制不是规则，而是实行“受约束的相机抉择”的一个框架。

通货膨胀目标制综合了上面提到的规则和相机抉择具有的一些优点。与规则一样，通货膨胀目标制框架提高了政策透明度，也就是它能够清晰地向公众传达政策目标和计划行为。通货膨胀目标制已经被公众了解，它有助于保持价格稳定的目标。通货膨胀目标制框架给经济提供了一个“名义锚”，使公众相信稳定的低通货膨胀是正常的结果，偏离目标可能是暂时的。增加透明度促使货币政策制定者对公众负责，进而减少政策制定者在短期内的机会主义行为（例如，争取不可持续的就业目标，可能是为了支持现任的政治家）。

而且通货膨胀目标制有助于把争论的焦点集中在中央银行可以做到的事情上，如控制通货膨胀，而不是不可能实现的事情上，如通过扩张性政策永久地提高经济增长。在有关加拿大的一章中，我们提到一个有关通货膨胀目标制对公众争论产生有益效应的例子。1996 年加拿大经济学会的主席批评加拿大银行执行过于紧缩性的货币政策。这一批评引起了广泛的争论。这些争论通常演变为尽快扩张或紧缩经济的要求，这种要求较少考虑这一政策变化的长期后果。在这一情况下，通货膨胀目标制的存在恰好有助于把这一争论转化为使通货膨胀保持适当目标水平的讨论。加拿大银行及其批评者被迫把假设和对各种通货膨胀水平的成本和收益的估计公开化。最终这一讨论导致增加了对加拿大银行的支持，在 1997 年大选时货币政策策略执行没有像 4 年以前一样成为大选争论的一个主要问题。

虽然通货膨胀目标制比简单的政策规则更具弹性，但它并没有使中央银行的相机抉择权不受约束。实现通货膨胀目标制的策略的本质使得政策制定者向前看，而不是局限于当前的经济情况。而且通货膨胀目标制通过透明度增加了中央银行的责任，进而形成了政治压力以防止中央银行忽视这一行为的长期结果。

11.4 通货膨胀目标制的替代策略

我们认为通货膨胀目标制为货币政策提供了一个名义锚，一个政策制定者行使“受约束的相机抉择”的框架，然而一般来说还有其他货币政策制度能够提供类似的优势。我们这里对这些通货膨胀目标制的主要替代制度的优缺点作一下简要的介绍。①

11.4.1 钉住汇率

对任何一个国家，特别是小型国家来说，货币政策的一个策略是把本国汇率与一个大的、低通货膨胀的国家（通常是一个主要的贸易伙伴）固定下来。如果汇率保持固定的价格，假定实际汇率（本国生产的商品和外国生产的商品的相对价格）变动不大，那么本国的通货膨胀最终会接近其他国家的通货膨胀水平。另外，汇率以一个固定的、事先确定的水平贬值（爬行钉住），这将允许国内的通货膨胀水平比大国的高。

在货币当局的承诺具有相当可信度的情况下，汇率目标具有一些优势（充足的国际储备是钉住可信度的一个好指标，但是中央银行表明把国内政

① 本部分主要引自 Mishkin（1997a）。

策目标服从于保持钉住汇率制度的意愿同样重要)。钉住汇率制度对中央银行的短期机会主义形成约束，因而大体上可能降低完全的相机抉择货币政策产生的通货膨胀偏差。汇率目标的另一个优点是简洁和清晰，易于被公众理解并接受，一般也有助于支持"强通货"的政策。例如，法兰西银行经常引述法国法郎的重要性，以表明采取紧缩性货币政策的合理性。

钉住汇率制有助于大国降低通货膨胀。例如，无论对法国法郎存在怎样的顾虑，它都成功地使法国保持了低通货膨胀，或者保持在与德国同样的水平上。类似的情况还有，英国在 1990 年钉住德国马克后，在两年的时间里把通货膨胀从 10% 降到 3% 的水平（然而，如我们前面提到的，1992 年当时的梅杰政府表明没有能力把利率提高到足够高的水平以遏制对英镑的投机，英国被迫放弃钉住汇率制度）。

汇率目标的一个强形式——货币局，作为殖民地时期货币控制的一个方式产生于 19 世纪。在货币局体系下，货币发行当局宣布与一个特定的外国货币之间的固定汇率，并愿意以该汇率无限制地提供本外币兑换。为了使这一承诺可信，当局必须保持高水平的外汇储备，有时是超过 100% 的国内货币发行。

1990 年阿根廷成功地施行了货币局汇率制度。在所谓的"可兑换计划"下，按法律要求阿根廷中央银行以 1∶1 的比率用阿根廷比索和美元进行兑换。这一策略使得阿根廷把通货膨胀从 1989 年和 1990 年的恶性通货膨胀降低到接近于美国 90 年代中期的水平。目前，一些国家（包括几个东欧转型国家）正在进行货币局的试验。

汇率钉住存在明显的问题。保持钉住汇率制目标对国内货币当局运用货币政策以实现其他目标构成严重约束，如保持短期国内稳定，特别是在国内经济周期与贸易伙伴的周期不同步的情况下。由于缺乏可信度，本国利率就要保持高于被钉住货币国家的利率。如果钉住汇率不完全可信，对政策的约束就特别重。本国货币相对于贸易伙伴国的货币坚挺，这种情况通常出现在成功地实施钉住汇率制度之后，由于汇率坚挺使得本国的出口在世界市场上缺乏竞争力，就有可能抑制本国的经济活动。另外，在固定汇率制度下，由于锚国家的利率变化引起采取钉住汇率制国家的利率变化，对锚国家的冲击很快就会传导到实行钉住汇率制的国家。例如，为了对1990年德国统一过程中出现的经济问题作出反应，德国实行紧缩的货币政策，同时采取宽松的财政政策，这样的政策组合造成利率突然升高。这些利率通过钉住马克的汇率中介传递给汇率机制的成员国（ERM），结果造成其中一些国家经济增长放缓。

正如Obstfeld和Rogoff（1995）强调的，汇率目标面临的另一个问题是在资本高度流动的世界经济中，钉住货币极有可能受到投机性攻击。[①] 实际上，德国统一后，ERM的一些成员国出现危机。之后发生了其他一些汇率危机，包括1994的墨西哥危机和1997年的亚洲金融危机。

针对一个国家货币的投机性攻击使该国中央银行的选择余地很小。中央银行可以通过大幅提高利率积极地保卫钉住汇率制度，也可以投降，使本国货币贬值（或浮动）。前者对国内经济打击很大，可能消耗大量的国际储备。放弃钉住汇率制度可能造成经济不稳定，例如，造成通货膨胀上升并增加以外币计值的国内债务（这种情况在墨西哥和东亚都发生过）。[②] 放弃钉住汇率制度还会使货币政策失去了在长期内维持稳定价格的名义锚。

钉住汇率制存在的一个更一般的问题是它无法解决保持价格稳定的问题，而是把问题转移到另一个国家（或国际机构）。即使存在一个运作良好的固定汇率制度，整个体系仍然需要有一个名义锚。在金本位制度下，这个名义锚由世界货币黄金供给充当。对黄金供给或需求的冲击经常造成世界价格水平不稳定。第二次世界大战后出现的布雷顿森林固定汇率体系一直保持到1971年，它用“美元标准”形式把参加国的货币政策与美国货币政策联系起来。当美国货币政策目标开始与其他国家的货币政策目标出现较大差异时，这一体系就崩溃了。这与1992年和1993年德国的货币政策目标与其他国家的货币政策目标出现分歧，ERM处于极大的压力一样。最终单一欧洲

① 对于投机性攻击是否完全是自发性的、自我实现的预言或者是否在攻击出现前一些国家的政策存在某些“基本面的”问题还存在争论。对于过去十年经历打击的国家是否存在基本面政策失误的问题的有关证据，或者在多大程度上这些问题是造成投机性攻击的原因还不清楚。

② Mishkin（1998）对新兴市场国家实行汇率钉住制度作出了另外的批评。

货币需要某类具有广泛系统范围内的名义锚（通货膨胀目标制至少是一个主要选择）。把汇率作为名义锚对于整个体系而言并不是一个选择。

11.4.2 货币目标

在20世纪70年代（布雷顿森林体系崩溃之后）到80年代初期较为普遍的一个货币政策策略是货币总量目标。很多国家采用货币存量的狭义估计办法（基础货币，M1）和广义货币（M2和M3）。货币理论源于弗里德曼的货币主义理论，特别是他（1959）关于中央银行保持固定的货币增长率的建议。然而，在实践中没有中央银行曾经采取过硬性地决定货币增长的规则（Bernanke and Mishkin，1992）。即使是最为忠实的货币目标政策者（如德国和瑞士），为了实现短期目标，如稳定产出或汇率，也表明过偏离宣布的货币政策目标的意愿。而且货币目标本身要逐年调整，以反映经济状况和中央银行的竞争目标。

与汇率目标相比，货币目标给中央银行通过调整货币政策适应国内情况以更大的自由度，同时对中央银行的约束较少。货币目标的其他优点是：对货币总量的计量较为准确；时滞不是那么长；中央银行对货币增长至少是狭义货币总量的控制能力相当好。对实际货币增长偏离目标比率的情况认识得快这一事实，大体上有助于实行货币目标的中央银行建立可信度。

最终，货币目标作为一个有用的战略只有在货币增长和目标变量（如通货膨胀或名义GDP增长）之间存在可靠关系的情况下，才是一个有用的策略。尽管早期存在有关流通速度（名义GDP与货币存量的比率）是固定的，或者至少是可预测的说法，但在多数国家货币与经济之间的关系变得高度不确定。一些研究人员把流通速度不稳定归因于金融创新和银行体系发生的变革。另一些人认为以货币为目标的努力使得原有的历史关系出现断裂。无论何种原因，如果不能在货币存量与目标变量的行为之间建立可靠的联系，那么把它作为货币政策的指引就没有意义。特别是，给定流通速度的频度变化，以货币为目标的中央银行要么要经常修正要么会失去目标（也因此丧失了透明度、纪律和责任的优点），否则，它必须接受目标变量的收效特别差的结果。

这一双重困境解释了多数采取货币目标的中央银行在20世纪80年代就放弃了这一策略，以及即使仍有一小部分国家继续这么做的话，也采取了一种极其“灵活”的方式的原因。这也解释了为什么对通货膨胀目标制的兴趣开始增加并不是偶然的。在通货膨胀目标制下，通货膨胀率既是运作目标，也是最终目标，因而实行通货膨胀目标制的中央银行没有面临采取货币目标的中央银行所面临的短期目标和长期目标的冲突。

11.4.3　名义GDP目标

一些经济学家（例如，参见Taylor，1985；Hall和Mankiw，1994）提出，中央银行应该把名义GDP的增长率作为通货膨胀目标制的一个替代。与通货膨胀相比，名义GDP作为目标的优势在于在政策制定过程中赋予产出和价格一定的权重（虽然Hall和Mankiw（1994）指出，名义GDP目标所隐含的产出和通货膨胀的比重为1∶1并不意味是最优的）。实行名义GDP目标，预测实际产出的下降意味着中央银行的通货膨胀目标自动地上升，由于这将自动地造成更宽松的货币政策，这一目标将趋于稳定。Cecchetti（1995）所做的拟合研究表明，由于预测通货膨胀比较困难，稳定名义GDP将产生的总体结果比通货膨胀目标制更好。

名义GDP目标在本质上与通货膨胀目标制有相似之处，它有可能提供了一个合理的选择。通货膨胀目标制优于名义GDP目标的原因有四个方面。

其一，名义GDP目标使中央银行公开对潜在GDP增长的估计。即使是事后看来，由于对潜在GDP的估计还不够准确，公开宣布这一结果增加了技术难度。从政治的观点来看，宣布对潜在实际GDP预期增长值也是有问题的：保守的估计可能引致对政府和中央银行过于悲观和没有使经济达到最大化潜能的批评；而对潜在增长的一个过高估计，如果被视为官方的目标，就会造成过度通货膨胀的政策。

其二，有关价格的信息比名义GDP的数据更新更加及时和频繁（甚至可以做得更好），这一考虑实际上抵消了名义GDP作为目标的吸引力。尽管能对收集到的有关名义 GDP 的数据水平进行改进，但对名义 GDP 的估计需要当前数量和价格的数据，因此要及时地完成这一任务更困难。

其三，正如我们具体讨论过的，通货膨胀目标制在实践中使政策在短期内有更大的灵活性。因此，在实践中名义 GDP 目标在实现短期稳定方面是否比通货膨胀目标制更有效，还有待于考察。

其四，也是最重要的是公众对用消费者价格表示通货膨胀的理解比对名义 GDP 更容易，原因是名义 GDP 和实际 GDP 的概念容易混淆（可以想象政治家会把低名义 GDP 增长视为“反增长”，而实际上这一目标会形成低通货膨胀）。采取通货膨胀目标制而不是名义 GDP 增长目标，可以更好地促进与公众的沟通和责任。事实上很多中央银行实行了通货膨胀目标制，而迄今为止没有一个国家采取名义 GDP 目标。

11.4.4 就去做：没有明示目标的预先防范式的货币政策

20 世纪 90 年代以来美国经济表现出色（包括稳定的低通货膨胀），美联储逐步放弃货币供应量的中间目标，而没采取明示的名义锚（如汇率目标、货币总量或价格水平）。尽管美国没有宣布明确的政策框架，但在货币政策上保持着连贯性。这一政策包括认真监控未来通货膨胀迹象、对通货膨胀的威胁采取阶段性的“预先防范”的货币政策。

正如弗里德曼所强调的，货币政策的政策和效应之间存在长期时滞，预防性策略是合理的。如果中央银行等到通货膨胀抬头才采取行动，就已经为时已晚，这时不采取相当的紧缩政策，也就无法维持价格稳定。实际上有证据表明，一旦容忍通货膨胀积聚能量，等到高通货膨胀预期被纳入到各类合同和价格协议中，就很难控制。

对“只做不说”策略的主要支持来自于已经获得成功的证明。20 世纪 80 年代美国通货膨胀大幅度下降，到 1991 年年末达到 3% 后，通货膨胀就稳定在这一水平上。尽管 1990—1991 年美国经济出现了温和的衰退，但其后的长期经济扩张把失业率降低到 20 世纪 60 年代以来少有的水平，经济增长率保持较好。这一策略使公众相信美联储对未来和当前的通货膨胀的关注，进而稳定了通货膨胀预期，同时保留了应对经济中不可预见事件的相机抉择权。

“就这么做”策略存在一些问题，这些问题可以通过采取相对温和地调整通货膨胀目标制来改善。在下一章中，我们将讨论通货膨胀目标制框架有助于改善“就这么做”策略的原因，以及为什么我们认为美国应当采用通货膨胀目标制。

11.5 结 论

上述分析表明，通货膨胀目标制无论是直接的，如新西兰、加拿大、英国、瑞典、澳大利亚、西班牙和以色列实行的，还是作为货币目标制度的基础，如在德国和瑞士，都是执行货币政策的一个有效策略（由于我们这里研究的德国和其他货币政策框架的鲜明特征是公开宣布中期通货膨胀的数量目标，我们没有像很多理论研究中讨论的那样对这些目标制度之间的区别进行划分）。在政策操作中恰当地被平衡的透明度和灵活性是，实现短期产出稳定和长期价格稳定的货币政策的基础，而不是政策的约束物。通货膨胀目标制明显地增强了中央银行对公众和推选出的官员的责任，促进了决策者和公众之间的沟通。

然而通货膨胀目标制并不是万能药，特别是它不能使经济远离通货膨胀而不造成产出和就业损失；在实行通货膨胀目标制后，也不能立刻获得中央银行的可信度。实际上有证据表明，增加中央银行货币政策可信度的唯一方式是显示有降低通货膨胀和保持一段时间的低通货膨胀的办法和意愿。尽管这一方式无法避免实现反通货膨胀的成本，我们已经看到一些实行通货膨胀目标制的国家，如新西兰、加拿大、英国、瑞典、澳大利亚、西班牙成功地实现和保持了低通货膨胀，而这在过去并不总是能够做到的。

最后，实行通货膨胀目标制并没有使中央银行为了实现低通货膨胀而放弃对其他经济目标的关注，如汇率水平或经济增长率。实际上，还没有证据表明通货膨胀目标制在长期对实体经济造成损害。更有可能的是，低通货膨

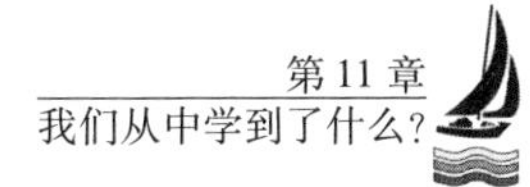

胀率改善了经济持续增长的前景。我们认为通货膨胀目标制是一个极有前景的货币政策策略，我们预言越来越多的中央银行和政府理解了通货膨胀目标制的好处之日，也就是通货膨胀目标制成为一个标准方式之时。

第 12 章

美国和欧洲货币联盟的通货膨胀目标制

我们已经描述了通货膨胀目标制在实践中是怎样运作的，并表明了为什么我们认为它值得作为一种货币政策的策略加以考虑。但是，到目前为止，美国却选择不加入通货膨胀目标制的国家行列。相反，它遵循了在上一章中所描述的“就去做”的方法。应当承认，美国最近有极佳的经济表现，而这些并非得益于明确的通货膨胀目标。这一强劲的表现一定会继续吗？或者，采用通货膨胀目标是否将在美国甚至会催生更好的货币政策结果呢？

马斯特里赫特条约确立了欧洲货币联盟（EMU）和欧洲中央银行体系（ESCB）的基础，它确定价格稳定作为货币政策的主要目标。还没有被决定的恰恰是，由那些组成 ESCB 的各国中央银行支持的欧洲中央银行将会怎样实现这一目标。目前，欧洲货币联盟正在考虑把货币目标制度和通货膨胀

目标制作为其政策策略。欧洲中央银行能够仿效德意志联邦银行，选择货币目标制度作为其货币政策的策略吗？或者，在新的欧洲背景下，通货膨胀目标制能够把促进价格稳定的工作做得更好吗？

对国际经验的分析使我们得出结论，通货膨胀目标制会是美国和欧洲货币政策的更好的选择。但是，在政策制定中，如同在生活中一样，“魔鬼在细节中”（译者注：此为美国俗语，意为“重要的是细节”）。因此，在最后一章，我们将运用我们所了解的关于通货膨胀目标制怎样在实践中运作的情况，来概括对美国和欧洲货币联盟实施通货膨胀目标制的具体建议。

12.1　美国的通货膨胀目标制

弗里德曼和库特讷（Friedman and Kuttner，1996）指出，美国货币政策在过去的最近一段时间运行很好，但并未受益于正式的规则或框架。问题产生了：“如果它没破，为何要修呢?”也许我们应对我们当前的政策过程的灵活性感到满意，因为我们不可能知道未来货币政策会遇到什么挑战。

截至20世纪90年代后半期，美国的货币政策并未“破”到任何严重的程度，我们同意这种说法，但它肯定还是应该改进的。此外，其他国家的经验表明，为了确保美国货币政策的良好运行将会继续，现在是进行必要变革的理想时刻，因为这时是现任联储领导层换届的时刻。

12.1.1　如果它没破，为何要修呢?

为何要对运作这么良好的政策框架修修补补呢？我们对这个问题提供几个答案。

第一，在我们看来，格林斯潘在联储成功的一个主要原因是，他运用了一个在多方面与通货膨胀目标制类似的政策制定哲学或框架。美联储已表达了对较低的、稳定的通货膨胀的强烈偏好；而（在联储内部以及在联储与司法和行政机构之间）关于短期的稳定的政策讨论，已具有考虑当前的措施对通货膨胀的长期影响的特点。因此，在某些方面，采用通货膨胀目标制与联储近年实际一直在做的事情并无重大的出入。相反，采用通货膨胀目标制能够起到在很大程度上规范并因此（可以认为）使当前做法的某些积极特征永久化的作用。

第二，正式采用通货膨胀目标制可以增加联储决策的透明度。在这方面，它会为联储最近采取的很多措施造声势，如缩短联邦公开市场委员会（FOMC）会议纪要发布时间的措施，以及作出决定，在 FOMC 会议后，立即宣布该委员会关于是否改变联邦基金利率目标的决定。更高的透明度会促进公众更好地理解联储的战略和战术，而更好的理解又会带来有情况依据的公众辩论，并且最终产生更好的政策结果。

我们的案例研究表明，通货膨胀目标制可以鼓励公众和政客侧重于货币政策能做什么（保持长期价格稳定），而不是侧重于它不能做什么（通过扩张性政策创造产出和就业的永久增长）。扩张性货币政策长期被视为经济的“速效剂”，因为它们会在短期内创造更多的产出和工作。但是，经验和广泛的研究表明，扩张性政策不能使这种增长持续很久。相反，它们可能最终导致高通货膨胀，给经济带来长期的不良后果。在我们所研究的国家中，通货膨胀目标制框架的存在不止一次地将政治争辩推向长期角度，从长期角度认识到价格稳定的好处。结果是，货币当局较少有压力去追求那种提供一些暂时的刺激但是在较长时期内会造成高通货膨胀和使经济运行受到破坏的不明智的政策。

较高透明度和较低透明度的对比通过 1997 年春天在美国和英国发生的事件得到很好的说明。当时，联储在前几次削减联邦基金利率后，扭转其政策转而将基金利率目标提高 25 个基点（1/4 个百分点）。虽然加息幅度很小，特别是考虑到当时美国经济的快速增长和供不应求的劳动力市场，但是仍引致国会和其他方面的批评浪潮。但几乎在同时，由作为公认的通货膨胀目标实施者的英格兰银行所策划的加息，却被英国公众平静地接受了。我们认为，这一区别在于英国使用了通货膨胀目标制。因为这一方法，英国公众比美国公众对其货币当局所追求的长期目标，并因而对其政策措施的理由，有更好的理解。美国采用通货膨胀目标制可以减少对联储的个别政策措施的

注意，而把公众的争辩引向侧重联储对于货币政策操作是否有一个稳健的长期策略上。

透明度增加，也可以通过给予市场更多关于未来可能的货币政策的信息，来减少与联储当前的程序相关的金融和经济的不确定性。这就会大大减少金融分析师因试图猜测联储下一步的行动而遭受的损失，并使企业和消费者更容易对未来作出计划，从而促进经济效率。

第三，联储采用通货膨胀目标制会有助于使美国货币政策非人为化。确实，货币政策近年在 Volcker 和格林斯潘的领导下表现很好。此外，FOMC 目前的成员也表明，他们认识到了侧重于价格稳定的前瞻性货币政策的价值。但是，这种状态并不会一直盛行，也不可能在未来一直存在。正如20世纪70年代所表现的一样，货币政策制定者，很容易脱离（反通货膨胀的）战车。采用通货膨胀目标制，会强化中央银行对价格稳定的长期目标的承诺，会使实现低通货膨胀较少地取决于几个人的能力和信念。

第四，通货膨胀目标制框架似乎比目前的做法与民主原则更加协调。当然，中央银行具有某种程度的独立性是有充足的理由的，一个突出的理由是，与短期压力隔离，正如联储目前的情况一样。实际上，有证据显示，具有独立性中央银行的经济体比其他国家享有较低的通货膨胀率，就业和产出的波动性没有那么大。但是，对于中央银行独立性的现实的经济论据，与认为政府的政策应民主地制定而不是由精英团队制定的论点，令人不安地共存。实际上，联储特别是其主席变得太强势已导致近来对联储的批评。对于“专横”的联储的政治反对情绪，会对未来美国货币政策的质量产生负面的影响。

为了解决中央银行独立性和尊重民主原则之间的矛盾，再次援引 Debelle 和 Fischer（1994）以及 Fischer（1994）对中央银行的目标独立性和工具独立性之间所作的区分是有用的。简言之，目标独立性的中央银行是可以自由设定货币政策目标的中央银行；工具独立性的中央银行是可以自由确定货币政策的工具（如利率）的中央银行。

因为民主制度中的政策目标最终必须反映民意，目标应由选举产生的官员确定，所以，在民主制度中，中央银行不应使目标具有独立性。但是，因为中央银行对于怎样进行实现政策目标的工作具有最佳的信息和专门知识，它应自由选择这一工作所需的工具组合，即为了进行高效负责的决策，中央银行应享有工具独立性。

通货膨胀目标制是与这种安排货币政策责任的方法相协调的，并确实推进了这种方法。在标准的通货膨胀目标制框架中，中央银行是完全对被选举出的官员负责的，而后者一般又有为货币政策设定目标而后监控经济结果的主要责任。同时，通货膨胀框架确保政府设定的目标是可行的，并在适当的长期角度内予以考虑。因此，例如，该框架要求政府对长期通货膨胀率（这可能是在中央银行的控制之下）而不是对长期失业率（这并不是中央银行的一个可行的目标）选择目标。最后，在通货膨胀目标制下，正如通常实施通货膨胀目标制的情况一样，短期的操作决定权只属于中央银行，这与在中央银行负责实现它所分配的目标的情况下必须做到的一样。因此，通货膨胀目标制促进了中央银行的工具独立性。

英国的案例展示了关于通货膨胀目标制怎样发挥作用以便减少中央银行独立性和民主决策之间紧张关系的一个富有启发性的例子。1997 年之前，英国货币政策的决定由行政部门（财政部长）作出，而不是由英格兰银行作出。随后，1997 年 5 月 6 日，财政大臣 Gordon Brown 赋予英格兰银行独立性，给予其确定隔夜利率的权力。Brown 清楚地说明，（在他看来）采用通货膨胀目标制使他的这一措施变得可能，该体制增加了政策的透明度以及英格兰银行的公信力，以便实现政策目标。他指出，通货膨胀目标制的方法将使政府能够继续设定货币政策的目标，这在民主的社会中是适当的，也会确保英格兰银行实现这些目标的相机抉择的权利。

第五，采用通货膨胀目标制可以提高联储处理经济冲击的能力，如未预见到的总需求的收缩，或金融市场的不稳定。例如，正如我们在第 6 章中所看到的一样，加拿大银行宣称，采用通货膨胀目标改善了其处理总需求冲击的能力。因为总需求的下降常常也导致低于预期的通货膨胀，中央银行能够放松货币以便作出反应，而不会引发公众质疑其反通货膨胀的决心。正如我

们所看到的一样，对总供给的冲击，可以通过多种手段进行处理，如从目标指数中剔除几个波动性的价格。采用通货膨胀目标也似乎能减少供给冲击造成通货膨胀率长期上升的风险。

此外，实施通货膨胀目标，中央银行可以对增加金融危机风险的事件更有效地作出反应。例如，一家大型银行或公司倒闭后，在金融市场上产生慌乱，联储可以向金融系统注入所需的流动性，而不被视为危害其通货膨胀目标。在对 20 世纪 90 年代初银行业和信贷市场的问题作出反应时，联储将联邦基金利率固定在 3% 的极低水平（或按实际水平，约为零，因为通货膨胀也约为 3%）长达 1 年多。为了使这一政策合理，格林斯潘主席提到了金融“逆风”，是它阻碍了美国经济的复苏。金融市场上仍表达了一些关切，认为联储正丧失其反通货膨胀的决心。联储在 1994 年 2 月开始提高联邦基金利率时，这种关切反映为长期债券利率的大幅上升。假如实施了通货膨胀目标制，这种关切本来是不会这样明显的。

尽管美国货币政策近年在总体上有较好的表现，考虑到它可以通过采用通货膨胀目标制而得到改进的可能性，我们可能还会问，为什么现在实行呢？为什么不等到通货膨胀再次开始成为问题时，再考虑转变联储制定货币政策的框架呢？

正如我们在案例中所表明的，答案主要是政治性的。我们已经看到，采用通货膨胀目标制的国家一般不是在通货膨胀上升时，而是在它们已经在降低通货膨胀方面取得一些成功之后才这样做的。这样的时机选择是有利的，因为它增加了新机制能够持久的可能性，因为它是建立在中央银行已经确立作为反通货膨胀者的可信度的基础上的。此外，一旦公众认识到低通货膨胀确实可以实现，能提供看得见的经济利益，并且可能不必付出更多的短期成本来降低通货膨胀时，公众似乎更愿意接受通货膨胀目标制。

当前美国采用通货膨胀目标制的条件似乎非常有利。实际上，美国的政治和经济形势可能比其他已成功地采用通货膨胀目标的国家更为有利。在写本书时，美国通货膨胀保持较低且稳定的水平长达 5 年多；经济出奇地健康，呈现平衡而长久的扩张；低通货膨胀环境的好处对美国公众已变得很清晰；其他工业化国家通货膨胀目标制的成功正变得越来越明显。因而，美国似乎有一个需要立即抓住的好机会，可以很容易采用一个新的货币政策方法。幸运的话，到须作出下一个有关货币政策的困难决定的时候，就可以稳固地建立起新的框架。

12.2　对美国实施通货膨胀目标制的建议

我们现在来讨论一个具体的建议。首先，我们概述适合于美国的通货膨胀目标制框架的要素。然后，我们解释在实践中每一个要素怎样运作，以及它怎样改进货币政策的运行。

1. 我们建议，美国长期的通货膨胀目标，应定义为略高（例如高 1 个百分点）于通货膨胀向上量度偏差的平均估计值的通货膨胀率。这会是一个有效的“价格稳定”的定义。在量度偏差的当前估计值的情况下，这就意味着长期通货膨胀目标为每年约 2%（比估计的 1% 的量度偏差高 1%）。长期目标的准确数值不在最初的框架中具体确定，但会设定为监督过程的一部分（参见以下第 7 点）。

2. 每年一次定期设定并宣布短期通货膨胀目标。不同年份之间的目标各不相同，取决于经济环境。需要有短期目标的序列，以便与长期通货膨胀目标趋同，虽然趋同可能是渐进的。

3. 通货膨胀目标的期间会反映设定政策和政策对经济产生影响之间的时滞。具体而言，不会对紧接着的下一年，而是对未来的再下一年，设定通货膨胀目标。例如，在 1998 年年底，联储可能为 2000 年期间要实现的通货膨胀设定通货膨胀目标。

4. 通货膨胀目标是一个点目标，而不是一个区间目标。但是，为了政府和公众的利益，中央银行会对围绕这一目标的不确定性的内在范围进行适当的讨论。

5. 对低于通货膨胀目标的通货膨胀结果，就应像对超过该目标的结果一样努力地进行抵制，除非有特别的情况，如有利的供应冲击，证明接受低通货膨胀是有道理的。

6. 用来定义通货膨胀目标的价格指数是核心CPI，食品、能源和其他特别具有波动性的项目已从中剔除。

7. 长期通货膨胀目标的数值是在政府参与下，并可能通过一个联储参与的委员会来设定。当条件证明有理由时，应对长期通货膨胀目标进行定期修订。长期通货膨胀目标的决定应考虑到在衡量通货膨胀时的偏差，并提供针对偶然性通货紧缩的保障措施。

8. 正如目前的Humphrey-Hawkins法案所规定的一样，要求联储理事会主席每年两次在国会就联储在实现其通货膨胀目标方面的表现进行作证。

9. 联储会提交定期、全面的通货膨胀报告。联储应利用这一报告以及任何其他可以利用的机会，概述与通货膨胀有关情况的进展、货币政策的当前状况，以及联储为达到通货膨胀目标而提出的策略。

我们现在更加详细地审视这几个要素。

1. 价格稳定和长期通货膨胀目标

任何通货膨胀目标制的一个关键要素是，操作中“价格稳定”是指什么。我们的建议是，价格稳定应定义为略高于通货膨胀度量偏差的一致预测（可能随时间变化而变化）。如果我们把一个大约1%的数字作为度量偏差的最佳估计值，然后再加上另一个1%的“保险幅度”，我们就得到一个拟议的每年大约2%的长期通货膨胀目标，这是一个与全世界做法相一致的数字。

从长期通货膨胀率的目标的角度，而不是从价格水平目标的角度来定义价格稳定的做法，也是与全世界做法相一致的，正如我们在所有案例研究中所看到的一样。确定通货膨胀率目标而不是价格水平的好处是，以后者为目标，可能要求有通货紧缩的时期，可能对金融系统，并在更一般的意义上对整个经济是有害的。一些经济学家指出，通货膨胀率目标意味着在较远的未来，价格水平的波动性和不可预测性相对更大，对长期计划（如退休计划）可能带来负面影响。但是，我们相信，在操作中，此类影响不可能很大（例如，关于一些演示性的计算，参见McCallum，1996）。

据报道。联储主席格林斯潘把价格稳定定义为这样一种状态，当家庭或企业做决策时，通货膨胀不是一个考虑因素。正如我们在第 2 章中所讨论的一样，美国的 CPI 通货膨胀的度量误差估计在 0. 5% ~2. 0% 的范围内，平均值在 1% 左右。因此 2% 的通货膨胀目标——高于平均度量误差 1%——与格林斯潘对价格稳定所下的定义是很一致的。

但是，有人可能会问，为什么 2% 的长期通货膨胀目标要好于简单又有“零”这一“神奇数字”的心理引力的零通货膨胀目标呢？或者，为什么不选择在剔除估计度量误差后与“真实”的零通货膨胀目标一致的 1% 的长期通货膨胀目标呢？我们需要一个安全幅度的原因是，把通货膨胀目标定得过低存在严重的风险。这些风险，我们在第 2 章中讨论过，包括真实工资灵活性降低的可能性（如果削减名义工资不可行）以及如果中央银行错误地引起经济滑入通货膨胀的反面（通货紧缩）而可能产生金融的不稳定。1% 的真实通货膨胀目标为此类风险提供了某种保险。

2. 时间推移通货膨胀目标的变动

设计通货膨胀目标制的一个关键问题是在短期和中期通货膨胀目标应有怎样的灵活度。正如案例研究表明的一样，尽管中央银行有时被指责过于关注价格稳定，它们在操作中还是肯定会关注经济运行的其他方面的，特别是产出、就业和汇率的波动。因此，通货膨胀目标实施者，甚至是对通货膨胀最具“鹰派”态度的人，也会允许其目标随时间推移而变动，以便对经济的冲击作出反应，或作为抑制通货膨胀过程的一部分。实际上，对通货膨胀目标制的很多讨论都集中于两个参数的设定上：长期通货膨胀目标，以及在对经济的冲击促使通货膨胀偏离理想水平之后，实际通货膨胀趋同于目标所允许的时间长度。通过设定短期通货膨胀目标的路径，使之逐渐接近长期通货膨胀目标，中央银行可以帮助确保经济不会在追求价格稳定时遭受产出和就业的不必要的损失。

例如，假设油价上涨突然使通货膨胀从低水平上升到高于长期目标的水平。在这种情况下，通货膨胀目标制的方法不要求作出即时、严厉的反应。相反，短期通货膨胀目标会暂时向上调整，并保证目标会随着时间推移而沿

着计划中的下行路径行进。这样的反应反映了短期通货膨胀的凸起不可能立即消除（至少在没有不可承受成本的情况下不会消除）的事实，并反映了通货膨胀会逐步回到其长期标准的假设。在这一过程中，联储会不得不向公众解释，其措施旨在使产出和就业的损失最小，同时仍保持长期价格稳定的目标。经验表明，这一策略会有助于减缓石油价格冲击的第二轮和第三轮的影响，以及对公众通货膨胀预期的影响。

能够随着时间推移调整短期通货膨胀目标的另一个好处是，会促进中央银行官员之间的坦诚相待。像全世界的同行们一样，一些联储官员不愿承认他们除了关注长期价格稳定之外还关注经济结果，或者，甚至不愿承认货币政策可以影响像产出和就业这样的真实变量。他们想避免留给公众一个他们对通货膨胀“温和”的印象，这样的印象可能导致较高的通货膨胀预期（这种缄默似乎被联储副主席 Alan Blinder 招致的批评所证实，1994 年 8 月他在怀俄明州的 Jackson Hole 召开的一次会议上发表讲话，斗胆对通货膨胀与产出之间此消彼长的关系直言不讳）。随着时间推移调整通货膨胀目标（配合进行公开解释）的能力，会鼓励联储官员表现出对产出和就业波动的关切，而不会引起对他们忽略其控制长期通货膨胀的主要责任的指控。从政治上讲，决策中比较直率，会趋于减缓那种认为联储漠视失业和其他处境困难的居民的观念。总之，通货膨胀目标随时间变动，而不是阻碍与通货膨胀进行斗争，会有助于联储赢得公众对其独立性和其稳定价格的目标的支持。

说点题外话，我们注意到，在成功抑制通货膨胀一段时间之后，这时通货膨胀率接近其长期目标，一些通货膨胀目标实行者就会掉进一个陷阱。在这种情况下，通货膨胀目标可能在较长的一段时间内保持不变，给公众这样一种印象，即目标已经固定，不再会变动。但是，平静期不会永远持续下去。因而，在美国实施通货膨胀目标制框架时，联储应提醒公众，对经济的严重冲击永远是可能的。为了说明这一点，联储应讲清楚，它对通货膨胀目标进行的年度审视很认真，即使是使目标保持不变的决定也必须仔细地证明其合理性。

相对于通货膨胀目标不会经常地变动的另一种担心是，通货膨胀目标

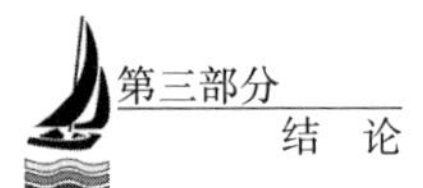

会经常变化而且变化很大。一些持批评意见的人认为，因为通货膨胀目标可能会频繁变动，或者是建立在为此时此地某一特定目的的基础上的，采用随时间变动的通货膨胀目标可能损害通货膨胀目标制框架本身的公信度。他们警告说，通过改变通货膨胀的“目标”来调整通货膨胀出现的任何变化，中央银行或政府会使该体系变得毫无意义。但经验表明，只要中央银行解释其行动，并重申其对长期价格稳定的承诺，公信度就不会由于随时间推移使目标变动而受到损害。实际上，因为通货膨胀目标太有新闻价值并且受到如此严密的审视（这是这一方法比较透明的结果），政府和中央银行官员很可能会很少变动短期通货膨胀目标，只有在变动的合理性似乎已经势不可挡的时候才采取行动。正如我们的案例研究表明的一样，政策制定者常常不愿变动通货膨胀目标，甚至政府发生变动时也是这样。

3. 设定通货膨胀目标的期间

货币政策影响经济只可能是在较长的时滞之后。因此，政策制定应是前瞻性的，而不是纯粹作出反应。通货膨胀目标期间的确定，应建立在对货币政策在多长时间内影响通货膨胀进行研究的基础之上。例如，如果研究表明时滞是两年左右（通常的估计），那么应该是为两年以后的年通货膨胀率设定通货膨胀目标。这种做法提醒公众价格稳定是一个长期而不是短期的目标。例如，在加拿大，设定的通货膨胀目标适用于在初次宣布目标 22 个月之后的时间段。但是，一些实施通货膨胀目标制的国家只是为下一年的通货膨胀确定目标，这是一个较短的时间段，不能充分反映政策措施及其影响之间的时滞。在关于新西兰的案例研究中我们看到，较短的目标期间导致了控制及工具不稳定的问题。甚至在加拿大的案例中，通货膨胀目标每年设定并在相当长的时期内保持基本不变的事实，已经很难使公众意识到目标在本质上应该是前瞻性的。强调目标有一个相对较长的期间这一点似乎很关键。

4. 点目标而不是区间目标

通货膨胀目标制实施者，对于通货膨胀目标是应表达为一个单一的点还是一个可以接受的区间，作出了不同的选择。正如我们看到的一样，区间目

标在对经济的冲击作出反应方面允许有灵活性，并反映了实现通货膨胀目标的不确定性。采用区间目标的一个不利因素是，该目标区间的上限和下限可能成为公众关注的主要焦点，中央银行过于关注使通货膨胀正好在范围之内而不是努力达到范围的中间点。例如，在新西兰，对目标区间的上限轻微突破引起了极大关注，但通货膨胀率接近目标区间的上限而没有突破上限却大都不会引起注意。1995 年，在英国，通货膨胀预测超过目标区间的中间点达 1 个百分点，但并未突破上限。在这种情况下，很可能对突破目标区间中间点没有太多注意，而通货膨胀实际上没有突破目标区间上限的事实却被用来证明，没有作出任何政策反应是有理由的。很难想象有政策目标，会使对正好在或正好不在目标区间之内的通货膨胀所作出的这样不对称的公众反应，以及这种反应对中央银行官员产生的激励有什么意义。

还有一点是不清楚的，即对于中央银行用来表达对其达到通货膨胀目标的不确定的程度而言，采用目标区间是否是一种好方法。不幸的是，围绕通货膨胀目标存在无法减少的不确定性，某些估计认为，在 5～6 个百分点（Haldane and Salmon，1995；Stevens and Debelle，1995）。[①] 采用区间目标来实施通货膨胀目标制的银行可以作出下面两种不引人注意的选择：一是使目标区间非常大，这一选择可能使公众对中央银行的意图感到困惑而减少了政策的公信度；二是使目标区间非常窄以致目标失守不可避免，这一选择本身就会产生公信度方面的问题。

为了避免这类问题，我们建议采用通货膨胀的点目标。我们完全认识到，通货膨胀的控制本来就是不完美的，而且围绕点目标的不确定性会有不可避免的区间需要在中央银行的分析中加以承认。但是，我们希望看到联储采取英格兰银行的方法：正如我们在第 7 章中讨论的一样，在 1995 年，英格兰银行从区间目标转变成点目标，并且英格兰银行已采用通货膨胀报告和其他渠道告知公众通货膨胀控制有固有的不确定性，而不是让这些不确定性从目标区间中推论出来。最后，采用随时间变化的通货膨胀目标排除了通过

① 可能的情况是，采用通货膨胀目标制及其带来的通货膨胀预期的稳定，可以减少这种不确定性的范围。但是，关于这一点，还没有明确的证据。

采用目标区间来提供灵活性的需要。

5. 目标调整不足与调整过度一样不可取

一些中央银行官员陷入一种“你绝不可能太富或太穷”的谬误之中。一个人绝不可能太富可能是正确的——尽管有人会不同意——但一个人肯定可能太穷。同样，通货膨胀肯定可能太低。通货膨胀下降到通货膨胀目标以下，除非它是因为有益的供应冲击引起的，否则会以超出必要的产出和就业的损失为代价。正如我们所看到的，真实的通货紧缩是格外有害的，特别是当它在加速金融不稳定时更是如此（例如，参见 Mishkin，1997b）。通货膨胀目标制的一个重要优势就是它为通货膨胀提供上限的同时也提供了下限。

6. 确定核心 CPI 通货膨胀目标

虽然设立通货膨胀目标时使用的价格指数的具体选择也许并不是关键性的，但我们倾向于采用价格指数中不包括食品、能源和其他波动性项目的核心 CPI 衡量尺度。与其他指数相比核心 CPI 可能对货币政策来讲是一个较好的向导，因为它度量了持久的基底通货膨胀而不是对价格水平的暂时性影响。此外，采用核心 CPI 向公众表明，中央银行会对因供给冲击（如油价或食品价格的大幅上升）产生的通货膨胀冲击作出灵活的反应。采用核心 CPI 也有助于中央银行向公众表明，不是每一次提升价格的冲击都会导致通货膨胀的永久上升，而且处理来自供给冲击的短期通货膨胀的变化，与处理总需求推动的变化是不一样的。

使用 CPI 而不是其他价格指数（如 GDP 缩减指数）的论据是，它与消费者的生活水平直接相关，是公众最好理解的价格指数，并且是媒体报道最广泛的指数。与其他主要价格指数相比，它的计算更为频繁，且较少延迟计算。最后，这一指数的度量误差比其他可供选择的指数能更好地被经济学家理解。

7. 设定通货膨胀目标的责任

在本章我们已经提到，对中央银行的目标独立性和工具独立性，应进行有效的区分。我们相信，当中央银行具有工具独立性而不具有完全的目标独立性时，通货膨胀目标制是最有效的，会产生从民主角度看最负责的决策。

通货膨胀目标制，就其本质而言，要求中央银行具有工具独立性。如果不给予中央银行政策工具的控制权，它就不能为实现通货膨胀目标负责。工具独立性利用了中央银行在实施货币政策时不可否认的较多的专门知识，它使政策制定者考虑到政策及其影响之间的时滞，而不受政客的短视倾向的妨碍。

但是，通货膨胀目标制不要求中央银行也享有目标独立性。在我们的建议中，长期通货膨胀目标应由政府设定，可能通过一个常设委员会，联储作为一个活跃的参与者包括在内。注意，该委员会也会在某个时间点决定改变长期通货膨胀目标，因为它对 CPI 的度量偏差，或对最能促进长期经济增长和稳定的“真实”通货膨胀率，进行了新的研究。

政府之所以应对设定长期通货膨胀目标负有相当大的责任，有下面几个原因：第一，在设定目标时的民主责任，不仅使决策过程合法化，而且最终保护中央银行免受对其操作独立性的不当指责和攻击。[①] 第二，政府参与设定长期通货膨胀目标，迫使它对货币政策的影响采取长期的观点，而不是只注重当前的周期性环境。

政府深度参与设定通货膨胀目标的另一个相对不受关注的好处是，它可以带来一个较为稳健的财政政策。一个已承诺了数字化的通货膨胀目标的政府，可以更好地抵制过分扩张的财政政策、较大的预算赤字以及公众工资的过度上涨，理由是它们与政府自身的通货膨胀目标不一致。例如，在新西兰，由财政部长设定通货膨胀目标似乎帮助该国使政府支出得到了控制。类似地，加拿大政府在设定通货膨胀目标时的作用可能帮助它抵制公共部门的薪酬上涨。如果政府对低通货膨胀作出有力的承诺，私营部门的工资合同也会有所节制。

① 在操作中，甚至确实在没有政府的正式批准（德国和瑞士是最好的例子）的情况下设定通货膨胀目标的中央银行，仍不具有完全的目标独立性，甚至名义上具有目标独立性的中央银行也知道，选择与公众意愿不一致的政策目标，最终会产生严重的负面后果，因为中央银行的独立性可以在任何时候通过立法进行修改或予以取消（Posen，1995b）。实际上，尽管德意志联邦银行在承诺控制通货膨胀方面有很高的声誉，但它直到最近也仍然使用每年 2% 的数字化的长期通货膨胀目标，它与（例如）加拿大由财政部长和加拿大银行共同设定的通货膨胀目标的中间点是一样的。因而，似乎很不相同的设定长期通货膨胀目标的过程导致了一样的量化结果，即一个理想的通货膨胀数值，该值较低但认识到通货膨胀过低会对真实经济带来危险。

因为美国的预算赤字目前处于较低水平（甚至有可能有盈余），通货膨胀目标对财政纪律的有利影响可能在目前没有那么显著。但是，严重的财政不平衡可能在将来还会再现，特别是考虑到社会保险债务尚未得到支付，它仍隐隐呈现在眼前。

虽然设定长期通货膨胀目标的最终责任应由美国政府承担，但是联储不应完全被排除在外。让联储参与决定长期通货膨胀目标很值得建议。拥有大约 500 个经济学人的研究队伍，联储就可以对经济和货币政策提供有价值的专门知识。此外，因为联储独立于日常政治过程，它会给该委员会带来作为诚实的中间人的很高的威信和声誉。

一旦确立长期通货膨胀目标，下一步是定义中期目标的过渡路径。事实上，因为设定这些目标会不可避免地要求具有技术能力以确定通货膨胀可以向长期目标迈进而不会引起不适当的产出的波动，所以，最好是把这一任务完全赋予联储。在一些实行通货膨胀目标制的国家，中期通货膨胀目标是由中央银行和政府共同设定的，政府由（例如）财政部代表。对美国来讲几乎最具有类比性的程序是，由财政部与联储磋商确定中期目标。授权财政部与中央银行磋商确定中期目标，在民主的议会体系中可以运作良好。在该体系中，财政部代表政府的行政和立法部门。但是，如果财政部长作为行政部门的代表但不作为立法部门的代表，这种安排在美国就不适合。因而，由财政部设定的中期通货膨胀目标可能反映的是总统的政治观点而不是国会的观点。

8. 责任心

通货膨胀目标制的一个关键要素是负责货币政策操作的机构（在美国为联储）对公众的责任心。Humphrey-Hawkins 法案已经为联储提供了某种程度的责任，该法案要求联邦储备系统理事会主席一年两次就货币政策的表现在国会作证。这种作证仍是通货膨胀目标制框架的一个关键组成部分。但是，在通货膨胀目标制框架下，要求作证会对联储施加比目前更大的责任，因为国会能够对联储的表现对照数字基准进行考核。通货膨胀目标制不应被视为中央银行“免费搭车”；相反，通货膨胀目标制框架下的政策的透明度

更高，会使联储按照民主社会中适当的方式接受更严格的公众监督。

考虑到我们的建议中中期通货膨胀目标的期间有多个年份，联储的作证可分为两部分。在第一部分，联储主席会讨论当前的通货膨胀情况，包括联储在实现几年前设定的通货膨胀目标方面的成败情况。这一讨论的关键是，描述联储怎样设定其政策工具，以便实现这一目标，以及在当时可获得信息的情况下，分析政策工具的设定是否适当。联储主席也应表明，为什么会发生偏离通货膨胀目标的情况，以及这些情况是否已经合理地预见到。这一讨论的一个极其重要的好处是，它会提供一个机会，就政策工具对通货膨胀的影响与前瞻性货币政策的合理需要之间的时滞，对国会进行教育。

在作证的第二部分，联储主席会讨论未来的通货膨胀目标、其对当前货币政策的影响，以及联储的总体政策策略。同样，该报告会集中关注这样的一种需要，要在较长期间内对货币政策进行规划。在媒体参加的情况下，让国会的成员进行这些讨论，会提高公众对货币政策的目标及工具的意识和理解。此外，它会为联储提供机会，向公众解释其政策框架、其当前政策的原理，以及关注短期目标时也要关注长期目标的需要。

现在实施的 Humphrey-Hawkins 法案似乎是足够宽泛而非特别具体的，没有必要进行新的立法，以便实施我们在此提出的框架（加拿大实施通货膨胀目标是一个类似的情况，制定该通货膨胀目标，并没有修订《加拿大银行法案》）。不管怎样，对 Humphrey-Hawkins 法案作些修改很可能是有用的。该法案为货币政策设定了几个目标，包括高经济增长、低失业，以及价格稳定；但是，法案没有具体提到任何达到这些目标的时间范围和先后顺序。例如，有人可能会说，关注长期价格稳定与 Humphrey-Hawkins 法案是一致的，因为价格稳定在长期会产生较高的经济增长率和就业率。但是在短期，它并不总是促进“最大就业”，可能使得一些人把通货膨胀目标制解释为与该法案的不一致。按照马斯特里赫特条约的方向来修改 Humphrey-Hawkins 法案是可取的，该条约具体说明了价格稳定是货币政策的首要的长期目标，但也规定了要关注其他重要的经济目标，只要这些目标与长期价格稳定相协调。这样的修改会澄清价格稳定在货币政策操作中的作用，并会为通货膨胀目标制框架提供一个更稳健的基础。

Humphrey-Hawkins 法案的另一个问题是，它要求联储为货币总量的增长设定目标，然后向国会报告它是否成功地达到这些目标。但是，由于货币总量与名义支出和通货膨胀之间的关系在 20 世纪 80 年代已终结，在美国对货币目标的这种关注现在已经过时，它在联邦储备系统内外都广泛地被忽视。实际上，在 1993 年 7 月关于 Humphrey-Hawkins 法案的作证中，联储主席格林斯潘表示，联储不再使用货币目标作为货币政策的向导。应从 Humphrey-Hawkins 法案中砍掉对货币目标的引述，作为对该法案的改造。

9. 信息交流

在货币当局须直接对政府负责的同时，它也须对公众负责。没有公众的支持，中央银行最终将无法实现其目标。正如我们的案例研究表明的一样，实施通货膨胀目标制国家的中央银行，非常努力地向公众传达货币政策能做什么和不能做什么的信息，并解释货币政策操作的原理和策略。英格兰银行在其通货膨胀报告中已经做出这种努力，是一个先行者，该报告现在已被很多其他国家效仿。英国通货膨胀报告的主要特征是文字清晰易懂、使用色彩和图表，并运用教育学的最佳技巧。这样都是为了努力向公众解释和说明政策框架的运作原理。我们建议，联储应动用大量资源，以便制定类似的定期报告，并使用诸如演讲、宣传册、展览和录像等工具向公众传达信息。

联储已作好准备开始这方面的工作。理事会和各区的联邦储备银行都有庞大的公共信息部门并已准备好类似资源。实际上，与资源非常有限的其他实施通货膨胀目标制的中央银行相比，联储可能会把与公众交流的工作做得更好。

12.3　欧洲货币联盟的通货膨胀目标制

对于欧洲货币联盟来说，采用通货膨胀目标制不是一个激进的步骤。通货膨胀目标制的很多基本内容都已编入了马斯特里赫特条约，并在欧洲货币学院，即欧洲中央银行的前身，发表的立场文件中作了陈述。马斯特里赫特条约，通过规定价格稳定是货币政策主要的长期目标的方式，对价格稳定作出了制度性承诺。此外，欧洲货币学院（1997，p. 3）发布了下列货币政策策略的指导原则：

- 有效性：该策略应对追求最终目标（价格稳定）是有效的。
- 责任心：该策略涉及目标的制定和宣布，以便中央银行可以为其行动向公众负责。
- 透明度：应向公众说明根据该策略设定目标和作出决定的过程。
- 中期方向：该策略应能提交其中期的最终目标，由此对通货膨胀预期提供一个锚点，但不管怎样，应为中央银行提供某种相机抉择，以便对短期的偏离目标的情况作出反应。
- 连续性：欧洲中央银行体系（ESCB）的策略应建立在参加该体系的各国中央银行在第三阶段（这时欧洲货币联盟和 ESCB 诞生）开始前获得的经验的基础上。
- 与 ESCB 的独立性的一致性：该策略须与马斯特里赫特条约给予 ESCB 的独立性地位相一致，并应尽可能给予支持。

虽然这些原则与通货膨胀目标制完全一致，但是它们也与其他方法一致，引人注意的有目前在欧洲汇率机制（ERM）的锚点国德国实行的货币目标制度。实际上，正如欧洲货币学院所强调的，“货币目标制度策略与通货膨胀目标制策略之间的区别并不是巨大的”（1997，p. 6）。这两种策略之间的区别，正如在实际实施中的一样，主要在于在制定货币政策和与公众交流时对货币总量强调的程度。虽然欧洲货币学院对这两个策略采取了平衡的立场，但是我们认为欧洲货币联盟应采用通货膨胀目标制，而不是货币目标制度。现在我们概述在欧洲货币联盟内实施通货膨胀目标制的建议。

12.4 对在欧洲货币联盟内实施通货膨胀目标制的建议

因为构成欧洲货币联盟的国家的发展阶段以及货币和资本市场的结构与

美国类似，所以对美国的建议大部分也适用于欧洲货币联盟。

1. 我们建议欧洲货币联盟的长期 CPI 通货膨胀目标略高（例如，高 1 个百分点）于通货膨胀的向上度量偏差的一致估计值。

2. 通货膨胀目标应每年宣布一次，并应允许随时间推移而变动。特别是，允许短期目标向长期目标的逐步调整，以减缓抑制通货膨胀政策对产出和就业的影响。

3. 通货膨胀目标的期间应反映货币政策影响的时滞，这可能与在美国观察到的情况不同。政策的时滞也可能取决于哪些国家加入欧洲货币联盟，因为这将决定单一货币区将有多大以及对贸易的开放程度。欧洲货币学院目前正在研究可能加入欧洲货币联盟的国家的政策时滞，并分析货币一体化预期会怎样影响这些时滞。

4. 通货膨胀目标应为点目标，而不是目标区间，并将围绕这一目标的不确定性向公众表达清楚。欧洲在预测和控制通货膨胀方面的不确定性可能与美国有较大区别。

5. 低于通货膨胀目标的通货膨胀结果应被视为与高于通货膨胀目标的结果一样有害，除非经济发展（如有利的供给冲击）证明较低的通货膨胀是有理由的。

6. 用来确定通货膨胀目标的价格指数应为核心类型的 CPI，食品、能源和其他波动性项目的价格应予剔除。特别是，指数应剔除因按揭利率变动所引起的直接影响。

7. 欧洲中央银行应定期发布通货膨胀报告，并应抓住每一个机会向公众通告当前的通货膨胀情况、当前货币政策的放松和收紧的情况，以及欧洲中央银行实现其通货膨胀目标的长期策略。

8. 通货膨胀和通货膨胀目标应是有关货币政策讨论的中心考虑因素。货币总量在制定或解释货币政策时不应有特别的作用。

9. 正如马斯特里赫特条约要求的一样，欧洲中央银行应有目标独立性，即它独自负责设定通货膨胀目标。但是，应设计某种机制，以便在设定这些目标时与政府机构磋商。

10. 在马斯特里赫特条约的框架下，要求欧洲中央银行的行长，就欧洲中央银行在实现通货膨胀目标制方面的成败情况，每年一次向欧洲议会作证。我们建议，欧洲中央银行的代表也定期向欧洲货币联盟成员国的各国议会作证。

我们的建议的前面七个要素基本上与对美国提出的建议是一样的。但是，最后三个要素提出了需要进一步评论的问题。

1. 货币总量的作用

货币目标制度作为货币联盟的通货膨胀目标制的替代方案被提出过。货币目标制度的支持者指出，德国和瑞士在相当长的时期内已经成功地使用过这一方法来控制通货膨胀。他们认为，通过采用同样的策略，欧洲中央银行将能够继承德意志联邦银行的某些可信度。这一观点已通过欧洲货币学院（1997，p. 11）进行了表述：

（在统一进程的）第三阶段采用货币目标制度会提供一个优点，确保EU 中央银行策略的连续性，鉴于在反通货膨胀中有长期的良好记录，它在ERM 中已发挥了一个锚点的功能。因此，遵循货币目标制度，可以有助于ESCB 继承从货币目标制度开始操作以来赢得的公信度。

这一论断不是没有价值，但它并不能使我们确信，货币目标制度应被选作欧洲中央银行基本的货币政策策略，这有几个理由。

首先，正如我们在前一章中所注意到的，货币总量不是一个特别有用的货币政策的向导，除非货币总量与通货膨胀的关系是有力而可靠的。事实上，货币和通货膨胀之间的稳定关系不可能在刚建立的欧洲货币联盟中存在，因为这种关系在欧洲联盟的大多数组成国家中从来不是特别可靠的，包括德国（Estrella and Mishkin，1997）。正如我们在第 4 章中所看到的一样，德意志联邦银行并非没有意识到货币—通货膨胀关系的不稳定，这有助于解释为什么它不愿意容忍在设定目标的一半以上的年份中达不到其货币增长目标的范围。此外，在第三阶段一开始欧洲货币联盟和 ESCB 的创立，以及正在进行的金融放松管制及创新，会在接下来的年份中引起金融体系运作的重大变化。这些变化会以不可预测的方式影响货币和资产需求，使联盟内货币总量和通货膨胀之间的关系整体上有可能甚至会变得比单个成员国更加不稳定。

对于欧洲货币联盟采用货币目标制度的第二个反对意见是，相对于货币目标对于前联盟时期的德国和瑞士，货币目标对于欧洲货币联盟可能是一个不那么有效的沟通工具。在我们看来，德意志联邦银行和瑞士国家银行，尽管采用货币目标制度，但还是建立起了它们反通货膨胀的声誉。实际上，这些国家频繁地达不到目标，一般会通过提及所宣布的通货膨胀目标和通货膨胀趋势的方式，而被证明是有理由的，这种情况表明，由于最实际的目的，德国和瑞士所遵循的是通货膨胀目标制的策略。将它们的方法化装成货币目标制度的策略，已通过政策协调性和透明度降低的方式，产生了某种成本，但这些成本被减轻了，因为德意志联邦银行和瑞士国家银行作出了清晰的解释，也因为有这样一个事实，即政策框架包括了对长期通货膨胀目标的陈述和对实现目标所取得的进展进行的定期评价。

但是，（不正确的）宣称货币目标制度是这两个国家成功的根本原因，就对当前关于新生的欧洲中央银行的策略选择问题的讨论产生破坏性作用。因为公众的理解是对两家中央银行坚强的支持，而且中央银行很关注反通货膨胀，所以货币目标制度在德国和瑞士很有用。新的欧洲中央银行既没有反通货膨胀的公信度，也没有德意志联邦银行和瑞士国家银行的统一的政治上的选民支持。因而，如果达不到所宣布的货币增长目标，就可能会使欧洲中央银行产生非常大的问题，因为公众会不那么愿意在表面上接受欧洲中央银行对达不到目标的解释及其对反通货膨胀的决心的宣示。此外，在很多欧洲国家，公众可能没有这种关注货币总量的货币政策的经验，因而可能觉得这样的目标比通货膨胀目标更难理解，与其日常生活也少有关联。因为任何成功的目标制度的策略的一个关键要素是透明度和与公众的有效交流，所以，对于欧洲中央银行来讲，一个更好的方法是降低对货币总量的关注，相反，把通货膨胀目标放在最重要的位置（当然，在货币总量作为信息变量被证明确实有用的限度内，是不会对以这种方式来使用货币总量有什么反对意见的）。

如果欧洲中央银行选择采用通货膨胀目标制的方法，它就可以集中精力教育公众，使之认识到该方法与前联盟的德意志联邦银行所遵循的货币目标制度是很协调的。这两个方法有几个共同的特点，包括：对价格稳定的承诺；对数字化的通货膨胀目标（包括中期目标和长期目标）的详细说明；中央银行达到这些目标的责任；政策的透明度和与公众的有效交流；考虑货币政策固有的时滞的前瞻性方法；对短期的经济情况作出反应的灵活性。总之，在操作中，实施通货膨胀目标制的欧洲中央银行会像实施货币目标制度的德意志联邦银行一样发挥作用，同时应帮助公众来理解这一基本的连续性。也存在不同之处——突出的是，在通货膨胀目标制框架下，减少了对货币增长作为通货膨胀预测者的强调——这是有利于通货膨胀目标制方法的。

2. 在设定通货膨胀目标时进行磋商

因为马斯特里赫特条约在赋予欧洲中央银行工具独立性的同时也赋予了目标独立性，与政府磋商不是欧洲货币联盟的一个选择。实际上，赋予欧洲中央银行目标独立性可能是不可避免的，至少一开始是这样，因为欧洲议会与组成欧洲货币联盟的国家的议会的关系尚未澄清，因而，除了欧洲中央银行本身以外，并不清楚可以赋予什么样的政府机构以自主权，以便为欧洲货币联盟设定通货膨胀目标。所以，仍然应该设计欧洲中央银行与各国政府磋商的机制。

使各国政府能够参与通货膨胀目标的设定会有几个好处。第一，它会避免欧洲中央银行被视为是对公众的关切无动于衷的一个不民主的机构，有助于其在长期内保持独立性。第二，让政府参与设定通货膨胀目标会有助于使有关联盟内货币政策的政治的争辩关注长期问题，如价格稳定，而不是关注短期的货币刺激的“需要”——政治家倾向于认为这种需要永远存在。第三，允许政府参与通货膨胀目标制定的过程，往往会使它们敏感地注意到，公共部门工资的大幅上涨以及不恰当的扩张性财政政策可能会干预联盟的通货膨胀目标的实现。因为欧洲的财政赤字已经很大，由于人口统计的原因，在接下来的年份中，欧洲的公共—养老债务甚至可能比美国还相对更高，因此需在欧洲货币联盟内对财政政策进行约束。

3. 责任

在个别国家，数字化的通货膨胀目标，即更加容易评价中央银行表现的明确的目标，增加了中央银行的责任。但是，欧洲中央银行的责任可能较难实现，因为欧洲中央银行体系的法规不可能通过立法而只能通过修改马斯特里赫特条约来变更。此外，欧洲中央银行应对谁负责并不清楚。虽然欧洲中央银行的行长被要求一年一次向欧洲议会作证，但是这一要求不能保证对欧洲中央银行政策的充分监督。因为欧洲议会目前尚不如组成联盟的各国的国家议会有权，由欧洲议会进行监督不会像由一个更有权的机构，如国家议会的集团，或各个国家议会自身那样有力地影响欧洲中央银行的行为。

事实上，欧洲中央银行在马斯特里赫特条约项下的责任似乎是不充分的。应要求欧洲中央银行通过定期的作证证明其政策措施是有理由的，不仅是在欧洲议会作证，而且还要在欧洲货币联盟各成员国的国家议会作证。除了增加欧洲中央银行的责任和清晰度外，此类作证会向各个欧洲货币联盟的成员国展示欧洲中央银行对整个欧洲货币联盟是负责的，对它们也是负责的，这样会增加对欧洲中央银行独立性的民众支持。这一作证也会向欧洲中央银行提供另一个讲坛来解释其政策，并强调中央银行官员在作出政策决定时需要采用长期的观点。

我们的案例研究表明，中央银行对公众的责任与其对政府的责任是一样重要的。尽管有目标独立性，德意志联邦银行仍进行很多努力与公众接触，就像没有太多独立性的中央银行一样。继承德意志联邦银行的衣钵，欧洲中央银行应共同努力与公众定期、全面地交流。这是为什么欧洲中央银行应制定通货膨胀报告，或类似文件的原因，以及为什么欧洲中央银行应利用每一个机会解释其政策措施并关注通货膨胀目标和价格稳定的理由。

12.5　结　论

在本章，我们努力证明美国和欧洲货币联盟应采用通货膨胀目标制。通货膨胀目标制有助于公众及其政治领导人关注货币政策能做什么，而不是关注它不能做什么。通过增加货币政策的透明度，它也会减少金融和经济的不确定性，从而提高经济效率。它有助于消除货币政策的人为化，并使中央银行的作用与民主社会的原则更加协调。最后，通货膨胀目标制也会提高货币政策制定者的能力，以便灵活处理对经济的负面冲击，如总需求的收缩或金融不稳定，而不会牺牲较低的、稳定的通货膨胀的长期目标。

在本章中，我们也概述了对美国和欧洲货币联盟采用通货膨胀目标制的具体建议。我们相信，现在是实施这些或其他类似建议最好的时候。我们的案例研究表明，一旦中央银行展现出它能控制通货膨胀，并且公众已经意识到低通货膨胀的经济所累积的好处，公众就非常愿意接受这一方法。美国和欧洲目前正处在这样的时刻。此外，因为欧洲中央银行是一个白手起家的机构，现在是它选择实施何种货币政策策略灵活性最大的时候。我们坚信，通货膨胀目标制在欧洲货币联盟和美国都是制定货币政策的非常成功的方法，正如在世界上很多国家已经证明的一样。

参考文献

Akerlof, George, Dickens, William, and Perry, George. 1996. "The Macroeconomics of Low Inflation." *Brookings Papers on Economic Activity* 1:1–59.

Alesina, Alberto, and Summers, Lawrence H. 1993. "Central Bank Independence and Macroeconomic Performance: Some Comparative Evidence." *Journal of Money, Credit, and Banking* 25(2):151–62.

Almeida, Alvaro, and Goodhart, Charles A. E. 1998. "Does the Adoption of Inflation Targets Affect Central Bank Behaviour?" Unpublished paper, London School of Economics, January.

Ammer, John, and Freeman, Richard. 1995. "Inflation Targeting in the 1990s: The Experiences of New Zealand, Canada, and the United Kingdom." *Journal of*

Economics and Business 47:165-92.

Andersen, Palle, and Gruen, David. 1995. "Macroeconomic Policies and Growth." In Palle Andersen, Jacqueline Dwyer, and David Gruen, eds., *Productivity and Growth*. Sydney: Reserve Bank of Australia, 279-319.

Bäckström, Urban. 1994. "Monetary Policy and the Inflation Target." Speech given at the Stockholm Stock Exchange, December.

Ball, Laurence. 1994. "What Determines the Sacrifice Ration?" In N. Gregory Mankiw, ed., *Monetary Policy*. Chicago: University of Chicago Press, 155-82.

Banco de España. 1994-95a. *Annual Report*, various issues.

——. 1995-97b. *Economic Bulletin*, various issues.

——. 1996-97c. *Inflation Report*, various issues.

Bank for International Settlements. 1976. 46*th Annual Report* 1975/76.

Bank of Canada. 1991-96a. *Annual Report*, various issues.

——. 1991-94b. *Bank of Canada Review*, various issues.

——. 1995-97c. *Monetary Policy Report*, various issues.

Bank of England. 1994-97a. *Minutes of the Monthly Monetary Meeting*, various issues.

——. 1992-96b. *Inflation Report*, various issues.

Barro, Robert J., and Gordon, David. 1983. "A Postitive Theory of Monetary Policy in a Natural Rate Model." *Journal of Political Economy* 91(4):589-610.

Ben-Bassat, Avraham. 1995. "The Inflation Target in Israel: Policy and Development." In Andrew G. Haldane, ed., *Targeting Inflation*, London: Bank of England, 15-48.

Berg, Claes, and Grottheim, Richard. 1997. "Monetary Policy in Sweden Since 1992." Bank for International Settlements, Policy Papers no. 2.

Berg, Claes, and Lundkvist, Peter 1997. "Has the Inflation Process Changed?" Sveriges Riksbank *Quarterly Review* 2:5-25.

Bernanke, Ben S., and James, Harold. 1991. "The Gold Standard, Deflation, and

Financial Crisis in the Great Depression: An International Comparison." In Glenn R. Hubbard, ed., *Financial Markets and Financial Crises*, Chicago: University of Chicago Press, 33–68.

Bernanke, Ben S., and Mihov, Ilian. 1997. "What Does the Bundesbank Target?" *European Economic Review* 41(6): 1025–53.

Bernanke, Ben S., and Mishkin, Frederic S. 1992. "Central Bank Behavior and the Strategy of Monetary Policy: Observations from Six Industrialized Countries." In Olivier Blanchard and Stanley Fischer, eds., *NBER Macroeconomics Annual*, Cambridge, MA: MIT Press, 183–238.

——. 1997. "Inflation Targeting: A New Framework for Monetary Policy?" *Journal of Economic Perspectives* 11(2): 97–116.

Bernanke, Ben S., and Woodford, Michael. 1997. "Inflation Forecasts and Monetary Policy." *Journal of Money, Credit, and Banking* 29(4): 653–84.

Birch, W. F. 1996. "NZ Monetary and Fiscal Policy Consistent and Has Reserve Bank Support." *Financial Times*, Letter to the editor. January 9: 12.

Boskin, Michael J., Dulberger, Ellen R., Gordon, Robert J., Griliches, Zvi, and Jorgenson, Dale W. 1996. "Toward a More Accurate Measure of the Cost of Living." Final Report to the Senate Finance Committee, December 4.

Brash, Donald T. 1996a. "New Zealand's Remarkable Reforms." The Fifth IEA Annual Hayek Memorial Lecture. Institute of Economic Affairs Occasional Paper no. 100.

——. 1996b. "Address to the Auckland Manufacturers' Association." February.

——. 1997. "Address to the Canterbury Employers' Chamber of Commerce." January.

Bruno, Michael, and Easterly, William. 1998. "Inflation Crises and Long-Run Growth." *Journal of Monetary Economics* 41(1): 3–26.

Bruno, Michael, Fisher, Stanley, Helpman, Elhanan, and Liviatan Nissan, eds. 1991. *Lessons of Economic Stabilization and Its Aftermath.* Cambridge, MA: MIT Press.

Bryant, Ralph. 1996. "Central Bank Independence, Fiscal Responsibility, and the Goals of Macroeconomic Policy: An American Perspective on the New Zealand Experience." Unpubished paper, Victoria University of Wellington.

Bufman, Gil, and Leiderman, Leonardo. 1997. "Monetary Policy and Inflation in Israel." Unpublished paper, Bank of Israel, October.

Bufman, Gil, Leiderman, Leonardo, and Sokoler, Meir. 1995. "Israle's Experience with Explicit Inflation Targets: A First Assessment." In Leonardo Leiderman and Lars E. O. Svensson, eds., *Inflation Targets*, London: Center for Economic Policy Research, 169–91.

Calvo, Guillermo. 1978. "On the Time Consistency of Optimal Policy in the Monetary Economy." *Econometrica* 46(6): 1411–28.

Cecchetti, Stephen G. 1994. "Comment." In N. Gregory Mankiw, ed., *Monetary Policy*, Chicago: University of Chicago Press, 188–93.

——. 1995. "Inflation Indicatiors and Inflation Policy." In Ben S. Bernanke and Julio J. Rotemberg, eds., *NBER Macroeconomics Annual*, Cambridge, MA: MIT Press, 180–219.

Chote, Robert. 1997. "Treading the Line between Credibility and Humility." *Financial Times* June 13: 9.

Chote, Robert, Coggan, Phillip, and Peston, Robert. 1995. "Pound Hit as Clarke Fails to Lift Rates." *Financial Times* May 6–7: 1.

Clarida, Richard, Galí, Jordi, and Gertler, Mark. 1998. "Monetary Policy Rules in Practice: Some International Evidence." *European Economic Review* 42 (6): 1033–67.

Clarida, Richard, and Gertler, Mark. 1997. "How the Bundesbank Conducts Monetary Policy." In Christina D. Romer and David H. Romer, eds., *Reducing Inflation: Motivation and Strategy*, Chicago: University of Chicago Press, 363–406.

Clarke, Kenneth. 1995. Mansion House Speech to the City, June 14. Excerpted in

Financial Times, June 15, p. 10.

Coote, Michael. 1996. "Price Stability Requires a Tight, Not Loose, Inflation Target." *New Zealand Business Review* p. 70.

Cozier, Barry, and Wilkinso, Gordon. 1991. "Some Evidence on Hysteresis and the Costs of Disinflation in Canada." *Bank of Canada Technical Report* no. 55.

Crane, David. 1993. "John Crow Deserves to Be Fired, Not Rehired." *Toronto Star*, November 14, p. D4.

——. 1996. "Bank of Canada Should Rethink Zero Inflation." *Toronto Star*, September 5.

Crow, John W. 1988. "The Work of Canadian Monetary Policy." The Hanson Lecture. *Bank of Canada Review* February: 3–17.

——. 1989. "Targeting Monetary Policy." *Bank of Canada Review* December: 21–8.

——. 1990. "Current Monetary Policy." *Bank of Canada Review September*: 33–41.

——. 1991. "Method and Myth in Monetary Policy." *Bank of Canada Review* July: 9–14.

Cukierman, Alex. 1992. *Central Bank Strategy, Credibility, and Independence: Theory and Evidence.* Cambridge, MA: MIT Press.

Debelle, Guy. 1997. "Discussion." In Philip Lowe, ed., *Monetary Policy and Inflation Targeting*, pp. 118–23. Sydney: Reserve Bank of Australia.

Debelle, Guy, and Fischer, Stanley. 1994. "How Independent Should a Central Bank Be?" In Jeffrey C. Fuhrer, ed., *Goals, Guidelines, and Constraints Facing Monetary Policymakers.* Federal Reserve Bank of Boston Conference Series 38, pp. 195–221.

Deutsche Bundesbank. 1974–96a. *Annual Report*, various issues.

——. 1974–96b. *Monthly Report*, various issues.

——. 1995c. *The Monetary Policy of the Bundesbank.* October.

Easton, Brian. 1994. " Economic and Other Ideas Behind the New Zealand Reforms. " *Oxford Review of Economic Policy* 10(3):78–94.

Economist. 1994. "Willkommen Herr Clarke. "September 17.

Edey, Malcom. 1997. " The Debate on Alternatives for Monetary Policy in Australia. " In Philip Lowe, ed., *Monetary Policy and Inflation Targeting*, Sydney:Reserve Bank of Australia,42–67.

Eichengreen, Barry. 1992. *Golden Fetters: The Gold Standard and the Great Depression*, 1919–1939. New York and Oxford:Oxford University Press.

Estrella, Arturo, and Mishkin, Frederic S. 1997. " Is There a Role for Monetary Aggregates in the Conduct of Monetary Policy?" *Journal of Monetary Economics* 40(2):279–304.

European Monetary Institute. 1997. *The Single Monetary Policy in Stage Three: Specification of the Operational Framework.*

Fallow, Brian. 1996. " Wider Inflation Target Is Risky Policy—Brash. " New Zealand Herald,June 28.

Feldstein,Martin. 1997. "The Costs and Benefits of Going from Low Inflation to Price Stability. " In Christina D. Romer and David H. Romer, eds., *Reducing Inflation: Motivation and Strategy*, Chicago: University of Chicago Press, 123–56.

Financial Times. "Shares Hit as Rates Rise to 6%. "October 31,1996.

Fischer,Andreas M., and Orr, Adrian B. 1994. " Monetary Policy Credibility and Price Uncertainty:The New Zealand Experience of Inflation Targeting. " *OECD Economic Studies* 22(spring):155–79.

Fischer,Stanley. 1993. "The Role of Macroeconomic Factors in Growth. " *Journal of Monetary Economics* 32(3):485–512.

——. 1994. "Modern Central Banking. "In Forrest Capie,Charles A. E. Goodhart, Stanley Fischer,and Norbert Schnadt,eds., *The Future of Central Banking:The Tercentenary Symposium of the Bank of England*, Cambridge:Cambridge University

Press,262–308.

Fortin, Pierre. 1996a "The Great Canadian Slump." *Canadian Journal of Economics* 29(4):761–87.

——. 1996b. "Raise the Inflation Target and Let Canada Recover." *Globe and Mail* September 26.

Fraser, B. W. 1993. "Some Aspects of Monetary Policy." *Reserve Bank of Australia Bulletin* April:1–7.

——. 1994a. "Managing the Recovery." *Reserve Bank of Australia Bulletin* April: 20–28.

——. 1994b. "Sustainable Growth in Australia." *Reserve Bank of Australia Bulletin* July:17–23.

——. 1994c. "The Art of Monetary Policy." *Reserve Bank of Australia Bulletin* October:17–25.

——. 1995. "Economic Trends and Policies." *Reserve Bank of Australia Bulletin* April:20–27.

Freedman, Charles. 1994a. "Formal Targets for Inflation Reduction: The Canadian Experience." In J. A. H. de Beaufort Wijnholds, S. C. W. Eijffinger, and L. H. Hoogduin, eds., *A Framework for Monetary Stability*, Dordrecht and Boston: Kluwer Academic, 17–29.

——. 1994b. "The Use of Indicators and of the Monetary Conditions Index in Canada." In T. Balino and C. Cottarelli, eds., *Frameworks for Monetary Stability: Policy Issues and Country Experiences*, Washington, D. C.: International Monetary Fund, 458–76.

——. 1995. "The Canadian Experience with Targets for Reducing and Controlling Inflation." In Leonardo Leiderman and Lars E. O. Svensson, eds., *Inflation Targets*, London: Centre for Economic Policy Research, 19–31.

Freeman, Richard, and Willis, John. 1995. "Targeting Inflation in the 1990s: Recent Challenges." Board of Governors of the Federal Reserve System

International Finance Discussion Papers, no. 525.

Frenkel, Jacob A. 1996. "Interview: Jacob Frenkel." *Central Banking* Ⅶ(3): 50–57.

Friedman, Benjamin M. 1994. "Comment." In N. Gregory Mankiw, ed., *Monetary Policy*, Chicago: University of Chicago Press, 182–88.

——. 1995. "The Rise and Fall of the Money Growth Targets as Guidelines for U. S. Monetary Policy." Paper prepared for the Bank of Japan Seventh International Conference. Preliminary draft.

Friedman, Benjamin M., and Kuttner, Kenneth. 1996. "A Price Target for U. S. Monetary Policy? Lessons from the Experience with Money Growth Targets." *Brookings Papers on Economic Activity* 1: 77–125.

Friedman, Milton. 1959. A Program for Monetary Stability. The Millar Lectures. New York: Fordham University Press.

——. 1968. "The Role of Monetary Policy." *American Economic Review* 58: 1–17.

——. 1977. "Nobel Lecture: Inflation and Unemployment." *Journal of Political Economy* 85(3): 451–72.

Friedman, Milton, and Schwartz, Anna J. 1963. *A Monetary History of the United States, 1867–1960.* Princeton: Princeton University Press.

Fuhrer, Jeffrey C. 1995. "The Phillips Curve Is Alive and Well." Federal Reserve Bank of Boston, *New England Economic Review* March–April: 41–56.

George, Eddie. 1995a. "Monetary Policy Realities." *Bank of England Quarterly Bulletin* 35(4): 388–94.

——. 1995b. "The Prospects for Monetary Stability." Spech to the City, June 14. Reprint, *Bank of England Quarterly Bulletin* 35(3): 295–6.

Goodfriend, Marvin. 1993. "Interest Rate Policy and the Inflation Scare Problem: 1979–1992." Federal Reserve Bank of Richmond, *Economic Quarterly* 79(1): 1–24.

Goodhart, Charles A. E., and Viñals, José. 1994. "Strategy and Tactics of Monetary

Policy: Examples from Europe and the Antipodes." In Jeffrey C. Fuhrer, ed., *Goals, Guidelines, and Constraints Facing Monetary Policymakers.* Federal Reserve Bank of Boston Conference Series 38:139–87.

Gordon, Robert R. 1985. "Understanding Inflation in the 1980's." *Brookings Papers on Economic Activity* 1:263–302.

Grenville, Stephen. 1997. "The Evolution of Monetary Policy: From Money Targets to Inflation Targets." In Philip Lowe, ed., *Monetary Policy and Inflation Targeting*, Sydney: Reserve Bank of Australia, 125–58.

Groshen, Eriea L., and Schweitzer, Mark E. 1996. "The Effects of Inflation on Wage Adjustments in Firm-Level Data: Grease or Sand?" *Federal Reserve Bank of New York Staff Reports* no. 9.

Haldane, Andrew G., ed. 1995. *Targeting Inflation.* London: Bank of England.

Haldane, Andrew G., and Salmon, Christopher K. 1995. "Three Issues on Inflation Targets." In Andrew G. Haldane, ed., *Targeting Inflation*, London: Bank of England, 170–201.

Hall, Robert E., and Mankiw, N. Gregory. 1994 "Nominal Income Targeting." In N. Gregory Mankiw, ed., *Monetary Policy* Chicago: University of Chicago Press, 71–94.

Hall, Terry. 1995. "NZ Bank Chief Admits Price Rise Slippage." *Financial Times*, June 30, p. 6.

——. 1996a. "NZ Central Bank Hints at Monetary Easing." *Financial Times*, October 25, p. 6.

——. 1996b. "NZ Bank Cautious on Wider Inflation Target." *Financial Timers*, December 18, p. 8.

Hansen, Lars Peter, and Hodrick, Robert J. 1980. "Forward Exchange Rates as Optimal Predictors of Future Spot Rates: An Econometric Analysis." *Journal of Political Economy* 88(5):829–53.

Hefeker, Carsten. 1994. "German Monetary Union, the Bundesbank, and the EMS

Collapse. "*Banca Nazionale del Lavoro Quarterly Review.* 47:379–98.

Heikensten, Lars. 1997. Address before Conference of the Stockholm Chamber of Commerce and Veckans Affärer, January 29. Mimeo.

Hess, Gregory D., and Morris, Charles S. 1996. "The Long–Run Costs of Moderate Inflation." Federal Reserve Bank of Kansas City, *Economic Review*, second quarter: 71–88.

Hörngren, Lars. 1992. "Swedish Economic Policy under New Conditions." In Sveriges Riksbank, *Monetary Policy with a Flexible Exchange Rate*, pp. 67–76.

Huh, Chan. 1996. "Some Evidence on the Efficacy of the UK Inflation Targeting Regime: An Out-of-Sample Forecast Approach." *Board of Governors of the Federal Reserve System International Finance Discussion Papers* no. 565.

Hutchison, Michael M., and Walsh, Carl E. 1996. "Central Bank Institutional Design and the Output Cost of Disinflation: Did the 1989 New Zealand Reserve Bank Act Affect the Inflation-Output Tradeoff?" *Reserve Bank of New Zealand Research Paper* G96/6.

Ip, Greg. 1991. "Inflation War is Won, Bank of Canada Says." *Financial Post*, October 15, p. 40.

——. 1993. "Drop in Inflation Rate Beats Expectations." *Financial Post*, December 8, p. 5.

Issing, Otmat. 1996. "Is Monetary Targeting in Germany Still Adequate?" In Horst Siebert, ed., *Monetary Policy in an Interated World Economy: Symposium*, 1995, pp. 117–30. Tübingen: Mohr.

——. 1997. "Monetary Targeting in Germany: The Stability of Monetary Policy and of the Monetary System." *Journal of Monetary Economics* 39(1):67–79.

Jenkins, W. 1990. "The Goal of Price Stability." *Bank of Canada Review* July: 3–7.

Jonung, Lars. 1979. "Knut Wicksell's Norm of Price Stabilization and Swedish Monetary Policy in the 1930's." *Journal of Monetary Economics* 5(4):459–96.

Judson, Ruth, and Orphanides, Athanasios 1996. "Inflation, Volatility, and Growth." *Board of Governors of the Federal Reserve System Finance and Economics Discussion Series*, no. 96/16.

King, Robert G., and Watson, Mark W. 1994. "The Post-War U. S. Phillips Curve: A Revisionist Econometric History." *Carnegie-Rochester Conference Series on Public Policy* 41:157–219.

König, Reiner, and Willeke Caroline. 1995. "German Monetary Reunification." *Central Banking* 6(1):29–39.

Kydland, Finn, and Prescott, Edward. 1977 "Rules Rather than Discretion: The Inconsistency of Optimal Plans." *Journal of Political Economy* 85(3):473–92.

Laidler, David, and Robson, William. 1993. *The Great Canadian Disinflation.* Montereal: C. D. Howe Research Institute.

Lamont, Norman. 1992. Mansion House Speech to the City, October 29. Reprint, *Financial Times*, October 30, p. 14.

Laubach, Thomas. 1997. "Signalling with Monetary and Inflation Targets." Unpublished paper, Federal Reserve Bank of Kansas City, October.

Laubach, Thomas, and Posen, Adam S. 1997a. "Some Comparative Evidence on the Effectiveness of Inflation Targeting." *Federal Reserve Bank of New York Research Paper* no. 9714.

——. 1997b. "Disciplined Discretion: Monetary Targeting in Germany and Switzerland." *Essays in International Finance* no. 206, December. International Finance Section, Princeton University.

Leiderman, Leonardo, and Svensson, Lars E. O., eds. 1995. *Inflation Targeting.* London: Centre for Economic Policy Research.

Leigh–Pemberton, Robin. 1984. "Some Aspects of UK Monetary Policy." *Bank of England Quarterly Bulletin* 24(4):474–81.

——. 1990. "Some Remarks on Exchange Rate Regimes." *Bank of England Quarterly Bulletin* 30(4):482–4.

——. 1991. "Stability and Economic Policy." *Bank of England Quarterly Bulletin* 31(4):496-7.

——. 1992. "The Case for Price Stability." *Bank of England Quarterly Bulletin* 32(4):441-8.

Lloyd, Michele. 1992. "The New Zealand Approach to Central Bank Autonomy." *Reserve Bank of New Zealand Bulletin* 55(3):203-20.

Longworth, David, and Freedman, Charles. 1995. "The Role of the Staff Economic Projection in Conducting Canadian Monetary Policy." In A. Haldane, ed., *Targeting Inflation*, London: Bank of England, 101-12.

Louisson, Simon. 1994. "New Zealand Inflation May Burst Target." *Reuters World Service*, December 6.

Lucas, Robert E., Jr. 1976. "Econometric Policy Evaluation: A Critique." *Carnegie-Rochester Conference Series on Public Policy* 1:19-46.

Lusser, Markus. 1991. Referat (Address) to the General Assembly of the Swiss National Bank. *Geld, Währung, und Konjumktur*, June:167-72.

Macfarlane, I. J. 1992. "Making Monetary Policy in an Uncertain World." *Reserve Bank of Australia Bulletin*, September:9-16.

——. 1995. "Inflation and Changing Public Attitudes." *Reserve Bank of Australia Bulletin*, December:9-15.

Marotte, Bertrand. 1993. "Markets Endorse New Governor: Central Bank to Continue Inflation Battle." *Ottawa Citizen* December 23, p. D6.

Marsh, David. 1992. *The Bundesbank*. London: William Heinemann.

McCallum, Bennett T. 1995. "Two Fallacies Concerning Central-Bank Independence." *American Economic Review*, 85(2):207-11.

——. 1996. "Inflation Targeting in Canada, New Zealand, Sweden, the United Kingdom, and in General." *NBER Working Paper No. 5579*, May.

McGillivray, Don. 1994. "Bank Still Headed in Wrong Direction." *Calgary Herald*, January 4, p. A4.

McIver, Greg. 1996. "Swedish Consumer Prices Fall." *Financial Times*, November 15, p. 3.

Meek, Paul, ed., 1983. *Central Bank Views on Monetary Targeting.* New York: Federal Reserve Bank of New York.

Mishkin, Frederic S. 1991. "Asymmetric Information and Financial Crises: A Historical Perspective." In Glenn R. Hubbard, ed., *Financial Markets and Financial Crises*, Chicago: University of Chicago Press, 69–108.

——. 1996. "The Chanels of Monetary Transmission: Lessons for Monetary Policy." *Banque de France Bulletin Digest* 27 (March): 33–44.

——. 1997a. "Strategies for Controlling Inflation." In Philip Lowe, ed., *Monetary Policy and Inflation Targeting*, Sydney: Reserve Bank of Australia, 7–38.

——. 1997b. "The Causes and Propagation of Financial Instability: Lessons for Policymakers." In *Maintaining Financial Stability in a Global Economy*, Kansas City: Federal Reserve Bank of Kansas City, 55–96.

——. 1998. "Exchange Rate Pegging in Emerging Market Economies?" *International Finance* 1 (1): September.

Montagnon, Peter. 1995 "Bank Governor Passes First Inflation Test." *Financial Times*, October 22, p. 4.

Morande, Felipe, and Schmidt – Hebbel, Klaus. 1997. "Inflation Targets and Indexation in Chile." Unpublished paper, Central Bank of Chile, August.

Moulton, Brent R. 1996. "Bias in the Consumer Price Index: What is the Evidence?" *Journal of Economic Perspectives* 10 (4): 159–77.

Neumann, Manfred. 1996. "Monetary Targeting in Germany." Paper prepared for the Bank of Japan Seventh International Conference.

New Zealand Herald. 1990a. "Pressure on Government to Relax Inflation Target." August 4.

——. 1990b. "Most Voters Back Target of Lower Inflation." October 25.

Nicholl, Peter W. E., and Archer, David J. 1992. "An Announced Downward Parth

for Inflation." *Reserve Bank of New Zealand Bulletin* 55(4):315–23.

Obstfeld, Maurice, and Rogoff, Kenneth. 1995. "The Mirage of Fixed Exchange Rates." *Journal of Economic Perspectives* 9(4):73–96.

Offenbacher, Akiva. 1996. "How Inflation Has Come Down." *Central Banking* Ⅶ (3):61–66.

Organisation for Economic Co-Operation and Development (OECD). 1975. *Economic Survey: Switzerland.* Paris: OECD.

Ortega, Eloisa, and José-Maria Bonilla. 1995. "Reasons for Adopting an Inflation Target." In Andrew G. Haldane, ed., *Targeting Inflation*, London: Bank of England, 49–58.

Phelps, Edmund S. 1968. "Money-Wage Dynamics and Labor-Market Equilibrium." *Journal of Political Economy* 76(4):678–711.

Phillips, A. W. 1958. "The Relation Between Unemployment and the Rate of Change of Money Wage Rates in the United Kingdom, 1861–1957." *Economica* 25(November):283–99.

Posen, Adam S. 1995a. "Central Bank Independence and Disinflationary Credibility: A Missing Link?" *Federal reserve Bank of New York Staff Reports* no. 1, May.

——. 1995b. "Declarations Are Not Enough: Financial Sector Sources of Central Bank Independence." In Ben S. Bernanke and Julio J. Rotemberg, eds., *NBER Macroeconomics Annual*, Cambridge: MIT Press, 258–74.

Reddell, Michael 1988. "Inflation and the Monetary Policy Strategy." *Reserve Bank of New Zealand Bulletin* 51(2):81–4.

Reserve Bank of Australia. 1994–95. *Bulletin*, various issues.

Reserve Bank of New Zealand. 1985–90a. *Bulletin*, various issues.

——. 1990b. *Annual Report.*

——. 1991–95c. *Monetary Policy Statement*, various issues.

Reuers Financial Service. 1991. "Lower NZ Dollar Not a Threat to Inflation—

Bolger. "October 24.

Rich, Georg. 1985. "Die Inflationsbekämpfung als Aufgabe der Schweizerischen Geldpolitik." *Geld, Währung, und Konjunktur* March:60–69.

——. 1989. "Geldmengenziele und schweizerische Geldpolitik: Eine Standortbestimmung." *Geld, Währung, und Konjunktur*, December:345–60.

——. 1992. "Die schweizerische Teuerung: Lehren für die Nationalbank." *Geld, Währung, und Konjunktur* March:73–88.

——. 1997. "Monetary Targets as a Policy Rule: Lessons from the Swiss Experience." *Journal of Monetary Economics* 39(1):113–41.

Rogoff, Kenneth. 1985. "The Optimal Degree of Commitment to an Intermediate Target." *Quarterly Journal of Economics* 100(4):1169–89.

Rotemberg, Julio J., and Wodford, Michael. 1997. "An Optimization-Based Econometric Framework for the Evaluation of Monetary Policy." In Ben S. Bernanke and Julio J. Rotemberg, eds., *NBER Macroeconomics Annual*, Cambridge, MA: MIT Press, 297–361.

Samuelson, Paul, and Solow, Robert. 1960. "Analytical Aspects of Anti-Inflation Policy." *American Economic Review* 50(May):177–94.

Sarel, Michael. 1996. "Nonlinear Effects of Inflation on Economic Growth." *IMF Staff Papers* 43(March):199–215.

Schiltknecht, Kurt. 1983. "Switzerland—The Pursuit of Monetary Objectives." In Paul Meek, ed., *Centaral Bank Views on Monetary Targeting*, New York: Federal Reserve Bank of New York, 72–79.

Schlesinger, Helmut. 1983. "The Setting of Monetary Objectives in Germany." In Paul Meek, ed., *Central Bank Views on Monetary Targeting*, New York: Federal Reserve Bank of New York, 6–17.

Schmid, Peter. 1995. "Monetary Policy: Targets and Instruments." *Central Banking* 6(1):40–51.

Shapiro, Matthew D., and Wilcox, David W. 1996. "Mismeasurement in the

Consumer Price Index: An Evaluation." In Ben S. Bernanke and Julio J. Rotemberg, eds., *NBER Macroeconomics Annual*, Cambridge, MA: MIT Press, 93-154.

Shiller, Robert. 1996. "Why do People Dislike Inflation?" *Cowles Foundation Discussion Paper*, no. 1115. March.

Spiegel, Mark. 1995. "Rules vs. Discretion in New Zealand Monetary Policy." *Federal Reserve Bank of San Francisco Economic Letter*, no. 95-09, March 3.

Stevens, Glenn, and Debelle, Guy. 1995. "Monetary Policy Goals for Inflation in Australia." In Andrew G. Haldane, ed., *Targeting Inflation*, London: Bank of England, 81-100.

Summers, Lawrence. 1991 "How Should Long-Term Monetary Policy Be Determined?" *Journal of Money, Credit, and Banking* 23(3):625-31.

Svensson, Lars E. O. 1992 "Targets and Indicators with a Flexible Exchange Rate." In Sveriges Riksbank, *Monetary Policy with a Flexible Exchange Rate*, 15-24.

——. 1993. "The Simplest Test of Target Credibility." *NBER Working Paper* no. 4604.

——. 1995. "The Swedish Experience of an Inflation Target." In Leonardo Leiderman and Lars E. O. Svensson, eds., *Inflation Targets*. London: Centre for Economic Policy Research.

——. 1996. "Price Level Targeting vs. Inflation Targeting: A Free Lunch?" *NBER Working Paper* no. 5719, August.

——. 1997a. "Inflation Forecast Targeting: Implementing and Monitoring Inflation Targets." *European Economic Review*, 41(6):1111-46.

——. 1997b. "Inflation Targeting: Some Extensions." *NBER Working Paper* no. 5962, March.

Sveriges Riksbank. 1992-94a. *Quarterly Review*, various issues.

——. 1994-97b. *Inflation and Inflation Expectations in Sweden* (until November 1995) and *Inflation Report* (since March 1996), various issues.

——. 1992c. *Monetary Policy with a Flexible Exchange Rate*, December.

Swiss National Bank. 1975a. *Rapport.*

——. 1975b. *Monatsbericht.*

——. 1986–94c. *Geld, Währung, und Konjunktur*, various issues.

Szep, Jason. 1991. "Canada Plans to Introduce Inflation–Indexed Bonds." *Reuters Financial Service*, May 28.

Tait, Nikki. 1995. "NZ Bank Chief Sticks to Policy." *Financial Times*, May 3.

——. 1996. "NZ Deal Gives Rise to Faith and Doubt." *Financial Times*, December 20.

Taylor, John B. 1985. "What Would Nominal GNP Targeting Do to the Business Cycle?" *Carnegie–Rochester Conference Series on Public Policy* 22:61–84.

Thiessen, Gordon. 1991. "Notes for Remarks by Gordon G. Thiessen, Senior Deputy Governor of the Bank of Canada." *Bank of Canada Review* July:15–21.

——. 1994a. "Further Direction for the Bank of Canada and Monetary Policy." *Bank of Canada Review* Spring:85–90.

——. 1994b. "Opening Statement before the Standing Senate Committee on Banking, Trade, and Commerce." *Bank of Canada Review* Spring:81–90.

——. 1995a. "Uncertainty and the Transmission of Monetary Policy in Canada." The Hermes-Gordon Lecture. *Bank of Canada Review* Summer:41–58.

——. 1995b. "Notes for Remarks by Gordon G. Thiessen, Governor of the Bank of Canada." *Bank of Canada Review* Summer:65–70.

——. 1996a. "Does Canada Need More Inflation to Grease the Wheels of the Economy?" *Bank of Canada Review* Winter:47–62.

——. 1996b. "Towards a More Transparent and More Credible Monetary Policy." Remarks delivered at the Ecole des Hautes Etudes Commerciales.

Vardy, Jill. 1993. "Crow Out, Thiessen In: New Bank of Canada Governor Will Continue Inflation–Fighting Policies." *Financial Post*, December 23, p. 1.

von Hagen, Jürgen. 1989. "Monetary Targeting with Exchange Rate Constraints: the

Bundesbank in the 1980s." *Federal Reserve Bank of St. Louis Review*, 71(5): 53–69.

——. 1995. "Inflation and Monetary Targeting in Germany." In Leonardo Leiderman and Lars E. O. Svensson, eds., *Inflation Targets*, London: Centre for Economic Policy Research, 107–21.

Walsh, Carl E. 1986. "In Defense of Base Drift." *American Economic Review* 76 (4): 692–700.

Woodford, Michael. 1994. "Nonstandard Indicators for Monetary Policy: Can Their Usefulness Be Judged from Forecasting Regressions?" In N. Gregory Mankiw, ed., *Monetary Policy*, Chicago: University of Chicago Press, 95–115.

后　记

对于伯南克这个名字，可能很多中国的读者，特别是那些对金融理论与实践比较熟悉的读者并不陌生。2005 年 10 月 24 日，美国总统布什宣布，总统经济顾问委员会主席本·伯南克将于 2006 年 1 月 31 日接替届满离任的格林斯潘，成为美联储主席。布什对伯南克大加赞扬，声称，选择伯南克是因为“他在学术和政策制定方面都卓有建树。他是多部学术著作的作者，也是世界上理论被引述最多的经济学家之一”，“伯南克是继格林斯潘之后使美联储的成绩更上一层楼的恰当人选”。

由于美国经济在世界经济中的独特地位，美联储主席一职一直被认为是对美国经济与全球经济最具影响力的职位之一。这一印象在格林斯潘担任美联储主席的 18 年零 5 个月的时间内达到了无以复加的程度。格林斯潘的能

力已经得到了证实，美联储对经济的调控能力与技巧在格林斯潘的任期内达到了一个前所未有的高度。但是不可否认的是，格林斯潘在为美国经济创造辉煌的同时，也为美国经济留下了很多的后患，如高财政赤字、高国际收支逆差、疲软的美元及由此带来的世界各国汇率的频繁波动与贸易方面的大量争端。

无论怎样，格林斯潘时代已经结束，新的美联储主席已经就职，一个新的时代开始了。尽管有美国总统的赞扬，但伯南克需要证明自己。作为新一任的美国联邦储备委员会主席，伯南克拥有什么样的经济学思想、信奉什么样的理念无疑是非常令人感兴趣的。然而更加令人感兴趣的恐怕还是：伯南克会采取与格林斯潘不同的货币政策吗？他能够从格林斯潘的光环与阴影下走出来吗？他能够带领美国经济走出高财政赤字、高国际收支逆差的困境吗？他能够为美国经济创造新的奇迹吗？

这些问题的答案，一方面来自于伯南克，另一方面可以从伯南克的经历与著述中找到线索。

从经历上看，伯南克拥有非常好的背景。他 1953 年 12 月出生于美国佐治亚州，1975 年以优异成绩毕业于哈佛大学并获得经济学学士学位。此后，他进入麻省理工学院，于 1979 年获得经济学博士学位。毕业后，他在美国普林斯顿大学从事教学与科研工作，长期担任经济学与公共事务教授，并做过 6 年的经济系主任。伯南克于 2002 年进入美国联邦储备委员会，于 2003 年 11 月 14 日被推选为该委员会正式委员并担任理事。1995 年 6 月，伯南克被布什总统正式任命为白宫经济顾问委员会主席，成为布什的首席经济顾问。伯南克的一个非常突出的优点是他能够将复杂的经济学术语转换成平实易懂的语言。

我们翻译的这本书，可以看成是对伯南克经济思想与将要采取的货币政策理念的一个解读。这本书集中反映了伯南克对货币政策及货币政策目标的理解，读者可以从中发现他与格林斯潘在对经济和货币政策方面的差异。也正是基于上述的思想，我们翻译了这本《通货膨胀目标制：国际经验》。

本书是由孙刚、钱泳和王宇共同翻译的，具体分工为：孙刚，第 5 ~ 6

章和第8章；钱泳，第7章、第9章、第12章；王宇，第1~4章、第10~11章。孙刚对全书的翻译进行了审订与校对。

感谢东北财经大学出版社方红星教授，他以前瞻的眼光在国内率先引进伯南克的两本代表作。在翻译本书的过程中得到了邵洁、张云峰、李靖野、孙平、刘东威、蔡丽等人的帮助和鼓励，在此一并致以谢意。

由于水平与时间的限制，本书的译稿一定存在很多问题，希望读者批评指正。

孙　刚

2006年5月31日于东财烛光园